STUDIES ON VOLTAIRE
AND THE
EIGHTEENTH CENTURY

181

General editor

HAYDN MASON

School of European Studies
University of East Anglia
Norwich, England

CHRISTOPHER TODD

BIBLIOGRAPHIE DES ŒUVRES DE JEAN-FRANÇOIS DE LA HARPE

THE VOLTAIRE FOUNDATION

AT THE

TAYLOR INSTITUTION, OXFORD

1979

ISBN 0435-2866

ISBN 0 7294 0122 7

Printed in England by Cheney & Sons Ltd,
Banbury, Oxfordshire

Table des matières

Avant-propos

CITER le nom de La Harpe, c'est évoquer en quelque sorte toute la polémique qui caractérisait le monde littéraire vers la fin de l'ancien régime. Dès son entrée en scène, il se fit remarquer par 'un ton de morgue et de despotisme littéraire bien fait pour révolter'.[1] Irascible et de petite taille, La Harpe s'attira vite une foule d'ennemis. Il devint bientôt une des cibles préférées des auteurs satyriques. Piron, Linguet, et d'autres encore, lancèrent contre lui des séries d'épigrammes.[2] Ils dénigraient ses productions littéraires et l'accusaient de flagornerie, de fourberie, et d'autres bassesses.[3] En particulier, son élection à l'Académie française en 1776 suscita de multiples attaques de ce genre.[4] On retenait avec plaisir les vers suivants de *Mon apologie* du poète Gilbert:[5]

> C'est ce petit rimeur de tant de prix enflé
> Qui siffle pour ses vers, pour sa prose sifflé,
> Tout meurtri des faux pas de sa muse tragique,
> Tomba de chute en chute au trône académique.

Les articles qu'il insérait dans le *Mercure de France* ne faisaient rien pour sa popularité, et il était aux yeux du grand public 'le fameux critique'.[6] Lorsqu'il remplaça Linguet à la rédaction de la partie littéraire du *Journal de politique et de littérature* – place que celui-ci avait perdue pour avoir osé critiquer l'élection de La Harpe à l'Académie – le 'plat et méprisable nain' devint l'objet de vers particulièrement acerbes. Dans un poème qu'on pourrait peut-être attribuer à Dorat – l'un des ennemis habituels de La Harpe – on parle d'un 'serpent rempli de vénin', fait uniquement 'pour le blâme et le dédain'. Citant ce poème, François Métra convient 'qu'il faut qu'un homme soit bien généralement méprisé pour qu'on puisse impunément se permettre avec lui de pareilles plaisanteries'.[7]

La critique est souvent un travail ingrat, et La Harpe se croyait la victime de toutes ces attaques, uniquement parce qu'en tant que journaliste il était

[1] MS, 29 juillet 1764, ii.78. Voir aussi MS, 13 mai 1776, ix.108; CS, 14 janvier 1777, iv.82
[2] MS, 20, 22 décembre 1770, 22 janvier 1771, v.195, 202, 214-215; CLT, ix.198-199.
[3] Collé, iii.281-282.
[4] MS, 13 mai, 25, 27 juin 1776, ix.108-109, 144-146; CS, 29 mai, 27 juin 1776, iii.85, 130-132.
[5] cités par Sainte-Beuve, *Causeries du lundi* (Paris 1885), v.128.
[6] CS, 22 juillet 1777, v.40-57, etc.
[7] CS, 3 mai 1777, iv.346.

obligé 'de dire la vérité une fois la semaine'.[8] C'était pourtant un homme de parti, et l'esprit partisan colorait souvent le contenu de ses articles. Jusqu'à sa reconversion au catholicisme en 1794, il sera l'ardent défenseur de Voltaire et de toutes ses idées. Même après 1794, il continuera à défendre au moins les idées littéraires sinon philosophiques du patriarche de Ferney, de celui qui l'aura encouragé, protégé, et herbergé chez lui. Dans une de ses dernières lettres, Voltaire traitait La Harpe d'excellent 'gladiateur', en l'encourageant à lutter partout en vers et en prose, afin de faire revivre cette chose presque sacrée et quasi-immuable qu'il appelait 'le bon goût' (Best.D20986). Dès le début de leur amitié, Voltaire ne cessait de proclamer partout combien le jeune homme faisait preuve d'un 'goût épuré et très sûr' (Best.D11885, D13950, D15540, etc.). En échange, La Harpe ne cessait de critiquer souvent d'une façon assez brutale tous ceux qui s'écartaient des traditions voltairiennes. Selon ses amis, La Harpe 'était sincère dans sa sévérité';[9] mais ses ennemis voyaient dans la prétendue férocité de certains de ses articles la preuve d'un opportunisme servile, tout comme ils expliqueront de la même façon l'inconséquence de ses opinions sous la Révolution: 'Il n'y eut jamais ni vigueur ni vérité dans Laharpe.'[10]

Pour la génération qui suivit celle de La Harpe, celui-ci était un homme qui connaissait bien les règles de la littérature, mais qui connaissait mal l'esprit qui devait gouverner l'emploi de ces règles. 'La Harpe savait le métier, mais il ne savait rien de l'art', dira Joubert.[11] Et pourtant, La Harpe servait bien son maître. Dans un de ses premiers ouvrages critiques – les *Réflexions sur Lucain* – La Harpe se fit remarquer par la justesse avec laquelle il remit à sa place ce poète secondaire.[12] Bien dans la tradition voltairienne, La Harpe se référait toujours à certains modèles – à certains auteurs qui auraient triomphé à certains moments précis de l'histoire où la langue et la civilisation semblaient être à leur apogée: Virgile, Horace, et surtout Racine (voir Todd 3, pp.79-80). Comme Voltaire lui-même, La Harpe était 'coupable . . . de préférer Jean Racine à Pierre Corneille' (Best.D14083). C'est en étudiant les beautés de ces grands auteurs, et en les citant qu'on trouve la clef du bon goût. A travers toutes les querelles littéraires et politiques, La Harpe restera fidèle à cette idée:

on ne peut nier que depuis quelque temps les grands principes de littérature en tout genre ne soient altérés et corrompus. Nous sommes, pour ainsi dire, rebattus des

---

[8] *MF*, 21 janvier 1792, p.78.

[9] J. P. A. de Tilly, 'Souvenirs', *Mémoires du duc de Lauzun et du comte de Tilly* (1862), p.366.

[10] J. P. Brissot de Warville, *Mémoires . . . avec ntroduction, notices et notes par m. de Lescure* (Paris 1877), p.43.

[11] *Les Carnets de Joseph Joubert: texte recueilli sur les manuscrits autographes par André Beaunier* (Paris [1955]), ii.526.

[12] CLT, vi.348; MS, 30 décembre 1764, ii.147-148.

grands modèles. Nous courons après je ne sais quelles beautés froides et factices. La fureur de penser va tout à l'heure nous rendre insensibles aux charmes de l'imagination et de la poésie. Tout cela nous paraît usé; nous voulons des combinaisons nouvelles. Quelques âmes stériles voudraient nous accoutumer à prendre la raideur monotone de leur style pour de la force, leurs grands mots pour de la chaleur, leurs tournures bizarres pour des pensées; jamais ce qu'on appelle le talent du style n'a été plus méconnu: c'est que tout s'émousse; c'est qu'accoutumés à voir le jour, nous préférons les étincelles fugitives d'un feu d'artifice à la lumière durable et majestueuse du soleil.[13]

De la même façon il verra dans les cours qu'il donnera au Lycée de la rue de Valois, et qui formeront la base de son *Lycée ou cours de littérature ancienne et moderne*, un bastion du bon goût au milieu des troubles politiques qui tendront à tout détruire (Ve, xiii.65-66).

La Harpe se révélait encore le disciple de Voltaire, en voulant lui aussi devenir polygraphe. Ses premières œuvres publiées étaient des héroïdes, genre poétique mis à la mode par Colardeau et d'autres imitateurs de Pope. Cependant, selon les meilleures traditions du dix-huitième siècle, c'est au théâtre que La Harpe connut son premier succès, avec *Le Comte de Warwik* de 1763. Emboîtant le pas à Voltaire, il s'attachera à son tour à trouver de nouvelles sources de couleur locale et de spectacle dans de nombreuses pièces sur des sujets nationaux, orientaux, et exotiques, avant de revenir finalement aux thèmes républicains de l'antiquité. Il suivit la mode pour le drame, où 'ne voulant pas déroger, il demeura fidèle encore à la majestueuse monotonie de l'alexandrin'.[14]

Cependant, comme le fit remarquer Brissot de Warville, 'les beaux jours du théâtre étaient passés' (p.42). On se souvient de la plupart des pièces de La Harpe à cause des commentaires et des plaisanteries qu'elles suscitèrent, de *Menzicoff*, où La Harpe avait su transporter sur la scène 'toutes les glaces de Russie',[15] de *Coriolan*, tragédie jouée au profit des pauvres et qu'il fallait applaudir 'par charité',[16] des *Brames* qui donnait lieu à un des calembours les plus célèbres du marquis de Bièvre: 'Si *les Brames* réussissent, les bras me tombent'.[17]

Fidèle encore aux habitudes de l'époque, La Harpe cherchait également à gagner des concours académiques, soit avec des poèmes héroïques et philosophiques 'évoquant les mânes de tous les grands hommes de l'antiquité, et

---

[13] 'Réflexions sur Lucain', *Mélanges*, p.107.

[14] G. Merlet, *Tableau de la littérature française, 1800-1815* (Paris 1878-1883), i.281-282.

[15] CS, 25 novembre 1775, ii.251.

[16] [G. Imbert], *Chronique scandaleuse, ou mémoires pour servir à l'histoire de la génération présente*, éd. O. Ozanne (Paris 1879), p.47.

[17] CS, 24 décembre 1783, xv.307.

les faisant jaser en vers français alexandrins' (CLT, vi.449), soit avec des discours ou des éloges, où il répétait des banalités et, selon les contemporains, essayait en vain de 'trouver le genre auquel il [était] propre' (CLT, vii.303).

Journaliste, et l'un des premiers hommes de lettres à vivre pendant la majeure partie de sa vie de son travail, La Harpe entreprit aussi des travaux principalement utilitaires, notamment des traductions et la rédaction de l'abrégé de l'*Histoire générale des voyages* de l'abbé Prévost.

En aucun genre, La Harpe n'égala son maître, et Frédéric le grand avait raison de le placer parmi les écrivains de second ordre (Best.D13649). Et pourtant, dans sa médiocrité même, La Harpe réflète bien son époque. En vers et en prose, dans tous les genres, ses œuvres illustrent parfaitement le goût du temps,[18] et dans le *Lycée* – véritable bestseller de la première moitié du dix-neuvième siècle – il le consacre. Pour apprécier au juste tout ce que signifie pour la postérité la contribution de La Harpe, on peut citer utilement ce qu'en dit Edouard Herriot:

L'on ne saurait contester à La Harpe un talent assez agréable, l'aptitude à vulgariser et à provoquer des idées. Il a contribué à l'éducation littéraire du public français; malgré ses lacunes et ses préjugés, malgré ses contradictions et une excessive confiance en lui-même d'où nait son pédantisme, il rendit service aux lettres et remit à la mode l'étude de nos grands chefs-d'œuvre.[19]

Il est évident que ses œuvres ne méritent pas d'être rééditées – les réimpressions photographiques suffisent, et La Harpe n'est pas Voltaire. Cependant, nous trouvons utile de donner ici une bibliographie qui révèle toute l'étendue et toute la variété de ses productions littéraires. Il faut montrer jusqu'à quel point il incarnait les aspirations littéraires de l'époque dans presque tous les genres, sauf notamment le roman. Il faut également révéler, nous semble-t-il, les rapports qui existent entre les différentes œuvres de cet auteur, révéler par exemple ce que le *Lycée* doit à des ouvrages antérieurs.

Pendant longtemps, sans compter les quelques productions bien sommaires qui parurent bientôt après sa mort, les études consacrées à La Harpe furent bien rares. Depuis une quinzaine d'années, cependant, les choses ont changé. Il faut citer notamment les travaux de monsieur le docteur Alexander Jovicevich qui a publié deux collections de lettres de La Harpe en 1965 et 1969,[20] avant de faire paraître un monographe sur cet auteur en 1973.[21] Pour notre part, nous avons publié deux autres collections de lettres de

---

[18] voir E. Lavisse, *Histoire de France depuis les origines jusqu'à la Révolution* (Paris 1903-1911), ix.273-74.

[19] *Précis de l'Histoire des lettres françaises* (2e édition: Paris [1904]), p. 766.

[20] *Correspondance inédite de J. F. de La Harpe* (Paris 1965); 'Thirteen additional letters of La Harpe', *Studies* (1969), lxvii.211-228.

[21] *Jean-François de La Harpe: adepte et renégat des Lumières* (Seaton Hall 1973).

La Harpe,[22] deux de ses pièces théâtrales inédites,[23] un état présent de sa correspondance,[24] et notre *Voltaire's disciple: J.-.F. de La Harpe* (London 1972), ouvrage pour lequel cette présente bibliographie devait à l'origine servir de complément.

Evidemment, nous nous efforcerons de ne pas trop répéter ici les détails qu'on retrouvera dans les études que l'on vient de nommer. Nous essayerons toutefois d'inclure tout ce qui a rapport à la publication de chaque ouvrage, en renvoyant en même temps le lecteur à des critiques publiées dans les journaux de l'époque. En ce qui concerne les éditions séparées de chaque ouvrage, nous donnerons en plus des détails bibliographiques ordinaires le nom de l'imprimeur ou des co-éditeurs éventuels, et le nom de bibliothèques qui en possèdent des exemplaires. Conscient du fait que cela ne peut être qu'un guide approximatif de la taille réelle des livres anciens, nous avons néanmoins mesuré aussi la longueur des pages de titre après reliure. Ceci nous semble s'ajouter utilement aux détails de pagination et de format.

Pour décrire les pages de titre, nous employons un vocabulaire classique, en nous servant du mot 'filet' pour désigner les réglets ou lignes horizontales typographiques, 'filet double, triple', etc. pour des filets à deux ou trois lignes, etc., et 'filet anglais' pour un filet avec enflure, filet qu'on appelle en anglais 'a swell-rule'. Nous appelons 'petit filet' toute ligne horizontale ne dépassant pas un centimètre. Les termes 'filet agrémenté, ondulé, rompu', etc. ne nous semblent pas avoir besoin de commentaire. Nous faisons finalement une distinction entre les fleurons, les monogrammes, les ornements typographiques, les vignettes, etc.

Pour faciliter la présentation des tables, nous avons préféré adopter deux séquences continues pour le numérotage des articles, avec des chiffres seuls pour la bibliographie elle-même, et des chiffres précédés de la lettre A et imprimés en italiques pour un appendice sur le journalisme. Dans le cas de certaines traductions qui n'existent qu'en manuscrit nous faisons précéder le numéro par un astérisque.

Pour le classement de cette bibliographie nous avons tenté d'observer les divisions que La Harpe respectait lui-même. Nous commençons par les collections de ses œuvres en plusieurs genres, en mettant à la tête de la division en question les éditions collectives des ouvrages dans un seul genre en parti-

---

[22] 'La Harpe quarrels with the actors: unpublished correspondence', *Studies* (1967), liii.223-337; *Letters to the Shuvalovs*, Studies (1973), cviii.

[23] 'Two lost plays by La Harpe: *Gustave Wasa* and *Les Brames*', *Studies* (1968), lxii.151-272.

[24] 'The present state of La Harpe's correspondence: a provisional catalogue', *Studies* (1972), xciv.159-218. Il faudrait ajouter les cinq lettres de La Harpe à Beaumarchais et à sa veuve, publiées pour la première fois par Louis de Loménie dans 'Beaumarchais, sa vie, ses écrits, et son temps', *Revue des deux mondes*, 1 octobre 1852, pp.29-30; 1 mai 1853, pp.570-571; 15 février 1854, p.704.

culier. Nous donnons ensuite ce qui constitue pour nous le travail le plus important de La Harpe, les cours de littérature qu'il donnait au Lycée et aux Ecoles normales. Il nous semble essentiel de séparer ces cours des autres ouvrages critiques de La Harpe. Pour ce qui est du *Lycée ou cours de littérature*, nous mettons d'abord les éditions complètes avant de passer aux abrégés et aux éditions incomplètes. Nous plaçons sous le même chef que le *Lycée* l'ouvrage qui lui sert de suite, l'histoire de la *Philosophie du dix-huitième siècle*. Nous donnons aussi dans une division séparée des détails des passages du *Lycée* publiés à part, à l'exception de ceux qui ont paru dans des journaux. Il faut noter qu'on trouvera ici les deux discours *De l'état des lettres* et *De la guerre déclarée par nos derniers tyrans*, car ils font partie intégrante du *Lycée*, et servaient d'intoductions à ses cours.

La division de *Critiques diverses* renferme notamment des préfaces, des ouvrages basés sur des articles de journaliste – à part ceux qui servent de suppléments au *Lycée* – et les commentaires sur les théâtres de Racine et de Voltaire. Celles de *Discours* et d'*Eloges* contiennent divers ouvrages académiques et révolutionnaires. On peut juger de l'importance de son *Théâtre* aux yeux de ses contemporains d'après le grand nombre d'éditions de ses pièces.

Nous séparons dans la division *Poésies* les poèmes majeurs de la foule de petits vers de circonstances que La Harpe écrivit pendant presque toute sa vie. Nous croyons d'ailleurs qu'il serait vain d'essayer de donner ici des détails de toutes les réimpressions de certains poèmes de La Harpe qu'on retrouve dans toutes les anthologies de la poésie du dix-huitième siècle. Nous nous contentons donc de montrer surtout les réimpressions contemporaines. Les mêmes règles gouvernent notre traitement de ses *Traductions en vers*. Quant à ses *Traductions en prose*, nous omettons les divers passages traduits pour illustrer des arguments dans le *Lycée*, etc.

Nous plaçons vers la fin de notre bibliographie les ouvrages qui relèvent moins directement d'un seul genre en particulier: sa correspondance littéraire avec le czarévitch Paul et le comte André Shuvalov, les divers pamphlets qu'il composa avant et après la Révolution, et son abrégé de l'*Histoire générale des Voyages*. Nous consacrons ensuite une division de la bibliographie aux ouvrages attribués à La Harpe, soit d'une manière non encore confirmée, soit à tort. Finalement, nous joignons ce qui doit être un appendice provisoire sur son journalisme.[25]

Nous tenons à remercier tous ceux qui nous ont aidé dans la préparation de cet ouvrage, en premier lieu tous les bibliothécaires dont le nombre seul m'empêche de les nommer. Sans leur concours, nous n'aurions pas pu commencer ce travail. Par leur dévouement et leur gentillesse ils font honneur à une profession sans laquelle aucune recherche ne serait possible.

[25] sur la nature provisoire de cet appendice, voir infra, pp.228-31.

Qu'ils nous permettent de leur dédier en quelque sorte cette bibliographie. Nous voulons également remercier messieurs les professeurs O. R. Taylor et W. H. Barber de l'université de Londres et nos collègues ici à Leeds, surtout monsieur le dr T. V. Benn, qui est une source de renseignements bibliographiques innombrables. Nous remercions aussi monsieur le professeur Haydn Mason, monsieur Andrew Brown et monsieur le dr Martin Smith, dont l'aide nous a été si précieuse, lorsqu'il s'est agi de rendre cet ouvrage plus apte à la publication. Comme toute bibliographie, celle-ci est forcément loin d'être définitive, mais nous espérons qu'elle ajoutera de nouveaux éléments utiles à tout ce qui a été déjà publié.

Liste des sigles
pour des bibliothèques

Autriche (A)

A-ONB. Österreichishe National-
bibliothek, Vienne.

Australie (AUS)

AUS-C/N. National Library of
Australia, Canberra.

Belgique (B)

B-A/S. Stadsbibliothek, Anvers.
B-Br. Bibliothèque royale, Bruxelles.
B-G/U. Rijksuniversiteit-Centrale
Bibliothek, Gand.
B-L/U. Bibliothèque de l'Université de
Louvain.

Canada (CDN)

CDN-AEU. University of Alberta,
Edmonton.
CDN-BVau. University of British
Columbia, Vancouver.
CDN-BViV. University of Victoria,
British Columbia.
CDN-NBFU. University of New
Brunswick, Fredericton.
CDN-NFSM. Memorial University,
St. John's (Terre-Neuve).
CDN-OHM. McMaster University,
Hamilton (Ontario).
CDN-OKQ. Queen's University,
Kingston (Ontario).
CDN-OLU. University of Western
Ontario, London.
CDN-OOCC. Carlton University,
Ottowa (Ontario).
CDN-OONL. Bibliothèque nationale
du Canada, Ottawa (Ontario).
CDN-OOSJ. La Bibliothèque
Deschâtelets, Père Oblats, Ottawa
(Ontario).

CDN-OOU. Université d'Ottawa
(Ontario).
CDN-OSUL. Université Laurentienne,
Sudbury (Ontario).
CDN-OTP. Toronto Public Library
(Ontario).
CDN-OTTC. University of Trinity
College, Toronto (Ontario).
CDN-OTU. University of Toronto,
Toronto (Ontario).
CDN-OTY. York University, Toronto
(Ontario).
CDN-QCU. Université du Québec,
Chicoutimi.
CDN-QMBM. Bibliothèque de la ville
de Montréal (Québec).
CDN-QMBN. Bibliothèque nationale
du Québec.
CDN-QMM. McGill University,
Montréal (Québec).
CDN-QMU. Université de Montréal
(Québec).
CDN-QNICS. Séminaire de Nicolet,
Québec.
CDN-QQL. Législature du Québec,
Québec.
CDN-QQLA. Université Laval,
Québec.
CDN-QSherU. Université de
Sherbrooke (Québec).
CDN-SSU. University of Saskat-
chewan, Saskatoon.

Suisse (CH)

CH-Au. Kantonsbibliothek, Aarau.
CH-B/N. Bibliothèque nationale suisse,
Berne.
CH-Bf. Stadtbibliothek, Burgdorf.
CH-Fg. Bibliothèque cantonale et
universitaire, Fribourg.

17

CH-G. Bibliothèque publique et universitaire, Genève.

CH-IMV. Institut et musée Voltaire, Genève.

CH-L. Bibliothèque cantonale et universitaire, Lausanne.

CH-LCF. Bibliothèque de la ville, La Chaux de Fonds.

CH-Luc. Luzern Zentralbibliothek, Lucerne.

CH-Lug. Biblioteca cantonale e Libreria Patria, Lugano.

CH-N. Bibliothèque de la ville, Neuchâtel.

CH-SG. Stadtbibliothek, Saint-Gallien.

CH-S. Bibliothèque cantonale, Sion.

CH-Y. Bibliothèque publique, Yverdon.

CH-Z. Zentralbibliothek, Zürich.

Allemagne-R.F.A. (D)

D-Be/DS. Deutsche Staatsbibliothek, Berlin.

D-Be/U. Universitätsbibliothek, Freie Universität Berlin.

D-Bo/U. Universitätsbibliothek, Bonn.

D-Br/S. Staatsbibliothek Bremen, Brême.

D-Co/US. Universitäts- und Stadt-bibliothek, Cologne.

D-Do/F. Fürstenbergische Hof-Bibliothek, Donaueschingen.

D-Er/U. Universitäts-Bibliothek, Erlangen.

D-Fra/SU. Stadt- und Universitäts-bibliothek, Francfort sur le Main.

D-Fre/U. Universitäts-Bibliothek, Freiberg-en-Brisgau.

D-Gö/NU. Niedersächsische Staats- und Universitätsbibliothek, Göttingue.

D-He/U. Universitäts-Bibliothek, Heidelberg.

D-HH/SU. Staats- und Universitäts-Bibliothek, Hambourg.

D-Ki/U. Universitätsbibliothek, Kiel.

D-Ko/W. Wessenberg-Bibliothek, Konstanz.

D-Ma/W. Wissenschaftliche Stadt-Bibliothek, Mannheim.

D-Mu/B. Bayerische Staatsbibliothek, Munich.

D-Sp/P. Pfälzische Landes-Bibliothek, Speyer.

D-St/W. Württembergische Landes-bibliothek, Stuttgart.

D-Tr/S. Stadtbibliothek, Trier.

D-Tü/U. Universitäts-Bibliothek, Tübingen.

D-U/S. Stadt-Bibliothek, Ulm.

Allemagne-R.D.A. (DDR)

DDR-Be/DA. Deutsche Akademie der Wissenschaften Bibliothek, Berlin.

DDR-Go/TL. Thüringische Landes-bibliothek, Gotha.

DDR-Gr/U. Universitätsbibliothek, Griefswald.

DDR-Hal/UL. Universitäts- und Landesbibliothek Saachsen-Anhalt, Halle.

DDR-Le/U. Universitätsbibliothek, Leipzig.

DDR-W/TL. Thüringische Landes-bibliothek, Weimar.

Danemark (DK)

DK-C. Det Kongelige Bibliotek, Copenhague.

France (F)

F-Abb. Bibliothèque municipale, Abbeville (Somme).

F-Aix. Bibliothèque de Méjanes, Aix en Provence (Bouches-du-Rhône).

F-AixU. Bibliothèque de l'Université d'Aix-Marseille (Bouches-du-Rhône).

F-Aj. Bibliothèque de la ville, Ajaccio (Corse).

F-Albi. Bibliothèque Rochegude, Albi (Tarn).

F-Aln. Bibliothèque publique, Alençon (Orne).

F-Alès. Bibliothèque municipale, Alès (Gard).

F-Am. Bibliothèque municipale, Amiens (Somme).

F-Ancy. Bibliothèque municipale, Annecy (Haute-Savoie).

F-Ang. Bibliothèque de la ville, Angers (Maine-et-Loire).

F-Anoy. Bibliothèque de la ville, Annonay (Ardèche).

F-Arb. Bibliothèque municipale, Arbois (Jura).

F-Arm. Bibliothèque municipale, Armentières (Nord).

F-Arr. Bibliothèque municipale, Arras (Pas-de-Calais).

F-Aur. Bibliothèque municipale, Aurillac (Cantal).

F-Aut. Bibliothèque municipale, Autun (Saône-et-Loire).

F-Av. Bibliothèque et musée Calvet, Avignon (Vaucluse).

F-Bar. Bibliothèque municipale, Bar-le-Duc (Meuse).

F-Bdx. Bibliothèque municipale, Bordeaux (Gironde).

F-Bel. Bibliothèque municipale, Belfort (Territoire de Belfort).

F-Ber. Bibliothèque municipale, Bernay (Eure).

F-Bl. Bibliothèque de Blois (Loir et Cher).

F-Boul. Bibliothèque municipale, Boulogne s/mer (Pas de Calais).

F-Bourg. Bibliothèque municipale, Bourg-en-Bresse (Ain).

F-Bourges. Bibliothèque municipale, Bourges (Cher).

F-Bsn. Bibliothèque municipale, Besançon (Doubs).

F-BsnU. Bibliothèque de l'université de Besançon (Doubs).

F-Bvs. Bibliothèque municipale, Beauvais (Oise).

F-Bzs. Bibliothèque municipale, Béziers (Hérault).

F-Cah. Bibliothèque de la ville, Cahors (Lot).

F-Carc. Bibliothèque municipale, Carcassonne (Aude).

F-Carp. Bibliothèque Inguimbertine, Carpentras (Vaucluse).

F-Cham. Bibliothèque municipale, Chambéry (Savoie).

F-Char. Bibliothèque municipale, Chartres (Eure-et-Loir).

F-Chau. Bibliothèque municipale, Chaumont (Haute-Marne).

F-Chg. Bibliothèque et archives de la ville, Cherbourg (Manche).

F-ChM. Bibliothèque-musée-archives, Châlons s/Marne (Marne).

F-ChS. Bibliothèque municipale, Chalon s/Saône (Saône-et-Loire).

F-Chx. Bibliothèque municipale, Châteauroux (Indre).

F-ClB. Bibliothèque municipale, Clermont-en-Beauvais (Oise).

F-ClF. Bibliothèque municipale et universitaire, Clermont-Ferrand (Puy-de-Dôme).

F-Cls. Bibliothèque municipale, Calais (Pas-de-Calais).

F-Cn. Bibliothèque municipale, Caen (Calvados).

F-Cns. Bibliothèque municipale, Cannes (Alpes-Maritimes).

F-Col. Bibliothèque de la ville, Colmar (Haut-Rhin).

F-Com. Bibliothèque municipale, Compiègne (Oise).

F-Comm. Bibliothèque municipale, Commercy (Meuse).

F-Cou. Bibliothèque municipale, Coutances (Manche).

F-Dgn. Bibliothèque de la ville, Digne (Alpes de Haute Provence).

F-Din. Bibliothèque municipale, Dinan (Cotes-du-Nord)

F-Djn. Bibliothèque municipale, Dijon (Côte d'Or).

F-Do. Bibliothèque municipale, Dole (Jura).

F-Dp. Bibliothèque municipale, Dieppe (Seine-Maritime).

F-Dr. Bibliothèque et musée de la ville, Draguignan (Var).

F-Epl. Bibliothèque municipale, Epinal (Vosges).

F-Epy. Bibliothèque municipale, Eperney (Marne).

F-Ev. Bibliothèque de la ville, Evreux (Eure).

F-FC. Bibliothèque municipale, Fontenay-le-Comte (Vendée).

F-Fgs. Bibliothèque municipale, Fougères (Ille-et-Vilaine).

F-Gap. Bibliothèque municipale, Gap (Hautes-Alpes).

F-Gbl. Bibliothèque de Grenoble (Isère).

F-GblU. Bibliothèque de l'université de Grenoble (Isère).

F-Grs. Bibliothèque et archives municipales, Grasse (Alpes-Maritimes).

F-Hag. Archives, bibliothèque et Musée de la ville, Hagueneau (Bas-Rhin).

F-Hy. Bibliothèque municipale, Hyères (Var).

F-La. Bibliothèque de la ville, Laon (Aisne).

F-Lav. Bibliothèque municipale, Laval (Mayenne).

F-LF/P. Bibliothèque de la Prytanée militaire, La Flèche (Sarthe).

F-LH. Bibliothèque municipale, Le Havre (Seine-Maritime).

F-Lib. Bibliothèque municipale, Libourne (Gironde).

F-Lille. Bibliothèque municipale, Lille (Nord).

F-Lim. Bibliothèque municipale, Limoges (Haute-Vienne).

F-LM. Bibliothéque municipale, Le Mans (Sarthe).

F-Lou. Bibliothèque municipale, Louviers (Eure).

F-LP. Bibliothèque municipale, Le Puy-en-Velay (Haute-Loire).

F-LR. Bibliothèque municipale, La Rochelle (Charente-Maritime).

F-LRY. Bibliothèque municipale, La Roche s/Yon (Vendée).

F-Ly. Bibliothèque de la ville, Lyon (Rhône).

F-LyU. Bibliothèque de l'université de Lyon (Rhône).

F-Mel. Bibliothèque municipale, Melun (Seine-et-Marne).

F-Metz. Bibliothèque municipale, Metz (Moselle).

F-Mbn. Bibliothèque municipale, Montauban (Tarn-et-Garonne).

F-Mlcn. Bibliothèque municipale, Montluçon (Allier).

F-Mplr. Bibliothèque de la ville et du musée Fabre, Montpellier (Hérault).

F-Mor. Bibliothèque municipale, Morlaix (Finistère).

F-Mou. Bibliothèque municipale, Moulins (Allier).

F-Mul. Bibliothèque municipale, Mulhouse (Haut-Rhin).

F-Nar. Bibliothèque publique de la ville, Narbonne (Aude).

F-Nc. Bibliothèque municipale, Nice (Alpes-Maritimes).

F-Nev. Bibliothèque municipale, Nevers (Nièvre).

F-Nm. Bibliothèque Séguier, Nîmes (Gard).

F-Nts. Bibliothèque municipale, Nantes (Loire-Atlantique).

F-Ny. Bibliothèque publique, Nancy (Meurthe-et-Moselle).

F-Orl. Bibliothèque de la ville, Orléans (Loiret).

F-P/An. Archives nationales, Paris.

F-P/Ar. Bibliothèques de l'Arsenal, Paris.

F-P/Bh. Bibliothèque historique de la ville de Paris.

F-P/Bn. Bibliothèque nationale, Paris.

F-P/Ep. Bibliothèque de l'école polytechnique, Paris.

F-P/SocG. Société de Géographie, Paris.

F-P/StG. Bibliothèque Sainte-Geneviève, Paris.

F-P/U. Bibliothèque de l'université de Paris à la Sorbonne.

F-Pau. Bibliothèque municipale, Pau (Pyrénées Atlantiques).

F-Pér. Bibliothèque municipale, Périgueux (Dordogne).

F-Perp. Bibliothèque municipale, Perpignan (Pyrénées-Orientales).

F-Pts. Bibliothèque municipale, Poitiers (Vienne).

F-PtsU. Bibliothèque universitaire, Poitiers (Vienne).

F-Qr. Bibliothèque municipale, Quimper (Finistère).

F-Rms. Bibliothèque de la ville, Reims (Marne).

F-Rns. Bibliothèque municipale, Rennes (Ille-et-Vilaine).

F-Roa. Bibliothèque municipale, Roanne (Loire).

F-Rod. Bibliothèque municipale, Rodez (Aveyron).

F-Rou. Bibliothèque de la ville, Rouen (Seine-Maritime).

F-Sal. Bibliothèque municipale, Salins-les-Bains (Jura).

F-Sau. Bibliothèque municipale, Saumer (Maine-et-Loire).

F-S/Bn. Bibliothèque nationale et universitaire [et municipale], Strasbourg.

F-Sens. Bibliothèque municipale, Sens (Yonne).

F-Senl. Bibliothèque municipale, Senlis (Oise).

F-StB. Bibliothèque municipale, Saint-Brieuc (Côtes-du-Nord).

F-StC. Bibliothèque de la ville, Saint-Chamond (Loire).

F-StE. Bibliothèque municipale, Saint-Etienne (Loire).

F-StO. Bibliothèque municipale, Saint-Omer (Pas-de-Calais).

F-Sts. Bibliothèque municipale, Saintes (Charente-Maritime).

F-Tls. Bibliothèque de la ville, Toulouse (Haute-Garonne).

F-TlsA. Bibliothèque de l'Académie des Jeux floraux, Toulouse (Haute-Garonne).

F-TlsU. Bibliothèque universitaire, Toulouse (Haute-Garonne).

F-Tours. Bibliothèque municipale, Tours (Indre-et Loire).

F-Troyes. Bibliothèque municipale, Troyes (Aube).

F-Tulle. Bibliothèque municipale, Tulle (Corrèze).

F-Val. Bibliothèque, musée, archives municipales de la ville, Valence (Drôme).

F-Verd. Bibliothèque municipale, Verdun (Meuse).

F-Vers. Bibliothèque de Versailles (Yvelines).

F-Vire. Bibliothèque municipale, Vire (Calvados).

F-Vlns. Bibliothèque municipale, Valenciennes (Nord).

F-Vsl. Bibliothèque municipale, Vesoul (Haute-Saône).

Grande-Bretagne (GB)

GB-AB/N. National Library of Wales, Aberystwyth.

GB-AB/U. University College of Wales, Aberystwyth.

GB-AD/U. University of Aberdeen.

GB-BH/P. Birmingham City Libraries (Reference Library).

GB-BH/U. University of Birmingham.

GB-BL/U. Queen's University of Belfast.

GB-BR/U. University of Bristol.

GB-BT/P. Brighton Public Library.

GB-CA/U. The University Library, Cambridge.

GB-CB/U. University of Kent, Cantorbéry.

GB-CR/U. University of South Wales and Monmouthshire, Cardiff.

GB-CV/U. University of Warwick, Coventry.

GB-DR/U. University of Durham.

GB-ED/N. National Library of Scotland, Edimbourg.

GB-ED/U. Edinburgh University.

GB-EX/U. Exeter University.

GB-GL/P. Mitchell Library, Glasgow.

GB-HL/U. Brynmor Jones Library, University of Hull.

GB-LA/U. University of Lancaster.

GB-LC/U. University of Leicester.

GB-LD/L. The Leeds Library.

GB-LD/U. The Brotherton Library, University of Leeds.

GB-LO/FrI. The French Institute, Londres.

GB-LO/L. The London Library, Londres.

GB-LO/N. The British Library: Reference Division.

GB-LO/U. University of London Library, Senate House.

GB-LO/U-KC. King's College, Londres.

GB-LO/U-LSE. British Library of Political and Economic Science, Londres.

GB-LO/U-QMC. Queen Mary College, Londres.

GB-LO/U-UC. University College, Londres.

GB-LV/U. University of Liverpool.

GB-MA/P. Manchester Public Libraries (Central Library).

GB-MA/S. John Rylands University of Manchester Library.

GB-MA/U. University of Manchester (Oxford Road).

GB-NO/P. Nottingham City Library.

GB-NO/U. University of Nottingham.

GB-NR/U. University of East Anglia, Norwich.

GB-NW/S. Newcastle-upon-Tyne, Literary and Philosophical Society.

GB-NW/U. University of Newcastle-upon-Tyne.

GB-OX/U-Bl. The Bodleian Library, Oxford.

GB-OX/U-Ty. Taylor Institution Library, University of Oxford.

GB-RE/U. University of Reading.

GB-SA/U. University of Saint-Andrews.

GB-SH/U. University of Sheffield.

GB-SO/U. University of Southampton.

GB-YK/U. J. B. Morrell Library, University of York.

Irlande (IRL)

IRL-DB/U. Trinity College Library, Dublin.

Luxembourg (L)

L-N. Bibliothèque nationale, Luxembourg.

Norvège (N)

N-O/U. Universitetsbiblioteket, Oslo.

Pays-Bas (NL)

NL-A/U. Universiteits-Bibliotheek, Amsterdam.

NL-L/U. Universiteits-Bibliotheek, Leyde.

NL-LH/N. Koninklijke Bibliotheek, La Haye.

NL-U/U. Universiteits-Bibliotheek, Utrecht.

Suède (S)

S-G/U. Göteborgs Universitetsbiblioteket, Gothenbourg.

S-L/U. Universitetsbiblioteket, Lund.

S-S/N. Kungliga Biblioteket, Stockholm.

S-U/U. Universitetsbiblioteket, Uppsala.

URSS (SU)

SU-BV. Bibliothèque de Voltaire, Bibliothèque d'État M. E. Saltykov-Schedrin, Leningrad.

SU-M. Bibliothèque d'Etat Lénine, Moscou.

Etats-Unis (USA)

USA-AU. University of Alabama, University.

USA-CLSU. University of Southern California, Los Angeles.

USA-CLU. University of California at Los Angeles.

USA-CoU. University of Colorado, Boulder.

USA-CSt. Stanford University Library, Stanford (Californie).

USA-CtMW. Wesleyan University, Middleton (Connecticut).

USA-CtY. Yale University, New Haven (Connecticut).

USA-CU. University of California, Berkeley.

USA-CU-S. University of California, San Diego.

USA-CU-SC. University of California, Santa Cruz.

USA-DAU. American University Library, Washington, D.C.

USA-DFo. Folger Shakespeare Library, Washington, D.C.

USA-DLC. U.S. Library of Congress, Washington, D.C.

USA-FTaSU. Florida State University, Tallahasee.

USA-FU. University of Florida, Gainesville.

USA-GEU. Emory University, Atlanta (Georgia).

USA-GMM. Mercer University, Macon (Georgia).

USA-IaU. University of Iowa, Iowa City.

USA-ICarbS. Southern Illinois University, Carbondale.

USA-ICN, Newberry Library, Chicago (Illinois).

USA-ICU. University of Chicago, Chicago (Illinois).

USA-IEN. Northwestern University, Evanston (Illinois).

USA-InU. Indiana University, Bloomington (Indiana).

USA-IU. University of Illinois, Urbana.

USA-KU. University of Kansas, Lawrence.

USA-KyU. University of Kentucky, Lexington.

USA-LNHT. Tulane University, New Orleans (Louisiane).

USA-LU. Louisiana State University, Baton Rouge.

USA-MA. Amherst College, Amherst (Massachussetts).

USA-MB. Boston Public Library (Massachussetts).

USA-MdAN. U.S. Naval Academy, Annapolis (Maryland).

USA-MdBJ. Johns Hopkins University, Baltimore (Maryland).

USA-MdBP. Peabody Institute, Baltimore (Maryland).

USA-MeB. Bowdoin College, Brunswick (Maine).

USA-MH. Harvard University, Cambridge (Massachussetts).

USA-Mi. Michigan State Library, Lansing (Michigan).

USA-MiD. Detroit Public Library (Michigan).

USA-MiDU. University of Detroit, Detroit (Michigan).

USA-MiU. University of Michigan, Ann Arbor.

USA-MnCS. Saint John's University, Collegeville (Minnesota).

USA-MnU. University of Minnesota, Minneapolis.

USA-MoU. University of Missouri, Columbia.

USA-MU. University of Massachussetts, Amherst.

USA-MWelC. Wellesley College, Wellesley (Massachussetts).

USA-NBC. Brooklyn College, Brooklyn, New York.

USA-NBuG. Grosvenor Reference Division, Buffalo and Erie County Public Library, Buffalo (New York).

USA-NcD. Duke University, Durham (North Carolina).

USA-NCH. Hamilton College, Clinton (New York).

USA-McU. University of North Carolina, Chapel Hill.

USA-NcWsW. Wake Forest College, Winston-Salem (North Carolina).

USA-NIC. Cornell University, Ithaca (New York).

USA-NjP. Princeton University, Princeton (New Jersey).

USA-NjR. Rutgers – The State University, New Brunswick (New Jersey).

USA-NN. New York Public Library, New York.

USA-NNC. Columbia University, New York.

USA-NNH. Hispanic Society of America, New York.

USA-NNUT. Union Theological Seminary, New York.

USA-NNU-W. New York University Washington Square Library.

USA-NRU. University of Rochester, Rochester (New York).

USA-NSchU. Union College, Schenectady (New York).

USA-NWM. U.S. Military Academy, West Point (New York).

USA-ODW. Ohio Wesleyan University, Delaware.

USA-OCl. Cleveland Public Library (Ohio).

USA-OClUr. Ursuline College for Women, Cleveland (Ohio).

USA-OClW. Case Western Reserve University, Cleveland (Ohio).

USA-OclWHi. Western Reserve Historical Society, Cleveland (Ohio).

USA-OCU. University of Cincinnati, Cincinnati (Ohio).

USA-OCX. Xavier University, Cincinnati (Ohio).

USA-OkU. University of Oklahoma, Norman.

USA-OO. Oberlin College, Oberlin (Ohio).

USA-OOxM. Miami University, Oxford (Ohio).

USA-OrPR. Reed College, Portland (Oregon).

USA-OrU. University of Oregon, Eugene.

USA-OU. Ohio State University, Columbus.

USA-PBL. Lehigh University, Bethlehem (Pennsylvanie).

USA-PBm. Bryn Mawr College, Bryn Mawr (Pennsylvanie).

USA-PP. Free Library of Philadelphia (Pennsylvanie).

USA-PPA. Athenaeum of Philadelphia (Pennsylvanie).

USA-PPAmP. American Philosophical Society, Philadelphie (Pennsylvanie).

USA-PPiU. University of Pittsburgh, Pittsburgh (Pennsylvanie).

USA-PPiPT. Pittsburgh Theological Seminary (Pennsylvanie).

USA-PPL. Library Company of Philadelphia (Pennsylvanie).

USA-PPT. Temple University, Philadelphie (Pennsylvanie).

USA-PSC. Swarthmore College, Swarthmore (Pennsylvanie).

USA-PSt. Pennsylvania State University, University Park.

USA-PU. University of Pennsylvania (Philadelphie).

USA-RPB. Brown University, Providence (Rhode Island).

USA-RWoU. L'Union Saint-Jean Baptiste d'Amérique, Woonsocket (Rhode Island).

USA-ScU. University of South Carolina, Columbia.

USA-TNJ. Joint University Libraries, Nashville (Tennessee).

USA-TU. University of Tennessee, Knoxville.

USA-TxU. University of Texas, Austin.

USA-UU. University of Utah, Salt Lake City,

USA-ViLxW. Washington & Lee University, Lexington (Virginie).

USA-ViU University of Virginia, Charlottesville.

USA-WaU. University of Washington, Seattle.

USA-WU. University of Wisconsin, Madison.

Liste des abréviations
pour des sources imprimées

Al. Année littéraire ou suite des lettres sur quelques écrits de ce temps, par E. C. Fréron, etc., 292 vols (1754-1791).

AM. Almanach des muses, ou recueil de poésies de nos différents poètes, par C. S. Sautreau de Marsy, etc. 169 vols (1764-1833), & *Pièces échappées aux xvi premiers Almanachs des muses* (Paris [s.d.]).

Annonces. Annonces, affiches et avis divers. 320 vols (1751-1811).

AnT. Annales typographiques ou notice du progrès des connaissances humaines, par Morin d'Hérouville. 11 vols (1760-1763).

Aulard 1. F. A. Aulard, *Paris pendant la réaction thermidorienne et sous le directoire.* 5 vols (Paris 1898-1902).

Aulard 2. F. A. Aulard, *Paris sous le consulat.* 4 vols (Paris 1903-1909).

AvC. Avant-coureur, feuille hebdomadaire où sont annoncés les objets particuliers des sciences et des arts. 13 vols (1760-1773).

Barbier-Billard. A. A. Barbier, *Dictionnaire des ouvrages anonymes. Troisième édition, revue . . . par O. Barbier, R. et P. Billard.* 4 vols (1872-1879).

Bengesco. G. Bengesco, *Voltaire: bibliographie de ses œuvres.* 4 vols (Paris 1882-1890).

Best.D. *The Complete works of Voltaire. Correspondence and related documents, definitive edition by Theodore Besterman.* 51 vols (Oxford 1968-1977).

Biographie universelle. Biographie universelle, ancienne et moderne, nouvelle édition publiée sous la direction de m. Michaud; revue, corrigée et considérablement augmentée. 45 vols (Paris 1843-1865).

Bp. Bibliothèque portative des écrivains françois ou choix des meilleurs morceaux extraits de leurs ouvrages, par mm. Moysant et De Leviẓac. *Nouvelle édition, augmentée.* 3 vols (Londres 1803).

Brenner. C. D. Brenner, *A bibliographical list of plays in the French language, 1700-1789* (Berkeley, California 1947).

Cat. *Catalogue des livres de feu m. J. F. de La Harpe, membre de l'Académie française, et de l'Institut national de France; dont la vente se fera le lundi 1ᵉʳ. messidor an XI (20 juin 1803), et jours suivants* (Paris 1803).

Caussy. F. Caussy, 'Inventaire des manuscrits de la bibliothèque de Voltaire conservés à la Bibliothèque impériale publique de Saint-Pétersbourg', *Nouvelles archives des Missions scientifiques et littéraires* (1913), nouvelle série, vii.

CG. Catalogue général de la librairie française, par O. Lorenz, etc. 28 vols (1867-1922).

CH. Catalogue hebdomadaire ou liste des livres, estampes, cartes, ordonnances, édits, déclarations, arrêts, qui sont mis en vente chaque semaine, tant en France qu'en Pays étrangers, rédigé par L. J. Bellepierre de Neuve-Eglise. [A partir de 1774:] *Journal de la librairie ou Catalogue hebdomadaire . . .,* rédigé par P. D. Pierres. 27 vols (1763-1789).

Chdr. 1. Chefs-d'œuvre dramatiques de J. F. La Harpe, accompagnés de notes critiques et d'observations littéraires, par m. Mély Janin (Paris 1814) & *idem* (Versailles 1815).

Chdr. 2. Chefs-d'œuvre dramatiques de La Harpe (Paris 1822).

ChP. Chronique de Paris. 8 vols (1789-1793).

Chtr. Chefs-d'œuvre tragiques de Rotrou, Crébillon, Lafosse, Saurin, De Belloi, Pompignan et La Harpe (Paris 1843) et *idem* (Paris 1851), *idem* (Paris [1862]), *idem* (Paris 1877), *idem* (Paris 1883), *idem* (Paris 1886-1887).

ClC. Clef du cabinet des souverains, nouveau journal du soir et du matin. 11 vols (1797-1801).

CLT. Correspondance littéraire, philosophique et critique, par Grimm, Diderot, Raynal, Meister, etc., revue . . . par M. Tourneux. 16 vols (1877-1882).

Collé. C. Collé, *Journal et mémoires sur les hommes de lettres, les ouvrages dramatiques et les événements les plus mémorables du règne de Louis xv, 1748-1772, nouvelle édition augmentée . . . par H. Bonhomme.* 3 vols (Paris 1868).

CollH. Collection d'héroïdes et pièces fugitives de divers auteurs. 10 vols (Francfort, Liège, Leipzig, etc. 1769).

Costa Coutinho. B.X. da Costa Coutinho, *Bibliographie franco-portugaise: essai d'une bibliographie chronologique de livres français sur le Portugal* (Porto 1939).

CR. J. F. Laharpe, *Correspondance littéraire adressée à s.a.i. mgr. le grand-duc, aujourd'hui empereur de Russie, et à m. le comte André Showalow . . .* 6 vols (Paris 1801-1807).

CrE. Courrier de l'Europe, ou Gazette des gazettes. 33 vols (Londres, Boulogne 1776-1792).

CS. F. Métra, *Correspondance secrète, politique et littéraire, ou mémoires pour servir à l'histoire des cours, des sociétés et de la littérature en France, depuis la mort de Louis xv.* 18 vols (Londres 1787-1790).

Décade. Décade philosophique, littéraire et politique, par une société de républicains. 54 vols (1794-1807).

Ej. Esprit des journaux français et étrangers, ouvrage périodique et littéraire. 493 vols (Liège etc. 1772-1818).

EP. Etrennes du Parnasse, ou Choix de poésies. 21 vols (1770-1790).

Epf. Elite de poésies fugitives [par Luneau de Boisgermain]. 3 vols (Londres 1764-1770).

Ersch. J. S. Ersch, *La France littéraire, contenant les auteurs français de 1771 à 1796.* 5 vols (Hambourg 1797-1806).

Espion. M. F. Pidanset de Mairobert, *Espion anglais, ou correspondance secrète entre milord All'Eye et milord All'Ear.* 10 vols (Londres 1783).

Estreicher. K. Estreicher, *Bibliografia Polska, xix. Stóleca.* 7 vols (Cracow 1872-1882).

Fayolle. F. J. M. Fayolle, *Acanthologie ou dictionnaire épigrammatique* (Paris 1817).

Fcl. Feuille de correspondance du libraire, ou notice des ouvrages publiés dans les différents journaux qui circulent en France et dans l'étranger. 2 vols (1791-1792).

Fromm. H. Fromm, *Bibliographie Deutscher Übersetzungen aus dem Französischen, 1700-1800.* 6 vols (Baden-Baden 1950-1953).

Gaigne. A. T. de Gaigne, *Encyclopédie poétique, ou recueil complet des chefs-d'œuvre de poésie sur tous les sujets possibles depuis Marot.* 18 vols (Paris 1778-1781).

GF. Gazette de France. 163 vols (1631-1792).

Gl. Gazette et l'avant-coureur de la littérature, des sciences et des arts. 4 vols (1774).

Guillaume. J. Guillaume, *Procès-verbaux du Comité d'instruction publique de la Convention nationale.* 7 vols (Paris 1891-1907, 1957).

HB. M. Holzmann & H. Bohatta, *Deutsches Anonymen-Lexicon, 1501-1850*. 6 vols (Weimer 1902-1917).

Hidalgo. D. Hidalgo, *Diccionario general de bibliografía española*. 7 vols (Madrid 1867).

Intermédiaire. Intermédiaire des chercheurs et des curieux. 103 vols (1864-1940).

Jd. Journal des débats, des lois, du pouvoir législatif et des actes du gouvernement. 10 vols (1800-1805).

Je. Journal encyclopédique. 304 vols (Liège, Bouillon 1756-1793).

JgF. Journal général de France [Affiches, Annonces et Avis divers—]. 44 vols (1752-1792).

Jglf. Journal général de la littérature de France, ou répertoire méthodique des livres nouveaux. 44 vols (1798-1841).

JLib. Journal général de l'imprimerie et de la librairie. [puis:] *Bibliographie de l'Empire français, &c*. [puis:] *Bibliographie de la France ou Journal général de l'imprimerie, &c*. (1810-).

Joannides. A. Joannides, *La Comédie française de 1680 à 1920: tableau de représentations par auteurs et par pièces* (1921).

Jovicevich 1. A. Jovicevich, *Correspondance inédite de Jean-François de La Harpe* (Paris 1965).

Jovicevich 2. A. Jovicevich, 'Thirteen additional letters of La Harpe', *Studies*, 1969, lxxvii.211-228.

Jovicevich 3. A. Jovicevich, *Jean-François de La Harpe, adepte et renégat des lumières* (Seaton Hall 1973).

JP. Journal de Paris ou Poste du soir. 87 vols (1777-1811).

JPL. Journal de politique et de littérature, rédigé de 1774 à 1776 par S. N. H. Linguet, et de 1776 à 1778 par J. F. de La Harpe. 14 vols (1774-1778).

Js. Journal des savants. 111 vols (1665-1792).

Jtb. Journal typographique et bibliographique. 4 vols (1797-1801).

JV. Journal de Verdun [La Clef du cabinet des princes de l'Europe ou Recueil historique et politique sur les matières du temps]. 124 vols (1704-1776).

Kayser. C. G. Kayser, *Index locupletissimus librorum qui, inde ab anno 1750 ad annum 1832, in Germania et in terris confinibus prodierunt*. 6 vols (Leipzig 1834-1838).

Lancaster 1. H. Carrington Lancaster, *French tragedy in the time of Louis xv and Voltaire, 1715-1774*. 2 vols (Baltimore 1950).

Lancaster 2. H. Carrington Lancaster, *French tragedy in the reign of Louis xvi and the early years of the French Revolution, 1774-1792* (Baltimore 1953).

Lepeintre. P. M. M. Lepeintre, *Poètes français, ou collection des poètes du premier ordre, et les meilleurs ouvrages en vers du second ordre*, tome xxxvii (1823): *Poésie du second ordre. La Harpe et Marmontel*.

Lewis. *The Yale edition of Horace Walpole's correspondence*. Edited by W. S. Lewis (New Haven 1937-).

Lycée. J. F. Laharpe, *Lycée ou cours de littérature ancienne et moderne (& Histoire de la Philosophie du xviiie siècle)*. 19 vols (1799-1805).

M. *Œuvres complètes de Voltaire*, éditées par L. Moland. 52 vols (Paris 1877-1885).

MagE. Magasin encyclopédique, ou journal des sciences, des lettres et des arts, 123 vols (1792-1793, 1795-1816).

Mélanges. J. F. de La Harpe, *Mélanges littéraires, ou Epîtres et pièces philosophiques* (Paris 1765).

Mélanges inédits. Mélanges inédits de littérature de J. B. [sic] de La Harpe, recueillis par J. B. Salgues (Paris 1810).

Mélanie. J. F. de La Harpe, *Mélanie ou la Religieuse, drame en trois actes et en vers, représenté pour la première fois à Paris . . . Nouvelle édition, seule conforme à la représentation et à l'édition générale des œuvres de l'auteur, publiées en 1778: suivie des Muses rivales, du Dithyrambe, couronné en 1779, de l'Epitre sur la poésie descriptive, du Camaldule, de la Réponse d'un Solitaire à la lettre de l'abbé de Rancé, et de quelques poésies diverses* (Paris 1792).

Mémorial. Mémorial ou Recueil historique, politique et littéraire, rédigé par La Harpe, Bourlet de Vauxcelles et Fontanes (1797).

MémT. Mémoires pour l'histoire des sciences et des beaux arts. 265 vols (Trévoux 1701-1767).

Monglond. A. Monglond, *La France révolutionnaire et impériale, 1789-1815*, 9 vols (Grenoble 1930-1938).

Moniteur. La Gazette nationale ou le Moniteur universel (1789-1810) & *Réimpression de l'ancien Moniteur, 1789-1799.* 32 vols (Paris 1847-1850).

MF. Mercure de France. 998 vols (1724-1791). *Mercure français, politique, historique et littéraire.* 36 vols (1791-1799). *Mercure de France, journal politique, littéraire et dramatique.* 10 vols (1799-1800). *Mercure de France, littéraire et politique.* 76 vols (1800-1820).

MS. L. P. de Bachaumont, M. F. Pidanset de Mairobert, Moufle d'Angerville, *Mémoires secrets pour servir à l'histoire de la république des lettres en France depuis 1762 jusqu'à nos jours.* 36 vols (Londres 1771-1789). Un astérisque indique la nouvelle édition augmentée (Londres 1781).

NA. Nouvelle anthologie, ou choix des épigrammes et madrigaux de tous les poètes français depuis Marot jusqu'à ce jour [par C. S. Sautreau de Marsy]. 2 vols (Paris 1769).

Nouveau supplément. Nouveau supplément au Cours de littérature de m. de La Harpe (Paris 1818).

OC. *Œuvres choises de La Harpe.* 2 vols (Paris 1814).

OP. *Œuvres choisies et posthumes de m. de La Harpe, de l'Académie française.* 4 vols (Paris 1806).

Pcf. Le Petit chansonnier français [par C. S. Sautreau de Marsy] (Genève 1778).

Pél. Pièces d'éloquence qui ont remporté le prix de l'Académie française, 1765-1771 (Paris 1774).

Perret. J. P. Perret, *Les Imprimeries d'Yverdon au xviie et au xviiie siècles* (Lausanne 1945).

Poitevin. P. Poitevin, *Petits poètes français depuis Malherbe.* 2 vols (Paris 1839); *idem* (1841, 1849, 1864, 1870).

Pph. Poésies philosophiques et descriptives des auteurs qui se sont distingués dans le dix-huitième siècle [par P. S. Maréchal et Michel de Cubières-Palmézeau]. 3 vols (Paris 1792); *idem*, nouvelle édition (an VII).

Psat. Poésies satyriques du xviiie siècle [par C. S. Sautreau de Marsy]. 2 vols (Londres 1782): *idem* (1788).

Pt. *Œuvres de m. de La Harpe, de l'Académie française. Nouvellement recueillies.* Publiées par N. J. Pissot. 6 vols (Paris 1778).

Quérard 1. J. M. Quérard, *La France littéraire, ou dictionnaire bibliographique.* 12 vols (Paris 1827-1864).

Quérard 2. J. M. Quérard, *Les Supercheries littéraires dévoilées . . . Troisième édition, revue et augmentée.* 7 vols (Paris 1869-1879).

Quotidienne. Quotidienne – Feuille du jour – Bulletin politique – Tableau de Paris. 10 vols (1792-1797).

RA. Revue des autographes, des curiosités de l'histoire et de la biographie (1866-1936).

RegistresAf. Les Registres de l'Académie française, 1672-1793. 3 vols (Paris 1895).

RegistresCf. H. Carrington Lancaster, 'The Comédie française, 1701-1774',

Transactions of the American philosophical society (Philadelphia, December 1951), nouvelle série, xli.593-849.

Rép. 1. *Répertoire du théâtre françois, ou recueil des tragédies et comédies restées au Théâtre depuis Rotrou, pour faire suite aux éditions in-8°. de Corneille, Molière, Racine, Regnard, Crébillon, et au Théâtre de Voltaire. Avec des notices sur chaque auteur, et l'examen de chaque pièce* [par C. B. Petitot] (Paris 1803-1804).

Rép. 2. *Théâtre des auteurs du second ordre, ou recueil des tragédies et comédies restées au théâtre français; pour faire suite aux éditions stéréotypes de Corneille, Racine, Molière, Regnard, Crébillon et Voltaire: avec des notices sur chaque auteur, la liste de leurs pièces, et la date des premières représentations* (Paris 1808-1810) tome vii; *idem* (Paris 1813); *idem* (Paris 1815); *Répertoire général du théâtre français, composé des tragédies, comédies, et drames des auteurs du premier et du second ordre, restés au théâtre français, avec une table générale* . . . (Paris 1816, 1818-1819) tome xxxiv; *idem* (Paris 1820); *idem* (Paris 1821); *idem* (Paris 1822); *idem* (Paris 1823); *Œuvres choisies de La Harpe* (Paris 1823); *Répertoire général du théâtre français, composé des tragédies, comédies et drames* (Paris 1828); *Collection des théâtres français: répertoire* (Senlis 1829); *Œuvres choisies de Laharpe, précédées d'une notice sur cet auteur* (Paris [s.d.]).

Rép. 2 (suite). *Suite du Répertoire du théâtre français, avec un choix des pièces de plusieurs autres théâtres, arrangées et mises en ordre par m. Lepeintre, et précédées de notices sur les auteurs* (Paris 1822-1823); *Suite du Répertoire* (Senlis 1829).

Rép. 3. *Répertoire général du théâtre français* (Paris [1813]).

Rép. 4. *Répertoire du théâtre français, ou recueil de tragédies et comédies restées au théâtre depuis Rotrou, avec des notices . . . nouvelle édition augmentée* (Paris 1817-1819).

Rép. 5. *Répertoire du théâtre françois, troisième ordre: ou supplément aux deux éditions du Répertoire publiées en 1803 et en 1817, avec un discours préliminaire tenant lieu des notices et examens qui appartiennent au théâtre du second ordre* (Paris 1819-1820).

Rép. 6. *Théâtre français: répertoire complet: La Harpe* (Paris 1821).

Rép. 7. *Répertoire du théâtre français, avec des commentaires . . . et des notices sur les auteurs et acteurs célèbres par L. B. Picard, de l'Académie française, et J. Peyrot* (Paris 1826).

Rép. 8. *Répertoire du théâtre français: second ordre; tome xv (première partie); Œuvres de La Harpe, Collé, Favart, Chamfort, Sedaine; nouvelle édition* (Paris 1829); *idem* (Paris 1834).

Rhl. Revue d'histoire littéraire de la France.

Sopikov. V. S. Sopikov, *Опытъ россійской библіографіи.* 2 vols (1904).

Studies. Studies on Voltaire and the eighteenth century.

Suard 1. G. Bonno, 'Correspondance littéraire de Suard avec le margrave de Bayreuth', *University of California Publications in modern philology*, 1934, xviii.141-234.

Suard 2. G. Bonno, 'Lettres inédites de Suard à John Wilkes (1764-1780)', *University of California Publications in modern philology*, 1932, xv.161-280.

Théâtre choisi. Théâtre choisi de de La Harpe, avec les préfaces et les notes de l'auteur . . . (Brest 1816).

Thomas. 'Correspondance inédite entre Thomas et Barthe (1759-1785), publiée par M. Henriet', *Rhl*, 1917, xxiv. 113-132, 487-511; 1918, xxv.132-154; 455-479; 1919, xxvi.124-149, 603-628; 1920, xxvii.256-281, 587-606; 1921, xxviii.271-278; 1926, xxxiii.608-618.

Todd 1. C. Todd, 'La Harpe quarrels with the actors: unpublished correspondence', *Studies*, 1967, liii.223-337.

Todd 2. C. Todd, 'Two lost plays by La Harpe: *Gustave Wasa* and *Les Brames*', *Studies*, 1968, lxii.151-272.

Todd 3. C. Todd, *Voltaire's disciple: Jean-François de La Harpe* (London 1972).

Todd 4. J. F. de La Harpe, *Letters to the Shuvalovs*, edited by C. Todd, *Studies*, 1973, cviii.

Todd 5. C. Todd, 'The present state of La Harpe's correspondence: a provisional catalogue', *Studies*, 1972, xciv.159-218.

Tourneux. M. Tourneux, *Bibliographie de l'histoire de Paris pendant la Révolution française*. 5 vols (1890-1906).

Ve. *Œuvres de La Harpe de l'Académie française, accompagnées d'une notice sur ses ouvrages*. Editées par C. H. Verdière. 16 vols (Paris 1820-1821).

Vicaire. G. Vicaire, *Manuel de l'amateur des livres du xixe siècle*. 8 vols (Paris 1894-1920).

Yn. *Œuvres de mr. de La H***., revues et corrigées par l'auteur*. 3 vols (Yverdon 1777).

Éditions collectives

1. MÉLANGES / LITTÉRAIRES, / OU / EPITRES / ET / *PIÉCES PHILOSOPHIQUES,* / *Par M.* De La Harpe. / [*fleuron*] / A PARIS, / Chez DUCHESNE, Libraire, rue S. Jacques, au-dessous / de la Fontaine S. Benoît, au Temple du Goût. / [*filet double*] / M. DCC. LXV. / *Avec Approbation & Privilège du Roi.* //

pp.[iv].161.[iii]; sig. [ ]², A-F¹², G¹⁰; 17,5cm.   [*Mélanges*]

Ex Libris: B-Br; B-G/U; DDR-Go/TL; DK-C; F-Bdx; F-Djn; F-LRY; F-Nts; F-P/Ar; F-Pts; GB-LD/U; GB-LO/N; L-N; SU-BV; USA-ICU; USA-IU.

Approbation: Coqueley de Chaussepierre, 12 avril 1764.

Privilège: 31 août 1764.

Publication: CH, 1 janvier 1765, no.1, art.13; *Je*, 1 janvier 1765, i.150; *MF*, janvier 1765, ii.115; *Js*, février 1765, p.123.

Critiques: Al, 1765, viii.244-256; *AvC*, 11 février 1765, pp.93-4; CLT, vi.174; MS, 30 décembre 1764, ii.135.

Table des matières: Discours en vers: pp.1-16; Pièces philosophiques: pp.17-29; Epîtres: pp.30-54; Pièces détachées: pp.55-66; Héroïdes: pp.67-90; Odes; pp.91-104; Réflexions sur Lucain: pp.105-125; Discours traduits de Lucain: pp.126-153; Dialogue entre Alexandre et un solitaire du Caucase: pp.154-161.

2. *ŒUVRES* / DE / Mr. DE LA H****. / *revues et corrigées par l'auteur.* / [*filet agrémenté double*] / TOME PREMIER. / [*filet agrémenté double*] / [*ornement typographique*] / YVERDON, / De l'Imprimerie de la Société Littér. & Typog. / [*filet agrémenté double*] / M.DCC.LXXVII //

8°. 3 vols. pp.[ii].vi.389.[iii] + [ii].282.[i].[i bl.] + 237.[i]; 21cm.   [Yn.]

Ex Libris: A-ONB; B-A/S; B-Br; CDN-OTY; CH-L; CH-Y; CH-Z; D-Ko/W; D-Mu/B; DK-C; F-Carp; F-Metz(t.2); F-P/Ar; F-S/Bn; GB-ED/N; GB-OX/U-Ty; SU-BV; USA-DLC; USA-MH; USA-WU.

Publication: L'avis suivant fut inséré dans *JPL*, 15 novembre 1777, iii.350, et *JP*, 29 novembre 1777, p.2: 'Pissot, Libraire, quai des Augustins, informé que des libraires étrangers annoncent une édition des Œuvres de m. de La Harpe, en 3 volumes, croit devoir avertir le public qu'il mettra en vente dans le courant du mois de janvier 1778, une édition infiniment plus complète et plus exacte, en 6 vol. in-8°., et dirigée par l'auteur. Elle contiendra un grand nombre de morceaux nouveaux dans plusieurs genres, que l'on ne trouvera point dans l'édition des libraires étrangers, qui n'ont pu imprimer que les pièces déjà publiées. . .' (voir infra, no.4).

Cet avis et d'autres références à l'édition de Paris de 1778 comme 'la seule que l'auteur ait revue' (*MF*, 31 mai 1783, p.235) ammenèrent Quérard à dire que l'édition d'Yverdon n'avait pas été 'donnée par La Harpe' (Quérard 2, ii.col.501). En fait, celui-ci trompa la Société littéraire et typographique d'Yverdon, en préparant les deux éditions en même temps (voir Perret, pp.256, 287, 291-292, 295-300, 437).

Table des matières: Tome i: Théâtre; tome ii: Poésies mêlées et pièces diverses, etc.; tome iii: Eloges; tome iv; Discours académiques, etc.

3. *Œuvres de De La Harpe.* Hambourg, Herold, 1777 //
Gr.8°. 2 vols.
Voir Kayser, ii.45. Nous n'avons pas pu retrouver cette édition.

4. *ŒUVRES* / DE / M. DE LA HARPE, / *DE L'ACADÉMIE FRANÇAISE.* / NOUVELLEMENT RECUEILLIES. / [*filet double*] / TOME PREMIER. / [*filet double*] / OUVRAGES DRAMATIQUES ET MORCEAUX / RELATIFS A CE GENRE. / [*ornement typographique* / A PARIS, / Chez PISSOT, Quai de [*sic*] Augustins, près la / rue Git-le-Cœur. / [*filet double*] / M.DCC.LXXVIII //
8°. 6 vols. pp.[iii].xvi.484 + [iii].424 + [iii].388.[ii] + [iii].399.[i bl.] + viii. 455.[i] + [viii].583(=525, pag. déf.).[i]; 20cm.   [Pt.]

Ex Libris: A-ONB; B-Br; CH-Fg; D-Bo/U; D-Tü/U; DK-C; F-Aj; F-Alès; F-Ang; F-Bl; F-Boul; F-Bourges; F-Cah; F-Cns; F-Lim; F-Ly; F-Nts; F-P/Ar; F-P/Bn; F-P/StG; F-Perp; F-StB; F-Troyes; GB-ED/N; GB-LO/N; GB-MA/S; N-O/U; USA-CtY; USA-GMM; USA-ICN; USA-KyU; USA-MH; USA-MiU; USA-NcU; USA-NN; USA-PBL.
Imprimeur: Clousier, 1778.
Approbation: Saurin, 30 novembre 1776.
Privilège: 11 mars 1777.
Publication: CH, 8 août 1778, no.32, art.4; *AffP*, 12 août 1778, p.127. Voir supra, no.2.

A la fin du premier tome, on trouve l'avis suivant: 'Les ouvrages que l'auteur publiera dans la suite, seront imprimés dans le même format et du même caractère, de manière à faire suite aux volumes qui paraissent actuellement.'

Pissot vendit ensuite les droits de cette édition à F. J. Baudouin (rue de la Harpe), qui annonça en 1783: 'les tomes vii, viii et ix paraîtront l'année prochaine, et tous les ouvrages de l'auteur seront réunis successivement à cette édition. . .' (*MF*, 31 mai 1783, p.235; *JP*, 1 Juin 1783, p.636). Ce projet n'eut pas de suite, et l'édition allait passer entre les mains de Girod et Tessier, no.162, rue de la Harpe (*Fcl*, 1792, 12e. cahier, p.378; *MF*, 7 janvier 1792, p.36).

Critiques: Al, 1778, vi.145-174, 289-322, vii.106-123, 217-245; *AM*, 1779, pp.287-288; *JP*, 12 octobre, 16 et 30 novembre 1778, pp.1141-1143, 1281-1284, 1343-1345; *Js*, juillet 1779 (Gaillard); *MF*, 15 août 1778, pp.154-157 (La Harpe), 25 avril 1779, pp.257-259, 5 mai 1779. pp.25-56 (Rémy); CS, 1 septembre 1778, vi.412-419.

Table des matières: Tome i: Ouvrages dramatiques et morceaux relatifs à ce genre; tome ii: Discours poétiques, odes, héroïdes, épîtres et pièces diverses; tome iii: Eloges académiques et discours oratoires; tome iv: Discours oratoires (suite); tomes v & vi: Littérature et critique (articles tirés du *MF*, mars 1769 à septembre 1776, et du *JPL*, 15 août 1776 à 25 juillet 1777).

5. MÉLANIE / OU / LA RELIGIEUSE, / DRAME EN TROIS ACTES ET EN VERS, / Représenté pour la premiere fois à Paris, / sur le théâtre françois de la rue de / Richelieu, le 7 décembre 1791; / NOUVELLE EDITION, seule conforme à la représen- / tation et à l'édition générale des œuvres de / l'auteur, publiées en 1778: / Suivie des *Muses Rivales*, du *Dithyrambe* couronné / en 1779, de l'*Epître sur la poésie descriptive*, / du *Camaldule*, de la *Réponse d'un Solitaire / à la Lettre de l'abbé de Rancé*, et de quel-/ ques poésies diverses. / Par JEAN FRANÇOIS DE LA HARPE, de l'Aca-/démie Françoise. / [*filet*] / Libertas, quae sera tamen respexit. . . . VIRG. / [*filet*] / Prix 4 liv. broc., et 6 liv. en papier vélin. / [*filet anglais*] / A PARIS, / DE L'IMPRIMERIE DE P. DIDOT L'AÎNÉ. / 1792. //

pp.[xii].230(=pp.234, pag.déf.); sig.[a⁶], 1-5⁶, 6⁴, 7-18⁶, 19⁷; 13,5cm.
[*Mélanie*]

Ex Libris: F-Ly; F-P/Ar; F-P/Bh; F-P/Bn; F-Sal; F-Rod.

Co-éditeurs: Girod et Tessier, libraires, rue de la Harpe, au coin de celle des Deux-Portes, no.162.

Publication: *JP*, 24 avril 1792, p.465; *ChP*, 25 avril 1792, pp.463-464; *Fcl*, 1792, 6e. cahier, pp.181-182. Tourneux, no.18492ª. Ce qui paraît être une nouvelle émission de cette édition fut mise en vente par le libraire parisien, Michel, en 1799 (*Jglf*, pluviôse an VII, II, ii.56; Ersh, iv.248), et par Courcier, quai des Augustins, no.57, en 1802 (*Jglf*, V, ix.283).

Critique: *MF*, 14 avril 1792, pp.40-53 (La Harpe).

6. ŒUVRES / CHOISIES ET POSTHUMES / DE / M. DE LA HARPE, / DE L'ACADÉMIE FRANÇAISE. / AVEC LE PORTRAIT DE L' AUTEUR. / [*filet*] / TOME PREMIER. / [*filet*] / [*monogramme*] / A PARIS, / CHEZ MIGNERET, IMPRIMEUR, / RUE DU SÉPULCRE, F.S.G., N.° 20. / [*filet ondulé*] / 1806 //

33

8°. 4 vols. pp.[vi]. xviii(=lxviii, pag.déf.).317(=377, pag.déf.).[i. bl.].[i]. [i bl.] + [iii].415.[ii].[i. bl.] + [iii].421.[i] + [iii].376.[iii].[i. bl.].4; 20cm.; portrait gravé d'après Ducreux. [OP.]

Ex Libris: A-ONB; CDN-BViV; CDN-QMBN(mq.t.l); CH-N; D-Be/U; D-Er/U; D-Mu/B; DDR-W/TL; DK-C; F-Ang; F-Bdx; F-Do; F-Grs; F-LP; F-Ly; F-P/Ar; F-Bdx; F-P/Bn; F-Pau; F-Pts; F-Rou; F-S/Bn; GB-CA/U; GB-ED/N; GB-ED/U; GB-LO/N; GB-MA/S; NL-A/U; S-U/U; USA-MH; USA-OU; USA-PBL.

Publication: Commencée par Fontanes, cette édition fut finalement préparée par Petitot (*MF*, 7 ventôse an XI (26 février 1803), xi.433; Aulard 2, iii.706). Voir aussi infra, no.621.

Table des matières: Tome i: Avis préliminaire et Mémoires sur la vie de m. de La Harpe, par m. Petitot: pp.i-lxi. Morceau qui a été trouvé dans les papiers de m. de La Harpe. *La prophétie de Cazotte:* pp.lxii-lxviii. Théâtre. Tome ii: Théâtre (suite). Traduction des huit premiers chants de *la Jérusalem délivrée* du Tasse. Traduction libre et abrégée de *la Pharsale* de Lucain. *Epilogue aux mânes de Lucain*. Tome iii: Discours en vers. Extrait des discours en vers qui n'entrent point dans ce recueil. Poésies légères. Epîtres et pièces diverses. Discours académiques. Extrait des discours académiques qui n'entrent point dans ce recueil. Extrait du *Fanatisme dans la langue révolutionnaire*. Tome iv: *Précis historique sur Menzicoff*. Fragments de l'*Apologie de la Religion*.

7. ŒUVRES CHOISIES / DE / LA HARPE. / TOME PREMIER. / [*filet*] / EDITION STÉRÉOTYPE, / D'APRES LE PROCÉDÉ DE FIRMIN DIDOT. / [*filet*] / [*monogramme*] / A PARIS, / DE L'IMPRIMERIE ET DE LA FONDERIE STÉRÉOTYPE / DE P. DIDOT L'AINÉ ET DE FIRMIN DIDOT. / 1814 //

18°. 2 vols. pp.259. [i bl.] + 223.[i bl.]; 14,5cm [OC.]

Ex Libris: F-Bar; F-ChM; F-Ly(t.1); F-Mbn; F-Ny; F-P/Bn; F-Rms; F-Sal; GB-NO/P; L-N; NL-A/U.

Table des Matières: Tome i: Notice sur La Harpe, par m. Fayolle: pp.i-xi. Théâtre. Tome ii: *Tangu et Félime*, Discours en vers, épîtres et pièces diverses.

8. [*Idem*] 1818.

Ex Libris: F-P/Ar.
Publication: *JLib*, 14 février 1818, no.580.

9. [*Idem*] 1819.

Ex Libris: CDN-OONL; F-Ev; F-Grs (t.1); F-Lav(t.2); F-LR; L-N; USA-DCL; USA-ViU.

10. ŒUVRES CHOISIES / DE / LA HARPE. / [*petit filet*] / TOME PRE-
MIER. / [*filet rompu*] / PARIS, / LIBRAIRIE DE LECOINTE, / QUAI DES
AUGUSTINS, N° 49./1834 [-1832] //

18°. 2 vols. pp.259. [i bl.] + 223. [i bl.]; 13,5 cm

Ex Libris: GB-LO/U.

Publication: Il s'agit d'une nouvelle émission des éditions précédentes, avec
une nouvelle page de titre.

11. ŒUVRES / DE LA HARPE, / DE L'ACADÉMIE FRANÇAISE, /
ACCOMPAGNÉES D'UNE NOTICE SUR SA VIE ET / SUR SES
OUVRAGES. / [*filet pointillé*] / TOME I. / [*monogramme*] / A PARIS, /
CHEZ VERDIERE, LIBRAIRE-EDITEUR, / QUAI DES AUGUSTINS,
N°25. / [*filet ondulé*] / 1821[-1820] //

8°. 16 vols. pp.[iv].cxiv.372[i]. [i bl.] + 676 + vi.522 + 458.[i].[i bl.] + [ii].
ii.684 + [vi].iii.[i bl.].588.[i].[i bl.] + [ii].474.[i]. [i bl.] + [ii].669.[i bl.].[i].
[i bl.] + 512 + [iv].xxii.515.[i bl.] + 499. [i bl.] + 469. [i bl.] + 348 + [iv].
iii.[i bl.].480 + [iv].559.[i bl.] + [vi].368; 21cm; portrait gravé par A. Migneret, d'après Ducreux.   [Ve.]

Ex Libris: A-ONB; B-A/S; CDN-SSU; D-Bo/U; F-Aix; F-Albi; F-Am;
F-Bourges; F-Bsn; F-Cham; F-Cns(t.6-7); F-ClB(mq.t.1); F-DP; F-FC;
F-Gbl(mq.t.5); F-Mou; F-Ny; F-P/Bn; F-Pau; F-Vsl; GB-ED/N; GB-
LO/L; GB-LO/N; IRL-DB/U; USA-CtY; USA-DCL; USA-GEU;
USA-ICN; USA-MdBP; USA-MiU; USA-NN; USA-OrU(t.10-13);
USA-PPL.

Imprimeur: Firmin Didot, Père et Fils, imprimeurs du Roi, de l'Institut et de
la Marine, rue Jacob, no.24.

Publication: 'Cette édition paraîtra par livraisons de deux volumes, la première le 1er février, les autres de deux en deux mois...' (*JLib*, 30 octobre 1819,
no.3777). *JLib*, 19 février 1820, no.572: t.iv, v; 10 juin 1820, no.2066: t.x,
xi; 12 août 1820, no.2872: t.iii, ix, xii; 9 décembre 1820, no.4367: t.ii, viii; 24
décembre 1820, no.4702: t.vi, xvi; 12 mai 1821, no.1808: t.i, vii, xiii; 5 octobre
1821, n o.4000: t.xiv, xv.

Table des matières: Tome i: Notice sur La Harpe, par m. de Saint-Surin:
pp.i-lxxiii. Pièces justificatives: No.1: Changements dans les éloges académiques (1802): pp.lxxv-lxxxvii. No. 2: Lettre de m. le marquis de Villev
[ieille] à m. Panckoucke: pp.lxxxvii-xciii. No. 3: Réponse à la lettre insérée
dans le *Journal de Paris*, le 10 juillet 1778, et signée le marquis de Villev...:
pp.xciii-ci. No.4: Discours prononcé devant l'Institut aux funérailles de m.
de La Harpe, par m. de Fontanes: pp.ci-ciii. No.5: Prophétie de Cazotte:
pp.ciii-cx. No.6: Extrait du testament de La Harpe: pp.cx-cxii. No.7: Déclaration ajoutée au codicille de La Harpe: pp.cxii-cxiii. No.8: Epitaphe de La

Harpe, mise dans le cimetière de la rue Vaugirard: pp.cxiii-cxiv. Théâtre. Tome ii: Théâtre (suite). Extraits des ouvrages dramatiques de La Harpe, qui n'ont point été imprimés – avis de l'édition de 1806 [par Petitot]. Tome iii: Poèmes, poésies diverses: discours en vers, épîtres, odes, héroïdes, &c. Tome iv: Eloges, &c. Tome v: Discours oratoires et mélanges. Tome vi: Traduction des *Douze Césars* de Suétone: i (César, Auguste, Tibère, Caligula). Tome vii: Suétone: ii (Claude, Néron, Galba, Othon, Vitellius, Vespasien, Titus, Domitien). Pièces relatives à la traduction des *Douze Césars*. Tome viii: Traduction de *la Lusiade* de Camoëns. Traduction des huit premiers chants de *la Jérusalem délivrée* du Tasse. *La Pharsale*, de Lucain. *Epilogue aux mânes de Lucain.* Tome ix: *Le Psautier français.* Tome x: *Correspondance littéraire* (lettres 1 à 79). Tome xi: lettres 80 à 167. Tome xii: lettres 168 à 260. Tome xiii: lettres 261 à 302. Correspondance diverse. Table alphabétique. Tomes xiv et xv: Littérature et critique (articles tirés du *MF* et du *JPL*). Tome xvi: Fragments de l'*Apologie de la Religion*.

12. ŒUVRES / DIVERSES / DE LA HARPE, / DE L'ACADÉMIE FRANÇAISE, / ACCOMPAGNÉES / D'UNE NOTICE SUR SA VIE ET SES OUVRAGES. / [*petit filet*] / ÉLOGES. / [*monogramme*] / A PARIS, / CHEZ P. DUPONT, LIBRAIRE-EDITEUR, / RUE DU BOULOY, / N° 24. / [*filet ondulé*] / 1826 //

8°. 16 vols; 20,5cm [Nous décrivons ici le tome iv].

Ex Libris: F-Arr; F-Bourg (t.1, 3-5, 8-12, 14-15); USA-TNJ; USA-TxU (t.4).

Imprimeur: Firmin Didot, rue Jacob, no.24.

Publication: Il s'agit d'une nouvelle émission de l'édition précédente.

Cours de littérature

❧

a. Lycée ou cours de littérature ancienne et moderne
(et *Histoire de la philosophie du dix-huitième siecle*)

i. Éditions complètes

13. LYCÉE, / OU / COURS DE LITTÉRATURE / ANCIENNE ET
MODERNE; / PAR J. F. LAHARPE. / [*filet*] / *Indocti discant, et ament
meminisse periti.* / [*filet*] / TOME PREMIER. / [*filet anglais*] / A PARIS, /
CHEZ H. AGASSE, / IMPRIMEUR-LIBRAIRE, / RUE DES POITE-
VINS, N°. 18. / AN VII[-1805] //
Variante dans la page de titre des premiers volumes: [. . .] A PARIS, / Chez H.
AGASSE, Imprimeur-Libraire, / rue des Poitevins, n° 18. / [*filet*] / AN VII
DE LA RÉPUBLIQUE.
Tome xv: [. . .] MODERNE: / PHILOSOPHIE DU DIX-HUITIÈME
SIÈCLE; / PAR J. F. LAHARPE [. . .]
Tome xvi: [. . .] MODERNE, / DERNIÈRE PARTIE: / PHILOSOPHIE
DU DIX-HUITIÈME SIÈCLE; / PAR [. . .]
8°. 16 tomes en 19 vols. pp.[ii].viii.508 + [ii].iii.[i bl.]. 500 + [ii].362 + [ii].
363[i] + [iv].493.[i bl.] + [iv].487.[i bl.] + [iv].435.[i bl.] + [ii].335.[i] +
[ii].472.[ii] + [ii].458.[i].[i bl.] + [ii].441.[i] + [ii].309.[i bl.] + [ii].[310-]
688.[ii] + [ii].574.[ii] + [ii].448.[ii] + [ii].462.[ii] + [ii].viii.494 + [ii].375.
[i bl.] + [ii].[376-]859.[iii]; 20,5cm.   [*Lycée*]
Ex Libris: A-ONB; B-A/S; B-G/U (t.1-12); CDN-AEU; CDN-OTY;
CDN-QMM; CDN-QQL; CDN-SSU; CH-Fg; D-Be/U; D-Do/F;
D-He/U; D-Ko/W (t.1-14); D-Mu/B; D-Sp/P; DDR-Be/DA; DDR-Le/U;
DK-C; F-Aix; F-Aln; F-Am; F-Ancy; F-Ang; F-Anoy; F-Arb; F-Aur;
F-Aut; F-Bdx; F-Bl (mq.t.2); F-Boul; F-Bourges; F-Bsn (mq.t.1); F-Cah;
F-Carc (t.1-14); F-Cham; F-Chau (t.1-3, 12-13); F-Chg; F-ChM; F-ChS;
F-Chx; F-ClF; F-Cls; F-Com (mq.t.1,2,4,6,8); F-Dp; F-Ev; F-FC; F-Gbl;
F-Lav; F-Lib; F-Lim; F-LM; F-LP; F-LR; F-Ly; F-Metz; F-Mbn; F-Mor;
F-Mou; F-Nc; F-Nts; F-Ny; F-P/Ar; F-P/Bn; F-Rms; F-Roa; F-Rod;
F-Rou; F-Senl; F-TslU (t.1-14); F-Troyes; F-Vsl; GB-AD/U; GB-BL/U;

GB-ED/N; GB-ED/U; GB-LD/L; GB-LD/U (t.1-12); GB-LO/FrI; GB-LO/L; GB-LO/N; GB-LO/U; GB-LO/U-KC; GB-LO/U-UC; GB-MA/S; GB-OX/U-Ty; GB-RE/U; N-O/U; NL-L/U; S-G/U; S-L/U; S-U/U; USA-CtY; USA-MB; USA-Mi (t.1-6); USA-NcU; USA-ODW; USA-OrPR(t.15); USA-PPT.

Publication: Tomes i-vii (vols.1-8; tome iii occupe deux volumes): *JP*, 4 prairial an VII (24 mai 1799), p.1070; *Jtb*, 5 prairial an VII (25 mai 1799), ii.249-250; *Jglf*, II, vi.171-172. Tomes viii, ix, x (vols.9, 10 et 11): *Jtb*, 15 thermidor an VIII (4 août 1800), iii.337-338. Tomes xi, xii (vols.12-14: tome xi est en deux parties): *ClC*, 17 messidor an IX (7 juillet 1801), p.8; *Jtb*, 25 messidor an IX (15 juillet 1801), iv.306; *Jd*, 27 messidor an IX (17 juillet 1801), p.4; *Jglf*, IV, vii.218. Pour des détails des contrats signés par La Harpe et Panckoucke, et du transfert des droits de cette édition à Agasse, voir Todd 1, pp.314-316.

Critiques: *JP*, 13 frimaire an IX (4 décembre 1800), pp.438-445 (Feydel), 21 messidor an IX (11 juillet 1801), pp.1754-1755 (article signé V.); *Moniteur*, 21 prairial an VII (9 juin 1799), pp.1064-1065, 22 messidor an VII (10 juillet 1799), pp.1188-1189, 15 vendémiaire an VIII (7 octobre 1799), p.55, 20 frimaire an VIII (11 décembre 1799), p.317; *MF*, 16 fructidor an VIII (4 septembre 1800), i.327-411, 16 nivôse an IX (16 janvier 1801), iii.86-114, 16 ventôse an IX (7 mars 1801), iii.411-434, 30 nivôse an XII (21 janvier 1804), xv.204-212 (Ch.D.); *ClC*, 21 frimaire an VIII (12 décembre 1799), pp.8841-8844 (Roussel); 16 messidor an IX (6 juillet 1801), pp.5-8; *Décade*, 10 fructidor an VII (27 août 1799), xxii.413-424, 30 fructidor an VII (16 septembre 1799), xxii.522-532, 30 vendémiaire an VIII (22 octobre 1799), xxiii.150-165, 10 frimaire an VIII (1 décembre 1799), xxiii.405-417 (Ginguené); *Tableau annuel de la littérature*, par J. M. B. Clément, i.131-187, iii.27-64; *Jd*, 20 thermidor an VIII (8 août 1800), pp.2-4, 21 thermidor an VIII (9 août 1800), pp.3-4; 11 thermidor an IX (30 juillet 1801), pp.2-3, 22 thermidor an IX (10 août 1801), pp.2-4, 30 thermidor an IX (18 août 1801), pp.3-4.

Remarques diverses: Tome xvi (2e. partie[vol.19]) renferme une *Notice historique sur la vie et les œuvres de La Harpe*, par Agasse (pp.739-840), et une *Table analytique* (pp.419-738), attribuée à B. Morin (Quérard 1, vi.319).

Un manuscrit de la première version de l'introduction, envoyé à Shuvalov en 1786, est conservé à Léningrad dans les archives littéraires de l'Académie des Sciences soviétique (voir Todd 3, p.251, Todd 4, pp.260-261). Un manuscrit du chapitre sur Diderot (pp.234) est conservé à New York (Pierpoint Morgan Library: Ms V.12.A). Un manuscrit de la majeure partie de *l'Histoire de la philosophie du xviiie siècle* fut offert à la vente du *Cabinet du chevalier R. . .y* (Charavay, 30 novembre 1863, no.285), et dans la *Revue des autographes*, juillet 1899, no.146 (voir aussi infra, no.91). Malgré la description suivante: 'Manuscrit autographe, 38p. in-4°. Original avec corrections et additions de son article sur Buffon, paru dans *l'Encyclopédie*' (*RA*, février 1890, p.7, no.126), il faut croire qu'il s'agit ici du manuscrit de la troisième section du premier chapitre de la *Philosophie du xviiiᵉ siècle*. Une variante d'un passage de l'*Analyse du Traité du Longin* (I, liv.1, chap.2) fut imprimée dans *JP*, 1ᵉʳ pluviôse an III (20 janvier 1795), pp.487-488. A moins d'être celui d'un article du *Mémorial* (voir infra, *A401*), ce qui paraît être un manuscrit partiel de ce passage fut offert à la vente de la collection de P. Cap[elle] (Laverdet, 6 juin 1849, p.89, no.626, iii) sous le titre de 'Fragment d'un discours sur le 9 thermidor. 6 lignes in-4°.' Une défense du Lycée de la rue de Valois (*Lycée*, ii.243-244) est citée dans CLT, juillet 1786, xiv.412-413.

Le *Lycée* doit beaucoup à des ouvrages antérieurs de La Harpe (voir infra, no.114-115, 117-121, 244, etc.), ou à des articles qu'il composa pour des journaux. Pour ne citer qu'une sélection, les passages sur Marot, Brueys et Palaprat, Bernard, Imbert, et Roucher viennent avec très peu de modifications des pages du *MF* et du *JPL*. D'autres passages, notamment ceux sur Regnard, Malfilâtre, Gresset, Lemierre, Saint-Lambert, Rosset, Delille, Guymond de La Touche, Saurin, De Belloy, Boismont, Chaulieu, et Thomas, doivent leur origine à des articles de journal déjà remaniés pour le recueil des œuvres de La Harpe de 1778. En même temps, pour suppléer aux lacunes laissées par la mort de l'auteur, Agasse ajouta d'autres articles (voir infra, notre appendice sur le journalisme).

Pour la lettre sur Boileau par la marquis de Villette, sous le nom de Nigood d'Outremer, analysée dans le *Lycée*, vi.256-257, voir *JP*, 23 avril 1787, pp.494-496.

Pour un ouvrage inspiré par le *Lycée*, voir J. L. Boucharlat, *Cours de littérature, faisant suite au 'Lycée' de La Harpe* (Paris 1826). Voir aussi infra, no.26, 103-104.

14. LYCÉE, / OU / COURS / DE LITTÉRATURE / ANCIENNE ET MODERNE; / PAR J. F. LA HARPE. / [*filet*] / *Indocti discant, et ament meminisse periti.* / [*filet*] / *TOME PREMIER.* / A PARIS. / CHEZ TOUS LES PRINCIPAUX LIBRAIRES. / 1800[-1804] //
Puis (*tomes xxii à xxiv*): PHILOSOPHIE / DU / DIX-HUITIÈME SIÈCLE, / PAR J. F. LAHARPE. / Suivie / D'UNE NOTICE HISTORIQUE SUR LA VIE / ET LES ŒUVRES DE L'AUTEUR. / *TOME PREMIER.* / [*monogramme*] / A PARIS / CHEZ LES MARCHANDS DE NOUVEAUTÉS. / 1805 //

12°. 24 vols. pp.viii.1.310 + 380 + 432 + 426 + 424 + 390 + 411. [i bl.] + 398 + 385.[i bl.] + 393.[i bl.] + 347.[i bl.] + 368 + 491.[i bl.] + 372 + 354 + 446 + 304 + 362 + 406 + 343. [i bl.] + 364 + 398 + 413. [i bl.] + 452; 18cm.

Ex Libris: A-ONB; D-He/U (t.1-18); D-Ki/U (t.22-23); D-Tü/U; F-Abb (t.22-24); F-S/Bn (t.1-21); GB-ED/U (t.1-13); GB-SA/U (t.1-14); N-O/U (t.1-21); S-G/U; USA-MB (t.1-21); USA-MH (t.1-21); USA-PPA.

Co-éditeurs: A Brunswick, chez Alexandre Pluchart; à Leipzig, chez Besson; à Berlin, chez Fauche Borel, à Pétersbourg, chez Bouvat; à Breslau, chez Th. Kurn junior; à Francfort, chez Simon; à Mannheim, chez Fontaine; à Stockholm, chez Ulrick; à Hambourg, chez Perthes; à Amsterdam, chez Geyler et compagnie.

Publication: Voir Kayser, ii.459, viii.3. Il s'agit d'une contrefaçon.

15. LYCÉE, / OU / COURS DE LITTÉRATURE / ANCIENNE ET MODERNE; / Par J. F. LAHARPE. / [*filet*] / *Indocti discant, et ament meminisse periti*. / [*filet*] / TOME PREMIER. / [*monogramme*] / A TOULOUSE, / DE L'IMPRIMERIE DE J. B. BROULHIET, ÉDITEUR. / SE VEND / CHEZ SENS ET BROULHIET FILS, LIBRAIRES, / RUE SAINT-ROME, N.º 4. / [*filet*] / 1813[-15] //

8°. 12 vols. pp.[iv].596 + [iv].320 + [iv].374.[ii] + [iv].576 + [iv].548 + [iv].600 + [iv].512 + [iv].563.[i bl.] + [iv].611.[i] + [iv].643.[i bl.] + [iv]. viii.576 + [iv].543.[i bl.]; 20,5cm.

Ex Libris: CDN-OLU; F-Albi; F-Aur; F-Av; F-Cah (t.1-4); F-Lim; F-Ny; F-P/Bn; F-PtsU; F-S/Bn; L-N.

Imprimeur: Broulhiet et Douladoure, à Toulouse. Tiré à 2000 exemplaires.

Publication: *JLib*, 11 juin 1813, no.1747: t.i, ii; 23 juillet 1813, no.2089: t.iii, iv; 29 octobre 1813, no.2953: t.v, vi; 3 décembre 1814, no.2123: t.vii, viii, ix, x; 18 mars 1815, no. 788: t.xi, xii.

Remarques diverses: Le texte est celui de la première édition, avec la table analytique et la notice historique par Agasse dans le tome xii.

16. LYCÉE, / OU / COURS DE LITTÉRATURE / ANCIENNE ET MODERNE; / Par J. F. LAHARPE. / [*filet*] / *Indocti discant, et ament meminisse periti*. / [*filet*] / TOME PREMIER. / [*filet anglais*] / PARIS, / Amable COSTES, Libraire, rue de Seine, nº 12. / [*petit filet*] / 1813 //

12°. 16 vols. pp.xli.338 + 364 + 368 + 396.[i].[i bl.] + 369.[i] +392 + 392 + 388.[ii] + 386.[i].[i bl.] + 406 + 458.[i].[i bl.] + 386.[i].[i bl.] + 439. [i bl.] + viii.394.[i].[i bl.] + 342 + 360; 17cm.

Ex Libris: CDN-QMU; CH-Fg; F-Arm; F-Aur; F-Bar (mq.t.12); F-Cham; F-Cls; F-Col; F-Cou; F-Char; F-Fgs; F-P/Bn; F-Pts; F-Qr; F-S/Bn; GB-LO/U-UC; USA-NN; USA-IU; USA-OCIW.

Imprimeur: Marre-Roguin, à Mortagne. Tiré à 3000 exemplaires.

Publication: *JLib*, 9 juillet 1813, no.1994; t.i, ii, iii; 30 juillet 1813, no.2145: t.iv, v, vi; 10 septembre 1813, no.2439: t.vii, viii, ix; 8 octobre 1813, no.2739:

t.x, xi, xii; 12 novembre 1813, no.3110: t.xiii; 2 juillet 1814, no.981: t.xiv, xv, xvi.

Remarques diverses: Le texte est celui de la première édition, avec le tome xvi consacré entièrement à la table analytique. Un tome xvii contient des *Chefs-d'œuvre dramatiques de J. F. Laharpe* (voir infra, no.152).

17. LYCÉE / OU / COURS DE LITTÉRATURE / ANCIENNE ET MODERNE; / PAR J. F. LAHARPE. / NOUVELLE EDITION, / ORNÉE DU PORTRAIT DE L'AUTEUR. / [*filet*] / *Indocti discant, et ament meminisse periti.* / [*filet*] / TOME PREMIER. / [*filet anglais*] / A VERSAILLES, / Chez BERNUSET, Libraire. / [*petit filet*] 1813-[-1814] //

12°. 16 vols. pp.xli.338 +364 +368 + 396.[i].[i bl.] + 369.[i] + 392 + 392 + 388.[ii] + 386.[i].[i bl.] + 406 + 458.[i].[i bl.] + 386.[i].[i bl.] + 439. [i bl.] + viii.394.[i].[i bl.] + 342 + 360; 17cm., portrait.

Ex Libris: F-Bzs; F-LH.

Remarques diverses: C'est une nouvelle émission de l'édition précédente, avec de nouvelles pages de titre. Elle comprend également un tome xvii, avec les *Chefs-d'œuvre dramatiques de J. F. Laharpe* (voir infra, no.153).

18. LYCÉE, / OU / COURS DE LITTÉRATURE / ANCIENNE ET MODERNE; / Par J. F. LAHARPE. / [*filet ondulé*] / NOUVELLE ÉDITION / [*filet*] / Indocti discant, et ament meminisse periti. / [*filet*] / TOME PREMIER. / [*filet anglais*] / A PARIS, / Chez [*en parallèle:*] Et. LEDOUX et TENRÉ, libraires, rue / Pierre-Sarrazin, no.8. / BÉCHET, Libraire, quai des Augustins, no.63. / 1815 //

18°. 16 vols. pp.xxv.354 + 377.[i bl.] + 389.[i bl.] + 421.[i bl.] + 394.[i]· [i bl.] + 412 + 408 + 416 + 414.[i].[i bl.] + 426 + 483.[i bl.] + 418 + 456 + 398.[i].[i bl.] + 342.[i].[i bl.] + 400; 13,5cm.

Ex Libris: B-A/S; CDN-QQL; CH-Fg; D-Mu/B; F-Cham; F-Mbn; F-P/Ar; F-P/Bn; GB-AD/U; GB-MA/P (t.1-15); USA-DLC; USA-OClUr.

Publication: 'Lycée ou cours de littérature ancienne et moderne, par J. F. Laharpe, nouvelle édition en 16 gros volumes in 18°., imprimés sur papier fin par *Crapelet*, pour faire suite aux éditions stéréotypes de Racine, Corneille, Voltaire, Anacharsis, Sévigné, &c.

Cette édition, faite sur l'édition originale, sera complète et correcte, elle paraîtra régulièrement par livraisons de 4 volumes de mois en mois; la première, fin d'août, et la dernière, fin de novembre . . .' (*JLib*, 13 août 1814, p.224). *JLib*, 22 août 1814, no.174: t.i-viii; 26 novembre 1814, no.2009: t.ix.xii; 31 décembre 1814, no.2474: t.xiii.

Remarques diverses: Texte de la première édition. La table occupe le tome xvi.

19. LYCÈE, / OU / COURS DE LITTÉRATURE / ANCIENNE ET
MODERNE, / Par J. F. LAHARPE. / NOUVELLE EDITION AUG-
MENTÉE. / [*filet*] / Indocti discant, et ament meminisse periti. / [*filet*] /
TOME PREMIER. / ANCIENS.-POESIE. / [*filet anglais*] / DE L'IM-
PRIMERIE DE CRAPELET. / A PARIS, / CHEZ LEFEVRE, LI-
BRAIRE, RUE DE L'EPERON. / M.DCC.XVI //

8°. 15 vols. pp.viii.701.[i bl.] + 486 + 367.[i bl.] + 525.[i bl.] + 564 + 378 +
405.[i bl.] + 384 + 374 + 589.[i bl.] + 494 +443.[i bl.] + 479 [i bl.] +
x.515.[i bl.] + 464; 20cm.

Ex Libris: B-G/U; CDN-BVau; CDN-OKQ; F-Am; F-Aut; F-Bourg;
F-Cou; F-Ev; F-P/Bn; F-P/Pts; F-S/Bn; F-Val; GB-BH/U; NL-U/U;
USA-CtY; USA-DLC; USA-NNC; USA-NjP; USA-ViU.
Publication: *JLib*, 2 mars 1816, no.537: t.i-v; 27 avril 1816, no.1192: t.vi-x;
27 juillet 1816, no.2030: t.xi-xv.
Remarques diverses: Il y a les additions suivantes: a) La deuxième et la troisième parties du *Discours sur l'esprit des livres saints* (voir infra, no.122).
b) Des articles de journal (xii.397 etc., xiii.196-217, 294-306, 376-416), réim-
primés d'abord dans les *Mélanges inédits de littérature* (voir infra, no.103). On
omet l'appendice sur le nouveau calendrier et les fragments de l'*Apologie de la
religion*.

20. LYCÉE, / OU / COURS DE LITTÉRATURE / ANCIENNE ET
MODERNE; / Par J. F. LAHARPE. / [*filet ondulé*] / NOUVELLE EDI-
TION, / AUGMENTÉE ET COMPLÈTE. / [*filet*] / Indocti discant, et ament
meminisse periti. / [*filet*] / TOME PREMIER. / [*filet anglais*] / A PARIS
Chez Et.LEDOUX et TENRÉ, libraires, rue / Pierre-Sarrazin, n°8. / 1817 //

18°. 16 vols. pp.viii-xxxv.[i bl].354 + 453.[i bl.] + 389.[i bl.] + 421.[i bl.] +
394.[i].[i bl.] + 412 + 408 + 416 + 414.[i].[i bl.] + 426 + 483.[i bl.] + 418
+ 561.[i bl.] + 398.[i].[i bl.] + 342.[i].[i bl.] + 399.[i bl.]; 13,5cm.

Ex Libris: CDN-OTY (mq. t.3, 6, 8, 10-15); CDN-QQLA; D-Mu/B (t.1-2,
4-10, 12-16); F-Dp; F-Nts; F-P/Bn; F-Rou; GB-BT/P; USA-DCL; USA-
PPL.
Imprimeur: Crapelet.
Publication: *JLib*, 5 avril 1817, no.1088.
Remarques diverses: Il s'agit d'une nouvelle émission de l'édition de 1815
(supra, no.18), plus les additions de l'édition Lefèvre (supra, no.19) dans les
tomes ii et xiii.

21. LYCÉE / OU / COURS DE LITTÉRATURE / ANCIENNE ET
MODERNE, / PAR J.-F. LAHARPE. / EDITION CLASSIQUE ET
COMPLÈTE. / [*filet*] / Indocti discant, et ament meminisse periti. / [*filet*] /

TOME PREMIER. / ANCIENS: / POÉSIE, ÉLOQUENCE, HISTOIRE, PHILOSOPHIE ET LITTÉRATURE MÊLÉE. / [*filet anglais*] / DE L'IMPRIMERIE D'ABEL LANOE. / A PARIS, / CHEZ VERDIÈRE, LIBRAIRE, QUAI DES AUGUSTINS, N°.25, / M.DCCC.XVII [-XVIII] //

8°. 4 tomes en 5 vols. pp.[iv].xx.606 + [ii].xxxi.611. [i bl.] + [iv].xvi.614. [ii] + [iv].547. [i bl.] + [iv]. 643.[iii]; 21cm.

Ex Libris: B-Br; F-Bar; F-Bsn; F-Gbl; F-P/Bn; L-N; USA-MeB; USA-NjR; USA-NN; USA-RWoU.

Publication: *JLib*, 8 mars 1817, no.729: Prospectus; 24 mai 1817, no.1634: t.i; 16 août 1817, no.2550: t.ii; 15 novembre 1817, no.3525: t.iii (1ère. et 2e. parties); 18 avril 1818, no.1462: t.iv.

Remarques diverses: Cette édition contient les additions de 1816 (voir supra, no.19), plus 'la lettre de m. de La Harpe sur la traduction de l'*Essai sur l'homme* [de Pope], par m. de Fontanes' (voir infra, *A1.31*): iii.539 etc. Cet article ne fut pas réimprimé dans d'autres éditions du *Lycée* (voir Ve, xv.383-398). Cette édition omet les notices sur Laplace et Auger, ajoutées dans la première édition, ainsi que l'appendice sur le nouveau calendrier et les fragments de l'*Apologie de la religion*. Le texte est précédé d'une notice sur La Harpe par Villenave.

22. LYCÉE / OU / COURS DE LITTÉRATURE / ANCIENNE ET MODERNE / PAR J. F. LA HARPE. / Indocti discant, et ament meminisse periti. / [*filet*] / TOME PREMIER. / ANCIENS. -POESIE. / [*monogramme*] / A PARIS / CHEZ DETERVILLE, LIBRAIRE, / RUE HAUTEFEUILLE, N° 8; / ET LEFEVRE, RUE DE L'ÉPERON, N°6. / M D CCC XVIII [-XIX] //

Puis (tomes xv et xvi): PHILOSOPHIE / DU / DIX-HUITIÈME SIÈCLE / OUVRAGE POSTHUME / DE J. F. LA HARPE. / NOU-VELLE EDITION. / [*filet*] / TOME PREMIER. / [*Monogramme*] / A PARIS / CHEZ DETERVILLE, LIBRAIRE, / RUE HAUTEFEUILLE, N° 8, / ET LEFEVRE, / RUE DE L'ÉPERON, N° 6. / [*petit filet*] / M D CCC XVIII //

8°. 16 vols. pp.[ii].iv.394 + [ii].332 + [ii].506 + [ii].382 + [ii].542 + [ii]. 588 + [ii].396 + [ii].420 + [ii]. 400 + [ii].388 + [ii].616 + [ii].518 + [ii]. 464 + [ii].499.[i bl.] + [ii].460.[ii bl.] + [ii].554; 20,5cm.

Ex Libris A-ONB (t.15-16); B-A/S (t.1-14); B-Br (t.15-16); CDN-BVau (t.15-16); CDN-QMU; CDN-QQLA; D-Mu/B; F-Abb; F-Albi (t.15-16); F-Bdx; F-Carp (t.1-14); F-LF/P; F-LM (t.15-16); F-LyU; F-Nts; F-P/Bn; F-P/StG (t.1-14); F-Rou; F-Sal (t.1-14); F-S/Bn; GB-CA/U; GB-GL/P; GB-LD/L (t.15-16); GB-LD/U (t.15-16); GB-LO/U-KC; GB-LO/U-LSE (t.15-16); GB-NW/U (t.1-14); IRL-DB/U; S-G/U; USA-CLSU (t.15-16); USA-MiD; USA-MiU (t.15-16); USA-NcU; USA-OU; USA-ViU (t.1-14).

Imprimeur: P. Didot l'aîné, chevalier de l'ordre royal de Saint-Michel, imprimeur du Roi.

Publication: JLib, 14 novembre 1818, no.4137 Prospectus; 12 décembre 1818, no.4603. t.i-iv; 20 février 1819, no.631. t.v-xii; 17 avril 1819, no.1432: t.xiii-xvi.

Remarques diverses: Editée par un certain Berth***, cette édition contient les additions de 1816 (supra, no.19), et a les mêmes omissions. Tome xv renferme l'avis suivant: 'C'est pour nous conformer à la divison de la première édition du Cours de Littérature, publiée par feu m. Agasse, que nous avons séparé les œuvres posthumes qui traitent de *la Philosophie du dix-huitième siècle* ...'.

23. LYCÉE, / OU / COURS DE LITTÉRATURE / ANCIENNE ET MODERNE; / Par J. F. LAHARPE. / [*filet ondulé*] / TROISIÈME ÉDITION. / Indocti discant, et ament meminisse periti. / TOME PREMIER. / [*filet anglais*] / A PARIS, / CHEZ ET. LEDOUX, LIBRAIRE, / RUE GUÉNÉGAUD, N°9. / [*petit filet*] / 1820 //

18°. 16 vols. pp.xxxv.354 + 453.[i bl.] + 389.[i bl.] + 423.[i bl.] + 395. [i bl.] + 412 + 408 + 416 + 415.[i bl.] + 426 + 484 + 419.[i bl.] + 561. [i bl.] + 399.[i bl.] + 343.[i bl.] + 396; 14 cm.

Ex Libris: CDN-QMBN; F-Carp; F-P/Bn (t.7-16); USA-OCX; USA-PP.

Imprimerie: F. Didot.

Publication: JLib, 12 février 1820, no.493; t.i-iv; 15 avril 1820, no.1272: t.vi-x; 8 juillet 1820, no.2469: t.xi-xvi.

Remarques diverses: C'est une nouvelle émission de l'édition de 1817 (supra, no.20).

24. LYCÉE / OU / COURS DE LITTÉRATURE / ANCIENNE ET MODERNE, / Par J. F. DE LA HARPE. / Indocti discant, et ament meminisse periti. / [*petit filet*] / TOME PREMIER. / ANCIENS. -POÉSIE. / [*filet anglais*] / A DIJON, / CHEZ VICTOR LAGIER, LIBRAIRE / ET FRANTIN, IMPRIMEUR DU ROI. / [*filet double*] / 1820[-1822] //
Puis (*tomes xvii et xviii*): PHILOSOPHIE / DU / DIX HUITIÈME SIÈCLE / OUVRAGE POSTHUME / DE J. F. DE LA HARPE. / NOUVELLE EDITION / [*filet*] / *A fructibus eorum cognoscetis eos.* / Vous les connaîtrez par leurs fruits. / S. MATH. / [*filet*] / TOME PREMIER. / [*filet anglais*] / A DIJON [...] //

12°. 18 vols. pp.clxiii.302.[ii] + 492.[ii] + 502.[ii] + 495.[iii] + 400.[iv] + 411.[iii] + 408.[iv] + 434.[ii] + 458.[ii] + 428.[vi] + 413.[iii] + 416.[iv] + 513.[v] + 409.[iii] + 399.[iii] + 490.[ii] + 596.[ii] + 534.[iv]; 17,5cm.

Ex Libris: F-Chg; F-Cns; F-Dgn (t.1-5, 7-16); F-Djn; F-Mplr (t.1-16); F-Nev; F-Sts; F-Troyes; S-U/U (t.17-18); USA-CtY; USA-CU (t.17-18).
Imprimeur: Frantin, imprimeur du Roi.
Co-éditeurs: Mme vve. Agasse, imprimeur-libraire, rue des Poitevins, no.6; Delaunay, libraire, Palais-Royal; Eymery, libraire, rue Mazarine, no.30; P. Lagier, libraire, boulevard du Temple; Lecointe et Durey, libraires, quai des Augustins; Ledentu, quai des Augustins, no.31; Renouard, libraire, rue Saint-André- des-Arcs; Tourneux, libraire, rue Gît-le-Cœur, no.4.
Publication: *JLib*, 17 juin 1820, no.2173: t.i-ii; 16 septembre 1820, no.3324; t.iii-iv; 2 décembre 1820, no.4476: t.v-vi; 3 février 1821, n.395: t.vii-viii; 17 mars 1821, no.1022: t.ix-x; 9 juin 1821, no.2212: t.xi-xii; 13 juillet 1821, no.2703: t.xiii-xiv; 15 septembre 1821, no.3688: t.xv-xvi; 19 janvier 1822, no.238: t.xvii-xviii.
Remarques diverses: Contient les additions de 1816 (supra, no.19); omet les fragments de l'*Apologie de la religion*, mais reproduit l'appendice sur le nouveau calendrier. Le texte est précédé des 'Recherches historiques, littéraires et bibliographiques sur la vie et les ouvrages de m. de La Harpe', par Peignot.

25. LYCÉE / OU / COURS DE LITTÉRATURE / ANCIENNE ET MODERNE, / Par J. F. LA HARPE. / Indocti discant, et ament meminisse periti. / TOME I. / [*monogramme*] / PARIS / DE L'IMPRIMERIE DE FIRMIN DIDOT, / IMPRIMEUR DU ROI ET DE L'INSTITUT, N°24 / M DCC XXI[-XXII] //

8°. 16 vols. pp.cxiv.vii.424 + 362 + 526 + 403.[i bl.] + 580 + 492 + 540 + 455.[i bl.] + 428 + 415.[i bl.] + 646 + 550 + 496 + 515.[i bl.] + 477.[i bl.] + 560; 20,5cm.

Ex Libris: CDN-OOU; F-Bdx; F-Lou; F-Metz; F-Ny; F-P/U; F-Pau; F-Vers; F-Vire; GB-BH/U; GB-LC/U; GB-NR/U; GB-O/U-Bl; NL-LH/N; USA-CtY; USA-CU-S; USA-NjR; USA-NN.
Co-éditeurs: Verdière, quai des Augustins, no.25; Lheureux, même quai, no.27; Ladrange, même quai, no.19; Guibert, même quai, no.25.
Publication: *JLib*, 23 février 1821, no.8: Prospectus ('L'ouvrage sera composé de 16 vol. in-8°., qui paraîtront par livraisons de 2 volumes de deux en deux mois, à partir du 15 avril prochain . . . '); 12 mai 1821, no.1807: t.v; 4 août 1821, no.3075: t.i, vi; 13 octobre 1821, no.4116: t.ii, vii; 15 décembre 1821, no.5072: t.iii, viii; 2 mars 1822, no.1132: t.iv, ix; 20 avril 1822, no.1888: t.x, xi; 13 juillet 1822, no.3217: t.xii, xiii; 28 septembre 1822, no.4334: t.xiv, xv; 8 février 1823, no.608: t.xvi.
    La famille Agasse entama sans succès des poursuites judiciaires au sujet de cette édition, qu'elle accusait de contrevenir à ses droits (*JLib*, 3 août 1822, pp.478-479).

Remarques diverses: Certains exemplaires renferment la vie de La Harpe par Saint-Surin (voir Quérard 1, iv.436). Le texte a été revu: 'Enfin, on relevera par des notes fort courtes mises au bas des pages, ou renvoyées à la fin du volume quand elles seront trop longues, les erreurs graves dont La Harpe n'est point exempt, surtout quand il parle des Anciens' (*Avis des éditeurs*).

L'addition la plus importante est un appendice par Boissonade sur Orphée, Sappho, et Babrias. Cette édition contient les additions de 1816 (voir supra, no.19) et omet l'appendice sur le nouveau calendrier et les fragments de l'*Apologie de la religion*.

26. LYCÉE, / OU / COURS DE LITTÉRATURE / ANCIENNE ET MODERNE; / Par J. F. LAHARPE. / [*filet ondulé*] / QUATRIÈME ÉDITION. / Indocti discant, et ament meminisse periti. / TOME PREMIER. / [*filet anglais*] / A PARIS, / CHEZ ÉT. LEDOUX, LIBRAIRE, / RUE GUÉNÉGAUD, N°9. / [*petit filet*] / 1822 //
Puis (*tomes xiv et xv*): PHILOSOPHIE / DU / DIX-HUITIÈME SIECLE. / Par J. F. LAHARPE. / [*filet ondulé*] / QUATRIÈME ÉDITION. / Indocti discant, et ament meminisse periti. / TOME PREMIER. / [. . .] //

18°. 16 vols. pp.xxxvii.360 + 466 + 402 + 440 + 410 +427.[i bl.] + 424 + 434 + 434 + 443.[i bl.] + 506 + 438 + 411 (pag. déf.=585). [i bl.]]+ vi.404 + 356 + 314; 13,5cm.

Ex Libris: F-Albi; F-ClB; F-P/Bn; F-Sal; F-S/Bn; F-StE; F-Troyes; GB-BL/U; GB-LO/U-QMC (t.4, 6-16); N-O/U; NL-LH/N; S-U/U; USA-TNJ.
Imprimeur: Rignoux.
Co-éditeur: Cette quatrième édition, faite avec l'autorisation de mme. vve. Agasse, se trouve aussi dans sa Librairie.
Publication: 25 mai 1822, no.2432: Prospectus; 22 juin 1822, no.2867: t.i-iv; 7 septembre 1822, no.4026: t.v-viii; 2 novembre 1822, no.4913: t.ix-xii; 4 janvier 1823, no.15: t.xiii-xvi.
Remarques diverses: Le texte est celui de l'édition de 1817 (supra, no. 20), mais revu: 'Un savant . . . a corrigé un assez grand nombre de fautes qui avaient échappé à La Harpe ou à ses copistes. Il a marqué d'un astérisque les endroits où ce critique célèbre a commis des erreurs. Ces astérisques renvoient à l'article *Laharpe* d'un ouvrage que nous publions pour faire suite au Lycée . . .' (*Avertissement du libraire*, i, p.ii). Il s'agit du *Supplément au Cours de littérature, ou choix de jugemens des ecrivains francais sur les littérateurs anciens et modernes* (1822), 2 vols (F-Albi; F-Chg; F-P/Ar; GB-BL/U; L-N; N-O/U; USA-DLC). Voir *JLib*, 17 août 1822, no.3802. Edité par F***. Article sur La Harpe: ii.61-90.

27. RÉPERTOIRE / DE LA / LITTÉRATURE / ANCIENNE ET MODERNE, / CONTENANT: / I° LE LYCÉE DE LA HARPE, LES

ÉLÉMENTS DE LITTÉRATURE DE MARMONTEL, / UN CHOIX
D'ARTICLES LITTÉRAIRES DE ROLLIN, VOLTAIRE, BATTEUX,
etc.; / 2° DES NOTICES BIOGRAPHIQUES SUR LES PRINCIPAUX
AUTEURS ANCIENS ET / MODERNES, AVEC DES JUGEMENTS
PAR NOS MEILLEURS CRITIQUES, TELS QUE: / *D'Alembert,*
Batteux, Bernardin de Saint-Pierre, Blair, Boileau, Chénier, | Delille, Diderot,
Fénelon, Fontanes, Ginguéné, La Bruyère, La Fontaine, | Marmontel, Maury,
Montaigne, Montesquieu, Palissot, Rollin, J. B. | Rousseau, J.J. Rousseau,
Thomas, Vauvenargues, Voltaire, etc. / Et MM. Amar, Andrieux, Auger,
Burnouf, Buttura, Chateaubriand, / Dussault, Duviquet, Le Clerc, Lemercier,
Patin, Villemain, etc.; / 3° DES MORCEAUX CHOISIS AVEC DES
NOTES. / [*filet double*] / TOME PREMIER. / [*filet double*] / A PARIS, /
CHEZ CASTEL DE COURVAL, LIBRAIRE-EDITEUR, / RUE DE
RICHELIEU, N° 87. / [*filet agrémenté*] / M. DCCC. XXIV[-XXVII] //

8°. 31 vols. pp.viii.476 + 494 + 476 + 472 + 480 + 496 + 455.[i bl.] +
479.[1 bl.] + 488 + 487.[i bl.] + 456 + 503.[i bl.] + 480 + 472 + 485.[i bl.] +
488 + 468 + 448 + 455.[i bl.] + 480 + 466 + 510 +562 + 423.[i bl.] +
435.[i bl.] +476 + 459.[i bl.] + 526 + 499.[i bl.] + 504 + 208; 20, 5cm.,
portraits dessinés et gravés par A. Tardieu.

Ex Libris: F-Am; F-ClB; F-Ev; F-P/Bn; F-S/Bn; F-TlsU; GB-LO/N.
Imprimeur: Pochard, à Paris.
Publication: *JLib*, 10 avril 1824, no.1900: Prospectus; 7 août 1824, no.4069:
t.i, ii(A-BA); 15 octobre 1824, no.5151: t.iii, iv, v(BA-BR); 27 novembre
1824, no.5908: t.vi(BRI-CHAI); 18 décembre 1824, no.6662: t.vii (CHA-
CIC); 1 janvier 1825, no.8: t.viii(CI-Conte); 5 février 1825, no.647: t.xxx
(VOL-YR); 12 février 1825, no.812: t.ix (Convenance-Dante); 19 mars 1825,
no.1447: t.x(DA-DESCR); 2 avril 1825, no.1825: t.xi(DESFONT-DUB);
28 mai 1825, no.2920: t.xii, xiii(DUV-FIN); 9 juillet 1825, no.3839: t.xiv,
xv(FLE-INT); 13 août 1825, no. 4501: t.xvi(IN-LEON), xxix(VOL);
1 octobre 1825, no.5475: t.xvii(LAN-LIT), xxviii(TIL-VOL); 23 novembre
1825, no.6505: t.xviii, xix(Locke-MONT); 29 juillet 1826, no.4900: t.xx
(MONTES-OTW); 13 septembre, 1826, no.5775: t.xxvii(SOU-TIB); 4
octobre 1826, no.6228: t.xxii(PLI-PUL); 22 novembre 1826, no.7169:
t.xxiv (RAC-ROT), xxv(ROU-SUPH); 6 janvier 1827, no.79: t.xxvi(SAR-
SOU); 27 janvier 1827, no.630: t.xxi(O-PL); 3 février 1827, no.839: t.xxxi
(Supplément et Table); 14 mars 1827, no.1862: t.xxiii(Quest-Racine).
Remarques diverses: Comme pour les autres ouvrages employés dans ce
recueil, les rédacteurs – identifiés par Barbier-Billard, iv.275, comme H. Patin,
F. Descuret, et P. Tanard – ont cru nécessaire de 'soumettre le *Lycée* de La
Harpe à l'ordre alphabétique' (i, p.ii), c'est-à-dire placer les chapitres et les
sections du *Lycée* sous le nom de l'auteur auquel ils sont consacrés.

28. LYCÉE, / /OU / COURS DE LITTERATURE / ANCIENNE ET MODERNE, / Par J. F. LA HARPE. / Indocti discant, et ament meminisse periti. / [*petit filet*] / TOME PREMIER. / [*monogramme*] / PARIS. GARNERY, LIBRAIRE, RUE DU POT-DE-FER. / [*filet ondulé*] / 1822[-1824] //

12° & 18°. 18 vols. pp.467.[i] + 399.[i bl.] + 573.[i bl.] + 437.[i] + 424.[i bl.]. [i] + 421.[i] + 423.[i] + 450 + 480 + 451.[i] + 436.[i] + 471.[i] + 492.[i]. [i bl.] + 488.[i].[i bl.] + 549. [i bl.] + 446.[i].[i bl.] + 448 + 491.[i bl.]; 17 & 15cm.

Ex Libris: CDN-AEU; CDN-OONL; CDN-QMBN; CDN-QSherU; F-Bourges; F-LR; F-P/Bn; F-Senl; F-Vsl; S-G/U; USA-CU; USA-NN; USA-ViU.

Imprimeur: Senlis, imprimerie stéréotype Tremblay.

Publication: *JLib*, 27 novembre 1824, no.6179. Dans l'édition in-12° les deux premiers volumes portent la date de '1822', alors que les deux premiers volumes de l'édition in-18° portent celle de '1823'. Les autres volumes sont datés ainsi dans les deux formats: t.vi, vii, ix à xviii: 1823; t.iii, iv, v, viii: 1824.

Remarques diverses: Le texte est celui de 1821 (supra, no.25).

29. COURS / DE / LITTERATURE / ANCIENNE ET MODERNE, / PAR J. F. LA HARPE. / Indocti discant, et ament meminisse peritis [*sic*]. / [*filet agrémenté*] / TOME PREMIER. / [*monogramme*] / PARIS, / CHEZ P.DUPONT, LIBRAIRE, / HÔTEL DES FERMES, RUE DU BOULOY, N°24. / ET CHEZ LEDENTU, LIBRAIRE, / QUAI DES AUGUSTINS, N° 31; / [*filet ondulé*] / 1826[1825-1826] //

8°. 18 vols. pp.ccxiii.274.[iv] + 428.[vi] + 370.[ii] + 488.[ii] + 364.(vi) + 484.[14].4 + lviii.442.[iv] + 441.[v] + 495.[iii] + 488.[ii] + 382.[iv] + 376. [ii] + 586.[iv] + 494.[iv] + 508.[ii] + 573.[v] + 431.[iii] + 508.[ii]; 21cm.

Ex Libris: D-Mu/B; F-Am; F-Ang; F-Cns; F-La; F-Metz; F-Ny; F-P/Bn; F-Qr; F-Tls; F-Vers; GB-HL/U(mq.t.8); GB-LO/N; USA-MdBJ; USA-NIC; USA-NNC; USA-PU; USA-RPB.

Imprimeur: Gaultier-Laguione, à Paris.

Co-éditeurs: A Paris, chez Ledentu, libraire, quai des Augustins, no.31; chez P. Dupont, libraire, Hôtel des Fermes, rue du Bouloy, no.24; chez Bossange père, rue de Richelieu, no.60; Peytieux, passage Delorme.

Publication: *JLib*, 12 février 1825, no.858: Prospectus; 19 février 1825, no. 942: t.iv; 16 avril 1825, no.1998: t.v; 18 juin 1825, no.3299: t.viii, xi; 13 août 1825, no.4500: t.x; 17 septembre 1825, no.5229: t.iii, xi; 24 septembre 1825, no.5350: t.xii; 8 octobre 1825, no. 5594: t.xiii; 12 novembre 1825, no.6260: t.xiv, xv; 28 décembre 1825, no.7374: t.xvi, xvii, 25 mars 1826, no.1775: t.vi, vii; 3 juin 1826, no.3609; 11 novembre 1826, no.6929: t.i; 17 janvier 1827, no.299: t.xviii.

Remarques diverses: Voici la meilleure édition du *Lycée*. Elle est rédigée par Buchon. Elle renferme un 'Discours préliminaire' par Daunou (i. pp.i-clxxxvi) et le 'Rapport sur le grand prix de littérature [remporté par le *Lycée* en 1810]', par M. J. Chénier (i. pp.clxxxvii-cxc). Omettant l'appendice sur le nouveau calendrier et les fragments de l'*Apologie de la religion*, Buchon complète la liste d'articles remaniés tirés des *Mélanges inédits de littérature* (infra, no.103), dont un certain nombre avait été déjà inséré dans le *Lycée* dès 1816 (voir supra, no.19). Il ajoute également l'*Eloge de Voltaire* (infra, no.149): x.33-106.

Avant tout, le nouveau rédacteur essaie de combler les lacunes laissées par La Harpe dans son désir de parler seulement des âges d'or de la littérature. Aux notes de Boissonade sur Orphée, Sappho, et Babrias (voir supra, no.25), on ajoute d'autres sur Turnis et Simonide. Les autres additions sont importantes:

a) *Introduction au théâtre ancien* (tome ii): Buchon: 'De l'antique drame chez les Anciens'; Boindin: 'Sur la forme et la construction du Théâtre chez les Anciens' (*Mémoires de l'Académie des inscriptions et belles-lettres*); Boindin: 'Sur les masques et les habits de théâtre des Anciens' (*ibid*); Louis Racine: 'De la déclamation théâtrale' (*ibid*); 'Sur l'état des femmes en Grèce' (traduit du *Quarterly review*); Duclos: 'Sur les jeux scéniques des Romains, et sur ceux qui ont précédé en France la naissance du poème dramatique' (*Mémoires*, etc., tome xvii).

b) *Des romans grecs et latins* (tiré d'une *Histoire de la fiction*, traduite de l'anglais de m. J. Dunlop).

c) Dutens 'Tables généalogiques des héros de roman' (tirées du *Recueil de tables généalogiques*).

d) 'Introduction sur les origines du théâtre en France' (tirée d'un *Cours de littérature dramatique* donné au Lycée par m. J. A. Buchon).

e) Dunlop et M. J. Chénier: 'Littérature du Moyen Age'.

30. LYCÉE / OU / COURS DE LITTÉRATURE / ANCIENNE ET MODERNE, / PAR J. F. LA HARPE. / Indocti discant, et ament meminisse periti. / [*petit filet anglais*] / TOME PREMIER. / ANCIENS-POÉSIE. / [*monogramme*] / A PARIS, / CHEZ DEPELAFOL, LIBRAIRE, / RUE DES FOSSÉS-SAINT-GERMAIN-DES-PRÈS, N. 18; / MAME ET DELAUNAY-VALLÉE, LIBRAIRES, / RUE GUÉNÉGAUD, N. 25. / M DCCC XXV. //
Puis (*tomes xv et xvi*): PHILOSOPHIE / DU / DIX-HUITIÈME SIÈCLE / OUVRAGE POSTHUME / DE J. F. LA HARPE. / NOUVELLE EDITION. / [*filet anglais*] / TOME PREMIER. / [*Monogramme*] / [...]
8°. 16 vols. pp.vii.376 + 319.[i bl.] + 487.[i bl.] + 366 + 519.[i bl.] + 580 + 384 + 406 + 395.[i bl.] + 385.[i bl.] + 614 + 514 + 462 + 491.[i bl.] + 449.[i bl.] + 546; 21cm.

49

Ex Libris: CDN-QMU; CDN-QQLA; D-Be/U; F-Am; F-BsnU; F-P/Bn; GB-BR/U; GB-CA/U; GB-OX/U-Ty; USA-DLC; USA-MiU (t.15-16); USA-NNUT (t.15-16); USA-OOxM.

Imprimeur: Lachevardière fils, rue du Colombier, no.30, a Paris.

Publication: *J Lib*, 22 octobre 1825, no.5941/2. 'Edition publiée avec autorisation de mme. Agasse, propriétaire des *Œuvres posthumes de La Harpe*.'

Remarques diverses: Cette édition contient les additions de 1816 (voir supra, no.19) et omet l'appendice sur le nouveau calendrier et les fragments de l'*Apologie de la religion*.

31. LYCÉE, / OU / COURS DE LITTÉRATURE / ANCIENNE ET MODERNE, / PAR J. F. LA HARPE. / Indocti discant, et ament meminisse periti. / [*petit filet*] / TOME PREMIER. / [*ornement typographique*] / SENLIS. / IMPRIMERIE STÉRÉOTYPE DE TREMBLAY, / RUE DU CHAT-HARET. / 1826. //

18°. 18 vols. pp.467.[i bl.] + 399.[i bl.] + 571.[i bl.] + 438 +?424 + 422 + 424 + 450 + 480 + 452+ 437.[i bl.] + 472 + 493.[i bl.] + ?488 + 550 + 446 + 499.[i bl.] + 491.[i bl.]; 13,5cm.

Ex Libris: USA-MiDU (mq-t.5, 14).

Remarques diverses: Il s'agit d'une nouvelle émission de l'édition de Garnery (supra, no.28).

32. LYCÉE / ou / COURS DE LITTÉRATURE / ANCIENNE ET MODERNE, / PAR J. F. LA HARPE. / PRÉCÉDÉ / D'UNE NOTICE SUR SA VIE ET SES OUVRAGES, / PAR M. SAINT-SURIN. / [*filet agrémenté*] / TOME PREMIER. / ANCIENS.-POÉSIE. / [*ornement typographique*] / A PARIS, / CHEZ P. DIDIER, LIBRAIRE, / QUAI DES AUGUSTINS, N° II; / WERDET ET LEQUIEN FILS, / RUE DU BATTOIR, N° 20. / [*filet anglais*] / M. DCCC. XXVII. //

Puis (tomes xv et xvi): PHILOSOPHIE / DU / DIX-HUITIÈME SIÈCLE / OUVRAGE POSTHUME / DE J. F. LA HARPE. / NOUVELLE EDITION. / [*filet anglais*] / TOME PREMIER. / [. . .] //

8°. 16 vols. pp.cxiv.vii.[i bl.].376 + 320 + 487.[i bl.] + 366 + 519.[i bl.] + 580 + 384 + 406 + 396 + 385.[i bl.] + 614 + 462 + 491.[i bl.] + 449.[i bl.] + 546; 21cm., portrait dessiné et gravé par A. Migneret, d'après Ducreux.

Ex Libris: B-G/U(t.5); F-Bdx; F-Chau(mq.t.14); F-ChM; F-Do; F-Metz; F-Mplr; F-Tls; F-Troyes; GB-DR/U(t.15-16); USA-ICU(t.15-16); USA-INU; USA-LU.

Remarques diverses: Basée sur celle de 1825 (supra, no.30), cette édition a en plus la vie de La Harpe par Saint-Surin (i. pp.vii-lvii) et les autres pièces justificatives publiées à la tête des *Œuvres de La Harpe* de 1820 (Ve.). Voir supra, no.11.

33. LYCÉE, / OU / COURS DE LITTÉRATURE / ANCIENNE ET MODERNE, / PAR J.-F. LA HARPE. / Indocti discant, et ament meminisse periti. / TOME PREMIER. / [*ornement typographique*] / PARIS. / BAUDOUIN FRERES, EDITEURS, / RUE DE VAUGIRARD, N°. 17. / [*petit filet*] / M DCCC XXVII //

8°. 18 vols. pp.344 + 456 + 474 + 460 + 393.[i bl.] + 418 + 385.[i bl.] + 414 + 452 + 426 + 412 + 401.[i bl.] + 384 + 409.[i bl.] + 490 + 519 [i bl.] + 480 + 400; 20 cm., portrait gravé.

Ex Libris: F-Char; F-Cou; F-P/Bn; USA-CU; USA-MH.

Imprimeur: Fain, rue Racine, no.4, place de l'Odéon.

Publication: *JLib*, 30 décembre 1826, no.8211: t.1; 3 mars 1827, no.1669: t.ii; 18 avril 1827, no.2773: t.iii; 23 mai 1827, no.3506; t.iv; 20 juin 1827, no. 4127: t.v; 1 août 1827, no.5042: t.vi; 25 août 1827, no.5443: t.vii; 8 septembre 1827, no.5741: t.viii; 22 septembre 1827, no.5978: t.ix; 6 octobre 1827, no.6304: t.x; 20 octobre 1827, no.6540: t.xi; 27 octobre 1827, no.6734: t.xii; 28 novembre 1827, no.7464: t.xiii; ?pas d'annonce: t.xiv; 15 décembre 1827, no.7835: t.xv; 19 décembre 1827, no.7931: t.xvi; ?pas d'annonce: t.xvii; 29 décembre 1827, no.8137: t.xviii. 'Propriété de mme. Agasse, rue des Poitevins, no.6.'

Remarques diverses: A le texte de l'édition de Didot de 1821 (supra, no.25).

34. LYCÉE, / OU / COURS DE LITTERATURE / ANCIENNE ET MODERNE; / PAR J. F. LAHARPE. / [*filet*] / Indocti discant, et ament meminisse periti. / [*filet*] / 𝕮𝖔𝖒𝖊 𝕻𝖗𝖊𝖒𝖎𝖊𝖗. / [*monogramme*] / PARIS. / MAME ET DELAUNAY-VALLÉE, LIBRAIRES, / RUE GUÉNÉGAUD, N.° 25. / 1825[1828] //

32°. 16 vols. pp.402 + 460 + 403.[i bl.] + 430 + 410 + 431.[i bl.] + 425.[i bl.] + 436 + 434 + 442 + 503.[i bl.] + 438 + 584 + 401.[i bl.] + 353.[i bl.] + 354; 11cm.

Ex Libris: F-Arr (mq.t.8, 15); F-Col; F-Ev; F-P/Bn; F-S/Bn.

Imprimeur: Mame aîné, à Angers; Doyen, à Paris.

Publication: *JLib*, 1 août 1825, no.5469: Prospectus. Achetée par Froment, cette édition parut en 1828 avec des faux-titres: 'Paris, Froment, quai des Augustins, no.37; chez Berquet' (*JLib*, 14 mars 1829, no.1597).

Remarques diverses: Cette édition contient les additions de 1816 (voir supra no.19) et conserve l'appendice sur le nouveau calendrier et les fragments de l'*Apologie de la religion*.

35. LYCÉE / ou / COURS DE LITTÉRATURE / ANCIENNE ET MODERNE, / PAR J. F. LA HARPE. / PRÉCÉDÉ / D'UNE NOTICE SUR SA VIE ET SES OUVRAGES, / PAR M. SAINT-SURIN. / [*filet agrémenté*] / TOME PREMIER. / ANCIENS.-POÉSIE. / [*monogramme*] / A

PARIS, / CHEZ EMLER FRÈRES, LIBRAIRES, / RUE GUÉNÉGAUD, / N°23. / M DCCC XXIX //
Puis (*tomes xv et xvi*): PHILOSOPHIE / DU / DIX-HUITIÈME SIÈCLE. / OUVRAGE POSTHUME / DE J. F. LA HARPE. / [*filet agrémenté*] / TOME PREMIER. / [*monogramme*] / A PARIS [...] //

8°. 16 vols. pp.[v].xciv.375.[i bl.] + [iii].320 + [iii]. 480 + [iii].367.[i bl.] + [iii].518 + [iii].572 + [iii].384 + [iii].406 + [iii].396 + [iii].387.[i bl.] + [iii]. 501.[i bl.] + [iii].614 + [iii].453.[i bl.] + [iii].475.[i bl.]; 20,5cm.

Ex Libris: B-A/S; CDN-QMBN; CDN-QQLA; CH-LCF (t.1-13); F-Aix (t.15-16); F-Bdx; F-BsnU (t.15-16); F-Col; F-Ev (t.1-14); F-Gap; F-Gbl; F-Grs; F-Mul; F-P/Bn; F-Val (t.15-16); GB-ED/U (t.15-16); USA-MB; USA-TNJ; USA-TU.
Imprimeurs: Cosson, G. Doyen, A. Pican Delaforest.
Remarques diverses: Il s'agit d'une nouvelle émission de l'édition de 1825 (supra, no.30), plus la *notice* par Saint-Surin et les autres pièces justificatives tirées du premier volume du recueil des œuvres de La Harpe de 1820 (Ve.).

36. LYCÉE / OU / COURS DE LITTÉRATURE / ANCIENNE ET MODERNE / PAR J. F. LA HARPE / PRÉCÉDÉ D'UNE NOTICE HISTORIQUE / PAR / M. LÉON THIESSÉ / Indocti discant, et ament meminisse periti. / [*petit filet*] / TOME I. / [*ornement typographique*] / PARIS. / PUBLIÉ PAR BAUDOUIN / RUE DE VAUGIRARD, N° 17 / [*filet agrémenté*] / M DCCC XXIX //

8°. 18 vols. pp.xliv.344 + 456 + 474 + 460 + 393.[i bl.] + 418 + 385.[i bl.] + 515 + 452 + 426 + 412 + 401.[i bl.] + 384 + 409.[i bl.] + 490 + 519.[i bl.] + 480 + 400; 20cm.

Ex Libris: F-P/Bn.
Imprimeur: J. Didot, à Paris.
Publication: *JLib*, 24 octobre 1829, no.6242.
Remarques diverses: Il s'agit d'une nouvelle émission de l'édition de 1827 (supra, n.33), plus la notice par Léon Thiessé.

37. LYCÉE / OU / COURS DE LITTÉRATURE / ANCIENNE ET MODERNE / PAR J. F. LA HARPE / PRÉCÉDÉ D'UNE NOTICE HISTORIQUE / PAR / M. LÉON THIESSÉ / Indocti discant, et ament meminisse periti. / [*filet*] / TOME I. / [*monogramme*] / A LYON, / CHEZ PERISSE FRÈRES, LIBRAIRES, / rue Mercière, n° 33. / A PARIS, / AU DÉPOT DE LIBRAIRIE DE PERISSE FRÈRES, / place St-André-des-Arts, n° II. / [*petit filet*] / 1830 //

8°. 18 vols. pp.[iii].xliv.344 + [iii].456 + [iii].474 + [iii].462 + [iii].392.[i]. [i bl.] + [iii].418 + [iii].384.[i].[i bl.] + [iii].414 + [iii].452 + [iii].426 + [iii].

411.[i] + [iii].400.[i].[i bl.] + [iii].383.[i] + [iii].408.[i].[i bl.] + [iii].487.[iii] +
[iii].519.[i bl.] + [iii].479.[i] + [iii].400; 22cm.

Ex Libris: B-A/S; F-Mlcn.

Remarques diverses: C'est une nouvelle émission de l'édition précédente.

38. LYCÉE / OU / COURS DE LITTÉRATURE / ANCIENNE ET
MODERNE / PAR J. F. LA HARPE / PRÉCÉDÉ D'UNE NOTICE
HISTORIQUE / PAR / M. LÉON THIESSÉ. / *Indocti discant, et ament
meminisse periti.* / [*petit filet*] / TOME I. / [*ornement typographique*] / PARIS. /
POURRAT FRÈRES ET Cᴵᴱ, / RUE DES PETITS-AUGUSTINS, N.
5. / [*petit filet*] / M DCCC XXXI //

8°. 18 vols. pp.xliv.344+ 456+ 474+ 460+ 392+ 418+ 384+ 414+ 452+
426+ 411.[i bl.] + 400+ 383.[i bl.] + 408+ 490+ 519.[i bl.] + 479.[i bl.] +
400; 20,5cm.

Ex Libris: F-Gap; F-P/Bn; S-S/N.

Imprimeurs: D'abord A. Barbier, rue des Marais S.G., no.17; puis Rignoux.

Co-éditeurs: Chez Gobin et cie., libraires, rue de Vaugirard, no.17; Houdaille
et Veniger, libraires, rue du Coq-Saint-Honoré, no.6.

Publication: *JLib*, 15 janvier 1831, no.262.

Remarques diverses: Encore une nouvelle émission de la même édition.

39. LYCÉE / OU / COURS DE LITTÉRATURE / ANCIENNE ET
MODERNE, / PAR J. F. LA HARPE, / AVEC / UNE PRÉFACE ET
UNE DISSERTATION / SUR SA VIE ET SES OUVRAGES / ET / DES
NOTES PUISÉES DANS LES MEILLEURS CRITIQUES. / [*petit filet
anglais*] / TOME I. / 𝔓remiere livraison. / [*filet*] / ANCIENS. POÉSIE. /
[*filet agrémenté*] / PARIS. / BAZOUGE-PIGOREAU, LIBRAIRE, / RUE
DES BEAUX-ARTS, N° 14. / [*petit filet agrémenté*] / 1833[-1835] //

8°. 8 tomes en 18 vols. pp.xliv.344 + 456 + 471.[i bl.] + 461.[i bl.] +
393.[i bl.] + 418+ 385.[i bl.] + 414+ 452+ 426+ 412+ 401.[i bl.] + 384+
409.[i bl.] + 487.[i bl.] + 519.[i.bl.] + 480+ 400; 22cm.

Ex Libris: F-P/Bn.

Imprimeur: Rignoux et Cie., rue des Francs-Bourgeois-Saint-Michel, no.8.

Publication: *Journal des débats*, 7 octobre 1833: Prospectus. *JLib*, 21 septembre 1833, no.5080: t.i; 12 octobre 1833, no.5468: t.vi; 8 mars 1834, no.1333:
t.ii, vii; 18 avril 1835, no.2105: t.iii, viii; 25 avril 1835, no.2239: t.iv, v.

Remarques diverses: Encore la meme édition.

40. COURS / DE / LITTÉRATURE / PAR J. F. LAHARPE. / [*petit filet*] /
TOME PREMIER. / [*ornement typographique*] / 𝔓aris. / A. HIARD,
LIBRAIRE-ÉDITEUR, / RUE SAINT-JACQUES, N. 131. / [*petit filet*] /
1834 //

18°. 23 vols. pp.283.[i]+ 239.[i]+ 250.[i].[i bl.]+ 259.[i]+ 263.[i]+ 271.[i]+ 270.[i].[i bl.] + 258.[i].[i bl.] + 255.[i] + 251.[i] + 248 + 242 + 263.[iii] + 273.[i]+ 263.[i]+ 250.[i].[i bl.] + 238.[i].[i bl.]+ 235.[i]+ 259.[i]+ 238.[i]. [i bl.]+ 254.[i].[i bl.]+ 243.[i]+ 239.[i]; 14,5cm.

Ex Libris: F-Nev(mq.t.1-2); F-P/Bn; USA-NcD.

Imprimeur: Moquet et Cie., rue de la Harpe, no.90.

Collection: La Bibliothèque des amis des lettres.

Publication: *JLib*, 8 mars 1834, no.1295: t.i-iv (Bibliothèque, livraisons no. 244-247); 12 avril 1834, no.1950: t.v-viii (livraisons no.248-251).

Remarques diverses: Cette édition contient les additions de 1816 (voir supra, no.19) et conserve l'appendice sur le Nouveau Calendrier; mais toute *l'Histoire de la philosophie du dix-huitième siècle* est omise.

41. LYCÉE / OU / COURS DE LITTÉRATURE / ANCIENNE ET MODERNE, / PAR J. F. LA HARPE, / AVEC DES NOTES DE DIVERS COMMENTATEURS. / Indocti discant, et ament meminisse periti. / [*filet agrémenté*] / TOME PREMIER. — PREMIERE PARTIE. / ANCIENS: POÉSIES. — ÉLOQUENCE. — HISTOIRE. — PHILOSOPHIE ET LITTÉRATURE MELÉE. / [*filet agrémenté*] / PARIS. / DIDIER, LIBRAIRE-ÉDITEUR, QUAI DES AUGUSTINS, N°. 47. / LEFÈVRE, LIBRAIRE, RUE DE L'EPERON, N. 6. / M DCCC XXXIV[-XXXV] //

8°. 2 vols. pp.x.933.[i bl.]+ 1010; 25,5cm., portrait.

Ex Libris: CDN-OOU (t.i); CDN-QNICS; CH-SG; D-Do/F; F-Hy; F-P/Bn; F-PtsU; F-Sens; GB-BH/U; GB-GL/P; GB-DR/U; GB-LO/N; GB-NW/S; NL-L/U; USA-DLC; USA-IU; USA-MB; USA-MdBP; USA-OCX; USA-PBm; USA-PU.

Imprimeur: Everat, rue du Cadran, no.16.

Collection: Panthéon littéraire (voir Vicaire, vi.339). Voir aussi infra, no.43.

Publication: *JLib*, 21 juin 1834, no.3396: t.i; 21 fevrier 1835, no.1025: t.ii.

Remarques diverses: Cette édition a une 'Notice biographique et littéraire sur La Harpe' (i.pp.i-iv) et les additions de 1816 (voir supra, no.19). Elle conserve l'appendice sur le Nouveau Calendrier, mais omet les fragments de l'*Apologie de la religion*.

42. LYCÉE / OU / COURS DE LITTÉRATURE / ANCIENNE ET MODERNE / PAR J. F. LA HARPE, / PRÉCÉDÉ D'UNE NOTICE HISTORIQUE / PAR LÉON THIESSÉ. / Indocti discant, et ament meminisse periti. / [*petit filet*] / TOME I. / [*ornement typographique*] / PARIS. / POURRAT FRERES, EDITEURS, / RUE DES PETITS-AUGUSTINS, 5. / [*petit filet*] / M DCCC XXXV. //

8°. 18 vols. pp.xliv.344+ 456+ 474+ 461.[i bl.]+ 393.[i bl.]+ 418+ 384+

414+ 452+ 426+ 412+ 401.[i bl.]+ 384+ 409.[i bl.]+ 490 + 519.[i bl.] +
480+ 400; 22cm.

Ex Libris: CH-L; F-Ber; F-Comm; F-Hy; F-Metz; USA-ScU.
Remarques diverses: Encore une nouvelle émission de l'édition de 1829 (supra,
no.36).

43. LYCÉE / OU / COURS DE LITTÉRATURE / ANCIENNE ET
MODERNE / PAR J. F. LA HARPE. / [*petit filet*] / TOME PREMIER. /
[*filet agrémenté*] / PARIS / AUGUSTE DESREZ, ÉDITEUR / RUE
SAINT-GEORGES, 11 / (*petit filet agrémenté*] / M DCC XXXVII //

8°. 2 vols. pp.x.933.[i bl.]+ 1010; 25,5 cm.

Ex Libris: CDN-OOU (t.2); F-Djn; F-S/Bn (t.2).
Imprimeur: Rignoux et Cie., rue des Francs-Bourgeois-Saint-Michel, 8.
Faux-titre: Panthéon littéraire. Littérature française. Polygraphie.
Remarques diverses: C'est une nouvelle émission de l'édition de 1834 (supra,
no.41).

44. LYCÉE / ou / COURS DE LITTÉRATURE / ANCIENNE ET
MODERNE / PAR J. F. LA HARPE, / PRÉCÉDÉ D'UNE NOTICE
HISTORIQUE / PAR LÉON THIESSÉ. / Indocti discant, et ament
meminisse periti. / [*petit filet*] / TOME I. / [*ornement typographique*] / PARIS. /
P. POURRAT FRÈRES, ÉDITEURS, / RUE DES PETITS-AUGUS-
TINS, 5. / Et chez les Libraires et aux Dépôts de Pittoresques de la France / et
de l'étranger. / M DCCC XXXIX[-XXXVIII] //

8°. 18 vols. pp.xliv.341.[i bl.]+ 454+ 471.[i bl.]+ 460+ 392+ 416+ 384+
412+ 449.[i bl.]+ 424+ 411.[i bl.]+ 400+ 383.[i bl.]+ 408+ 487.[i bl.]+
516+ 479.[i bl.]+ 398; 20,5cm.

Ex Libris: CDN-QMBN; F-Ber; F-Chx; F-Comm; F-Hy; F-LyU; F-Mplr;
USA-CU; USA-ViLxW.
Imprimeurs: Bourgogne et Martinet, rue Jacob, 30.
Remarques diverses: Ceci paraît être la dernière émission de l'édition de 1829
(supra, no.36). Le deuxième tome est daté '1838'.

45. LA HARPE. / COURS DE LITTÉRATURE / ANCIENNE ET
MODERNE / SUIVI DU TABLEAU DE LA LITTÉRATURE AU XIXᵉ
SIÈCLE / PAR CHÉNIER, / ET DU TABLEAU DE LA LITTÉRATURE
AU XVIᵉ SIÈCLE / PAR M. SAINT-MARC GIRARDIN, / ET M. PHI-
LARÈTE CHASLES. / TOME PREMIER. / [*ornement typographique*] /
PARIS, / FIRMIN DIDOT FRÈRES, LIBRAIRES-ÉDITEURS, /
IMPRIMEURS DE L'INSTITUT DE FRANCE, / RUE JACOB, N°
56. / M DCCC XL //

8°. 3 vols. pp.x.748 + 702 + 688; 25,5cm., portrait.

Ex Libris: B-Br; CDN-NBFU; CDN-OTTC; CDN-QCU; CDN-QMBN; CDN-QQLA; F-Carc; F-Lille; F-LyU; F-Nev; F-P/Bn; F-S/Bn; F-Vers; GB-LO/N; GB-OX/U-Ty; USA-DCL; USA-MWelC; USA-OCU.
Imprimeur: F. Didot, à Mesnil, près Dreux (Eure).
Publication: *JLib*, 14 mars 1840, no.1115; *CG*, iii.122.
Remarques diverses: Le *Lycée* occupe les tomes i et ii, et le tome iii.1-478. Il y a une *Table alphabétique* à la fin du tome iii.664 &c. Le texte du *Lycée* est celui de 1834 (voir supra, no.41), avec la même 'Notice biographique et littéraire'.

46. [*Idem*] PARIS, / CHEZ FIRMIN DIDOT FRÈRES, FILS ET Cᴵᴱ, LIBRAIRES, / IMPRIMEURS DE L'INSTITUT DE FRANCE, / RUE JACOB, 56. / [*petit filet*] / M DCCC LVII.

Ex Libris: F-Gbl; USA-CU; USA-NcU.

47. [*Idem*] M DCCC LXIII.

Ex Libris: GB-CB/U; USA-MH; USA-OCU; USA-ScU.

48. [*Idem*] M DCCC LXX.

Ex Libris: F-Pts; F-StE; GB-SO/U.

49. [*Idem*] M DCCC LXXX.

Ex Libris: CDN-OTU; D-Fre/U; GB-AD/U; USA-IaU; USA-MH; USA-MiU; USA-OCU; USA-OO.

50. LA HARPE. / COURS DE LITTÉRATURE / ANCIENNE ET MODERNE, / SUIVI DU TABLEAU DE LA LITTÉRATURE AU XIXᵉ SIÈCLE, / PAR CHÉNIER, / ET DU TABLEAU DE LA LITTÉRATURE AU XVIᵉ SIÈCLE, / PAR MM. SAINT-MARC GIRARDIN ET PH. CHASLES, / PRÉCÉDÉ / DU DISCOURS SUR LA VIE ET LES OUVRAGES DE LA HARPE, / PAR DAUNOU, / ET DE PLUSIEURS APPENDICES / SUR LE THÉÂTRE ET L'ART DRAMATIQUE DES ANCIENS, / PAR BOINDIN ET LOUIS RACINE, TOUS DEUX DE L'ACADÉMIE DES INSCRIPTIONS ET BELLES-LETTRES, / ET PAR DUCLOS, SECRÉTAIRE PERPÉTUEL DE L'ACADÉMIE FRANÇAISE, / SUR PLUSIEURS AUTEURS GRECS, PAR M. BOISSONADE, DE L'ACADÉMIE DES INSCRIPTIONS ET BELLES-LETTRES, / SUR LES ROMANS GRECS ET LATINS, PAR DUNLOP, / SUR L'ETAT DE LA LITTÉRATURE DU MOYEN AGE ET L'ANALYSE DES ROMANS DE CHEVALERIE, / PAR CHÉNIER, / ET SUR LE DRAME AU MOYEN AGE, / PAR BUCHON. / [*petit filet*] / TOME PREMIER. / [*filet agrémenté*] / PARIS, / CHEZ FIRMIN DIDOT

FRERES, LIBRAIRES, / IMPRIMEURS DE L'INSTITUT DE FRANCE,
RUE JACOB, 56. / [*petit filet*] / M DCCC LI. //

8°. 3 vols. pp.liv.940 + 702 + 688; 25,5cm.

Ex Libris: CH-Fg; F-Bvs; F-P/Ar; F-Troyes; GB-LD/U.

Remarques diverses: Le texte du *Lycée* est réimprimé de l'édition de 1840
(voir supra, no.45). Les appendices de l'édition de Buchon (supra, no.29) se
trouvent à la fin du tome i.749-937. Pour compléter les notes de Boissonade
(voir supra, no.25), il y a une 'Notice sur Tyrtée et Callinus' par Firmin
Didot (i.799-800), et 'Un choix de fables de Babrias, découvertes . . . en 1840'
(i.794-799).

En russe:

51. ЛИКЕЙ, / или КРУГЪ СЛОВЕСНОСТИ / древней и новой; /
сочиненіе *I. Ф. Лагарпа.* / ЧАСТЬ ПЕРВАЯ, / переведенная / Импера-
торской Российской Академіи Членомъ / *Петромъ Карабановымъ,* /
и оною Академіею изданная. / [*filet anglais*] / въ санктпетербургѣ. / въ
Типографіи В. Плавильщикова. / 1810 года. //

8°. 5 vols. pp.xliv.297.[i bl.] + 368 + 391.[i bl.] + 352 + 378; 21cm.

Ex Libris: USA-DLC.

Remarques diverses: Traduction par P. Karabanov, P. Sokolov, A. Nikolskoi,
et D. Sokolov, 1810-1814 (Sopikov, no.5985).

ii. Éditions partielles ou abrégées

52. ABRÉGÉ / DU COURS / DE LITTÉRATURE / DE M. DE LA
HARPE, / A L'USAGE DES MAISONS D'ÉDUCATION. / [*filet*] /
Indocti discant et ament meminisse periti. / TOME PREMIER. / A HAM-
BOURG; / ET SE TROUVE A PARIS, / Chez les principaux Libraires. /
[*filet double*] / AN VIII //

12°. ?vols. (tome i=pp.xxiv.213.[i bl.]); 16,5cm.

Ex Libris: CDN-QQLA (t.1).

Remarques diverses: Nous n'avons pas trouvé un exemplaire complet de cette
édition. Le premier tome renferme toute la première partie du *Lycée*, sur les
Anciens.

53. LYCÉE, / ou / COURS DE LITTÉRATURE / ANCIENNE ET
MODERNE; / PAR J. F. LAHARPE. / NOUVELLE ÉDITION, /
REVUE, CORRIGÉE, RENFERMÉE DANS LA PARTIE / LIT-
TÉRAIRE, / ET PRÉCÉDÉE DE LA VIE DE L'AUTEUR; / PAR

M. L. S. AUGER. / [*filet*] / *Indocti discant, et ament meminisse periti.* / [*filet*] / TOME PREMIER. / [*filet anglais*] / A PARIS, / CHEZ H. AGASSE, IMPRIMEUR-LIBRAIRE, / RUE DES POITEVINS, N°. 6. / [*filet*] / 1813 //

12°. 8 vols. pp.x.xlviii.432 + 538 + 520 + 512 + 546 + 542 + 452 + 408; 17,5 cm.

Ex Libris: CDN-OHM; CDN-QQL; D-Fre/U; F-Bsn; F-Din; F-P/Bn (mq.t.2); F-Tours (mq.t.8); F-Sal; USA-CU; USA-ICU; USA-NWM; USA-OrU; USA-PPiPT.
Co-éditeurs: Thiérot et Belin.
Publication: *JLib*, 2 janvier 1813, no.1; 26 mars 1813, no.945. Tiré à 300 exemplaires.

54. ABRÉGÉ DU LYCÉE, / OU / COURS / DE LITTÉRATURE / ANCIENNE ET MODERNE, / DE M. DE LAHARPE; / Par un ancien Membre de la Congrégation de / l'Oratoire. / TOME PREMIER. / [*filet anglais*] / LITTÉRATURE ANCIENNE. / [*filet anglais*] / A AVIGNON, / Chez Fr. SEGUIN aîné, Imprimeur-Libraire / rue Bouquerie, n.° 7. / A MONTPELLIER, / Chez AUGUSTE SEGUIN, Libraire, place Neuve. / 1814 //

12°. 2 vols. pp.291.[i] + 348; 18 cm. & 18°. 4 vols.

Ex Libris [in-120.]: F-Carp; F-P/Bn; F-Sens (t.2).
Co-éditeur: A Paris, chez De La Tynna, Libraire, rue J.J. Rousseau, no.20.
Publication: *JLib*, 20 août 1814, no.1326.
Remarques diverses: Le deuxième tome renferme la 'Littérature moderne'. Nous n'avons pas vu d'exemplaires in-18°.

55. [*Idem*] 1819, in-12°.
Ex Libris: F-Bsn; F-LP; F-P/Bn.
Publication: *JLib*, 16 janvier 1819, no.191.

56. ABRÉGÉ / DU COURS / DE LITTÉRATURE / ANCIENNE ET MODERNE / DE M. DE LAHARPE, / AVEC DES NOTES ET ADDI-TIONS, / PAR J. F. ROLLAND. / TOME PREMIER. / [*filet*] / LITTÉRA-TURE ANCIENNE. / [*filet*] / [*filet anglais*] / A LYON, / Chez ROLLAND Imprimeur-Libraire, rue / du Pérat, N.° 4. / [*filet ondulé*] / 1819 //

12°. 3 vols. pp.lxiv.418 + xl.404 + 488; 18 cm.

Ex Libris: CDN-QMBN; CH-Fg; F-Ber; F-Char; F-P/Bn; F-Val.
Remarques diverses: L'addition la plus importante est le *Discours sur le style des prophètes* (voir infra, no.125). Il y a aussi des sections supplémentaires sur Ducis, La Harpe, et Colardeau, et sur les fables et la poésie pastorale.

57. ABRÉGÉ DU LYCÉE / OU / COURS DE LITTÉRATURE / ANCIENNE ET MODERNE, / DE M. DE LAHARPE; / PAR UN ANCIEN MEMBRE DE LA CONGREGATION / DE L'ORATOIRE. / TOME PREMIER. / [*filet agrémenté*] / LITTÉRATURE ANCIENNE. / [*filet agrémenté*] / ALAIS, / CHEZ MARTIN, IMPRIMEUR-LIBRAIRE. / 1821. //

16°. 2 vols. pp.300 + 356; 17cm.
Ex Libris: F-Bl; F-Dr; F-Nc.
Remarques diverses: Voir supra, no.54.

58. ABRÉGÉ / DU / COURS DE LITTÉRATURE / DE J.—F. DE LA HARPE, / Ou Précis des jugemens de ce critique célèbre sur les / Écrivains anciens et modernes, et sur chacun de / leurs ouvrages, / Extrait non-seulement du Cours de Littérature, mais encore des / différens articles insérés dans le Mercure et autres Écrits / littéraires du temps. / PUBLIÉ PAR RENÉ PERIN. / [*filet anglais*] / TOME PREMIER. / PARIS, / C. PAINPARRÉ, LIBRAIRE, / RUE DE RICHELIEU, N°. 63. / 1821 //

12°. 2 vols. pp.[iv].vi.416.[i].[i bl.] + [iv].451.[i bl.]; 18cm.
Ex Libris: CDN-QQLA; F-P/Bn; F-Troyes.
Imprimeur: Fain, place de l'Odéon.
Publication: *JLib*, 30 décembre 1820, no.4867.
Remarques diverses: Les additions comprennent une note sur J.B. Rousseau, une section sur les *Plaideurs* de Racine, et des fragments sur Dorat et Lattaignant.

59. COURS / DE / LITTÉRATURE / ANCIENNE, / EXTRAIT DE LA HARPE. / TOME PREMIER. / [*filet*] / POÉSIE. / PARIS, / AUDOT, LIBRAIRE-EDITEUR, / RUE DES MAÇONS-SORBONNE, N°. 11. / [*petit filet*] / 1821 //

18°. 2 vols.(pp.237.[i bl.] + 246); 13,5cm.
Ex Libris: F-P/Bn.
Imprimeur: Fain, place de l'Odéon.
Collection: Encyclopédie des dames [rédigée par la baronne de Bawr].

60. LE LA HARPE / DE / LA JEUNESSE, / OU / L'ART DE RAISON-NER, DE PARLER ET D'ÉCRIRE, / EXTRAIT DU COURS DE LITTÉRATURE DE CE / CÉLÈBRE AUTEUR, / ET PUBLIÉ / Par M. le chevalier DE PROPIAC, / MEMBRE CORRESPONDANT DE L'ACADÉMIE DE DIJON. / TOME PREMIER. / [*monogramme*] / PARIS, / A LA LIBRAIRIE D'ÉDUCATION / D'ALEXIS EYMERY, RUE MAZARINE, N°. 30. / [*petit filet*] / 1822 //

12°. 4 vols. pp.[iv].xii.380 + [iv].410.[ii] + [iv].455.[i bl.] + [iv]. 376; 17cm.

Ex Libris: D-Do/F; F-P/Bn; USA-NNC.

Imprimeur: Fain, place de l'Odéon.

Publication: *JLib*, 25 mai 1822, no.2492.

Remarques diverses: Cette édition contient un avant-propos et une notice sur La Harpe.

61. ABRÉGÉ / DU / COURS DE LITTÉRATURE / DE J.—F. DE LA HARPE, / OU / PRÉCIS / DES JUGEMENS DE CE CRITIQUE CÉLÈBRE / SUR LES ÉCRIVAINS ANCIENS ET MODERNES, / ET SUR CHACUN DE LEURS OUVRAGES, / Extrait non-seulement du Cours de Littérature, mais encore des / différens articles insérés dans le Mercure et autres Écrits / littéraires du temps. / PUBLIÉ PAR RENÉ PERIN. / SECOND ÉDITION, CORRIGÉE AVEC SOIN. / TOME PREMIER. / A PARIS, Chez PARMANTIER, Libraire, rue Dauphine, / N°. 14. / 1823 //

12°. 2 vols. pp.vi.419.[i bl.] + 452; 18cm.

Ex Libris: CDN-QMBN; F-P/Bn; USA-PSC.

Imprimeur: Brédif, à Laigle (Orne).

Publication: *JLib*, 5 juillet 1823, no.2777.

Remarques diverses: Voir supra, no.58.

62. ABRÉGÉ / DU LYCÉE, / ou / COURS DE LITTÉRATURE / ANCIENNE ET MODERNE, / DE J. F. LA HARPE, / Enrichi d'un choix de Remarques, Jugemens, etc., et de / rectifications importantes, d'après ROLLIN, BATTEUX, / VOLTAIRE, MARMONTEL, PALISSOT, CHÉNIER, AUGER, / LEMERCIER, DUSSAULT, FONTANES, et autres écrivains / français les plus célèbres, ainsi que de courtes Notices sur / tous les Littérateurs, dont il est parlé dans cet Ouvrage; / PAR J. G. MASSELIN. / [*filet*] / Indocti discant, et ament meminisse periti. / [*filet*] / TOME PREMIER. / [*filet anglais*] / PARIS, / DE L'IMPRIMERIE D'AUGUSTE DELALAIN, / LIBRAIRE-ÉDITEUR, rue des Mathurins-St.-Jacques n°5. / [*filet*] / 1824 //

12°. 2 vols. pp.xii.516 + 552; 18cm.

Ex Libris: F-LP; F-P/Bn; F-S/Bn.

Publication: *JLib*, 17 juillet 1824, no.3806.

Remarques diverses: Cette édition contient une préface par Masselin (i.pp.i-x); et une notice sur La Harpe par Saint-Surin, tirée de *la Biographie universelle* (i.pp.xi-xii).

63. [*Couverture, titre encadré:*] LYCÉE / OU / COURS DE LITTÉRATURE / ANCIENNE ET MODERNE, / PAR J. F. LA HARPE, / COM-

PLÉTÉ ET CONDUIT JUSQU'A NOS JOURS AU MOYEN D'UN CHOIX DES MEILLEURS / MORCEAUX DE CRITIQUE DE MM. CHÉNIER, DUSSAULT, FONTANES, GINGUÉNÉ, / GEOFFROY, FÉLETZ, HOFFMANN, AUGER, ETC., ETC., / ET PRÉCÉDÉ DE LA VIE DE LA HARPE, / PAR M. L. S. AUGER, / DE L'ACADÉMIE FRANÇAISE. / EN UN SEUL VOLUME IN-8°, / Par Souscription. / [*filet agrémenté*] / *1ʳᵉ Livraison.* / [*filet agrémenté*] / A PARIS, / Chez [*en parallèle:*] L'ÉDITEUR, ʀᴜᴇ ᴅᴜ ᴅʀᴀɢᴏɴ, n° 31; / DELAUNAY, ʟɪʙʀᴀɪʀᴇ, ᴘᴀʟᴀɪs-ʀᴏʏᴀʟ; / COMPÈRE ᴊᴇᴜɴᴇ, ʀᴜᴇ ᴅᴇ ʟ'ᴇᴄᴏʟᴇ ᴅᴇ ᴍᴇᴅᴇᴄɪɴᴇ, ɴ° 8. / [*filet*] / *Novembre 1825[-Mars 1826]* //

8°. pp.192 (db.col.); 21cm.

Ex Libris: F-P/Bn.
Imprimeur: G. Doyen, rue Saint-Jacques, no.38.
Publication: JLib, 1 octobre 1825, no.5535: Prospectus; 16 novembre 1825, no.6390: *1ʳᵉ*. livraison; 21 décembre 1825, no.7199: 2e. livraison; 22 mars 1826, no.1664: 3e. livraison. 'Cette édition ne devait former qu'un seul volume qui devait être publié en 25 livraisons de 64p. Il n'en a paru que les trois premières livraisons' (Quérard 1, iv.436-437).
Remarques diverses: L'édition s'arrête après la première partie, liv.2, chap.iii, sec.4. On n'y trouve pas 'la vie de La Harpe'.

64. LYCÉE, / OU / COURS DE LITTÉRATURE, / ANCIENNE ET MODERNE, / PAR J. F. LA HARPE. / Indocti discant, et ament meminisse periti. / TOME PREMIER. / [*filet agrémenté*] / *Paris.* / CHEZ RENARD ET SELLIER, / ÉDITEURS, / RUE PAVÉE-Sᴛ.-ANDRÉ-DES-ARTS, N. 17. / [*filet double*] / 1830 //

18°. 3 vols. pp.296 + 301.[i bl.] + 252; 15cm.

Ex Libris: F-P/Bn.
Publication: JLib, 8 mai 1830, no.2491: t.i; 29 mai 1830, no.2895: t.ii; 5 juin 1830, no.3073: t.iii.
Remarques diverses: La publication semble s'être arrêtée là – à la première partie, liv.1, chap.x ('De l'Elégie').

65. ABRÉGÉ / DU COURS / DE LITTÉRATURE / ANCIENNE ET MODERNE / DE M. DE LAHARPE, / Avec des notes et additions, / Par J. F. ROLLAND. / [*petit filet agrémenté*] / LITTÉRATURE ANCIENNE. / [*petit filet agrémenté*] / LILLE. / L. LEFORT, LIBRAIRE, IMPRIMEUR DU ROI, / RUE ESQUERMOISE, N.° 55. / [*petit filet*] / 1830 //

12°. 3 vols. pp.444 + 404 + 451.[i bl.]; 17cm., portrait.

Ex Libris: CDN-OOU; CH-Fg; F-P/Bn.
Publication à part du troisième volume: LITTÉRATURE / Et / PHILOSOPHIE

/ Du 18.me Siècle, / PAR M. DE LAHARPE. / [*ornement typographique*] / LILLE. / [...]

Ex Libris: F-P/Bn.

Remarques diverses: Voir supra, no.56.

66. LITTÉRATURE FRANÇAISE. / SIÈCLE DE LOUIS XIV, / EXTRAIT / DU COURS DE LITTÉRATURE / DE J. F. LAHARPE; / A L'USAGE DES ÉCOLES FRANÇAISES ET ANGLAISES / PAR / MESSRS. ABADIE, / PROFESSEURS DE LANGUES. / LIVRE 1er [*filet*] / ÉDITION STÉRÉOTYPE. / [*filet*] / *A PHILADELPHIE*: / CHEZ J. DOBSON, LIBRAIRE, / RUE CHESTNUT. / [*filet pointillé*] / 1833 //

8°. pp.iv.107.[i bl.]; 17,5cm.

Ex Libris: USA-DLC.

Publication: Exemplaire déposé le 12 décembre 1833. Publié en quatre numéros.

67. *Cours* / DE LITTÉRATURE, / ABRÉGÉ / DE LAHARPE, / A L'USAGE / de la Jeunesse et des Gens du Monde. / [*ornement typographique*] / *Brest,* / A. PROUX ET C.ie, IMPRIMEURS-EDITEURS, / Rue Neptune, 10 / [*petit filet*] / 1842 //

pp.[ii].v.[i bl.].370; sig.[ ]4, 1-158, 164; 18,5cm.

Ex Libris: F-P/Ar; USA-Cst.

67a. COURS / DE LITTÉRATURE / ANCIENNE / ET MODERNE, / PAR LAHARPE, / AVEC NOTES, ADDITIONS ET COMMEN-TAIRES / DE ROLLAND, / continué jusqu'à nos jours avec les exemples donnés par / 𝕭oniface, 𝕹oel et 𝕯elaplace. / [*filet rompu; au milieu le numéro 'I', qui sépare deux croix*] / LITTERATURE ANCIENNE. / TOME PRE-MIER / [*filet agrémenté*] / A BRUXELLES. / ET DANS LES PRINCI-PALES VILLES DE L'ÉTRANGER, / CHEZ TOUS LES LIBRAIRES. / [*petit filet*] / 1844 //

16°. 8 vols. pp.178 + 172 + 160 + 204 + 204 + 182 + 179.[i bl.] + 161.[i bl.]; 12,5 cm.

Ex Libris: B-G/U; D-He/U; F-P/Bn; F-S/Bn; USA-ICU; USA-IU.

Collection: Panthéon classique et littéraire.

Remarques diverses: Le *Lycée* occupe les tomes i à vii, et le tome viii.121-157. Le reste du tome viii est composé de 'Littérature du xixe. siècle', quelques morceaux cités dans les *Leçons françaises de littérature et de morale* (Paris 1813), de Noël, Chapsal, Boniface, etc. Le *Lycée* s'arrête à la 3e. partie, livre 2, chap.1, sec.3, premier fragment (sur Maury). *La Philosophie du dix-huitième siècle* se termine par le fragment sur J.J. Rousseau. Suivant l'exemple de Rolland (voir supra, no.56), on ajoute des sections sur Ducis et La Harpe (vi.172-179).

68. ÉTUDES / SUR LA / LITTERATURE FRANÇAISE / COR-NEILLE – RACINE / EXTRAITS DU *LYCÉE, OU COURS DE LITTÉRATURE* / PAR / J. F. LA HARPE / EDITED BY / JULES BUÉ, / HONORARY M.A. OF OXFORD; / TAYLORIAN TEACHER OF FRENCH, OXFORD; FRENCH EXAMINER; ETC. / [*filet*] / LIBRAIRIE HACHETTE ET Cᴵᴱ, / LONDON: 18, KING WILLIAM STREET, CHARING CROSS. / PARIS: 79, BOULEVARD SAINT-GERMAIN. / BOSTON: CARL SCHOENHOF. / [*petit filet*] / 1881. / [ALL RIGHTS RESERVED.] //

pp.xxxi.196.[xii]; sig.a-b⁸, 1-13⁸; 18cm.
Ex Libris: GB-BH/U; GB-GL/U; GB-LO/N; GB-OX/U-Ty; IRL-DB/U.
Imprimeur: Ranken & Cie., St. Mary-le-Strand, W.C.
Remarques diverses: Cette édition contient une 'Notice biographique et littéraire sur La Harpe'.

iii. *Une sélection de passages publiés à part*

69. *Lycée*, I, liv.1, chap.iii, liv.2, chap.i (en russe):
Сравненіе Французскаго языка съ древними языками. О краснорѣчіи; изъ сочиненій Г. Лагарпа; перевелъ съ Французскаго, и свои при-мѣчанія присовокупилъ Александръ Шишковъ; Спб, 1808. //
Sopikov, no.3105.

70. *Lycée*, I, liv.1, chap.v, sec.4:
Iphigénie à Aulis, tragédie, précédée du sentiment de La Harpe et de la comparaison de l'Iphigénie avec celle de Racine par m. Racine fils, et traduit du Grec par Fr. Alex. Benoît, de Gigny (Joigny 1843), pp.v-ix.

71. *Lycée*, I, liv.2, chap.1, sec.3:
'Jugement sur Justin', *Histoire en 44 livres de Justin* (Paris 1806), pp.iv.

72. *Lycée*, II (introduction):
DE L'ÉTAT / DES LETTRES / EN EUROPE, / Depuis la fin du siècle qui a suivi celui / d'AUGUSTE, jusqu'au règne de LOUIS XIV. / DIS-COURS / Prononcé à l'ouverture du LYCÉE RÉPUBLICAIN, / le I.ᵉʳ

décembre 1796, | PAR JEAN-FRANÇOIS LAHARPE, | Professur de Littérature au Lycée. | [*filet*] | *Posui ori meo custodiam, cùm consisteret peccator adversùm me: | obmutui et humiliatus sum et silui à bonis, et dolor meus reno- | vatus est: concaluit cor meum intrà me, et in meditatione meâ | exardescet ignis: locutus sum in linguâ meâ.* Ps.38 | J'ai mis une garde à ma bouche, lorsque le méchant s'élevait | contre moi; je suis resté muet et humilié, et j'ai retenu dans/le silence même ce qui était bon à dire, et ma douleur s'est/renou-velée: mon cœur s'est échauffé au dedans de moi; le/feu s'est allumé dans mes méditations, ma langue s'est déliée | et j'ai parlé. | [*filet*] | A PARIS, | Chez MIGNERET, Imprimeur, rue Jacob, | N.° 1186. | [*filet*] | AN 5.—1797 || pp.iv.72; sig.[ ]², A-D⁸, E⁴; 20cm.

Ex Libris: CDN-OKQ; CDN-OLU; CDN-QSherU; D-Ko/W; D-Mu/B; F-Do; F-Gbl; F-Lille; F-LyU; F-Nts; F-P/Bh; F-P/Bn; F-Pts; F-Rou; F-S/Bn; F-StE; F-Tls; F-Troyes; GB-OX/U-Ty; S-S/N; USA-CtY; USA-PU. *Publication*: Tourneux, no.17928.

Critiques: JP, 6 nivôse an v (26 décembre 1796), pp.385-386; *Nouvelles politiques*, 13, 30 frimaire an v (3, 20 décembre 1796), pp.290-291, 358; *Quotidienne*, 1, 5, 11 nivôse an v (21, 25, 31 décembre 1796); Aulard 1, iii. 607-608.

Remarques diverses: Cette introduction à la deuxième partie du *Lycée* fut donnée d'abord le 4 décembre 1786 (voir Todd 3, pp.47, 53, 64, etc.). Voir aussi infra, *A192*.

73. DE L'ÉTAT | DES LETTRES | EN EUROPE, | Depuis la fin du siècle qui a suivi celui | d'AUGUSTE, jusqu'au règne de LOUIS XIV. | DISCOURS | Prononcé à l'ouverture du LYCÉE RÉPUBLICAIN, | PAR JEAN-FRANÇOIS LAHARPE, | Professeur de Littérature au Lycée. | SECONDE ÉDITION. | [*filet*] | *Posui ori meo custodiam, cùm consisteret peccator adversùm me: | obmutui et humiliatus sum et silui à bonis, et dolor meus reno- | vatus est: concaluit cor meum intrà me, et in meditatione meâ | exardescet ignis: locutus sum in linguâ meâ.* Ps.38. | J'ai mis une garde à ma bouche, lorsque le méchant s'élevait | contre moi; je suis resté muet et humilié, et j'ai retenu dans | le silence même ce qui était bon à dire, et ma douleur s'est | renouvelée: mon cœur s'est échauffé au dedans de moi; le/feu s'est allumé dans mes méditations, ma langue s'est déliée | et j'ai parlé. | [*filet*] | A PARIS, | Chez MIGNERET, Imprimeur, rue Jacob, | N.° 1186 | [*filet*] | AN 5.—1797 || pp.iv.76; sig.[ ]², A-D⁸, E⁶; 20cm.

Ex Libris: CH-Fg; F-Aut; F-P/Bh; F-P/Bn; F-Rou; USA-MH; USA-NRU. *Publication*: *Jglf*, thermidor an vi, I, vii.246.

Remarques diverses: Cette édition renferme (pp.73-76) une lettre de La Harpe à *la Quotidienne* sur l'abbé Guénée (voir infra, *A453*).

74. DE L'ÉTAT / DES LETTRES / EN EUROPE / *Depuis la fin du siècle qui a suivi celui* / *d'AUGUSTE, jusqu'au regne de LOUIS* / *XIV.* / DIS-COURS / Prononcé à l'ouverture du LYCÉE RÉPUBLICAIN / le Ier Décembre 1796, / *Par* JEAN-FRANÇOIS LAHARPE, / Professeur de Littérature au Lycée. / [*filet*] / *Posui ori meo custodiam, cùm consisteret peccator adversùm me:* / *obmutui et humiliatus sum et silui à bonis, et dolor meus reno-* / *vatus est: concaluit cor meum intrà me, et in meditatione meâ* / *exardescet ignis:* / *locutus sum in lingua meâ. Ps.38.* / J'ai mis une garde à ma bouche, lorsque le méchant s'élevoit contre / moi: je suis resté muet et humilié, et j'ai retenu dans le silence / même ce qui étoit bon à dire, et ma douleur s'est renouvelée: mon cœur s'est échauffé au dedans de moi: le feu s'est allumé / dans mes médi-tations, ma langue s'est déliée et j'ai parlé. / [*filet*] / A PARIS, / Chez MIGNERET, Imprimeur, rue Jacob, / N°. 1186. / [*filet*] / AN 5. — 1797 //

pp.63.[i bl.]; sig.A-D⁸; 19,5cm.

Ex Libris: DK-C.

75. DE L'ÉTAT / DES LETTRES / EN EUROPE, / Depuis la fin du siècle qui a suivi celui / d'AUGUSTE, jusqu'au règne de LOUIS XIV. / DIS-COURS / Prononcé à l'ouverture du LYCÉE RÉPUBLICAIN, / le I. décembre 1796, / PAR JEAN-FRANÇOIS LAHARPE, / Professeur de Littérature au Lycée. / [*filet*] / *Posui ori meo custodiam, cùm consisteret pec-cator* / *adversùm me: obmutui et humiliatus sum et silui à bonis, et dolor meus* / *renovatus est: concaluit* / *cor meum intrà me, et in meditatione meâ* / *exardescet ignis: locutus sum in linguâ meâ. Ps.38.* / J'ai mis une garde à ma bouche, lorsque le / méchant s'élevait contre moi; je suis resté muet / et humilié, et j'ai retenu dans le silence même / ce qui était bon à dire, et ma douleur s'est / renouvelée: mon cœur s'est échauffé au dedans de moi; le feu s'est allumé dans mes médita- / tions, ma langue s'est déliée et j'ai parlé. / [*filet*] / A PARIS chez les MARCHANDS DE NOUVEAUTÉS / 1797 //

pp.84; sig.A⁸, B⁴, C⁸, D⁴, E⁸, F⁴, G⁴, H²; 18,5cm.

Ex Libris: CH-Au.

76. LAHARPE. / [*filet*] / DISCOURS / SUR L'ÉTAT DES LETTRES EN EUROPE. / [*filet*] / PRÉCÉDÉ D'UNE NOTICE BIOGRAPHIQUE ET SUIVI / D'UN COMMENTAIRE. / [*filet*] / ÉDITION STÉRÉOTYPE. / [*filet*] / MUNSTER, / IMPRIMERIE ET LIBRAIRIE DE THEISSING. / [1856] //

pp.80; sig.1-5⁸; 14cm.

Ex Libris: D-Br/S; F-S/Bn.

Collection: Bibliothek gediegener und interessanter franzõsischer Werke, par A. Goebel, tome x.

65

En italien:

77. *Dello stato delle lettere in Europa, dopo il fine del secolo succeduto a quello di Augusto, sino al regno di Luigi XIV, di La Harpe.* Bologna, Sassi, 1798. // 8°. Traduit par le marquis G. Angelelli (voir G. Passano, *Dizonario di opere anonime e pseudonime* (Ancona 1887), p.174).

78. *Lycée*, II, liv.1, chap.ii, sec.2:
'Jugements sur Corneille' et 'Examen des pièces de Corneille'. Pour des détails de diverses éditions des œuvres de Corneille contenant des extraits du *Lycée*, voir E. Picot, *Bibliographie Cornélienne* (Paris 1876), no.427, 646, 648-653, 659, 700.

79. *Lycée*, II, liv.1, chap.iii:
Œuvres de J. Racine, avec les jugements de La Harpe sur les Tragédies et de nouvelles notes grammaticales par m. de Levizac (Londres 1804); [*Idem*], *2e. édition, entièrement revue par C. Gros* (Londres 1811); [*Idem*], *3e. édition, revue et corrigée avec soin* (Londres 1819).

80. *Lycée*, II, liv.1, chap.iii, sec.8:
Esther, tragédie, tirée de l'écriture sainte, par J. Racine, avec des notes et des remarques par L. Racine, d'Olivet, Laharpe, Geoffroy, &c. (Paris 1841); [*Idem*] (Paris 1843).

81. *Lycée*, II, liv.1, chap.iii, sec.9 (en espagnol):
JUICIO CRITICO / DE J. F. LA-HARPE, / SOBRE LA / TRAGEDIA DE ATHALIA, / DE RACINE. / TRADUCIDA DEL FRANCÉS, / Y DEDICADA AL / Sr. Lic. D. Manuel Castañeda y Nájera, / POR / ANTONIO MARIA VIZCAYNO. / MEXICO / Imprenta de J. M. LARA, calle de la Palma número 4. / 1850 //
pp.51.[i bl.]; sig.1-6⁴, [7¹]; 21 cm.
Ex Libris: USA-NN.

82. *Lycée*, II, liv.1, chap.v, sec.3; chap.vii, sec.1:
'Examen des ouvrages de Quinault', *Œuvres choisies de Quinault, précédées d'une nouvelle notice sur sa vie et ses ouvrages* [par G. A. Crapelet] (Paris 1824), i.6-40.

83. *Lycee*, II, liv.1, chap.vi, sec.1:
'Molière et la Comédie', *Œuvres complètes de Molière, nouvelle édition commentée par Félix Lemaistre* (Paris 1862 [Plus 22 nouvelles émissions de 1866 à 1946]),
pp.x-xxxii; xiii-xxviii; xv-xxix, etc. etc.

84. *Lycée*, II, liv.2, chap.i, sec.3:
'Sur l'éloquence de la chaire en général, et sur celle de Bossuet en particulier', *Les Oraisons funèbres de Bossuet* (Londres 1809); 'Observations sur Bossuet', *Les Oraisons funèbres de Bossuet* (Paris 1821); 'De l'Oraison funèbre', *Oraisons funèbres de Bossuet, Fléchier, Massillon, Bourdaloue et Larue* (Paris 1842); [*Idem*] (Paris 1843), tome i.

85. *Lycée*, II, liv.2, chap.i, sec.4:
'Observations littéraires sur Massillon', *Œuvres choisies de Jean-Baptiste Massillon, Petit Carême, suivi de sermons divers* (Paris 1866), pp.i-xviii; [*Idem*] (Paris 1872).

86. *Lycée*, II, liv.2, chap.iii, sec.2:
'Sur La Rochefoucauld', *Réflexions, sentences et maximes morales de La Rochefoucauld, précédées d'une notice par m. de Sainte-Beuve* (Paris 1867), pp.xxvii-xxxvi; [*Idem*] (Paris 1917); [*Idem*] (Paris 1922).

87. *Lycée*, III (introduction):
DE LA GUERRE / DÉCLARÉE / PAR NOS DERNIERS TYRANS / A LA RAISON, / A LA MORALE, / AUX LETTRES ET AUX ARTS. / DISCOURS / *Prononcé à l'ouverture du LYCÉE* / *Républicain, la 31 décembre 1794.* / PAR LE C.^{en} LAHARPE. / [*filet anglais*] / A PARIS, / Chez MIG-NERET, Imprimeur, rue Jacob, / N.°1186. / [*filet*] / AN 4. – 1796 //

pp.[ii].45.[i bl.]; sig.[ ]¹, A-B⁸, C⁷; 19,5cm.

Ex Libris: CDN-OLU; F-Aut; F-Djn; F-Gbl; F-LyU; F-P/Ar; F-P/Bh; F-P/Bn; F-Rou; F-S/Bn; S-S/N; USA-DLC; USA-MH; USA-NcD; USA-NIC; USA-PU.
Publication: Tourneux, no.17927. L'édition renferme une note préliminaire datée du 1er. thermidor an IV (19 juillet 1796).
Critiques: *Nouvelles politiques*, 14 nivôse an III (3 janvier 1795), p.414; *Décade*, 20 nivôse an III (9 janvier 1795), v.100.
Remarques diverses: Les derniers paragraphes du discours furent insérés dans *JP*, 24 nivôse an III (13 janvier 1795), pp.461-462.

88. DISCOURS, / PRONONCÉ / A L'OUVERTURE DU LYCÉE, / LE 31 DECEMBRE 1794. / *PAR J.F. LA HARPE.* / [*filet ondulé*] / 𝕭𝖔𝖘𝖙𝖔𝖓, / IMPRIMÉ PAR J. T. BUCKINGHAM. / [*filet pointillé*] / 1810 //

pp.28. [iv bl.]; pas de sig.[A-B⁸]; 23cm.

Ex Libris: USA-NN.

89. *Lycee*, III, liv.1, chap.i, sec.1:
'Remarques sur Voltaire', *La Henriade, poème, enrichi d'un choix de*

remarques . . . extraites en partie du Cours de Littératture de La Harpe
(Paris 1824).

90. *Lycée*, III, liv.1, chap.ii, sec.3:
'Appréciation littéraire sur Gresset', *Œuvres choisies de Jean-Baptiste Louis Gresset, précédées d'une appréciation littéraire par La Harpe* (Paris 1866), pp.i-xxxii; [*Idem*] (Paris 1872), etc.

91. *Lycée*, III, liv.1, chap.v, sec.9:
'Notice sur Beaumarchais', *Œuvres complètes de Beaumarchais* (Paris 1826), i.pp.v-xlviii; *Portraits littéraires du xviiie siècle: Beaumarchais, précédé d'une Notice sur La Harpe par Charles Simond* (Paris [1891]), pp.36.

92. *Lycée*, III, liv.2, chap.iii:
'Notice sur Le Sage', *Gil Blas* (Paris 1864), pp.iv-v; [*Idem*] (Paris 1865).

93. *Lycée*, III, liv.2, chap.iii:
Œuvres de mme. Riccoboni, précédées d'une notice et des observations sur ses écrits par La Harpe, Grimm et Diderot (Paris 1826).

94. *Philosophie du dix-huitième siècle*, liv.1, chap.i, sec.2:
'Notes sur Montesquieu', *Œuvres complètes de Montesquieu . . . publiées par L. Parelle* (Paris 1835[1837, 1838, 1852, 1854, 1857, 1872, etc.]); *L'Esprit des lois, nouvelle édition; suivi de la Défense de l'Esprit des Lois* (Paris 1844[1868, 1869, 1871, 1878, 1922, 1941, etc.]). Cette section se retrouve aussi en abrégé – avec le *Lycée*, I, liv.2, chap.ii – dans *Cicéron, Montesquieu, précédé d'un notice sur La Harpe par A. Ernst* (Paris 1894).

95. *Philosophie du dix-huitième siècle*, liv.1, chap.ii, sec.2:
'Notice sur Duclos', *Considérations sur les mœurs . . . nouvelle édition, ornée de son portrait, et précédée d'une notice sur l'auteur de cet ouvrage par La Harpe* (Paris 1822), pp.xxii; [*Idem*] (Paris 1828).

96. *Philosophie du dix-huitième siècle*, liv.2, chap.ii:
RÉFUTATION / DU LIVRE / DE L'ESPRIT, / PRONONCÉE au Lycée Républicain, dans / les Séances des 26 et 29 Mars et des 3 / et 5 Avril. / Par JEAN-FRANÇOIS LAHARPE. / [*filet*] / *Insanire docet certa ratione modoque.* / HOR. / Par lui la déraison est réduite en système. / [*filet*] / A PARIS, / Chez MIGNERET, imprimeur, rue Jacob, / N.° 1186. / [*filet double*] / AN 5. =1797 //

pp.xi.[i bl.].100; sig.[ ]⁶, A-F⁸, G²; 21cm.

Ex Libris: CDN-OLU; CH-G; F-Am; F-Nc; F-P/Bh; F-P/Bn; F-Rou; F-S/Bn; F-TlsU; GB-CA/U; USA-CtY; USA-NNC.

Publication: *La Quotidienne*, 18 floréal an v (7 mai 1797), p.3; *JP*, 30 floréal an v (19 mai 1797), p.970.

Critiques: *La Quotidienne*, 19 floréal an v (8 mai 1797), pp.2-3; Garat, *Mémoires sur Suard* (Paris 1820), i.222.

Remarques diverses: Le manuscrit de ce chapitre (pp.122, 4°) fut vendu à la vente de Cornuau du 6 mai 1952, no.110, et offert en 1960 par la *Librairie de Maurice Bazy*, no.167.

97. RÉFUTATION / DU LIVRE / DE L'ESPRIT, / PRONONCÉE au Lycée Républicain, dans / les Séances des 26 et 29 Mars et des / 3 et 5 Avril. / Par JEAN-FRANÇOIS LAHARPE. / [*filet*] / *Insanire docet certâ ratione modoque*. / HOR. / Par lui la déraison est réduite en systême. / [*filet*] / A PARIS, / Chez MIGNERET, Imprimeur, rue Jacob, / N.° 1186. / [*filet*] / AN 5. – 1797 //

pp.xii.162.[ii]; sig.[ ]⁶, A-K⁸, L²; 19,5cm.

Ex Libris: B-Br; CDN-BVau; CDN-OKQ; CDN-OLU; CDN-QMU; F-Aut; F-P/Bn; GB-ED/U; USA-CtMW; USA-CtY; USA-ICU; USA-MdBJ; USA-MeB; USA-MH; USA-MiU; USA-NcD; USA-NjP.

Publication: Peltier, *Paris pendant l'année 1797*, 30 mai 1797, xiii.107. Tourneux, no.17929.

98. RÉFUTATION / DU LIVRE / DE L'ESPRIT, / Prononcée au Lycée Républicain, dans les / Séances des 26 et 29 Mars et des 3 et / 5 Avril. / PAR / JEAN-FRANÇOIS LAHARPE. / [*filet*] / *Insanire docet certâ ratione modoque*. / HOR. / Par lui la déraison est réduite en systême. / [*filet*] / [*filet double*] / *A PARIS*, / chez les MARCHANDS DE NOUVEAUTES. / 1797 //

pp.150; sig.A-M⁸, N³; 19cm.

Ex Libris: CH-Fg; DK-C; S-G/U; S-U/U.

99. RÉFUTATION / DU LIVRE / DE L'ESPRIT, / PRONONCÉE au Lycée Républicain, dans / les Séances des 26 et 29 Mars et des 3 / et 5 Avril. / Par JEAN-FRANÇOIS LAHARPE. / [*filet*] / *Insanire docet certâ ratione modoque*. / HOR. / Par lui la déraison est réduite en systême. / [*filet*] / [*filet anglais*] / A PARIS, / Chez les LIBRAIRES et MARCHANDS / de Nouveautés. / [*filet*] / AN V. – 1797. //

pp.xii.131.[i bl.]; sig.[ ]¹, a⁴, A-L⁶; 16cm.

Ex Libris: USA-ICN.

100. RÉFUTATION / DU LIVRE / DE L'ESPRIT, / PRONONCÉE au Lycée Républicain, / dans les Séances des 26 et 29 Mars / et des 3 et 5 Avril. /

Par JEAN-FRANÇOIS LAHARPE. / [*filet*] / *Insanire docet certâ ratione modoque.* / HOR. / Par lui la déraison est réduite en systême. / [*filet*] / SECONDE ÉDITION. / [*filet agrémenté*] / A LIEGE, / Chez J. A. LATOUR, Imprimeur-Libraire, / sur le Pont-d'Isle. / [*filet anglais*] / AN 5. – 1797. / Avec Autorisation de l'Auteur. //

pp.168; Sig.A-G¹²; 17,5cm.

Ex Libris: B-G/U; USA-NcD.

En allemand:

101. *Prüfung | und Widerlegung | des Helvetiusischen Werkes | vom menschlichen Geiste, | von | Johann Franz la Harpe.[dans] K. Sullivans Übersicht der Natur in Briefen an einen Reisenden; nebst einigen Bemerkungen über den Atheismus in Beziehung auf dessen Verbreitung im neueren Frankreich, etc.* (Leipzig 1795-1800), iv.235-379.

Ex Libris: A-ONB.

En italien:

102. CONFUTAZIONE / DEL LIBRO / *DELLO SPIRITO* / Recitata nel Liceo Repubblicano / di Parigi / DA / GIO. FRANCESCO LAHARPE. / [*filet agrémenté*] / MILANO / DALLA TIPOGRAFIA MILANESE IN STRADA NUOVA / [*filet anglais*] / *ANNO NONO REPUBBLICANO* [1801] //

pp.[iv].115.[i bl.]; sig.[ ]², A-G⁸, H²; 18cm.

Ex Libris: F-Aj; GB-LO/N.

iv. Suppléments

103. MÉLANGES / INÉDITS / DE LITTÉRATURE / DE J. B. [*sic*] DE LA HARPE, / RECUEILLIS PAR J. B. SALGUES; / POUVANT SERVIR DE SUITE / AU COURS DE LITTÉRATURE. / [*filet*] / PARIS, / M. AGASSE, IMPRIMEUR-LIBRAIRE, / RUE DES POITEVINS, Nᵒ. 18. / CHAUMEROT, LIBRAIRE, / PALAIS-ROYAL, GALERIES DE BOIS, Nᵒ. 188. / CHAUMEROT JEUNE, / LIBRAIRE, PASSAGE FEYDEAU, Nᵒ.24. / [*petit filet*] / 1810 //

Variante: [. . .] PARIS, / J. H. CHAUMEROT, LIBRAIRE, / PALAIS-ROYAL, GALERIES DE BOIS, Nᵒ.188; / CHAUMEROT JEUNE, / LIBRAIRE, PASSAGE FEYDEAU, Nᵒ.24. / [*petit filet*] / 1810. //

pp.[iv].viii.403.[i bl.]; sig.a⁴, 1-25⁸, 26²; 20,5cm.

[*Mélanges inédits*]

Ex Libris: B-Br; CH-N; D-Mu/B; F-Am; F-Bsn; F-Cham; F-ChM; F-Cls; F-Lib; F-Ly; F-Ny; F-P/Bn; F-S/Bn; F-Vers; GB-GL/P; GB-LO/L; GB-LO/N; GB-MA/S; USA-ICU.

Imprimeur: Cellot.

Publication: *Jglf*, XIII (1810), xi.347.

Remarques diverses: C'est un recueil de divers articles insérés dans le *Mercure de France* (voir notre appendice). La plupart de ces articles seront réunis au *Lycée* (voir supra, no.19, 29).

104. NOUVEAU SUPPLEMENT / AU / COURS DE LITTÉRATURE / DE M. DE LA HARPE. / *Contenant* / 1.° L'ÉLOGE DE VOLTAIRE; / 2.° LA RÉFUTATION DES LETTRES DE FEU M. GIN- / GUÉNÉ SUR LES CONFESSIONS DE J.J. ROUSSEAU; / 3.° LA RÉFUTATION DES PRINCIPES DE J.J. ROUSSEAU / SUR LA SOUVERAINETÉ NATIONALE; / 4.° LA LETTRE DE M. SÉLIS A M. DE LA HARPE / SUR LE COLLÈGE DE FRANCE, AVEC LA RÉPONSE / DE M. DE LA HARPE A CETTE LETTRE; / 5.° L'EXAMEN DE PLUSIEURS ASSERTIONS HASARDÉES / PAR M. DE LA HARPE DANS SA PHILOSOPHIE DU / DIX-HUITIÈME SIÈCLE, PAR M. * * * / [*filet ondulé*] / PARIS, / Chez Madame HÉRISSANT LE DOUX, imprimeur / ordinaire du Roi, rue Saint-Marc, n°. 24. / Et chez DELAUNAY, libraire, au Palais-Royal, / galeries de bois, n°. 243. / [*filet*] 1818 //

pp.xii.387.[i].[iii bl.]; sig.[ ]⁶, 1-24⁸, 25²; 20,5cm.   [*Nouveau supplément*]

Ex Libris: CH-N; F-Bsn; F-Cls; F-Lib; F-Ny; F-P/Ar; F-P/Bh; F-P/Bn; GB-LO/N; USA-PPL; USA-ViU.

Imprimeur: Mme. Hérissant-Ledoux, à Paris.

Publication: *JLib*, 7 février 1818, no.457.

Remarques diverses: Pour des détails des articles par La Harpe, voir notre appendice. *L'Examen de plusieurs assertions hasardées par m. de La Harpe* . . . , par A. Barbier, est tiré du *Magasin encyclopédique*, mai 1805, iii.5-26.

b. Cours donnés aux Ecoles normales en 1795

105. Voici la liste de leçons données par La Harpe en tant que professeur de cette institution:

3e. séance: 4 pluviôse an 111 (23 janvier 1795): *Introduction*: Définition de la littérature, son importance dans l'ordre social et le commerce de la vie. *1ère. leçon*: Précis des objets qu'embrasse la littérature — De l'éloquence considérée dans ses diverses parties (*Lycée*, I, liv.2 chap.iii.).

13e. séance: 24 pluviôse an 111 (12 février 1795): *2e. leçon*: Distinction entre l'éloquence et l'art oratoire (voir des réflexions sur ceci dans la *Quotidienne*, 21 pluviôse an III (8 février 1795), pp.451-452) – Utilité des langues anciennes en littérature – Examen du dialogue attribué à Tacite sur les différents âges des lettres latines (*Lycée*, I, liv.2, chap.iv, appendice).

28e. séance: 14 ventôse an III (14 mars 1795): *3e. leçon*: De l'invention et des moyens oratoires – Manière de Démosthène dans les deux genres, judiciaire et délibératif – ses Philippiques (*Lycée*, I, liv.2, chap.ii, sec.2-3).

40e. séance: 14 germinal an III (3 avril 1795): *4e. leçon*: Du Tutoiement considéré dans ses rapports avec la grammaire, et l'ordre social – comment, en dénaturant le langage, il dénature tous les sentiments, lorsqu'on tenta de le rendre universel – son incompatabilité avec la décence des mœurs – le goût de lettres, et les habitudes sociales – nuances variées que la différence du *vous* et du *toi* répand dans les relations individuelles – réflexions sur l'innovation de substituer le *tu* au *vous*.

42e. séance: 24 germinal an III (13 avril 1795): *5e. leçon*: Parallèle du genre d'éloquence de Démosthène avec celui de Cicéron – caractères distinctifs de ces deux grands orateurs – motifs de leur disparité – des Catilinaires (*Lycée*, I, liv.2, chap.iv, sec.1 & 4).

48e. séance: 4 floréal an III (23 avril 1795): *6e. leçon*: Des Verrines (*Lycée*, I, liv.2, chap.iv, sec.3).

Ces leçons ont été publiées ainsi: *Séances des Ecoles normales, recueillis par des Sténographes; et revues par les Professeurs*. A Paris, chez L. Regnier, imprimeur-libraire, rue du Théâtre de l'Egalité, no.4 [an III (1795)] //

8°. 5 vols; 20,5cm.

Ex Libris: F-P/Bn.

Remarques diverses: Pour La Harpe, voir i.170-188, ii.100-115, iii.180-227, iv.201-222, 339-365, v.151-173. Cette publication est le fruit d'un *Arrêté des représentants du peuple près les Ecoles normales, du 24 nivôse an III*: 'Des sténographes . . . seront placés dans l'enceinte des Ecoles normales; et tout ce qui y sera dit, sera écrit et recueilli pour être imprimé et publié dans un journal' (*Programme général des Ecoles normales* (an III), p.2). On a également publié les débats qui suivaient les cours (F-P/Ar).

106. [*Idem*] Paris, A l'Imprimerie du Cercle social. an 9 de la République française [1800] //

8°. 5 vols; 20cm.

Ex Libris: F-P/Bh; F-P/Bn.

Remarques diverses: C'est une nouvelle émission de l'édition précédente.

107. *Cours de Sciences et Arts, par des Professeurs Célèbres. Agriculture . . . par m. Thouin. Analyse de l'Entendement . . . -Garat. Art de la Parole . . . -Sicard. Chimie . . . - Bertholet. Géographie . . . -Buache & Mentelle. Géométrie descrip-*

tive . . . -Monge. Histoire descriptive . . . -Volny. Histoire naturelle . . . -Dauben-
tan & Lacépède. Littérature . . . -La Harpe. Mathématique . . . -Lagrange &
Laplace. Physique . . . -Hauy. Suivi de Discussions, Entretiens, et Conférences
en forme de Dialogues entre les Professeurs et les Elèves sur les points les plus
essentiels de ces diverses sciences, et enrichi d'un volume de planches. Edition revue
par mm. les Professeurs. Paris, chez Testu, Imprimeur de l'Empereur, rue
Hautefort, no.13, 1808 //

8°. 13 vols; 19cm.

Ex Libris: F-AixU; F-P/U.
Remarque diverses: Pour La Harpe, voir i.127 etc., 174 etc., ii.100 etc., iii,
180 etc., iv.202 etc., 339 etc., v.32-151, xi.554 etc.

108. LEÇONS / DE / LITTÉRATURE / PRONONCÉES / A L'ÉCOLE
NORMALE / PAR / *J.-F. La Harpe.* / [*filet agrémenté*] / *Paris,* / BAU-
DOUIN FRÈRES, LIBRAIRES / RUE DE VAUGIRARD, N. *17.* / [*petit
filet*] / 1826 //

pp.[iv].156; sig.1-8⁸, 9⁶, 10⁸; 11 cm.
Ex Libris: F-Fgs; F-Nts; F-P/Bn; USA-OClW.
Imprimeur: H. Balzac, rue des Marais S.G., no.17.
Co-éditeur: Paris, Lebigre.
Publication: *JLib*, 10 janvier 1827, no.123.

109. *Sur le Tutoiement.* Dans Ve, v.647-672. Voici un fragment de la
quatrième leçon. La Harpe lui-même cite un passage de la cinquième leçon
dans le *Salut public* (Ve v.434-435).

110. 'Fin du discours prononcé par le citoyen Laharpe le jour de la clôture
des Ecoles normales' *JP*, 14 prairial an III (2 juin 1795) pp.1027-1028.

111. Traduction en allemand [*?das Dutzen*] de la leçon sur le *tutoiement*
(Leipzig 1796). 8°. Voir Ersch, ii.169. Nous n'avons pas pu retrouver cette
traduction.

3

Critiques diverses

~~~~~

112. *Essai sur l'Héroïde.*

Dans *Héroïdes nouvelles* (voir infra, no.337), pp.[3]-12; *Mélanges*, pp.67-73; *Bibliothèque de campagne, ou amusements de l'esprit et du cœur* (Amsterdam 1762), viii.[405]-411; [*Idem*] (Bruxelles 1785); *CollH* vi.51-59; Yn, i.223-228. Cet *essai* fut ensuite réuni à une partie d'un article sur la *Lettre amoureuse d'Héloïse à Abailard* par Colardeau (voir infra, *A35*) pour former un *avertissement* aux héroïdes de La Harpe dans le recueil de ses œuvres de 1778 (Pt, ii.95-101; Ve, iii.389-394).

113. *Réflexions utiles.*

Dans *Timoléon* (infra, no.230), pp.65-70; Ve, i.93-97. Voir la réponse à ces réflexions dans *Al*, 1765, i.267-273.

114. *Réflexions sur Lucain.*

Dans *Mélanges*, pp.105-125; Pt, ii.255-315. Absorbées dans le *Lycée*, I, liv.1, chap.iv, sec.2.

115. *Discours préliminaire* [des *Douze Césars, traduits du Latin de Suétone* (infra, no.524)].

Ce *discours* se compose des sections suivantes: 1) De Suétone (défendu contre Linguet); 2) De la Traduction; 3) De l'Histoire ancienne et moderne; 4) De Cicéron (*Tuscalanes*); 5) Des Journaux; 6) De Tite-Live; 7) Des harangues; 8) De Salluste; 9) De Tacite; 10) De Quinte-Curce; 11) De Justin; 12) De Florus; 13) De Patercule; 14) De Caton et d'une épigramme de Martial; 15) De cette traduction.

Section 2 deviendra *De notre langue comparée aux langues grecque et romaine* (Pt, iv.333-346; Ve, v.115-127), qui sera à son tour incorporé dans le *Lycée*, I, liv.1, chap.iii.

Sections 2 à 4, et 14 furent publiées dans Yn, iii.141-154 sous le titre de *Reflexions détachées sur la Traduction et sur la Littérature ancienne et moderne.*

Section 5 (Des Journaux) sera jointe à une lettre à Voltaire (voir infra, *A30*), et incorporée dans le *Lycée*, II, liv.2, chap.iv, sec.3.

Sections 6 à 13 parurent d'abord ainsi: *Fragment sur Tite-Live, Salluste et Tacite* (*MF*, juillet 1770, i.126-138); *Fragment sur Justin, Florus et Patercule* (*MF*, mai 1770, pp.150-162). Elles furent ensuite réunies ensemble sous le titre de *Fragment sur les historiens latins* (Yn, iii.155-189; Pt, iv.231-270). Ceci remplace le *discours préliminaire* dans un grand nombre des éditions de la traduction de Suétone, par La Harpe. Voir aussi *Lycée*, I, liv.3, chap.i, sec.1-3.

116. *Fragments sur les Douze Césars.*

Dans Yn, iii.191-237; Pt, iv.271-332. Dans les premières éditions de la traduction de Suétone, ces notes se placent entre les vies (voir infra, no.524).

117. *Essai sur les trois tragiques grecs* [*Eschyle, Sophocle, Euripide*].

Dans Pt, i.263-340. A l'origine, ceci devait servir de préface à *Philoctète* (voir infra, no.244). Publié en partie dans le *Mercure* (voir infra, *A16*), il sera finalement incorporé dans le *Lycée*, I, liv.1, chap.v, sec.1-4.

118. *Une préface sur la marquise de Sévigné.*

Dans *MF*, décembre 1773, pp.102-111; *Lettres nouvelles, ou nouvellement recouvrées de la marquis de Sévigné, et de la marquise de Simiane, sa petite-fille. Pour servir de suite au Recueil des lettres de la marquise de Sévigné* (Paris 1774), pp.3-10; [*Idem*] (Maestricht 1774), pp.v-xii; *JPL*, 15 juillet 1777, ii.358-360; Pt, v.411-415.
Critiques: *AvC*, 21 novembre 1773, pp.760-761; *Js*, janvier 1774, p.58, septembre 1774, pp.579-586; CLT, x.331; Lewis, v.373, 419; Suard 1, pp.178-183.

119. *Réflexions sur le drame: réfutation du livre intitulé "Essai sur l'Art dramatique" de Mercier.*

Dans Pt, i.146-194; Ve, ii.7-49. Ceci sert de préface à *Barnevel* (infra, no.328). Il faut comparer ces *réflexions* à ce que dit La Harpe au sujet des drames dans CR, lettres 5 et 8, et dans le *Lycée*, III, liv.1, chap.v, sec.6 & 8.

120. [*Sur/De*] *la musique théâtrale.*

Dans Pt, iv.368-390; *Mémoires pour servir à l'histoire de la musique par m. le chevalier Gluck, par G.M. Leblond* (Naples 1781); Ve, v.137-156. Basé sur une série d'articles sur la querelle entre les partisans de Gluck et ceux de Piccini (voir infra, *A318, 327, 329, 348*), ceci sera incorporé dans le *Lycée*, III, liv.1, chap.vi, sec.4.

121. *Des Romans.*

Dans Pt, iii.337-388. Basé sur des articles (voir infra, *A2, 369*), ceci sera incorporé dans le *Lycée*, II, liv.2, chap.iv; III, liv.2, chap.iii.

122. *Discours sur l'esprit des livres saints et le style des prophètes.*

Ce discours sert de préface au *Psautier français* (voir infra, no.554). La deuxième et la troisième parties de ce *discours* furent ajoutées au *Lycée* en 1816 (voir supra, no.19), et des extraits en ont été publiés dans le *Psautier des Amans de Jésus, composé dans une prison par un directeur de séminaire* [J. B. Lasausse], *augmenté en cette édition des pensées de Laharpe sur les pseaumes* (Paris 1801), et dans *Scripturae sacrae cursus completus . . . Annotarunt vero et ediderunt fr. J.P. et V.S. M*[igne] (1837-1845), tome xiv (*In Job et in Psalmos commentaria. Varia annotationes et dissertationes*); [*Idem*] (1839-1841).

Publication à part: DISCOURS / SUR / LA POESIE SACRÉE, / PAR LA HARPE. / [*filet ondulé*] / [*la lettre C*] / [*filet ondulé*] / PARIS, / A LA LIBRAIRIE SACRÉE, / Chez CASTELLAN, RUE DE L'UNIVERSITÉ, Nº 20. / [*filet ondulé*] / 1822 //

pp.91.[i bl.]; sig.1-6⁶, 7⁹, 8¹; 13,5cm.

Ex Libris: F-P/Ar; F-P/Bn.
Imprimeur: Giraudet, rue Saint-Honoré, no.315, vis-à-vis Saint-Roch.
Publication: *JLib*, 19 octobre 1822, no.4687.
Remarques diverses: Ce volume renferme (pp.85-91) des *Stances de Malherbe* (*paraphrases des psaumes*).

123. *Commentaire sur Racine.*

Pour des détails du contrat signé entre La Harpe et Panckoucke en juin 1796, voir Jovicevich 1, pp.69-70; *Décade*, 30 messidor an IV (18 juillet 1796), x.175. La Harpe comptait faire publier ce commentaire par mme. vve. Panckoucke en 1800 (*ClC*, 5 ventôse an VIII (24 février 1800), p.9441; Aulard 2, i.178-179). C'est le gendre des Panckoucke, Agasse, qui le publiera en 1807:

OEUVRES COMPLETTES / DE / JEAN RACINE, / AVEC / LE COMMENTAIRE / DE M. DE LAHARPE, / ET AUGMENTÉES DE PLUSIEURS MORCEAUX INÉDITS / OU PEU CONNUS. / TOME PREMIER. / [*filet anglais*] / A PARIS, / CHEZ H. AGASSE, IMPRIMEUR-LIBRAIRE, / RUE DES POITEVINS, Nº. 6 / [*filet*] / 1807 //

8°. 7 vols. pp.vi.407.[i bl.] + 433.[i bl.] + 413.[i bl.] + 429.[i bl.] + 410 + 429.[i bl.] + 553.[i bl.]; 20,5cm., portrait par J. B. Santerre, gravé par J. A. Pierron.

Ex Libris: D-Mu/B; F-Bsn; F-P/Bn; GB-BH/U; GB-CA/U; GB-LO/N; USA-DLC; USA-NIC; USA-NjP.

Remarques diverses: Le premier tome renferme l'avis suivant (p.iv): 'La *préface générale* qui est à la tête du premier volume, la *vie de Racine*, les observations qui la suivent, et les *préfaces* dites *du nouvel éditeur* qui précèdent chaque pièce de théâtre, forment, outre le commentaire et quelques notes sur les *Poésies diverses*, tout le travail de *m. de Laharpe*. Les *notes et additions* dites des *Editeurs*, ainsi que toutes les autres notes sans nom, appartiennent à l'éditeur que je ne nomme pas.' L'éditeur anonyme est Germain Garnier. Agasse appelle La Harpe 'le nouvel éditeur', parce que celui-ci se réfère à l'*Examen impartial des meilleures tragédies de Racine par Luneau de Bois-germain* (Paris 1768).

Des extraits du commentaire par La Harpe ont paru dans les *Etudes de la langue française sur Racine . . . , par Pierre Fontanier* (Paris 1818), et dans le *Théâtre complet de J. Racine. Editio variorum . . . Publié par Charles Louandre* (Paris 1850[1852], 1860, etc.]). D'autres éditions des œuvres de Racine renferment la vie par La Harpe, tirée du commentaire (voir infra, no.148). Le commentaire lui-même a paru encore trois fois:

124. OEUVRES COMPLETTES / DE / JEAN RACINE, / AVEC / LE COMMENTAIRE / DE M. DE LAHARPE, / ET AUGMENTÉES DE PLUSIEURS MORCEAUX INÉDITS. / OU PEU CONNUS. / [*filet*] / EDITION REVUE, CORRIGÉE, ET ORNÉE DE FIGURES D'APRÈS LES DESSINS DE MOREAU. / [*filet*] / TOME PREMIER. / [*filet anglais*] / A PARIS, / CHEZ VERDIÈRE, LIBRAIRE, QUAI DES AUGUSTINS, Nº 27. / [*filet ondulé*] / 1816. //

8°. 7 vols. pp.[ii].vi.407.[i bl.] + 433.[i bl.] + 413.[i bl.] + 429.[i bl.] + 410 + 492 + 553.[i bl.]; 22cm., planches hors texte.

Ex Libris: F-Bsn; F-Gbl.

Remarques diverses: C'est une nouvelle émission de l'édition précédente.

125. THÉATRE COMPLET / DE / JEAN RACINE, / AVEC / LE COMMENTAIRE / DE M. DE LAHARPE. / [*filet*] / ÉDITION REVUE, CORRIGÉE, ET ORNÉE DE FIGURES / D'APRÈS LES DESSINS DE MOREAU. / [*filet*] / TOME PREMIER. / [*filet anglais*] / A PARIS, / CHEZ VERDIÈRE, LIBRAIRE, QUAI DES AUGUSTINS, Nº. 25. / [*filet ondulé*] / 1817. //

8°. 5 vols. pp.407.[i bl.] + 433.[i bl.] + 413.[i bl.] + 429.[i bl.] + 410; 20,5cm., planches hors texte.

Ex Libris: F-ChM; F-Troyes; F-Vers; GB-BH/U; USA-NN.

Remarques diverses: Il s'agit d'une nouvelle émission des cinq premiers tomes de l'édition précédente.

126. OEUVRES / COMPLÈTES / DE / JEAN RACINE, / AVEC / LE COMMENTAIRE DE LA HARPE. / TOME PREMIER. / [*ornement typographique*] / A PARIS, / A LA LIBRAIRIE NATIONALE ET ETRANGERE, / Quai des Augustins, N°. 17. / [*petit filet anglais*] / MDCCCXXI [-XXII] // 12°. 8 vols. pp.420 + 329.[i bl.] + 325.[i bl.] + 487.[i bl.] + 315.[i bl.] + 398 + 592 + 556; 18,5 cm., portrait.

Ex Libris: F-P/Bn.
Imprimeur: Dondey-Dupré.
Co-éditeur: Maccarthy.
Remarques diverses: Edition revue par A. Béraud (Quérard 1, iv.434-435).

127. *Commentaire sur le théâtre de Voltaire.*
Pour l'histoire de ce commentaire voir Todd 3, p.237. Une édition – due aux soins de J. J. M. Decroix (*Biographie universelle*, x.265; Quérard 1, ii.418, iv.434-435; Barbier-Billard i.col.645) – a paru en 1814:

COMMENTAIRE / SUR / LE THÉÂTRE / DE VOLTAIRE, / PAR M. DE LA HARPE; / IMPRIMÉ D'APRES LE MANUSCRIT AUTO- GRAPHE / DE CE CÉLÈBRE CRITIQUE / ET APPROPRIÉ / AUX DIFFÉRENTES ÉDITIONS DE CE THÉÂTRE. / RECUEILLI ET PUBLIÉ PAR * * *. / [*monogramme*] / A PARIS, / CHEZ MARADAN, LIBRAIRE / RUE DES GRANDS-AUGUSTINS, N°9. / M. DCCCXIV // pp.xiii.511.[i bl.]; sig.i⁶, 1-32⁸; 20,5 cm.

Ex Libris: CDN-OTU; D-Br/S; D-Mu/B; DK-C; F-Albi; F.Aut; F-Av; F-Bar; F-Bl; F-Boul; F-Bourg; F-Bsn; F-Carc; F-Cham; F-ChM; F-ClF; F-Grs; F-Ly; F-Nc; F-Ny; F-P/Ar; F-P/Bn; F-S/Bn; F-Sens; F-Tours; GB-BH/P; GB-ED/N; GB-LA/U; GB-LO/N; GB-LV/U; GB-RE/U; GB-OU/U-Ty; NL-LH/N; USA-ICU; USA-InU; USA-MB; USA-MdBP; USA-NcWsW; USA-WaU.
Imprimeur: P. Didot l'aîné.
Publication: *JLib* 1 octobre 1814 no.1585.
Table des matières: Avertissement de l'éditeur: pp.[v]-x. Table: pp.[xi]-xiii. Commentaire: pp.[1]-494. Il y a des remarques inédites sur *Œdipe, Mariamne, Brutus, Zaïre, Adélaïde du Guesclin, La Mort de César, Alzire, Zulime, Mahomet, Mérope, Sémiramis, Oreste, Rome sauvée, L'Orphelin de la Chine, Tancrède, Olympe, Le Triumvirat, Les Scythes, L'Enfant prodigue, Nanine, Les Deux tonneaux.* Pour les autres pièces, Decroix se sert du *Lycée*, III, liv. 1, chap.iii. Il ajoute aussi la *Lettre à m. Panckoucke* de m. le marquis de Villevieille (pp.188-193), la réponse de m. de La Harpe (pp.193-194), et la deuxième lettre du marquis de Villevieille (pp.194-196) [voir infra, *A82-83*]; un passage sur le commentaire, tiré de CS, 1 septembre 1778, vi.416 (pp.197-198), et des Remarques de l'éditeur sur la conclusion du commentaire de m. de La Harpe (pp.495-511).

4

Discours

~~~~~~~~~~~~~~

128. *Des Malheurs de la guerre, et des avantages de la paix.*

Dans *Pél.* [voir *Je*, 1774, vii.540-541]; Yn, iii.25-47; Pt, iv.1-31; Ve, v.7-31.

Critiques: *AvC*, 26 janvier 1767, p.61; *Js*, juin 1767, pp.390-399; CLT, vii.301-303; MS, 16, 22 janvier 1767, iii.129-130, 134.

Publication à part: *DES MALHEURS* / DE LA GUERRE, / *ET DES AVANTAGES* / DE LA PAIX, / DISCOURS / QUI A REMPORTÉ LE PRIX / au jugement de l'Académie Françoise, / au mois de Janvier 1767. / Par M. DE LA HARPE. / [*filet*] / *Humanum paucis vivit genus.* Lucan./ [*filet*] / [*ornement typographique*] / A PARIS, / Chez REGNARD, Imprimeur de l'Académie / Françoise, Grand'Salle du Palais, à la / Providence, & rue basse des Ursins. / [*filet double*] / M. DCC. LXVII //

pp.40; sig.A-B⁸, C⁴; 19,5cm.

Ex Libris: B-G/U; D-Mu/B; DK-C; F-Am; F-Ang; F-Bdx; F-ClF; F-Djn; F-Nts; F-P/Bn; F-Pau; F-Pts; F-PtsU; F-Rou; F-Troyes; GB-LO/N; GB-OX/U-Ty; S-S/U; USA-CtY.

Approbation: Saurin, 16 janvier 1767.

Publication: CH, 31 janvier 1767, no.35, art.1.

129. Des / Malheurs / de la / Guerre, & des avantages / de la Paix. / [*filet*] / Discours / de / Monsieur de la Harpe, / couronné le 22 Janvier 1767. / par / l'Académie Françoise. / [*filet*] / Humanum paucis vivit genus. //

pp.31.[i bl.]; sig.A-B⁸; 15cm.

Ex Libris: D-Be/DS.

Publication: Cette édition fut publiée à Leipzig par Hilscher en 1767, selon Kayser, ii.459.

En suédois:

130. Om det Onda / Som följer med Krig, / Och / Om Fredens Förmoner. [*filet*] / Twänne Afhandlungar som blifwit belönte / af Franska Academien 1767, / Författade / Den förre af Herr DE la HARPE, / Den senare af Herr GAILLARD. / [*filet*] / Öfwersättning. / [*filet*] / [*ornement typographique*] /

[*filet ondulé*] | 𝕾𝕿𝕺𝕮𝕶𝕳𝕺𝕷𝕸,/𝕿𝖗𝖞𝖈𝖍𝖙 𝖎 𝕶𝖔𝖓𝖌𝖑. 𝕿𝖗𝖞𝖈𝖍𝖊𝖗𝖎𝖊𝖙, 1788 //
pp.58; sig.A-C⁸, D⁵; 18cm.

Ex Libris: S-G/U; S-L/U; S-S/N; S-U/U.

Table des matières: pp.3-28: *Om det Onda | Som fölier med Krig, | och | Om Fredens Förmoner.* | *Afhandling af Herr* DE LA HARPE.

131. *Combien le génie des grands écrivains influe sur l'esprit de leur siècle.*

Dans Yn, iii.49-70; Pt, iv.33-57; Ve, v.33-54.

Publication à part: *Combien le génie des grands écrivains influe sur l'esprit de leur siècle, discours qui a concouru pour le prix de l'Académie de Marseille de l'année 1767* [suivi d'une épître de Servilie à Brutus, après la mort de César, pièce qui a remporté le prix de poésie à l'Académie de Marseille], *par m. de La Harpe. L'Opinione regina del mundo.* Marseille, 1767 //

12°. pp.47.[i bl.]; 17cm.

Ex Libris: SU-BV.

Remarques diverses: pour le poème, voir infra, no.396.

132. *Discours de réception à l'Académie française.*

Dans Yn, iii.1-21; Pt, iii.311-316; *Œuvres de Colardeau* (1779 [1ère. et 2e. éditions]), i.pp.xix-xliv ('Eloge de Colardeau'); *Recueil des harangues prononcées par mm. de l'Académie française* (Paris 1782), viii.96-121; *Bp*, ii (1ère. partie). 145-152 ('De la préférence que l'écrivain doit donner à la société de ses confrères, sur celle du monde'); OP, iii.371-388; *Choix de discours de réception à l'Académie françoise* (Paris 1808), ii.129-149; Ve, v.69-89.

Critiques: *JgF*, 10 juillet 1776, pp.109-110; *Al*, 1776, ii.73-107; *JV*, (août) 1776, ii.83-91; *Je*, 15 août 1776, vi.117-131; *JPL*, 25 juillet 1776, ii.404-412 (Linguet); *MF*, juillet 1776, i.178-191, 25 août 1781, pp.180-186; CLT, ix.199; CS, 27 juin, 23 juillet 1776, iii.131, 179.

Publication à part: DISCOURS | *PRONONCÉS* | DANS L'ACADÉMIE | FRANÇOISE, | Le Jeudi XX Juin M. DCC. LXXVI. | *A LA RÉCEPTION* | De M. DE LA HARPE. | [*ornement typographique*] | *A PARIS*, | Chez DEMONVILLE, Imprimeur-Libraire de l'Académie | Françoise, rue S. Severin, aux Armes de Dombes. | [*filet double agrémenté*] | M. DCC. LXXVI //

pp.34.[ii bl.]; sig.A-D⁴, E²; 25cm.

Ex Libris: D-Mu/B; F-Ang; F-Bsn; F-BsnU; F-Gbl; F-P/Bn; F-Troyes; NL-LH/N; USA-MH.

Publication: CH, 29 juin 1776, no.26, art.2.

Table des matières: Discours de La Harpe: pp.[3]-20; Réponse de Marmontel: pp.21-34.

133. *Adresse des auteurs dramatiques à l'Assemblée nationale.*

Dans Ve, v.303-342.

Critiques: JP, 26 août 1790, pp.969-970; *ChP*, 28 août, 6, 9 septembre 1790, pp.959, 993, 1006-1007; *Moniteur*, 27 août 1790 (réimpression: v.487); CLT, xvi.111-115.

Publication à part: [En-tête:] ADRESSE / DES / AUTEURS DRAMA-TIQUES / A L'ASSEMBLÉE NATIONALE, / *Prononcée par M. de la Harpe, dans la Séance / du mardi soir 24 Août.* //

pp.46.[ii bl.]; sig.A-C⁸; 19,5cm.

Ex Libris: F-Gbl; F-P/Ar; F-P/Bh; F-P/Bn; S-S/N; USA-NjP.

Publication: Tourneux, no.18201; Lacroix, *Actes de la Commune* (Paris 1894), vii.210.

Table des matières: Adresse: pp.1-10; *Pétition:* pp.11-39 (signée: La Harpe, Sedaine, Cailhava, Ducis, Fenouillot [de Falbaire], Lemierre, Laujon, M. J. Chénier, Mercier, Palissot, Fabre d'Eglantine, Framéry, André-Murville, Forgeot, [Billardon] de Sauvigny, de Maisonneuve, Vigée, Chamfort, Fallet etc. etc.). *Supplément:* pp.40-46.

Remarques diverses: Le *supplément* est une réponse à Le Vacher de Charnois qui accusait Mirabeau d'avoir organisé la pétition (voir le *Spectateur national et le Modérateur*, 26 août 1790, p.345). Vigée accusera La Harpe d'avoir mis son nom à la pétition sans sa permission (voir *JP*, 3 octobre 1790, *feuille indicative des spectacles*). Pour des détails de brochures par d'autres membres de l'Association des auteurs dramatiques portant la signature de La Harpe, voir Todd, 3, p.232. Voir aussi infra, no.134, 576.

134. *Discours sur la liberté du théâtre.*

Dans Aulard, *La Société des Jacobins* (Paris 1889), i.409-420.

Publication à part: [En-tête:] [*le sceau de la Société des Amis de la Constitution, Paris 1789*] / DISCOURS / SUR / LA LIBERTÉ DU THÉATRE; / PRONONCÉ PAR M. DE LA HARPE, / le 17 Décembre 1790, / A LA SOCIETE DES AMIS DE LA CONSTITUTION. //

pp.16; sig.A⁸; 18,5cm.

Ex-Libris: F-Gbl; F-Ly; F-P/Ar; F-P/Bh; F-P/Bn; USA-MB; USA-NIC; USA-NjP.

Imprimeur: A Paris, de l'Imprimerie nationale.

Publication: 'Imprimé par ordre de la Société. Paris, 17 décembre, l'an 2e. de la liberté. Mirabeau l'aîné, *Président.* Feydel, Villiers, H. Fr. Verchère, Alexandre Beauharnais, *secrétaire*'. Tourneux, no.9211.

135. *Sections de Paris, Prenez-y garde.*

Publication à part: SECTIONS / DE / PARIS, / PRENEZ-Y GARDE. /

[*filet anglais*] / *DISCOURS* prononcé dans la Sec-/tion de la Butte des Moulins. //

pp.15.[i bl.]; pas de sig.[A⁸]; 19cm.

Ex Libris: F-Do; F-P/Bh; F-P/Bn; F-Rou.

Imprimeur: Paris, de l'imprimerie de J. M. Chevet, cours de Rohan, entre la Cour du Commerce et la rue du Jardinet, Fbg. Germain, an III [1795].

Publication: *La Quotidienne*, 11 vendémiaire an IV (3 octobre 1795), p.4. Tourneux, no.8605.

136. 'Discours prononcé à la section de la Butte des Moulins, le 6 vendémiaire an IV', *Extrait des registres de l'assemblée primaire de la section de la Butte-des-Moulins, séance du 6 vendémiaire an 4 de la république une et indivisible*, pp.11 fol.

Ex Libris: F-P/Bh (ms.811, ff.40-46).

Remarques diverses: Ce manuscrit fut offert à la vente de la collection de m. le baron de L[aroche] L[acarelle] (Charon, 4 février 1847, p.45, no.343). Une édition de ce discours – préparée par monsieur David Adams de l'université de Manchester – vient de paraître dans les *Annales historiques de la Révolution française* (1978), l.478-84.

137. 'Discours prononcé à la veille du 13 vendémiaire an IV', *Annales historiques de la Révolution française*, 1971, xliii.441-458. Publié par monsieur le dr A. Jovicevich sur un manuscrit conservé à Dartmouth College, New Hampshire.

138. *Discours prononcé à l'ouverture du Lycée*.

Dans Ve, v.673-681.

Critiques: *Décade*, 10 frimaire an IX (1 décembre 1800), xxvii.436-437; *MF*, 16 frimaire an IX (7 décembre 1800), iii.418-422.

Publication à part: DISCOURS / PRONONCÉ / PAR LE C.ᴇɴ LA-HARPE, / A L'OUVERTURE DU LYCÉE, / *Le 3 frimaire an 9*. / [*filet anglais*] / A PARIS, / Chez MIGNERET, Imprimeur, rue Jacob, / N.° 1186. [*filet*] / An IX. (1800) //

pp.15.[i bl.]; pas de sig.[A⁸]; 21cm.

Ex Libris: F-P/Bh; F-P/Bn; F-Rou; GB-LO/N.

Publication: 'On s'est déterminé à imprimer séparément ce Discours, pour opposer du moins un texte authentique aux falsifications aussi faciles que dangereuses...' (*Avertissement*).

5

Eloges

139. *Eloge de Charles V.*
Dans *Pél[Je*, 1774, vii.540-541]; Yn, ii.1-34; Pt, iii. 1-39; OP, iii.165-194 (texte revu); Ve, iv.5-39 (changements: i.pp.lxxxiii-lxxxiv).
Critiques: *JgF*, 23 septembre 1767, pp.150-151; *Al*, 1767, vii.51-61; *AvC*, 31 août 1767, pp.556-557; *GF*, 31 juillet, 28 août 1767; *Je*, 15 novembre 1767, viii.51-61; *MémT*, octobre 1767, pp.40 etc.; CLT, vii.409; MS, 28 juillet, 25 août 1767, iii.208-209, 218.
Publication à part: ELOGE / DE CHARLES V, / ROI DE FRANCE. / *DISCOURS* / QUI A REMPORTÉ LE PRIX / de l'Académie Françoise en 1767. / *Par M. DE LA HARPE.* / [*filet*] / Vim temperatam Dî quoque provehunt / In majus. *Horat.* / [*filet*] / [*ornement typographique*] / A PARIS; / Chez la V. REGNARD, Imprimeur de l'Académie / Françoise, Grand'Salle du Palais, & / rue basse des Ursins. / [*filet double*] / M. DCC. LXVII //
pp.39.[i]; sig.A-B⁸, C⁴; 20cm.
Ex Libris: B-G/U; CDN-QMBN; D-Mu/B; F-Am; F-Bsn; F-Carp; F-Cham; F-ClF; F-Gbl; F-Lav; F-Nts; F-P/Bn; F-Pau; F-Troyes; GB-OX/U-Ty.
Approbation en Sorbonne: Chevreuil, Adheret, 20 juin 1767. Pour les changements demandés par les théologiens, voir Best.D14333.

140. *Eloge de Henri IV.*
Dans Yn, ii.253-282; *Histoire de la vie de Henri iv, roi de France et de Navarre, de Richard de Bury. Troisième édition, revue, corrigée et augmentée* (Paris 1779), iv.249-288; *Les Amours de Henri iv, roi de France; précédées de l'éloge de ce monarque par m. La Harpe* (Paris 1807), i.pp.i-xlviii; *L'Esprit de Henri iv, ou Anecdotes les plus intéressantes* ... [par L. L. Prault]. *Nouvelle édition, augmentée d'une préface par m. Lebreton* (Paris 1814), pp.xix-lx; Ve, iv.41-71 (changements: i.p.lxxxiv); *L'Esprit de Henri iv* ... (Limoges 1853), pp.5-36.
Critiques: *Al*, 1769, viii.217-229; *MF*, mars 1769, pp.108-110; *CS*, 22 septembre 1778, vii.22-23; *Collé*, iii.222-223; *Sérieys, Nouvelle Histoire de Henri iv* (Paris 1816).
Manuscrit: F-LR (ms.10.675).
Publication à part: ELOGE / DE / HENRI IV, / ROI DE FRANCE. / [*filet*]/

Fruitur que famâ fuî ... TAC. / [*filet*] / *PAR M. DE LA HARPE.* / [*ornement typographique*] / A AMSTERDAM; / *Et se trouve A PARIS*, / Chez LA-COMBE, Libraire, rue Christine. / [*filet double*] / M. DCC.LXIX //
pp.31 (pag.déf.=47).[i bl.]; sig.A-C⁸; 21 cm., frontispice dessiné et gravé par B. L. Prévost.

Ex Libris: F-Am, F-Aj; F-Cham; F-LR; F-P/Bh; F-P/Bn; F.Troyes; S-L/U; S-S/N; S-U/U; SU-BV; USA-ICU; USA-MoU.
Publication: *CH*, 11 février 1769, no.7, art.12.

141. *Eloge de Fénelon.*
Dans *Pél* [voir *Je*, 1774, vii.540-541]; *Les Avantures de Télémaque, fils d'Ulysse, par feu messire François de Salignac de la Motte-Fénelon. Nouvelle édition, conforme au manuscrit original, et enrichi de figures* (Amsterdam 1775), pp.vii-lvi; Yn, ii.35-73; Pt, iii.41-86 (texte revu); *Les Avantures de Télémaque* ... (an IV[1796]), i. pp.iii-xlviii; [*Idem*] (an VII [1799]); OP, iii.197-231 (texte revu une deuxieme fois); *Œuvres complètes de Fénelon* (Paris 1810), x.377-412; *Choix d'éloges couronnés par l'Académie francaise* (Paris 1812), pp.235 etc.; *Les Aventures de Télémaque* ... (Paris 1812) [voir *JLib*, 11 décembre 1812, no.5104]; [*Idem*] (Londres 1812); [*Idem*] (Paris 1813); Ve, iv.73-113 (changements: i.pp.lxxv-lxxxiii); *Œuvres choisies de Fénelon, publiées par m. Delestre-Boulage* (Paris 1821), i.1-55; *Avantures de Télémaque* ... *avec des notes géographiques et littéraires* (Paris 1824), i. pp.v-lix; *Aventures de Télémaque, suivies des Aventures d'Aristonoüs, précédées* ... (Paris 1826), i. pp.i-lii; *Aventures de Télémaque, suivies des Aventures d'Aristonoüs, et de l'examen de conscience sur les devoirs de la royauté, précédées* ... (Paris 1828), i. pp.v-lix; *Aventures de Télémaque* ... *précédées d'une notice biographique et littéraire sur Fénelon, par m. Villemain de l'Académie française* (Paris 1829), ii.349-393; *Les Aventures de Télémaque, fils d'Ulysse* ... *publiées par Léon Thiessé* (Paris 1830), i. pp.v-lix; *Les Aventures de Télémaque* ... *augmentées d'une notice sur la vie de l'auteur et de son éloge* (Paris 1830), i. pp.iii-xxxii; [*Idem*] (Paris 1835), pp.i-xli; *Les Aventures de Télémaque* ... (Paris 1836), i. pp.iii-xli; *Œuvres choisies de Fénelon, précédées* ... (Paris 1837), pp.1-17 (db.col.); *Fénelon, poème, par François Marchant de Cambrai. Troisième édition* ... (Lille 1838), pp.37-64; *Aventures de Télémaque* ... *avec des notes géographiques et littéraires* ... (Paris 1844), pp.5-42; *Aventures de Télémaque* ... *suivies* ... *Edition illustrée* (Paris 1849), pp.82-88 (db. col.); *Aventures de Télémaque* ... (Paris 1853), i. pp.v-lvi; *Aventures de Télémaque* ... *avec des notes géographiques et littéraires* (Paris 1853), pp.3-34; *Les Aventures de Télémaque, de Fénelon, avec son éloge* ... (Paris 1854) [voir *JLib*, 1854, no. 4369]; *Œuvres de Fénelon. Télémaque* (Paris 1864), pp.1-31; *Les Aventures de Télémaque, suivies des Aventures d'Aristonoüs, nouvelle édition, accompagnée de notes philologiques et littéraires* (Paris 1864), pp.1-32; [*Idem*] (Paris

1865); [*Idem*] (Londres 1869); *Aventures de Télémaque . . . suivies . . . Edition illustrée* (Saint-Germain 1869), pp.82-88 (db.col.); [Idem] (Paris [s.d.]); *Les Aventures de Télémaque, suivies des Aventures d'Aristonoüs. Nouvelle édition* (Paris 1872), pp.1-32; [*Idem*] (Londres 1875); *Les Aventures de Télémaque, par Fénelon, avec son éloge . . .* (Paris 1876) [USA-NN]; *Les Aventures de Télémaque, suivies des Aventures d'Aristonoüs* (Paris 1877), pp.1-32; *Aventures de Télémaque . . . avec des notes géographiques et littéraires* (Paris 1879), pp.3-34; *Les Aventures de Télémaque, suivies des Aventures d'Aristonoüs. Nouvelle édition* (Paris 1881), pp.1-32; [*Idem*] (Paris 1882); [*Idem*] (Paris 1893); *Fénelon. Les Aventures de Télémaque illustrées . . .* (Paris 1901), pp.11-40. De nombreuses autres éditions des œuvres de Fénelon renferment des versions abrégées de cet éloge.

Critiques: *JgF*, 11 septembre 1771, p.146; *Al*, 1771, vi.3-22; *AvC*, 2, 9 septembre 1771, pp.558, 571-572; *GF*, 30 août 1771; *Je*, 15 septembre 1771, vi.455, 1 octobre 1771, vii.77-78; *MémT*, octobre 1771, pp.83 etc.; *MF*, octobre 1771, i.122-136; *CLT*, ix.382-389; *MS*, 9, 26 août, 1, 19, 26 octobre 1771, v.293, 304-305, vi.1-5, 10, 18. Pour la suppression et cet ouvrage, voir Todd 3, pp.21-22, 218.

Trois éditions séparées:

ELOGE / *DE FRANÇOIS* / DE SALIGNAC / DE LA MOTTE-FENE-LON, / *ARCHEVÊQUE-DUC DE CAMBRAY*, / PRÉCEPTEUR DES ENFANS DE FRANCE. / *DISCOURS* / QUI A REMPORTÉ LE PRIX / de l'Académie Françoise en 1771. / *Par M. DE LA HARPE*. / [*filet*] / *Non illum Pallas, non illum carpere livor possit.* Ovid. / [*filet*] / [*ornement typographique*] / *A PARIS*, / Chez la Veuve REGNARD, Imprimeur de l'Académie Françoise, / & DEMONVILLE, Libraire, Grand'Salle du Palais, à la / Providence & rue basse de l'Hôtel des Ursins. / [*filet double agrémenté*] / M. DCC. LXXI //

pp.45.[ii].[i bl.]; sig.A-C⁸; 21cm.

Ex Libris: B-G/U; D-Mu/B; F-Aix; F-Am; F-Bdx; F-Cham; F-Djn; F-Fgs; F-Gbl; F-Nts; F-Orl; F-P/Bn; F-S/Bn; F-Senl; F-Troyes; F-Vers; GB-LO/N; GB-LO/U; SU-BV; USA-MH; USA-NSchU.

Publication: *CH*, 31 août 1771, no.35, art.1.

142. ELOGE / *DE FRANÇOIS* / DE SALIGNAC / DE LA MOTTE-FENELON, / *ARCHEVÊQUE-DUC DE CAMBRAY*, / PRÉCEPTEUR DES ENFANS DE FRANCE. / *DISCOURS* / QUI A REMPORTÉ LE PRIX / DE L'ACADEMIE FRANÇOISE EN 1771. / *Par M. DE LA HARPE*. / [*filet rompu*] / *Non illum Pallas, non illum carpere livor possit.* OVID. / [*filet rompu*] / [*ornement typographique*] / [*filet double*] / *A COPENHAGUE*, / Chez CL. PHILIBERT. / Imprimeur-Libraire. / [*filet*] / M. DCC.LXXI //

pp.45.[i bl.].[ii]; sig.A-C⁸; 20cm.

Ex Libris: DK-C; F-P/Bn; N-O/U; S-S/N.

143. ÉLOGE / *DE FRANÇOIS* / DE SALIGNAC / DE LA MOTTE-FENELON, / *ARCHEVÊQUE-DUC DE CAMBRAY*, / PRÉCEP-TEUR DES ENFANS DE FRANCE. / DISCOURS / QUI A REM-PORTÉ LE PRIX / de l'Académie Françoise en 1771. / *Par M. DE LA HARPE*. / [*filet*] / *Non illum Pallas, non illum carpere livor possit*. Ovid. / [*filet*] / [*fleuron*] / *A PARIS*, / Chez la Veuve REGNARD, Imprimeur de L'Acadé-/mie Françoise, & DEMONVILLE, Libraire, / Grand'Salle du Palais, à la Providence, & rue / basse de l'Hôtel des Ursins. / [*filet double agrémenté*] / M. DCC.LXXII //

pp.44.[ii]; sig.A-B⁶ [la feuille A⁶ porte le numéro A⁵]; 17,5cm.

Ex Libris: F-Av.

144. *Eloge de Racine.*
Dans Yn, ii.75-156; Pt, iii.157-259; OP, iii.291-329 (texte revu); *Œuvres complettes de Jean Racine, avec le commentaire de m. de La Harpe* (Paris 1807), i.97-146; *Choix d'éloges couronnés par l'Académie française* [sic] (Paris 1812), pp.345 etc.; *Œuvres complètes* / *Théâtre complet de J. Racine, avec le commentaire* (1816/1817), i.97-146; *Œuvres complètes de J. Racine, avec le commentaire* (Paris 1821), i.51-104; Ve, iv.115-202 (changements: i. pp.lxxxiv-lxxxvi); *Œuvres complètes de J. Racine, avec des examens sur chaque pièce, précédées de sa vie et de son éloge par La Harpe* (Paris 1825-1826), i. pp.xix-lx; *Œuvres complètes de J. Racine, précédées d'une notice historique* (Paris 1826), i. pp.v-xl; [*Idem*] *Seconde édition* (Paris 1827); *Œuvres complètes de J. Racine, précédées de son éloge par La Harpe* (Paris 1828), i. pp.v-xl; *Œuvres complètes de J. Racine, avec des examens sur chaque pièce* ... (Paris 1829), i.pp.xix-lx; *Œuvres complètes de J. Racine, nouvelle édition collationnée sur les meilleurs textes* (Paris 1829), pp.xii-xxxi (db. col); *Œuvres complètes de J. Racine, précédées de son éloge* (Paris 1830), i.pp.v-xl; [*Idem*] *Seconde édition* (Paris 1834); Idem (Paris 1835); [*Idem*] (Paris 1847); *Œuvres de Racine, d'après l'édition de 1760* (Paris 1898), i. pp.xxvii-xlvi; [*Idem*] (Paris 1906). Voir supra, no.123.
Critiques: JgF, 3 février 1773, pp.18-19; Al, 1773, i.18-50; AvC, 4 janvier 1773, pp.13-14; Js, juin 1773, pp.323-328; Je, 15 février 1773, ii.66-67; MF, janvier 1773, ii.86-106; CLT, x.109; MS, 25 décembre 1772, vi.238-239.

Publication à part: ELOGE / DE / RACINE, / *PAR M. DE LA HARPE*. / [*filet*] / Omne tulit punctum. HORACE / [*filet*] / [*ornement typographique*] / A AMSTERDAM. / *Et se trouve à PARIS*, / Chez LACOMBE, Libraire, rue Christine. / [*filet double*] / M. DCC. LXXII //

pp.[iv].99.[i bl.]; sig.[ ]², A-F⁸, G²; 19,5cm.

Ex Libris: B-Br; B-G/U; CDN-OOCC; D-Mu/B; F-Bsn; F-ClF; F-Dgn; F-Fgs; F-Gbl; F-LR; F-Nm; F-Nts; F-Orl; F-P/Ar; F-P/Bh; F-P/Bn; F-Pts; F-Qr; F-S/Bn; F-Troyes; GB-LO/N; GB-MA/S; GB-MA/U; SU-BV; USA-CtY; USA-MH; USA-NSchU; USA-RPB.

Publication: *AvC*, 14 décembre 1772, p.798; *MF*, janvier 1773, i.123; *Je*, 1 février 1773, i.527-528.

Remarques diverses: L'éloge occupe les pages 1 à 55. Il y a l'*avertissement* suivant: 'Cet ouvrage devait être envoyé à l'Academie de Marseille, qui avait proposé l'*Eloge de Racine* pour sujet du prix d'éloquence de cette année 1772; mais quand l'auteur eut achevé cet éloge, le concours était fermé. Il a su depuis que l'Académie avait réservé le prix pour l'année prochaine; mais alors les arrangements étaient déjà pris pour l'impression de cet ouvrage, dont l'auteur aurait volontiers fait un hommage très légitime à l'Académie de Marseille, qui a eu la gloire d'avoir songé la première à honorer la mémoire du grand Racine.'

145. *Eloge de La Fontaine.*

Dans Yn, ii.157-195; Pt, iii.261-309; *La Fontaine et tous les fabulistes . . . nouvelle édition . . . par m. N. S. Guillon* (Paris an IX-1803), i. pp.xv-lxxii; OP, iii.333-367; *Excerpta ou Fables choisies de La Fontaine* (New York 1810); Ve, iv.203-243.

Critiques: *JgF*, 21 décembre 1774, pp.201-202, 28 décembre 1774, pp.207-208; *Al*, 1774, vii.3-22; *Gl*, 17 septembre 1774, pp.3-5; *Je*, 15 octobre 1774, vii.314-326; *JPL*, 25 octobre, 15 décembre 1774, i.28, 213-227 (Linguet); *MémT*, octobre 1774, pp.131 etc.; *MF*, octobre 1774, i.142-153: CLT, x.512; CS, 6 octobre 1774, i.819; MS, 13 septembre 1774, xxvii.342-343; Suard 1, pp.195-196.

Deux éditions séparées:

ÉLOGE / DE LA FONTAINE, / *Qui a concouru pour le Prix de l'Académie* / *de Marseille, en 1774.* / PAR M. DE LA HARPE. / [*filet*] / *Quandò ullum invenient parem?* / Hor. / [*filet*] / [*ornement typographique*] / *A PARIS,* / Chez LACOMBE, Libraire, rue Christine. / [*filet triple*] / M. DCC. LXXIV //

pp.62.[ii]; sig.A-D⁸; 19 cm.

Ex Libris: D-Mu/B; DK-C; F-Aix; F-Arr; F-Bsn; F-Cham; F-Djn; F-LR; F-Ly; F-P/Ar; F-P/Bn; F-Pts; F-S/Bn; F-Vers; GB-LO/N; S-U/U; USA-CoU; USA-CtY.

Approbation: Coqueley de Chaussepierre, 2 septembre 1774.

Publication: *CH*, 24 septembre 1774, no.39, art.7; *Js*, novembre 1774, p.767.

146. *ÉLOGE* / DE / LA FONTAINE, / *Qui a concouru pour le Prix de* / *l'Académie* / *de Marseille, en 1774.* / Par M. DE LA HARPE. / [*filet*] / *Quandò ullum invenient parem?* / Hor. / [*filet*] //

pp.[ii].51.[i bl.]; sig.A-F⁴, G²; 19,5 cm.

Ex Libris: F-Djn.

Remarques diverses: Cette édition serait tirée de l'ouvrage suivant, où elle figure sans faux-titre: *Recueil de l'Académie des Belles-lettres, Sciences et Arts de Marseille, pour l'année 1774*. Marseille, A. Favet; Paris, Jean Mossey, 1774 //

8°. pp.viii.54.51.66.15; 18cm.

Ex Libris: F-Albi; F-P/Bn; SU-BV.

Remarques diverses: Voir les articles sur ce recueil dans *JgF*, 15 mars 1775, pp.41-43; *Je*, 1775, ii.250, 423-435. L'éloge par La Harpe est placé entre ceux par Chamfort et Gaillard. Le catalogue de la Bibliothèque nationale de Paris cite également comme édition de cet éloge: Marseille, A. Favet, 1774, 80. Ceci manque depuis une vingtaine d'années.

147. *Eloge de Catinat*.

Dans Yn, ii.197-252; Pt, iii.87-157; OP, iii.235-287 (texte revu); *Choix d'éloges couronnés par l'Académie française* (Paris 1812), pp.279 etc.; Ve, iv.245-305 (changements: i. pp.lxxxvi-lxxxvii).

Critiques: *JgF*, 27 septembre 1775, pp.153-154; *Al*, 1775, v.3-22; *GF*, 28 août 1775; *JV*, (octobre) 1775, ii.243-251; *Je*, 15 septembre 1775, vi.434, 1 octobre 1775, vii.74-88; *JPL*, 25 septembre 1775, iii.110-125 (Linguet); *MF*, octobre 1775, ii.60-88; CLT, xi.109, 167, xiv.323, n.; CS, 9 septembre 1775, ii.145-148, 7 juillet 1777, v.7; MS, 26, 27 août 1775, xxxi.322-331; Suard 1 p.223.

Deux éditions séparées:

ELOGE / *DE NICOLAS* / DE CATINAT, / *MARÉCHAL DE FRANCE*. / *DISCOURS* / QUI A REMPORTÉ LE PRIX / de l'Académie Françoise, en 1775. / *Par M*. DE LA HARPE. / [*filet*] / *Justum & tenacem propositi virum*. HOR. / [*filet*] / [*ornement typographique*] / *A PARIS*, / Chez DEMONVILLE, Imprimeur-Libraire de / l'Académie Françoise, rue Saint-Severin, / aux Armes de Dombes. / [*filet double agrémenté*] / M. DCC.LXXV // pp.67.[i bl.]; sig.A-D⁸, E²; 22cm.

Ex Libris: B-G/U; CH-Au; D-Mu/B; F-Aix; F-Arr; F-Bourges; F-Carp; F-Cham; F-Chau; F-Djn; F-Fgs; F-Gbl; F-LR; F-Ly; F-Nc; F-Nev; F-Nts; F-P/Bh; F-P/Bn; F-Senl; F-Troyes; F-Vlns; GB-LO/N; IRL-DB/U; SU-BV; USA-CLU; USA-CtY.

Approuvé en Sorbonne: Duvoisin, Chevreuil, 28 juin 1775.

Publication: *CH*, 9 septembre 1775, no.36, art.7; *Js*, octobre 1775, p.702.

148. ELOGE / DE NICOLAS / DE CATINAT, / *MARÉCHAL DE FRANCE*. / *DISCOURS* / QUI A REMPORTÉ LE PRIX / de l'Académie

Françoise, en 1775. / *Par M.* DE LA HARPE. / [*filet*] / *Justum & tenacem propositi virum.* HOR. / [*filet*] / [*ornement typographique*] / A PARIS, *Et se trouve à Avignon.* / Chez JOSEPH GUICHARD, Imprimeur- / Libraire, vis-à-vis l'Hôtel St. Omer. / [*filet double agrémenté*] / M. DCC.LXXV. //
pp.90.[ii]; sig.A-G⁶, H⁴; 16cm.
Ex Libris: F-Gbl.

149. *Eloge de Voltaire.*
Dans *Nouveau supplément*, pp.1-124; Ve, iv.319-409; *Cours de littérature ancienne et moderne* (supra, no.29), x.33-106; *Vie de Voltaire, par Condorcet, avec un Eloge par La Harpe, suivie d'une épître à Voltaire, par Chénier* (Paris 1833). Cet éloge semble avoir été inséré dans toutes les majeures éditions collectives des œuvres de Voltaire (voir Bengesco. 2142/2143, 2145, 2147/ 2149, 2150/2156, 2159/2160, 2162/2163, 2165/2170). Nous avons vu les éditions suivantes: *Œuvres complètes de Voltaire* (Kehl 1785-1789), 8°.: lxix.345-424; 12°.: xci.271-372; *Œuvres de Voltaire* (Aux Deux Ponts 1792), xcix.231-315; *Œuvres complètes de Voltaire* (Paris 1817), xii (2e. partie). 1341-1380; *Œuvres complètes de Voltaire* (Paris 1817-1822), i.457-530; *Œuvres complètes de Voltaire. Nouvelle édition* (Paris 1817 etc.), i.479-546; *Œuvres complètes de Voltaire* (Paris 1819 etc.), lxi.369-442; *Œuvres complètes de Voltaire avec des remarques et des notes historiques, scientifiques, et littéraires* (Paris 1824 etc.), ii.271-365; *Œuvres de Voltaire, avec préfaces, avertisse-ments, notes &c., par m. Beuchot* (Paris 1829), i.33-113; *Œuvres complètes de Voltaire, nouvelle édition . . . par Louis Moland. Conforme pour le texte à l'édition de Beuchot* (Paris 1877-1885), i.145-185.
Critiques: JgF, 26 avril 1780, pp.66-67; *Al*, 1780, iii.3-36; *Js*, janvier 1781, pp.7-12 (Gaillard); *JP*, 21 janvier, 15 avril 1780, pp.87, 437-440; CLT, xii. 374, 388; MS, 24 janvier 1780, xv.24; *MF*, 13 mai 1780, pp.67-88, 4 décembre 1784, pp.29-30.
Publication à part: ELOGE / DE / VOLTAIRE; / Par M. DE LA HARPE, / DE L'ACADÉMIE FRANÇAISE. / [*filet*] / Cujus gloriæ neque prosuit quisquam laudando, / nec vituperando quisquam nocuit. *Tit.Liv.* / [*filet*] / [*ornement typographique*] / A GENÈVE; / *Et se trouve* / A PARIS, / Chez PISSOT, Libraire, Quai des Augustins. / [*filet*] / M. D. CC. LXXX //
pp.iv.112; sig.a², A-G⁸; 20cm.
Ex Libris: B-Br; F-Boul; F-Char; F-Chau; F-ClF; F-Nts; F-Ny; F-P/Ar; F-P/Bn; F-Pau; F-Rms; F-S/Bn; GB-LO/N; IRL-DB/U; S-S/N; S-U/U; USA-CtY; USA-IEN; USA-MdBJ; USA-RPB; USA-WU.
Publication: CH, 1 avril 1780, no.14, art.2; *JP*, 30 mars 1780, p.370; *MF*, 1 avril 1780, p.47. Exemplaire présenté à l'Académie française le 30 mars 1780 (*RegistresAfr.*).

6

Théâtre

~~~✿~~~

a. Editions collectives

150. THEATRE / DE / M. DE LA HARPE. / Contenant / Le COMTE DE
WARWICK *Tragédie représen-* / *tée pour la premiere fois en Novembre 1763.* /
& TIMOLEON *Tragédie representée pour la* / *premier fois en Août 1764.* /
[*ornement typographique*] / *À AMSTERDAM,* / Chez H. CONSTAPEL,
Libraire, / MDCCLCV. //

pp.[iv].7.[i].56.68; sig.1-2³ / A-C⁸, D⁴ / A-D⁸, E²; 17cm.

Ex Libris: DK-C; F-P/Ar; NL-U/U; USA-KU.
Remarques diverses: Chaque pièce a sa propre page de titre et a été publiée à
part (voir infra, no.172, 231).

151. THÉÂTRE / DE / M. DE LA HARPE, / DE / L'ACADÉMIE
FRANÇOISE. / [*ornement typographique*] / A PARIS, / Chez PISSOT,
Libraire, Quai des Augustins, / AVEC APPROBATION, ET PRIVI-
LÈGE DU ROI. //

pp.xvi.484; sig.a⁸, A-Ff⁸, Gg²; 19cm.   [Pt.]

Ex Libris: F-Orl; USA-DFo.
Publication: *CH*, 18 décembre 1779, no.51, art.12; *JP*, 10 décembre 1779,
p.1402.
Remarques diverses: C'est une nouvelle émission du premier tome du recueil
des œuvres de La Harpe de 1778 (supra, no.4). L'exemplaire de la bibliothèque de la ville d'Orléans a les premières éditions *des Barmécides* et *des
Muses rivales* insérées entre les pages 144 et 145. Celles-ci sont placées à la fin
de l'exemplaire de Washington.

152. [*Faux-titre*:] LYCÉE / OU / COURS DE LITTÉRATURE. / [*petit
filet*] / TOME DIX-SEPTIEME. //
[*Page de titre*:] CHEFS-D'OEUVRE / DRAMATIQUES / DE J. F. LA
HARPE, / Accompagnés de Notes Critiques et/d'Observations Littéraires, /
Par M. MÉLY JANIN. / [*filet anglais*] / PARIS, / AMABLE COSTES,
Libraire, rue de Seine, n°12. / [*petit filet*] / 1814 //

8°. pp.338; 18cm.   [*Chdr.*1]

Ex Libris: CDN-OTU; CDN-QMU; D-Mu/B; F-Ang; F-Bar; F-Chau; USA-RPB.

Remarques diverses: voir supra, no.16.

153. [*Idem*] VERSAILLES, / Chez BERNUSET, Libraire. / [*petit filet*] / 1814 //

8°. pp.338; 17cm.   [*Chdr.*1]

Ex Libris: F-Bzs; F-LH.

Remarques diverses: Il s'agit d'une nouvelle émission de l'édition précédente (voir supra, no.17).

154. THÉATRE CHOISI / DE / DE LA HARPE, / AVEC LES PRÉFACES ET LES NOTES DE L'AUTEUR; / ON Y A AJOUTÉ / LES VARIANTES DE MÉLANIE. / [*ornement typographique*] / A BREST, / DE L'IMPRIMERIE DE MICHEL, / IMPRIMEUR DU ROI, ET LIBRAIRE./ 1816 /

pp.[ii].14.[ii].xv.[i].492.[i].[iii bl.]; sig.1⁸, [ ]⁸, 1-31⁸; 20,5cm. [*Théatre choisi*]
Ex Libris: F-Nts; F-P/Bn; F-Qr.

Publication: *JLib*, 7 septembre 1816, no.2405. Commencée en 1813, cette édition fut prête au début de 1814. Sa publication fut retardée à cause des événements politiques (voir l'*Avertissement de l'éditeur*, p.13).

155. THÉATRE FRANÇAIS. / RÉPERTOIRE COMPLET. / [*filet anglais*] / LA HARPE. / [*filet*] / *Edition=Touquet.* / PARIS. / IMPRIMERIE DE A. BELIN. / 1821 //

pp.[iv].[i bl.].[i].244.[i].[iii bl.]; sig.1-20⁸; 16cm., portrait.   [*Rép.*6]
Ex Libris: CDN-OOU; CDN-OSUL; D-Mu/B; F-GblU; F-Nts; F-P/Bn; F-S/Bn; GB-CV/U.

Publication: *JLib*, 17 mars 1821, no.1025. Quérard 1, iv.422, donne à cette édition le titre de 'Théâtre choisi de De La Harpe. Paris, Touquet, 1821, in-12°.'

156. CHEFS-D'ŒUVRE / DRAMATIQUES / DE LA HARPE. / [*monogramme*] / A PARIS, / DE L'IMPRIMERIE DE P. DIDOT, L'AÎNÉ, / CHEVALIER DE L'ORDRE ROYAL DE SAINT-MICHEL, / IMPRIMEUR DU ROI. / 1822 //

pp.[iv].322.[i].[i bl.]; sig.1-27⁶; 14 cm.   [*Chdr.*2]
Ex Libris: F-Arr; F-Bar; F-Djn; F-P/Ar; USA-InU; USA-MiU; USA-NN.

Co-éditeurs: A Paris, chez Ladrange, Libraire, quai des Augustins, no.19;

Guibert, Libraire, rue Gît-le-Cœur, no.10; Lheureux, Libraire, Quai des Augustins, no.37; Verdière, même quai, no.25.

Faux-titre: Répertoire du Théâtre français, tome xxix.

Publication: *JLib*, 27 juillet 1822, no.3512.

157. ŒUVRES CHOISIES / DE / LA HARPE. / [*ornement typographique*] / A PARIS, / CHEZ MME VEUVE DABO/A la Libraire Stéréotype, rue du Pot-de-Fer, n° 14. / [*petit filet ondulé*] / 1823 //

pp.[iv].170; sig.1-14⁶, 15¹; 14cm.   [*Rép*.2]

Ex Libris: CDN-QQLA; USA-NBuG.

Imprimeur: Senlis, imprimerie stéréotype de Tremblay.

Remarques diverses: Il s'agit d'une publication à part des premières pages du tome xxxiv du *Répertoire général du Théâtre français, composé des tragédies, comédies, et drames des auteurs du premier et du second ordre, restés au Théâtre français*.

158. ŒUVRES CHOISIES / DE / LAHARPE, / PRÉCÉDÉES / D' UNE NOTICE SUR CET AUTEUR. / [*ornement typographique*] / PARIS, / MASSON ET YONET, LIBRAIRES, / RUE HAUTEFEUILLE, N° 14. //

pp.[iv].170; sig.1-14⁶, 15¹; 14,5cm.   [*Rép*.2]

Ex Libris: F-Bdx; F-Fgs.

Imprimeur: Senlis, Imprimerie de Tremblay.

Remarques diverses: C'est une nouvelle émission de l'édition précédente.

159. *Répertoire du Théâtre français. Second ordre. Tome XV (Première partie). Œuvres de La Harpe, Collé, Favart, Chamfort, Sedaine. Nouvelle édition.* Paris, Baudouin frères, libraires, rue de Vaugirard, N° 17, M.DCCC. XXIX //

12°. pp.433.[i bl.]; 13,5cm.   [*Rép*.8]

Ex Libris: F-P/Bn.

Imprimeur: Fournier.

Publication: *JLib*, 20 juin 1829, no.3817.

Remarques diverses: pour La Harpe, voir pp.3-142.

160. *Répertoire du Théâtre français. Second ordre. De La Harpe, Collé, Favart, Chapfort [sic], Sedaine.* Paris, Bazouge-Pigoreau, Editeur, rue des Beaux-Arts, N° 11, 1834 //

12°. pp.433.[i bl.]; 15cm.   [*Rép*.8]

Ex Libris: F-P/Bn.

Imprimeur: Rignoux.

Remarques diverses: Il s'agit d'une nouvelle emission de l'édition précédente.

161. Chefs d'œuvre tragiques de Rotrou, Crébillon, Lafosse, Saurin, De Belloi,
Pompignan, et La Harpe. Paris, Librairie de Firmin-Didot et Cie., Imprimeurs
de l'Institut, rue Jacob, 56, 1843[-1845] //

12°. 2 vols; 18cm.   [*Chtr.*]

Ex Libris: F-Anoy; F-Cls; F-LRS; F-Rou; GB-AD/U; GB-ED/N; GB-
LC/U; GB-LV/U; USA-DLC.
Publication: *JLib*, 28 octobre 1843, no.4845; *CG*, i.511, iii.122.
Remarques diverses: pour La Harpe, voir i.378-454.

162. [*Idem*] 1851.
Ex Libris: F-Aix; F-Chau.

163. [*Idem*] [1862].
Ex Libris: GB-NO/U.

164. [*Idem*] 1877.
Ex Libris: F-Pts.

165. [*Idem*] 1883.
Ex Libris: GB-AB/U.

166. [*Idem*] 1886-1887.
Ex Libris: F-Bar; F-ChS; F-Cns; F-Comm; F-Ev; F-Lille; F-LR; F-Qr;
F-Troyes.

b. Tragédies

167. *Le Comte de Warwik.*
Dans Yn, i.3-83; Pt, i.1-66; *Rép.*1, vi.259-339; OP, i.3-70; *Rép.*2, vii.6-65;
*Rép.*3, xxviii.149-210; *Chdr.*1, pp.1-54; OC, i.1-59; *Théâtre choisi*, pp.i-xv,
1-69; *Rép.*4, v.169-312; Ve, i.7-88; *Rep.*6, pp.1-52; *Chdr.*2, pp.5-69.
Critiques: *JgF*, 23 novembre 1763, pp.187-189; *Al*, 1763, viii.73-126, 205-
206; *AvC*, 21 novembre 1763, pp.744-751, 19 décembre 1763, pp.814-815,
14 janvier 1765, p.31, 7 mars 1768, p.158, 17 octobre 1768, p.664, 28 janvier
1771, p.60; *Je*, 15 décembre 1763, viii.93-107; *MF*, décembre 1763, p.157,
et suppl. de pp.19 (Ximenès), janvier 1764, i.154-161, février 1765, p.194,
novembre 1768, pp.152-153; février 1771, p.175, 25 avril 1779, pp.303-308,
30 novembre 1782, p.234; *Js*, avril 1764, p.253, juin 1764(i), pp.329-333;
CLT, v.405-408, 416-417; MS, 20 août, 30 octobre, 9, 21 novembre, 19

décembre 1763, 7 janvier 1764, i.268, 291-292, 296, 301-302, xvi.192, ii.5-6; Thomas, xxv.134, 139.

Remarques diverses: Pour des changements importants à la fin du second et du troisième actes et dans l'acte iv, scène 4, voir *MF*, août 1769, pp.164-174. La Harpe continuera à remanier le texte de cette pièce, notamment lorsqu'il le reverra pour les recueils de ses œuvres de 1777 et de 1778.

La distribution des rôles lors de la première représentation du 7 novembre 1763 fut la suivante: Edouard – Molé; Marguerite d'Anjou – mlle. Dumesnil; le comte de Warwik – Lekain; Elisabeth – mlle. Dubois; Suffolk – Dubois père; Nevil, suivante de la reine – mme. Préville; un officier – Blinville (*Archives de la Comédie-Française*).

Pour la vente des droits de l'édition et des recettes de la pièce de 1763 à 1782, voir Todd 3, p.212. Pour la cession des droits de représentation, voir Todd 1, pp.235, 280-282. La pièce fut jouée pour la dernière fois à la Comédie-Française en 1818 (Joannides). Pour des détails des représentations de la pièce de 1763 à 1774, voir *Registres Cf*. Ensuite, la pièce fut jouée deux fois en juin 1775, et le 13 septembre de la même année. Elle fut donnée à Fontainebleau le 24 octobre 1776 et à Versailles le 14 janvier 1779. En 1779, on la voyait à Paris le 13 janvier, et le 12 et le 17 avril. D'autres représentations: 27, 29 juin, 23 novembre, 1 décembre 1782, 19 mars, 22 septembre 1783. Elle fut jouée trois fois en 1787, et cinq fois en 1788. Sa dernière représentation à l'ancienne Comédie-Française eut lieu le 23 janvier 1789. Elle ne sera pas jouée à la nouvelle Comédie-Française avant 1809, mais avant la reconstitution du théâtre, elle fera partie du répertoire de Talma (*JP*, 4e. jour complémentaire an x (21 septembre 1801), p.2193).

La pièce a été éditée séparément une trentaine de fois:

LE COMTE | DE WARWIK, | TRAGÉDIE, | Par M. DE LA HARPE; | Représentée pour la premiere fois par les Co-|médiens François ordinaires du Roi, | le 7 Novembre 1763. | [filet double] | Prix tren te sols. | [filet double] | [ornement typographique] | A PARIS, | Chez DUCHESNE, Libraire, rue/Saint Jacques, au Temple du Goût. | [filet double] | M. DCC. LXIV. | Avec Approbation & Privilège du Roi. ||

pp.80; sig.A-E8; 19,5cm.

Ex Libris: A-ONB; B-Br; CDN-OOU; CH-S; D-Mu/B; DDR-Hal/U; DK-C; F-Am; F-Bdx; F-Boul; F-Bsn; F-Char; F-ClF; F-Djn; F-Gbl; F-Lav; F-LR; F-Mel; F-Mplr; F-Nm; F-Nts; F-P/Ar; F-P/Bn; F-Pts; F-Senl; F-Troyes; F-Vers; F-Vlns; GB-GL/P; GB-LD/U; GB-MA/U; SU-BV; USA-CtY; USA-CU; USA-DFo; USA-DLC; USA-ICU; USA-InU; USA-LNHT; USA-NcD; USA-NN; USA-OClW; USA-OKU.

Approbation: A Montrouge, ce 20 novembre 1763, Marin. 'Le privilège et l'enregistrement se trouvent au nouveau Théâtre français et italien'.

Table des matières; A son altesse sérénissme mgr. le prince de Condé: pp.[3-4];
Le comte de Warwik, tragédie: pp.[5]-74; Lettre à m. de Voltaire: pp.75-80.

Remarques diverses: L'édition se retrouve dans le tome v du *Nouveau théâtre*
français et italien, ou Recueil de pièces de différens auteurs, représentées depuis
quelques années par les Comédiens françois et italiens ordinaires du Roi (Paris
1765), 8 vols. (F-Lim.); [*Idem*] (Paris 1766) (F-Cah.).

168. LE COMTE / DE WARWIK, / *TRAGÉDIE,* / PAR M. DE LA
HARPE; / *Représentée pour la premiere fois par les* / *Comédiens Français*
ordinaires du Roi, / *le 7. Novembre 1763.* / [*fleuron*] / A PARIS, / Chez
DUCHESNE, Libraire, rue St. Jacques, / au-dessous de la Fontaine St.
Benoît, / au Temple du Goût. / [*filet double*] / M. DCC. LXIV. / *Avec Appro-*
bation & Privilège du Roi. //

pp.58 (pag.déf.=56); sig.A-G⁴; 20cm.

Ex Libris: F-Pts; USA-NNC.
Table des matières: Texte de la pièce: pp.1-50; Lettre à m. de Voltaire: pp.53-
58.

169. LE COMTE / *DE WARWIK,* / TRAGÉDIE, / Par M. DE LA
HARPE. / *Représentée pour la premiere fois par les Co-/médiens François*
ordinaires du Roi, / *le 7 Novembre 1763.* / [*filet*] / Prix trente sols. / [*filet*] /
[*ornement typographique*] / A PARIS, / Chez DUCHESNE, Libraire, rue /
Saint Jacques, au Temple du Goût. / [*filet double*] / M. DCC. LXIV. / *Avec*
Approbation & Privilege du Roi. //

pp.48; sig.A-C⁸; 18,5cm.

Ex Libris: B-Br; CDN-OTU; USA-DLC.

170. LE COMTE / *DE WARWIK,* / TRAGÉDIE, / Par M. DE LA
HARPE; / *Représentée pour la premiere fois par les* / *Comédiens François*
ordinaires du Roi, / *le 7 Novembre 1763.* / [*ornement typographique*] / *A*
BRUXELLES, / Chez PIERRE PAUPIÉ, / [*gras filet double*] / M. DCC.
LXIV. //

pp.55.[i bl.]; sig.A-G⁴; 18,5cm.

Ex Libris: F-Ly; F-P/Ar.

171. *LE COMTE* / DE WARWIK, / *TRAGÉDIE.* / Par M. DE LA
HARPE; / *Représentée pour la premiere fois par les Comédiens* / *François*
Ordinaires du Roi, le 7/Novembre 1763. / [*ornement typographique*] / A AVIG-
NON, / Chez *LOUIS CHAMBEAU,* Imprimeur-Libraire; / près les RR.
PP. Jésuites. / [*filet triple*] / M. DCC. LXIV. //

pp.47.[i bl.]; sig.A-F⁴; 20cm.

Ex Libris: D-Mu/B; F-Am; F-Ang; F-Gbl; F-LP; F-Mplr; F-P/Ar; F-Rms;
GB-EX/U; USA-ICU.
Table des matières: Texte de la pièce: pp.1-40; Lettre à m. de Voltaire: pp.41-
46; Réponse de m. de Voltaire: p.47.

172. LE COMTE / DE / WARWICK, / *TRAGÉDIE*, / Par M. DE LA
HARPE; / *Représentée pour la premiere fois par les Co-/médiens François
ordinaires du Roi, / le 7 Novembre 1763*. / [*ornement typographique*] / *A AM-
STERDAM*, / Chez H. CONSTAPEL, Libraire. / MDCCLXIV //
pp.56; sig.A-C⁸, D⁴; 17cm.
Ex Libris: B-Br; B-G/U; DDR-Be/DA; F-P/Ar; NL-U/U; USA-ICU.
Remarques diverses: voir supra, no.150.

173. LE COMTE / *DE WARWIK*, / TRAGÉDIE, / Par M. DE LA
HARPE. / *Représentée pour la premiere fois par les Co-/médiens François
ordinaires du Roi, / le 7 Novembre 1763*. / [*filet*] / Prix trente sols. / [*filet*] /
[*ornement typographique*] / A BRUXELLES, / Chez J. J. BOUCHERIE,
Imprimeur-/Libraire. / [*filet double*] / M. DCC. LXIV. / *Avec Privilege de Sa
Majesté*. //
pp.48; A-C⁸; 17cm.
Ex Libris: B-A/S; B-Br; DDR-Hal/UL.

174. *LE COMTE* / DE WARWIK, / *TRAGÉDIE*, / Par M. DE LA
HARPE; / *Représentée pour la premiere fois, par les* / Comédiens Français
ordinaires du Roi, / le 7 Novembre 1763. / [*ornement typographique*] / *A PARIS*,
/ Chez la Veuve DUCHESNE, Libraire, rue Saint/ Jacques, au-dessous
de la Fontaine Saint Benoît, / au Temple du Goût. / [*filet double*] / M.DCC.
LXVI. / *Avec Approbation & Privilege du Roi*. //
pp.48; sig.A-F⁴; 20cm.
Ex Libris: CH-Luc; F-Lim; F-Orl; F-P/Ar; F-P/Bn.

175. LE COMTE / DE WARWIK, / *TRAGÉDIE*, / Par M. DE LA
HARPE; / *Réprésentée pour la premiere fois par les* / Comédiens Français
ordinaires du Roi, / le 7 Novembre 1763. / [*ornement typographique*] / A PARIS,
/ Chez la Veuve DUCHESNE, Libraire, rue S. Jac-/ques, au-dessous de la
Fontaine Saint Benoît, / au Temple du Goût. / [*filet triple*] / M.DCC. LXVI. /
Avec Approbation & Privilege du Roi. //
pp.50; sig.A-E⁴, F⁵; 18,5cm.
Ex Libris: F-P/Ar.

176. *LE COMTE* | DE WARWIK, | *TRAGÉDIE.* | Par M. DE LA
HARPE; | *Représentée pour la premiere fois par les Comé-|diens François
Ordinaires du Roi, le 7 | Novembre 1763.* | [*fleuron*] | A PARIS, | Chez *LA
VEUVE DUCHESNE,* Rüe St. | Jacques au Temple du Goût. | [*filet
double*] | M. DCC. LXVIII. ||

pp.40; sig.a-E⁴; 21cm.

Ex Libris: F-Nts; F-P/Ar; F-Troyes.

177. LE COMTE | DE WARWIK, | TRAGÉDIE, | PAR M. DE LA
HARPE. | [*ornement typographique*] | *A VIENNE EN AUTRICHE,* | DE
L'IMPRIMERIE DES DE GHELEN. | [*filet double*] | M.DCC. LXVIII. ||

pp.70; sig.a-D⁸, E³; 16cm.

Ex Libris: A-ONB; F-S/Bn.

178. LE COMTE | DE WARWIK, | *TRAGÉDIE,* | PAR M. DE LA
HARPE; | *Représentée pour la premiere fois par les | Comédiens Français
ordinaires du Roi, | le 7. Novembre 1763.* | [*ornement typographique*] | A
PARIS, | Chez DUCHESNE, Libraire, rue St. Jacques, | au-dessous de la
Fontaine St. Benoît, | au Temple du Goût. | [*filet double*] | M. DCC. LXIX. |
Avec Approbation & Privilége du Roi. ||

pp.43.[i bl.]; sig.a-E⁴, F²; 20,5cm.

Ex Libris: CDN-OTU; USA-DFo; USA-ICN; USA-IEN.

179. LE COMTE | DE WARWIK, | *TRAGÉDIE* | EN CINQ ACTES
ET EN VERS, | Par M. DE LA HARPE. | *Représentée pour la premiere fois
par les | Comédiens ordinaires du Roi, le 7 No-|vembre 1763.| [filet double
agrémenté]* | Le prix est de 12 sols. | [*filet double agrémenté*] | [*ornement typo-
graphique*] | *A PARIS,* | Chez la Veuve DUCHESNE, Libraire, rue St.
Jacques, au-/dessous de la Fontaine St. Benoît, au Temple du Goût. | [*filet
double agrémenté*] | M. DCC. LXXIII. ||

pp.50; sig.a-F⁴, G¹; 20cm.

Ex Libris: F-Carp; USA-IEN; USA-MH.

180. LE COMTE | *DE WARWIK,* | TRAGÉDIE, | Par M. DE LA
HARPE.; | *Représentée pour la premiere fois par les Co-|médiens François
ordinaires du Roi, | le 7 Novembre 1763.* | [*filet double*] | NOUVELLE EDI-
TION, CORRIGÉE ET AUGMENTÉE | PAR L'AUTEUR. | [*filet
double*] | [*ornement typographique*] | *A PARIS,* | Chez DUCHESNE, Libraire,
rue S. Jacques, | au-dessous de la Fontaine Saint Benoît, | au Temple du
Goût. | [*filet double*] | M. D CC. LXXIII. | *Avec Approbation & Privilege du
Roi.* ||

97

pp.55.[i bl.]; sig.A-G⁴; 20cm.

Ex Libris: F-Do; F-Ly.

Remarques diverses: Pour les changements, voir Todd 1, p.233.

181. *LE COMTE* / DE WARWIK, / TRAGÉDIE / *EN CINQ ACTES* / ET EN VERS, / *Par Mr. DE LA HARPE.* / *Représentée pour la premiere₁fois par les Comédiens* / *Français, le 7 Novembre 1763.* / [*filet double agrémenté*] / NOUVELLE EDITION. / [*filet double agrémenté*] / [*fleuron*] / *A PARIS,* / Chez DELALAIN, rue & à côté de la Comédie / Françoise. / [*filet double agrémenté*] / M. DCC. LXXIV. / *Avec Approbation & Privilege du Roi.* //

pp.40; sig.A-E⁴; 20cm.

Ex Libris: F-Dp; F-Pts.

Remarques diverses: Texte de la première édition.

182. *Le comte de Warwik, tragédie* . . . Lyon, 177? [. . .]. Citée par les éditeurs du recueil des œuvres de La Harpe de 1777 (Yn, i. p.i), cette édition a éludé toutes nos recherches.

183. LE COMTE / DE WARWIK, / *TRAGÉDIE,* / PAR M. DE LA HARPE; / *Représentée pour la premiere fois par les* / *Comédiens Français ordinaires du Roi,* / *le 7 Novembre 1763.* / [*ornement typographique*] / A PARIS, / Chez DUCHESNE, Libraire, rue St. Jacques, / au-dessous de la Fontaine St. Benoît, / au Temple du Goût. / [*filet double*] / M. DCC. LXXVI. / *Avec Approbation & Privilège du Roi.* //

pp.43.[i bl.]; sig.A-E⁴, F²; 20 cm.

Ex Libris: CDN-OTU; F-P/Ar; USA-IaU; USA-OCU.

Remarques diverses: Texte de la première édition.

184. [*Cadre agrémenté*:] LE COMTE / DE VARVIC, / *TRAGÉDIE*; / Représentée pour la premiere fois / par les Comédiens ordinaires du ROI / le 7 Novembre 1763. / NOUVELLE EDITION / *revue, corrigée, augmentée &* / *imprimée* / *d'après une nouvelle copie fournie par l'auteur. Avec une lettre à Mr* De VOL-/TAIRE *& la réponse.* / [*ornement typographique*] / YVERDON, / *Aux dépens de la Société Littéraire &* / *Typographique.* / [*filet double agrémenté*] / M. D. CCLXXVI. //

pp.87.[i bl.]; sig.A-F⁴; 16cm.

Ex Libris: CH-Y.

Table des matières: Avis des éditeurs: p.5; Lettre à m. de Voltaire: p.7; Réponse: p.17; 2e. faux-titre: p.19; Texte de la pièce: pp.21 etc.

Remarques diverses: Pour les changements, voir Perret, pp.299, 437. Voir aussi supra, no.2.

185. *LE COMTE* | DE WARWIK, | *TRAGÉDIE.* | EN CINQ ACTES
ET EN VERS. | Par M. de la HARPE. | *Représentée pour la premiere fois par
les Comédiens | ordinaires du Roi, le 7 Novembre 1763.* | [*ornement typo-
graphique*] | *A PARIS,* | Chez RUAULT, Libraire, | rue de la Harpe. | [*filet
double agrémenté*] | *M. DCC. LXXVII.* ||

pp.39.[i bl.]; sig.A-E⁴; 21cm.

Ex Libris: F-Nts.

Remarques diverses: Texte de la première édition.

186. LE COMTE | DE WARWIK, | *TRAGÉDIE,* | Par | M. DE LA
HARPE. | [*ornement typographique*] | A STOCKHOLM, | DE L'IMPRIMERIE
ROYALE, 1783. ||

pp.66; sig.A-D⁸, E¹; 17cm.

Ex Libris: GB-BH/P; S-G/U; S-L/U; S-S/N; S-U/U.

Remarques diverses: Cette édition fait partie du tome iv du *Théâtre françois
de Stockholm, ou Recueil des plus belles pièces représentées par les Comédiens
françois ordinaires du Roi* (Stockholm 1787). Les pièces de ce recueil furent
imprimées séparément de 1783 à 1785. Quérard 1, iv.441, commet l'erreur de
donner à la pièce de La Harpe la date de 1785. Voir Ersch, ii.167; Joëchers,
iii (suppl.). col. 1063.

187. *LE COMTE* | DE WARWIK, | *TRAGÉDIE* | *EN CINQ ACTES* |
ET EN VERS; | *PAR MR. DE LA HARPE.* | [*filet double agrémenté*] |
NOUVELLE EDITION. | [*filet double agrémenté*] | [*ornement typogra-
phique*] | *A PARIS,* | Chez DELALAIN, rue & à côté de la Comédie |
Française. | [*filet double agrémenté*] | M. DCC. LXXXV. ||

pp.39. [i bl.]; sig.A-E⁴; 20cm.

Ex Libris: CDN-OTU; F-P/Ar; F-P/Bh; F-P/Bn; F-Rms; F-S/Bn; F-Tls;
GB-BH/U; L-N; N-O/U.

Remarques diverses: Texte de la première édition.

188. LE COMTE | DE WARWIK, | *TRAGÉDIE.* | Par M. DE LA
HARPE. | *Représentée pour la premiere fois par les | Comédiens Français
ordinaires du Roi, le 7 | Novembre 1763.* | [*ornement typographique*] | *A PARIS,*
| Chez la veuve DUCHESNE, Libraire, rue Saint-/Jacques, au Temple du
Goût. | [*filet double*] | M. DCC. LXXXV. | *Avec Approbation & Privilege du
Roi.* ||

pp.56; sig.A-G⁴; 19,5cm.

Ex Libris: F-Nts; F-P/Ar; USA-IU.

Remarques diverses: Texte revu.

189. *LE COMTE* | DE WARWIK, | TRAGEDIE, | *Par M. DE LA HARPE*; | *Représentée pour la premiere fois à Paris, par/les Comédiens Français ordinaires du Roi,/le 7 Novembre 1763.* | NOUVELLE EDITION | *CONFORME A LA REPRÉSENTATION.* | [*filet*] | Le Prix est de vingt-quatre sols, broché. | [*filet*] | [*ornement typographique*] | *A PARIS*, | Chez la Veuve DUCHESNE, Libraire, rue | Saint-Jacques, au Temple du Goût. | [*gras filet double*] | M. DCC. LXXXVI. ||

pp.57.[i bl.].[i].[i bl.]; sig.A-B¹², C⁶; 18cm.

Ex Libris: B-Br; F-P/Ar; F-S/Bn.

190. LE COMTE | DE WARWIK, | TRAGEDIE. | Par M. DE LA HARPE; | *Représentée, pour la premiere fois, par les* | *Comédiens François ordinaires du Roi, le* | *7 Novembre 1763.* | Nouvelle Édition, corrigée & augmentée | par l'Auteur. | [*ornement typographique*] | *A PARIS*, | Chez DUCHESNE, Libraire, rue S. Jacques au-dessous | de la Fontaine Saint-Benoît, au Temple du Goût. | [*filet double*] | M.DCC.LXXXVIII. | *Avec Approbation & Privilege du Roi.* ||

pp.49.[i bl.]; sig.[ ]¹, A-F⁴, G¹; 20cm.

Ex Libris: D-Ko/W; F-Djn; F-Ly.

191. *LE COMTE* | DE WARWIK, | *TRAGÉDIE* | *EN CINQ ACTES* | ET EN VERS; | *PAR MR. DE LA HARPE.* | [*filet*] | NOUVELLE EDITION. | [*filet*] | [*ornement typographique*] | *A PARIS*, | Chez DELALAIN; rue & à côté de la Comédie | Française. | [*filet double*] | M. DCC. XC. ||

pp.39.[i]; sig.A-E⁴; 22cm.

Ex Libris: F-P/Ar; GB-MA/U; GB-OX/U-Ty.
Co-éditeurs: A Avignon, chez les frères Bonnet, imprimeurs.
Remarques diverses: Texte de la première édition.

192. LE COMTE | DE WARWIK, | TRAGÉDIE, | Par M. DE LA HARPE; | *Réprésentée pour la premiere fois par les Comédiens* | Français ordinaires du Roi, le 7 Novembre 1763. | NOUVELLE ÉDITION. | [*filet*] | Prix, vingt-quatre sous. | [*filet*] | [*filet anglais*] | A TOULOUSE, Chez BROULHIET, Imprimeur-Libraire, rue Saint-Rome, | seul Magasin de Pièces de Théâtre. | [*filet double*] | 1790. ||

pp.40; sig.A-E⁴; 21 cm.
Ex Libris: AUS-C/N.

193. LE COMTE | DE WARWICK, | TRAGÉDIE EN CINQ ACTES, | DE LA HARPE, | REPRÉSENTÉE POUR LA PREMIÈRE FOIS PAR

LES / COMÉDIENS FRANÇAIS ORDINAIRES DU ROI, / LE 7 NOVEMBRE 1763. / [*ornement typographique*] / PARIS. / VAUQUELIN, libraire, quai des Augustins, nᵒ II, / AU LIS D'OR. / [*filet*] / M.DCCC.XIV.//

pp.[ii].46; sig.1-2⁸, 3⁷; 20cm.

Ex Libris: B-Br; F-P/Ar.

Imprimeur: La Flèche, de l'imprimerie de P.-J. Voglet.

Remarques diverses: Texte de la première édition.

194. LE / COMTE DE WARWICK, / TRAGÉDIE, / EN CINQ ACTES ET EN VERS; / Représentée, pour la première fois, le 7 / Novembre 1763. / [*filet*] / Aspirat primo fortuna labori. / VIRGILE. / [*filet*] / PRIX: DEUX FRANCS. / [*ornement typographique*] / A BREST, / DE L'IMPRIMERIE DE MICHEL. / 1814. //

pp.[ii].xv.[i].67.[i]; sig.[ ]⁸, 1-4⁸, 5²; 22cm.

Ex Libris: F-P/Bn.

Publication: *JLib*, 25 novembre 1815, no.2836.

Table des matières: Préface: pp.i-iv; Lettre à Voltaire: pp.v-xiii; Réponse: pp.xiv-xv.

Remarques diverses: Texte revu.

195. LE COMTE / DE WARWICK, / TRAGÉDIE / DE LA HARPE; / Représentée, pour la première fois, à Paris, par les Comé-/diens ordinaires du Roi, le lundi 7 novembre 1763. / NOUVELLE EDITION, / CONFORME A LA REPRÉSENTATION. / [*filet*] / PRIX: I FR. 50 CENT. / [*filet*] / A PARIS, / Chez BARBA, Libraire, au Palais-Royal, derrière / le Théâtre Français; nᵒ.51. / 1818. //

pp.52; sig.1-6⁴, 7²; 21cm.

Ex Libris: F-P/Ar; F-P/Bn; GB-SH/U.

Imprimeur: Fain, place de l'Odéon.

Publication: *JLib*, 11 avril 1818, no.1435.

En allemand:

196. Der / Graf von Warwik / ein / Trauerspiel / in fünf Handlungen, / aus dem Französischen / des Herrn DE LA HARPE / ins Teutsche übersezt / von / Benignus Pfeufer. / [*filet*] / Aufgeführt das erstemal dahier / den 5. Juli 1769. Von der Gesellschaft teutscher Schauspieler / unter der Direction des Herrn Tylli. / [*filet*] / [*ornement typographique*] / [*filet double*] / Wetzlar, / gedruckt bey George Ernst Winkler. 1769. //

pp.71.[i bl.]; sig.A-D⁸, E⁴; 16cm.

Ex Libris: A-ONB.

Remarques diverses: Traduction basée sur la version anglaise par T. Franklin (voir infra, no.202).

197. *Der Graf von Warwick. Trauerspiel in 5 Acten.*
Mannheim, Löffler, 1771. //

Remarques diverses: Il s'agit d'une nouvelle édition de la version par Pfeuffer (voir Fromm, no.13922).

198. 𝕸𝖆𝖗𝖜𝖎𝖐, / 𝖊𝖎𝖓 𝕿𝖗𝖆𝖚𝖊𝖗𝖘𝖕𝖎𝖊𝖑 / 𝖛𝖔𝖓 𝖋ü𝖓𝖋 / 𝕬𝖇𝖍𝖆𝖓𝖉𝖑𝖚𝖓𝖌𝖊𝖓. / 𝖆𝖚𝖘 𝖉𝖊𝖒 / 𝕱𝖗𝖆𝖓𝖟ö𝖘𝖎=𝖘𝖈𝖍𝖊𝖓 𝖉𝖊𝖘 𝕳𝖗𝖓. de la Harpe / 𝖛𝖔𝖓 𝕲. 𝕯. / ü𝖇𝖊𝖗𝖘𝖊𝖟𝖙 𝖎𝖓 𝖉𝖊𝖒 𝕵𝖆𝖍𝖗𝖊 / 1773. / 𝕬𝖚𝖋𝖌𝖊𝖋ü𝖍𝖗𝖙 𝖆𝖚𝖋 𝕮𝖍𝖚𝖗𝖘𝖙. 𝖉𝖊𝖚𝖙𝖘𝖈𝖍𝖊𝖓 / 𝕿𝖍𝖊𝖆𝖙𝖊𝖗 𝖟𝖚 𝕸ü𝖓𝖈𝖍𝖊𝖓. / [*ornement typographique*] / [*filet double agrémenté*] / 𝕭𝖚𝖍𝖓𝖉𝖊𝖓 𝖎𝖓 𝖉𝖊𝖗 𝖛ö𝖙𝖙𝖊𝖗𝖎𝖘𝖈𝖍𝖊𝖓 𝕳𝖔𝖋= 𝖚𝖓𝖉 𝕷𝖆𝖓𝖉𝖘𝖈𝖍𝖆𝖋𝖙𝖘𝖇𝖚𝖈𝖍𝖉𝖗𝖚𝖈𝖐𝖊𝖗𝖊𝖞. //

pp.54; sig.a-c⁸, d³; 15,5cm.

Ex Libris: A-ONB; F-S/Bn.

Remarques diverses: Traduction par M. J. von Daun (HB, iii.3, no.77).

199. 𝕯𝖊𝖗 / 𝕲𝖗𝖆𝖋 𝖛𝖔𝖓 𝕸𝖆𝖗𝖜𝖎𝖈𝖐. / [*filet*] / 𝕰𝖎𝖓 𝕿𝖗𝖆𝖚𝖊𝖗𝖘𝖕𝖎𝖊𝖑 / 𝖎𝖓 / 𝖋ü𝖓𝖋 𝕬𝖚𝖋𝖟ü𝖌𝖊𝖓. / [*ornement typographique*] / [*filet double agrémenté*] / 𝕸𝖆𝖓𝖓𝖍𝖊𝖎𝖒, / 𝖎𝖓 𝖉𝖊𝖗 𝖓𝖊𝖚𝖊𝖓 𝕳𝖔𝖋= 𝖚𝖓𝖉 𝕬𝖈𝖆𝖉𝖊𝖒𝖎𝖘𝖈𝖍𝖊𝖓 𝕭𝖚𝖈𝖍𝖍𝖆𝖓𝖉=/ 𝖑𝖚𝖓𝖌 1786. //

pp.79.[i bl.]; sig.A-E⁸; 21cm.

Ex Libris: D-Ma/W; GB-LO/N.

Remarques diverses: Une nouvelle édition de la version par Pfeuffer.

En anglais:

200. THE / EARL of *Warwick*; / OR, THE / KING and SUBJECT. / A / TRAGEDY. / [*filet*] / *Let Kings ne'er stretch Prerogative too far;* / *Nor beyond* *certain Bounds let Subjects dare.* / From an old Poem called the GENIUS of ENGLAND. / [*filet*] / [*ornement typographique*] / [*filet double*] / LONDON: / Printed for G. KEARSLEY, in *Ludgate-Street*. / M.DCC.LXIV. / [Price One Shilling.] //

pp.vii.[i].62; sig.A-H⁴, I³; 20,5cm.

Ex Libris: GB-BH/P; GB-LO/N; USA-CtY; USA-DLC; USA-MiU; USA-NIC.

Table des matières: To the coterie in Albermarle-Street. The Writer [P. Hiffernan]. London, Feb. 21 1763 [*sic*]: pp.[iii]-iv; Préface: pp.v-vii; Dramatis personae: p.[viii].

201. THE | EARL of *Warwick;* | OR, THE | KING and SUBJECT. | A | TRAGEDY. | [*filet*] | *Let Kings ne'er stretch Prerogative too far;* | *Nor beyond certain Bounds let Subjects dare.* | From an old Poem called the GENIUS of ENGLAND. | [*filet*] | [*ornement typographique*] | [*filet double*] | LONDON: | Printed for S. BLADON, at N° 28 in *Pater-Noster-Row.* | MDCCLXVII. | [Price One Shilling.] ||

pp.[ii].62; sig.[A¹], B-H⁴, I³; 21,5cm.

Ex Libris: GB-ED/N; GB-LO/N; USA-MH.

Remarques diverses: Deuxième édition de la version par Hiffernan.

202. The | Earl of Warwick, | A | TRAGEDY, | As it is perform'd at the | THEATRE ROYAL | IN | DRURY-LANE. | [*fleuron*] | LONDON: | Printed for T. DAVIES, Russel-Street, Covent-Garden; | R. BALDWIN, Pater-Noster-Row; and | W. GRIFFIN, Catherine-Street, in the Strand. | M.DCC.LXVI. | [Price ONE SHILLING and SIXPENCE.] ||

pp.[iv].71.[i]; sig.[A²], B-K⁴; 20cm.

Ex Libris: GB-BH/P; GB-CA/U; GB-ED/N; GB-LO/N; GB-MA/P; USA-CtY; USA-ICN; USA-InU; USA-MH; USA-NIC; USA-TxU; USA-ViU.

Pièces limitrophes: Avertissement; errata, Prologue written by George Coleman, esq., spoken by mr. Bensley; Epilogue written by David Garrick, esq., spoken by mrs. Yates.

Remarques diverses: Voici la première édition de la version par T. Franklin. Cette version a été réimprimée dans *The British Drama* (London 1804), i(ii).[835]-852; *The Modern British Drama* (London 1811), ii.493-511(db. col.).

Elle a paru séparément une quinzaine de fois:

203. THE | Earl of Warwick, | A | TRAGEDY, | As it is perform'd at the | Theatre Royal in Drury-Lane. | [*filet*] | The SECOND EDITION. | [*filet*] | [*fleuron*] | LONDON: | Printed for T. DAVIES, Russel-Street, Covent-Garden; | R. BALDWIN, Pater-Noster-Row; and | W. GRIFFIN, Catherine-Street, in the Strand. | M.DCC.LXVI. | [Price ONE SHILLING and SIXPENCE.] ||

pp.[iv].71.[i]; sig.A², B-K⁴; 20cm.

Ex Libris: GB-LO/N; USA-DLC.

204. THE | Earl of Warwick, | A | TRAGEDY, | As it is perform'd at the | Theatre Royal in Drury-Lane. | [*filet*] | The THIRD EDITION. | [*filet*] | [*fleuron*] | LONDON: | Printed for T. DAVIES, Russel-Street, Covent-Garden; | R. BALDWIN, Pater-Noster-Row; and | W. GRIFFIN,

Catherine-Street, in the Strand. / M.DCC.LXVI. / [Price ONE SHILLING and SIXPENCE.] //

pp.[iv.].71.[i]; sig.[A²],B-K⁴; 21cm.

Ex Libris: CDN-OHM; F-P/Bn; USA-NN.

205. THE / EARL of WARWICK. / A / TRAGEDY, / As it is perform'd at the / THEATRE ROYAL / IN / DRURY LANE. / DUBLIN: / Printed for J. HOEY, sen. P. WILSON., J. EXSHAW, / H. SAUNDERS, L. FLINN, W. SLEATER, D. / CHAMBERLAINE, J. POTTS, J. HOEY, jun./S. SMITH, R. BELL, S. WATSON, / J. MITCHEL, J. WILLIAMS, / and W. COLLES. / [*filet*] / M,DCC,LXVII. //

pp.[iv].59.[i]; sig.[A²], B-C¹², D⁶; 17cm.

Ex-Libris: GB-CA/U; GB-LO/N; USA-CSt; USA-ICU.

206. THE / Earl of Warwick, / A / TRAGEDY, / As it is performed at the / Theatre Royal in Drury-Lane. / [*filet*] / The FOURTH EDITION. / [*filet*] / [*fleuron*] / [*filet double*] / LONDON, / Printed for T. DAVIES, Russel-Street, Covent-Garden; / R. BALDWIN, Pater-Noster-Row; and / W. GRIFFIN, Catherine-Street, in the Strand. / M DCC LXIX. / [Price ONE SHILLING and SIX PENCE.] //

pp.[ii].71.[i]; sig.[A²], B-K⁴; 20,5cm.

Ex Libris: GB-BH/P; GB-ED/N; USA-DFo; USA-ICU; USA-IU; USA-MH; USA-MiU.

207. THE / EARL OF WARWICK. / A TRAGEDY. / WRITTEN BY / DR. FRANKLIN. / TAKEN FROM / THE MANAGER's BOOK, / AT THE / Theatre Royal, Drury-Lane. / [*filet double*] / *LONDON*: / Printed for H. D. SYMONDS, No. 20, Paternoster-Row; and sold / by all the Booksellers in Town and Country. //

pp.38.[ii]; sig.[A²],B-D⁶; 19cm.

Ex Libris: GB-LD/U; USA-DFo; USA-FU; USA-MH.
Remarques diverses: Edition publiée vers 1780.

208. THE / *EARL OF WARWICK*, / A / TRAGEDY. / By *Dr. FRANK-LIN*. / Marked with the / VARIATIONS / As performed at the / 𝕿𝔥𝔢𝔞𝔱𝔯𝔢 𝕽𝔬𝔶𝔞𝔩, 𝔇𝔯𝔲𝔯𝔶 𝕷𝔞𝔫𝔢, / [*ornement typographique*] / [*filet anglais agrémenté*] / *LONDON*: / Printed for J. BARKER, Russell-Court, Drury-Lane, / M,DCC, LXXXIV. //

pp.58.[ii]; sig.[A⁶], B-D⁶, E⁴; 17cm.

Ex Libris: USA-PU.

209. *THE EARL OF WARWICK.* | [*filet double*] | A | TRAGEDY, | By Dr. FRANKLIN. | [*filet double*] | ADAPTED FOR | *THEATRICAL REPRESENTATION,* | AS PERFORMED AT THE | THEATRES-ROYAL, | DRURY-LANE AND COVENT-GARDEN. | [*filet double*] | REGULATED FROM THE PROMPT-BOOKS, | *By Permission of the Managers.* | [*filet double*] | "The Lines distinguished by inverted Commas, are omitted in the Representation." | [*filet double*] | LONDON: | [*filet double*] | *Printed for the Proprietors, under the Direction of* | JOHN BELL, 𝕭𝖗𝖎𝖙𝖎𝖘𝖍 = 𝕷𝖎𝖇𝖗𝖆𝖗𝖕, STRAND, | Bookseller to His Royal Highness the PRINCE of WALES. | [*filet*] | MDCCXCII. ||

pp.[iv].76; sig.[A²], B-G⁶; 16cm., 2 frontisp.

Ex Libris: F-P/Bn; GB-ED/U; GB-RE/U; NL-LH/N; S-U/U.
Collection: Bell's British theatre, no.lxx.
Table des matières: Prologue: pp.4-5; Epilogue: pp.75-76.

210. [*Idem,* sauf 'PRINCE of WALE' au lieu de 'PRINCE of WALES'] ||

pp.v[i bl.].76; sig.[A²], B-G⁶; 16cm.

Ex Libris: GB-DR/U; GB-LD/U; GB-RE/U; N-O/U; USA-NN; USA-TxU.
Collection: Bell's British theatre (1797), x.no.5; xvii, no.4.
Table des matières: Prologue: pp.[iv]-v; Epilogue: pp.[75]-76.

211. The | *EARL OF WARWICK.* | [*filet double*] | A | TRAGEDY. | [*filet double*] | *BY DR. FRANKLIN.* | [*filet double*] | ADAPTED FOR | THE-ATRICAL REPRESENTATION, | AS PERFORMED AT THE | *THEATRES-ROYAL DRURY LANE AND COVENT-GARDEN.* | [*filet double*] | REGULATED FROM THE PROMPT-BOOKS, | *By Per-mission of the Managers.* | [*filet double*] | "The Lines distinguished by inverted Commas, are omitted in the Representation." | [*filet double*] | LONDON: | [*filet double*] | *Printed for the Proprietors, under the Direction of* JOHN BELL, | 𝕭𝖗𝖎𝖙𝖎𝖘𝖍 𝕷𝖎𝖇𝖗𝖆𝖗𝖕, STRAND, | Bookseller to His Royal Highness the Prince of Wales. | [*filet*] | M DCC XCII. ||

pp.[ii].76; sig.[A²], B-G⁶; 20cm., frontisp.

Ex Libris: GB-LO/N.

212. 𝕽𝖔𝖆𝖈𝖍'𝖘 𝕰𝖉𝖎𝖙𝖎𝖔𝖓. | [*filet double*] | THE | *EARL OF WARWICK.* | [*filet double*] | A | TRAGEDY, BY Dr. FRANKLIN. | [*filet anglais*] | ADAPTED FOR | *THEATRICAL REPRESENTATION;* | AS PER-FORMED AT THE | THEATRES-ROYAL, | DRURY-LANE AND COVENT-GARDEN. | [*petit filet anglais*] | REGULATED FROM THE PROMPT-BOOKS, | *By Permission of the Managers.* | [*filet double*] | THE

LINES DISTINGUISHED BY INVERTED COMMAS ARE OMITTED/ IN THE REPRESENTATION. /[*filet double*] / LONDON. / [*filet double*] / PRINTED BY AND FOR J. ROACH, AT THE / 𝔅ritannia ℜrinting= 𝔒ffice, / RUSSELL-COURT, DRURY-LANE. //

pp.51.[i bl.]; sig. A-D⁶, E²; 15cm., frontisp. signé Alais.

Ex Libris: USA-IU.

Publication: 'Published as the act directs by J. Roach, Russel-Court, Drury-Lane, March 27 1806.'

Table des matières: Prologue: pp.[3-4]; Dramatis personae: p.[4]; Texte de la pièce pp.[5]-51.

213. THE / EARL OF WARWICK; / A TRAGEDY, / IN FIVE ACTS; / BY DR FRANKLIN. / AS PERFORMED AT THE / THEATRE ROYAL, DRURY LANE. / PRINTED UNDER THE AUTHORITY OF THE MANAGERS / FROM THE PROMPT BOOK / WITH RE-MARKS / BY MRS INCHBALD. / [*filet*] / LONDON: / PRINTED FOR LONGMAN, HURST, REES, ORME, AND BROWN, / PATER-NOSTER-ROW. //

pp.[ii].58; sig.B-D⁶, E⁹, F²; 17cm., frontispice gravé par Wedgewood, d'après Halls (1807).

Ex Libris: GB-AB/N; GB-HL/U; GB-LO/N; USA-NN.

Imprimeur: William Savage, London.

Table des matières: Remarks: pp.3-6.

214. [*Idem*, plus la date:] 1808. //

pp.58; Sig.A-D⁶, E⁴; 16cm., frontisp.

Ex Libris: CH-Fg; F-P/Bn; GB-AD/U; GB-HL/U; GB-LO/L; GB-LO/U-UC; S-U/U.

Imprimeurs: James Ballantyre and Co., Edinburgh, & W. Savage, Bedford Bury.

Collection: The British Theatre, xix, no.1.

215. [*Idem*] 1824. //

Ex Libris: USA-MH.

216. THE / EARL OF WARWICK. / 𝔄 𝔗ragedy. / *BY DR. THOMAS FRANKLIN.* / [*filet anglais*] / CORRECTLY GIVEN, FROM COPIES USED IN THE THEATRES, / BY / THOMAS DIBDEN, / *Author of several Dramatic Pieces, &c.* / [*vignette*] / ℜrinted at tfje 𝔠fjiswjck ℜress, / BY C. WHITTINGHAM; / FOR SHERWOOD, NEELY, AND JONES, / PATERNOSTER / ROW, LONDON. / [*filet*] / 1818. //

pp.60; sig.A-C⁸, D⁶; 12,5 cm.
Ex Libris: GB-LD/U; GB-LO/N.
Collection: *The London theatre*, vol.xxiii.

217. [*En-tête:*] THE EARL OF WARWICK; | *A TRAGEDY*, IN FIVE
ACTS.—*BY DR. THOMAS FRANKLIN.* | [*filet double*] | [*vignette*] ||
8°. pp.12 (db.col.); 22,5 cm.
Ex Libris: GB-LD/U; GB-LO/N; USA-NN.
Editeur: G. Balne, Gracechurch Street, London.
Collection: *The London stage* (1824-1827), iii.no.2 (pièce no.82).

218. *The Earl of Warwick. A tragedy in five acts by Dr. Franklin.* [London,
John Dicks, | 1871.] ||
8°. pp.[65]-80; 18cm.
Ex Libris: GB-LO/NU (égaré).
Collection: *The British drama illustrated*, vol. vi.

219. DICK'S STANDARD PLAYS. | [*filet ondulé*] | THE EARL OF
WARWICK, | BY | DR. THOMAS FRANKLIN. | [*vignette*] | [*filet*] |
NEW AND COMPLETE EDITION – PRICE ONE PENNY. | LON-
DON: J. DICKS, 313, STRAND; AND ALL BOOKSELLERS. | New
York: Samuel French & Son, 122, Nassau Street – Sole Agent. ||
8°. pp.[65]-80, et couverture; 18,5cm.
Ex Libris: GB-LO/N; USA-InU.
Collection: *Dick's standard plays*, no.192 (1879).

En espagnol:

220. EL CONDE | DE WARWIK. | *TRAGEDIA* | *Traducida del Original
Francés,* | *en verso heroico Castellano.* | POR | *D. XAVIER DE GANÓA.* |
[*ornement typographique*] | BARCELONA. | *Con Licencia.* En la Oficina
de | FRANCISCO GENERAS. | M. DCC. LXX. VIII. ||
pp. [ii].28.80; pas de sig. (18°.); 17cm.
Ex Libris: F-P/Ar; USA-NcU.

*221. *El Conde de Warwik, Tragedia* [en quarto actos, en prosa]. || ff.21.
Ex Libris: Biblioteca nacional, Madrid: ms.15.170.
Remarques diverses: Le manuscrit porte la mention 'puesta en verso'.

*222. *Comedia Nueva* | *Exótica.* | *El conde de Wervic.* | *Su autor* : | *Dn.*
Antonio Valladares y Sotomayor. [En cinco jornadas. 1779] | *Para la com-*
pañia del sr. Juan Ponce. || ff.32.

Ex Libris: Biblioteca nacional, Madrid: ms.14.447.

*223. *El Conde de Varvik. Tragedia.* [Traducida por don José de Viera y
Clavijo, año de 1795]. *Poésias de don José Viera y Clavijo. Coleccionadas por
don Juan Padilla*, tome iv, no.2 (ff.62-109).

Ex Libris: Biblioteca municipal de Santa Cruz de Tenerife: fondos de la
Sociedad económica de Amigos del Païs de Santa Cruz de Tenerife.

En hollandais:

224. DE | GRAAF | VAN | WARWIK; | *TREURSPEL.* | Gevolgt naar
het Fransche van den Heere | DE LA HARPE. | *TOT LEERZAAM
TYDVERDRYF.* | [*ornement typographique*] | *GEDRUKT VOOR HET
TOONEL VAN* | Mrs. CORVER en BOUHON. | 1764. ||

pp.54; sig.A-C⁸, D³; 17cm.

Ex Libris: B-G/U; F-P/Bn; GB-LO/N; NL-A/U; NL-L/U.
Privilege: 2 novembre 1764.

225. DE | GRAAF | VAN WARWICK; | *TREURSPEL.* | *Het Fransche
van den Heer* M. DE LA HARPE *gevolgd.* | Door H. VAN ELVERVELT. |
[*ornement typographique*] | *Te AMSTELDAM,* | By IZAAK DUIM,
Boekverkooper, op den hoek van/den Voorburgwal en Stilsteeg. 1765. *Met
Privilegie.* ||

pp.[xii].51.[i bl.]; sig.[ ]⁶, A-C⁸, D²; 16,5 cm.

Ex Libris: A-ONB; B-G/U; F-P/Bn; GB-LO/N; NL-A/U; NL-L/U;
S-S/N; USA-ICU.
Pièces limitrophes: 1) Dédicace à Jan Jacob Hartsinck; 2) Voorbericht; 3)
Copye van de Privilegie: 2 novembre 1764; 4) Vertonners.

226. DE | GRAAF | VAN | WARWIK, | *TREURSPEL.* | GEVOLGD
NAAR HET FRANSCHE VAN DEN HEERE | DE LA HARPE. |
DOOR | J. NOMSZ. | [*ornement typographique*] | *TE AMSTERDAM,* | By
DAVID KLIPPINK, | Boekverkooper, 1771. ||

pp.[iv].54; sig.[ ]², A-C⁸, D³; 17cm.

Ex Libris: F-P/Bn; GB-LO/N; NL-A/U; NL-L/I; NL-U/U.

En italien:

227. IL CONTE / DI WARWIK / TRAGEDIA / DI M. DE LA HARPE /
TRADOTTA DALL' IDIOMA FRANCESE / IN VERSI TOSCANI /
RAPPRESENTATA / NEL TEATRO DI VIA DEL COCOMERO /
DEDICATA AL SIGNOR / DONATO ORSI. / [*ornement typographique*] /
IN FIRENZE, / [*filet agrémenté*] / Apresso Rinaldo Bonini Libraio alla
Condotta. //

pp.63.[i bl.]; sig.A-D⁸; 17cm.

Ex Libris: F-P/Ar.
Table des matières: L'Editore: p.3; Actori: p.4.

228. IL / CONTE DI WARWIK / *TRAGEDIA* / DI MONSIEUR DE LA
HARPE / *TRADOTTA* / DA RAFFAELLO CASELLI / LUCCA /
DALLA TIPOGRAFIA / *DI FRANCESCO BERTINI* / MCCCXIII [*sic=*
1813]. //

pp.99.[i bl.]; sig.1-4⁸, 5¹², 6⁶; 20,5cm.

Ex Libris: F-P/Ar.
Table des matières: Alli signori Antonio e. Domenico Fratelli Pollera:
pp.[3]-6; Une épître en vers: pp.[7]-26; Il conte di Warwik: pp.[27]-99.

En russe:

229. Графъ Варвикъ, въ 5д г. Лагарпа; перев. съ Франц. Спб. 1814. //
8°. Voir Sopikov, no.11882.

230. *Timoléon.*
Dans Ve, i-89-152, et OP, ii.59-68 (extraits).
Critiques: *JgF*, 18 juillet, 8 août 1764, pp.116, 128; *AM*, 1765, p.160; *Al*,
1765, i.145-177, 264-277; *AvC*, 6 août, 24 décembre 1764, pp.508-510, 829;
Js, juillet 1765, pp.455-458; *Je*, 15 janvier 1765, i.102-117; *MF*, septembre
1764, p.201, janvier 1765, ii.182; Collé, ii.368-370, 385-388; CLT, vi.49-50,
62-64, 137-138, 170-174; MS, 29 juillet, 2, 4 août, 12 décembre 1764, ii.70-80,
xvi.226.
Remarques diverses: Pour des détails de la vente, des droits de l'édition et des
recettes des quatre représentations de la pièce, voir Todd, 3, p.213.
La pièce a eu deux éditions séparées:
TIMOLÉON, / *TRAGÉDIE* / En CINQ ACTES ET EN VERS, / Par M.
DE LA HARPE; / *Représentée pour la premiere fois par les Comédiens* / Or-
dinaires du Roi, le I Août / ῎Εϛϛεται ἥμερ ὅταν *Hom. Illiad.* / [*filet double*] /

Le Prix est de trente sols. / [*filet double*] / [*ornement typographique*] / *A PARIS*, / Chez DUCHESNE, Libraire, rue S. Jacques, / au-dessous de la Fontaine S. Benoît, / au Temple du Goût. / [*filet double*] / M. DCC. LXIV. / *Avec Approbation & Privilège du Roi.* //

pp.70.[ii]; sig.A-D⁸, E⁴; 19,5cm.

Ex Libris: A-ONB; B-Br; F-Aj; F-Ang; F-Bsn; F-Djn; F-Gap; F-Nm; F-Nts; F-P/Ar; F-P/Bn; F-Troyes; USA-CU; USA-InU; USA-LNHT; USA-MH; USA-MiU.

Approbation: Marin, 16 décembre 1764.

Privilège: 30 novembre. *Registré*: 7 décembre.

Publication: MS, 19 décembre 1764, ii.150; CLT, 1 janvier 1765, vi.174; *AvC*, 24 décembre 1764, p.829; *JgF*, 16 janvier 1765, p.12; *Js*, février 1765, p.123.

Table des matières: Réflexions utiles: pp.65-70.

Remarques diverses: Cette édition fait partie du tome vii (pièce no.7) du *Nouveau théâtre français et italien* ... (Paris 1765) (F-Lim.). Elle fut également insérée dans le tome xxxviii de la *Bibliothèque des théâtres* (Paris 1784) (F-LRS; F-S/Bn.).

231. TIMOLÉON, / *TRAGÉDIE* / EN CINQ ACTES ET EN VERS, / Par M. DE LA HARPE; / *Représentée pour la premiere fois par les Comédiens* / *Ordinaires du Roi, le I Août.* / ῝Εϛϛεται ἡμερ ὅταν. *Hom. Iliad.* / [*ornement typographique*] / *A AMSTERDAM,* / Chez H. CONSTAPEL, Libraire, / MDCCLXV. //

pp.68; sig.A-D⁸, E²; 17cm.

Ex Libris: DK-C; F-P/Ar; NL-U/U; USA-RU.

Remarques diverses: voir supra, no.150.

232. *Pharamond.*

Brenner. 7740. Pièce détruite par l'auteur (Ve, ii.619). Pour un résumé de l'intrigue par Petitot, voir OP, ii.69-72; Ve, ii.634-638.

Critiques: *JgF*, 28 août 1765, p.140; *AvC*, 19 août 1765, pp.511-513; *MF*, septembre 1765, pp.173-176; Collé, iii.40-42; CLT, vi.340-342, 356; MS, 7, 15 août 1765, ii.219, 221-222.

Remarques diverses: Pour les recettes des deux représentations de la pièce du 14 et du 17 août 1765, voir Todd 3, p.214. La pièce fut jouée avec les acteurs suivants: Brizard – Pharamond; Lekain – Valamir; mlle Dubois – Ildigone; Molé – Clodion (*Archives de la Comédie-Française*).

233. *Gustave [Wasa].*

Brenner. 7733. Tragédie jouée le 3 mars 1766. Pour des extraits et commentaire par La Harpe, voir OP, ii.45-50; Ve, ii.617-633. Pour notre recon-

struction de la pièce à l'aide du manuscrit du rôle de Gustave conservé dans les 'Rôles de Henri Lekain (1760-1767)', pièce no.16, pp.17 in-folio (*Archives de la Comédie-Française*), voir Todd 2, pp.151-201.
Critiques: *JgF*, 12 mars 1766, p.43; *AvC*, 10 mars 1766, p.156; *Je*, 15 janvier 1767, i.140; *MF*, avril 1766, i.183-184; Collé, iii.79-80; CLT, vi.500-503; *Mémoires de H. L. Lekain* (Paris 1825), p.218; MS, 5 mars 1766, iii.5-6.
Remarques diverses: Pour les recettes, voir Todd 3, p.214.

234. *Menzicoff ou les Exilés.*

Dans Ve, i.239-372.

Critiques: *JgF*, 13 juin 1781, pp.95-96; *Al*, 1775, vi.192-193; *Journal de Monsieur*, iii.3-60; *Js*, décembre 1781, i.817-823; *MF*, décembre 1775, pp.153-154, 7 juillet 1781, pp.10-27; CLT, xi.142, 168; CS, 7, 25 novembre, 9 décembre 1775, 3 janvier 1776, 5 avril 1781, ii.231, 247-251, 265, 307-308, xi.179-180; MS, 9, 14, 30 novembre 1775, viii.242, 250, 272; Suard 1, pp.229-230.
Remarques diverses: Pour les raisons qui ont empêché la reprise de cette pièce après sa représentation à la cour du 10 novembre 1775, voir Todd 3, pp.23, 219-220.

Publication à part: MENZICOFF / *OU* / LES EXILÉS, / *TRAGÉDIE,* / *REPRÉSENTÉE devant LEURS MAJESTES,* / *sur le Théâtre de Fontainebleau, au mois* / *de Novembre 1775.* / Par M. DE LA HARPE, de l'Académie Française. / PRÉCÉDÉE d'un Précis historique sur le Prince / Menzicoff. / [*filet*] / *Longi panas fortuna favoris* / *Exigit à misero.* LUCAN. / [*filet*] / *Prix 2 livres 8 sols.* [*ornement typographique*] / *A PARIS,* / Chez M. LAMBERT & BAUDOUIN, Impr.-Libraires, / rue de la Harpe, près S. Côme. / [*filet double*] / M.DCC.LXXXI. / *Avec Approbation & Privilège du Roi.* //

pp.lxx.91.[iv]; sig.a-d⁸, e⁴, A-E⁸, F⁷; 18,5cm.
Ex Libris: B-G/U; D-Mu/B; F-Am; F-Boul; F-Djn; F-Nts; F-P/Ar; F-P/Bn; GB-LO/N; GB-OX/U-Ty.
Approbation: 'J'ai lu par ordre de mgr. le Garde des Sceaux les œuvres de m. de La Harpe de l'Académie française, contenant les Tragédies de *Menzicoff* et de *Philoctète*, à Paris, le 27 janvier 1781. Gaillard.'
Privilège: 17 mars 1781.
Publication: *JP*, 20 mars 1781, p.315; *MF*, 31 mars 1781, p.239. Exemplaire présenté à l'Académie française le 19 mars 1781 (*Registres Af.*).
Table des matières: Préface: pp.[v]-x; Précis historique: pp.[xi]-lxx.

235. *Les Barmécides.*

Dans Ve, ii.113-195; et OP, ii.90-102 (extraits).
Critiques: *JgF*, 15 juillet, 2, 9 septembre 1778, pp.112, 139-140, 144; *AM*,

1779, p.292; *Al*, 1778, vi.3-43; *CrE*, 17 juillet 1778, iv.35; *JP*, 12, 20 juillet, 28, 29, 30 août 1778, pp.770-771, 802, 957-958, 961-963; 965-966; *MF*, 15, 25 juillet 1778, pp.189-191, 307-309, 5, 25 août 1778, pp.67-69; 283-304, 5 septembre 1778, pp.24-47 (La Harpe); CLT, xii.122, 124-125; CS, 12 juillet, 1 septembre 1778, vi.323, 412-419; MS, 28 janvier, 13, 14, 18 juillet, 17, 28 août 1778, xi.76; xii.39-42, 45, 72-73, 97.

Remarques diverses: Entreprise dès 1767 (Best.D14257), la pièce fut reçue à la Comédie française le 26 février 1773 (*Mémoires de H. L. Lekain* (Paris 1825), p.234). Pour les recettes des onze représentations de cette pièce en 1778, voir Todd 1, p.247. La Harpe toucha 965 livres 19 sols 7 deniers le 27 août 1778 (*Archives de la Comédie-Française*).

Quatre éditions à part:

LES BARMÉCIDES, / *TRAGÉDIE*, / *EN CINQ ACTES* / ET EN VERS. / *Représentée pour la première fois par les* / *Comédiens Français le 11 Juillet 1778.* / Par M. DE LA HARPE, / de l'Académie Française. / [*filet double*] / *Le prix est de 30 sols.* / [*filet double*] / [*fleuron*] / *A PARIS*, / Chez PISSOT, Libraire, Quai des Augustins. / [*filet double*] / M. DCC. LXXVIII. //

pp.[iv].16.75; sig.[2ff.], a⁸, A-D⁸, E⁶; 21cm.

Ex Libris: B-G/U; DDR-Le/U; F-Av; F-Bdx; F-Bsn; F-ClF; F-Djn; F-Ly; F-Orl; F-P/Ar; F-P/Bn; F-P/StG; F-Tls; GB-LO/N; USA-CU; USA-ICU; USA-InU; USA-NcU; USA-OCU.

Imprimeur: Prault, imprimeur du Roi, quai de Gêvres, au Paradis.

Privilège: 'Le Privilège du Roi se trouve à la fin des Œuvres de cet auteur'. Voir supra, no.4.

Publication: *CH*, 8 août 1778, no.32, art.1.

Table des matières: pp.16: *Epître dédicatoire à m. le comte de Showalow*.

236. *LES* / BARMÉCIDES, / *TRAGÉDIE*, / EN CINQ ACTES ET EN VERS. / *Représentée pour la première fois par les Co-/médiens Français, le 11 Juillet 1778.* / Par M. DE LA HARPE, / *de l'Académie Française.* / [*fleuron*] / *A PARIS*; / Chez PISSOT, Libraire, Quai des Augustins. / [*filet double*] / M. DCC. LXXVIII. //

pp.49. [i bl.]; sig.A-E⁴, F⁵; 22cm.

Ex Libris: AUS-C/N; B-G/U; F-Nts; F-P/Ar; F-P/Bh; USA-IaU; USA-OCU.

237. *LES* / BARMÉCIDES, / *TRAGEDIE*. / EN CINQ ACTES / *ET EN VERS*. / *Représentée pour la première fois par les* / *Comédiens François, le 11 Juliet 1778.* / Par M. DE LA HARPE, de l'Académie / Française. / [*filet double agrémenté*] / Prix 12 sols. / [*filet double agrémenté*] / [*ornement typographique*] / *A PARIS*, / Chez DIDOT, l'aîné, Imprimeur / & Libraire, Rue Pavée. / [*filet gras agrémenté*] / *M. DCC. LXXVIII.* //

pp.45.[ii].[ii bl.]; sig.A-F⁴; 19cm.
Ex Libris: D-Mu/B; F-P/Ar; F-P/Bh; USA-CU; USA-MdBJ.
Co-éditeurs Les frères Bonnet, à Avignon.

238. LES / BARMÉCIDES, / TRAGÉDIE / *EN CINQ ACTES* / ET EN
VERS; / *PAR MONSIEUR DE LA HARPE,* / *de l'Académie Française.* /
[*filet double agrémenté*] / NOUVELLE ÉDITION. / [*filet double agrémenté*] /
[*ornement typographique*] / *A PARIS,* / Chez DELALAIN, rue & à côté de la
Comédie / Française. / [*filet double agrémenté*] / M. DCC. LXXXV. //
pp.44; sig.A-E⁴, F²; 19,5cm.
Ex Libris: B-G/U; F-P/Ar; F-Tls; USA-IaU.

En espagnol:

*239. *Los Barmecidos.* *Traducida en verso castellano* [por don José Viera y
Clavijo. año de 1795], *poesías de don José de Viera y Clavijo. Coleccionadas por
don Juan Padillo,* tome iv, no.1 (ff.2-48).
Ex Libris: Biblioteca municipal de Santa Cruz de Tenerife, fondos de la
Sociedad económica de Amigos del Païs de Santa Cruz de Tenerife.

240. *Jeanne de Naples.*
Dans OP, i.127-191; *Chdr*.1, pp.201-260; *Théâtre choisi,* pp.159-242; Ve,
ii.299-373.
Critiques: *JgF*, 19 décembre 1781, p.204, 28 mai 1783, p.88; *Al*, 1783, iv.73-
103; *Js*, août, novembre 1783, pp.575, 728-735; *JP*, 13, 17 décembre 1781,
pp.1396-1397, 1413, 20, 21 mai, 19 juin 1783, pp.589-590, 593, 709-711; *MF*,
22 décembre 1781, pp.240-241, 13 avril 1782, p.84, 31 mai 1783, pp.228-229,
14 juin 1783, pp.67-84 (Imbert); CLT, xiii.34, 43, 80, 321; CS, 16 décembre
1781, 2 janvier 1782, xii.205-209, 234; MS, 22 novembre, 11, 13, 15, 16 décembre 1781, 10 juin 1782, xviii.172-173, 205-213, xx.295.
Remarques diverses: Pour les recettes de la première série de représentations,
voir Todd 1, p.275. La Harpe toucha 2 461 livres 10 sols 11 deniers le 9 février
1782. Les recettes à la porte pour les représentations du 19, du 28, et du 31 mai
1783 étaient 1 999 livres 2 sols, 2 249 livres 2 sols, et 1 545 livres 14 sols, plus –
pour chaque représentation – 670 livres 7 sols 4 deniers pour les petites loges,
et 8 livres 6 sols 8 derniers pour les abonnements à vie. La Harpe toucha 774
livres 7 sols le 16 juillet 1783. La pièce n'a pas été jouée à la Comédie-Française
depuis 1788 (Joannides). La Harpe abandonna ses droits le 23 mai 1788,
lorsqu'il toucha 314 livres 2 sols pour une représentation donnée le 26 avril.
Les recettes à la porte furent alors 2 148 livres 9 sols, plus 844 livres 7 sols 4
deniers pour les petites loges, et 9 livres 5 sols 2 deniers pour les petites loges,

et 9 livres 5 sols 2 deniers pour les abonnements à vie (*Archives de la Comédie-Française*).

Pour des détails concernant le dernier acte de la pièce, voir Todd 1, p.277. Les premières éditions donnent le texte de 1783. Voulant sans doute plaire à mme Vestris (voir Todd 1, p.321), La Harpe modifia ensuite le premier acte de la pièce, et c'est avec ces modifications que la pièce a été publiée depuis 1806.

Trois éditions séparées:

JEANNE/DE NAPLES, | *TRAGÉDIE* | EN CINQ ACTES ET EN VERS; | *Représentée par les Comédiens Français le 12 Décembre* | *1781, au Palais des Tuileries; & à Versailles,* | *devant Leurs Majestés, le 20 du même mois; remise* | *au nouveau Théâtre du Fauxbourg S. Germain, le* | *19 Mai 1783;* | PAR M. DE LA HARPE, | *De l'Académie Française.* | [*filet*] | *Huic uni forsan potuit succumbere culpa.* | Virg. | [*filet*] | [*ornement typographique*] | *A PARIS*, Chez F. J. BAUDOUIN, Imprimeur-Libraire, | rue de la Harpe, près Saint-Côme. | [*filet double*] | M. DCC. LXXXIII. ||

pp.vii. [i].87. [i bl.]; sig.[ ]⁴, A-E⁸, F⁴; 20cm.

Ex Libris: B-Br; DDR-Go/TL; F-Boul; F-Djn; F-Ly; F-P/Ar; F-P/Bn; F-S/Bn; GB-BR/U; GB-MA/S; USA-DLC; USA-ICN; USA-LNHT; USA-NcD.

Approbation: Bret, 14 novembre 1781; Lenoir, 19 novembre 1781.

Publication: *CH*, 31 mai 1783, no.22, art.10; *JP*, 27 mai 1783, p.616; *MF*, 31 mai 1783, p.235.

Table des matières: Préface: pp.i-[viii].

241. *JEANNE* | DE NAPLES | TRAGÉDIE, | EN CINQ ACTES ET EN VERS; | *Représentée par les Comédiens François le 12 décembre* | *1781, au Palais des Tuileries; & à Versailles, devant* | *leurs Majestés, le 20 du même mois; remise au nouveau* | *Théâtre du Faubourg S. Germain, le 19 Mai 1783.* | PAR M. DE LA HARPE, | *De l'Académie Françoise.* | [*filet*] | *Huic uni forsan potuit succumbere culpa.* | Virg. | [*filet*] | Prix 12 sous. | [*ornement typographique*] | *A PARIS*. | Chez F. J. BAUDOUIN, Imprimeur-Libraire, | rue de la Harpe, près Saint-Côme. | [*filet double*] | M. DCC.LXXXIII. ||

pp.54.[ii bl.]; sig.A-G⁴; 20cm.

Ex Libris: AUS-C/N; F-LR; F-P/Ar; F-P/Bh.

242. JEANNE DE NAPLES, | TRAGÉDIE | EN CINQ ACTES ET EN VERS, | PAR DE LA HARPE; | Représentée par les Comédiens Français, le | 12 décembre 1781, au Palais des Tuileries; | et, à Versailles, devant Leurs Majestés, le | 20 du même mois; remise au nouveau | Théâtre du Faubourg Saint-Germain, le | 19 mai 1783. | [*filet*] | Huic uni forsan potui [*sic*] succum-

bere culpae [*sic*]. / VIRGILE. / [*filet*] / PRIX: I fr. 50 cent. / [*ornement typographique*] / A BREST, / DE L'IMPRIMERIE DE MICHEL. / 1814. //

pp.[ii].84; sig.1-5⁸, 6²; 22cm.

Ex Libris: F-P/Bn.

Publication: *JLib*, 25 novembre 1815, no.2838.

Table des matières: Préface: pp.1-3.

En hollandais:

243. JOHANNA, / KONINGINNE VAN NAPELS, / *TREURSPEL*, / GEVOLGD NAAR HET FRANSCHE VAN / DE LA HARPE, / DOOR / *A. L. BARBAZ*. / [*ornement typographique*] / TE AMSTELDAM, BY / J. C. VAN KESTEREN. / 1818. / J. G. Visser sc. //

pp.[viii].77.[i bl.]; sig.A-E⁵; 17cm.

Ex Libris: B-G/U; NL-A/U; NL-L/U.

244. *Philoctète.*

Dans *Rép*.1, vi.385-436 (préface: pp.347-384); OP, i.216-259 (préface: pp. 193-215); *Rép*.2, vii.66-114; *Rép*. 3, xxviii.211-261; *Chdr*.1, pp.55-96; OC, i.61-106; *Théâtre choisi*, pp.274-331 (préface: pp.245-273); *Rép*.4, v.315-404; Ve, ii.403-453 (préface: ii.377-401); *Rép*.6, pp.53-93; *Chdr*.2, pp.139-189; *Rép*.8, pp.57-96; *Chtr*., i.379-413.

Critiques: *JgF*, 28 mars 1781, pp.51-52; *Al*. 1781, i.217-272, 1783, iv.203-205; *Journal de Monsieur*, ii.3-57; *Js*, juin 1781, i.374, décembre 1781, ii.815-817; *Je*, 1 mai 1781, iii.494-502; *JP*, 26 août 1780, p.969, 9 avril 1781, p.399-401, 17 juin 1783, p.703, 9 septembre 1786, pp.1037-1039, 3 brumaire an ix (25 octobre 1800), p.197; *MF*, 3 mars 1781, pp.10-24 (Le Vacher de Charnois), 14 avril 1781, pp.53-60, 30 juin 1781, p.193, 5 juillet 1783, pp.3-4, 41-45, 16 juillet 1783, pp.148-149, 9 août 1783, p.86, 14 mars 1789, p.90; CLT, xii.420, 434, 480, xiii.328; CS, 27 août 1780, 5 avril 1781, ix.154-155, xi.179-180; MS, 27 août 1780, 16 juin 1783, xv.273, xxiii.12-13.

Remarques diverses: Pour des détails de la première série de représentations de la pièce à la Comédie française en juin 1783, voir Todd 1, p.307. Elle fut donnée là pour la dernière fois en 1826 (Joannides). La Harpe semble avoir commencé la composition de sa pièce avant la fin de 1770 (*MF*, janvier 1771, ii.147) et l'avoir terminée vers 1778 (Pt, i.263). Il l'envoya à la Comédie française en mai 1780 (Todd 1, p.253).

La pièce fut publiée séparément une vingtaine de fois:

PHILOCTETE, / *TRAGÉDIE*, / TRADUITE DU GREC DE SOPH-OCLE, / EN TROIS ACTES ET EN VERS; / *Par M. DE LA HARPE*, *de l'Académie | Française.* | [*filet*] | Sophocleo *quæ* carmina digna cothurno? *Virg.* | [*filet*] | *Prix* x x x *sols.* | [*ornement typographique*] | *A PARIS,* | Chez M. LAMBERT & F. J. BAUDOUIN, Imp. | Libraires, rue de la Harpe, près S. Côme. | [*filet double*] | M. DCC. LXXXI. | *Avec Approbation & Privilège du Roi.* ||

pp.88; sig.A-E⁸, F⁴; 19.5cm.

Ex Libris: D-Mu/B; F-Am; F-Boul; F-Bsn; F-Lav; F-Nc; F-Nts; F-P/Ar; F-P/Bn; F-Pts; GB-BR/U; GB-LO/N.

Approbation: Gaillard, Paris, 27 janvier 1781. 'Le privilège se trouve à la tragédie de *Menzicoff*'.

Publication: *CH*, 17 février 1781, no.7, art.3; *JP*, 8 février 1781, p.155. Exemplaire présenté à l'Académie française le 1 février 1781 (*Registres Af.*).

Tables des matières: Préface: pp.1-29 (voir *Lycée*, I, liv.1, chap.v, sec.3).

245. PHILOCTETE, | *TRAGÉDIE,* | TRADUITE DU GREC DE SOPHOCLE, | EN TROIS ACTES ET EN VERS; | *Par M. DE LA HARPE, de l'Académie* | *Françoise.* | [*filet*] | Sophocleo *quæ* carmina digna cothurno? *Virg.* | [*filet*] | [*ornement typographique*] | *A PARIS,* | Chez M. LAMBERT & F. J. BAUDOIN [*sic*], Imp. | Libraires, rue de la Harpe, près S. Côme. | [*filet double*] | M. DCC. LXXXI. | *Avec Approbation & Privilege du Roi.* ||

pp.38; sig.A-E⁴; 20cm.

Ex Libris: F-Pts.

246. PHILOCTETE, | *TRAGÉDIE,* | TRADUITE DU GREC DE SOPHOCLE, | *EN TROIS ACTES ET EN VERS*; Par M. DE LA HARPE, de l'Académie Française. | [*filet*] | Sophocleo *quæ* carmina digna cothurno? *Virg.* | [*filet*] | [*fleuron*] | *A PARIS,* | Chez M. LAMBERT & F. J. BAUDOUIN, Imprimeurs- | Libraires, rue de la Harpe, près Saint-Côme. | [*filet double*] | M. DCC. LXXXI. | *Avec Approbation & Privilege du Roi.* ||

pp.40; sig.A-E⁴; 20cm.

Ex Libris: F-Nts; F-P/Ar.

247. PHILOCTETE, | *TRAGÉDIE* | *EN TROIS ACTES* | ET EN VERS, | TRADUITE DU GREC DE SOPHOCLE, | *PAR MR. DE LA HARPE.* | [*filet*] | Sophocleo *quæ* carmina digna cothurno? *Virg.* | [*filet*] | [*ornement typographique*] | *A PARIS,* | Chez M. LAMBERT & F. J. BAUDOUIN, Imprimeurs-/Libraires, rue de la Harpe, près S. Côme. | [*filet double agrémenté*] | M. DCC. LXXXV. ||

pp.32; sig.A-D⁴; 21cm.

Ex Libris: F-Hy; F-Nm; F-P/Ar; F-S/Bn.

248. PHILOCTETE / ABANDONNÉ DANS L'ISLE DE LEMNOS, / *TRAGEDIE*. / *Traduite du Grec de Sophocle,* / *en trois Actes en Vers,* / Par M. DE LA HARPE, de l'Aca-/demie Françoise. / *Représenté* [*sic*]*pour la première fois au Thea-* / *tre François à la Haye le 3 Novembre* / 1785. / [*filet*] / *Sophocleo quæ Carmina digna cothurno?* Virg. / [*filet*] / [*ornement typographique*] / *A LA HAYE,* / CHÉZ H. CONSTAPEL, Libraire. / MDCCLXXXV. //

pp.64.[ii]; sig.A-D⁶; 15,5 cm.

Ex Libris: NL-A/U.

249. PHILOCTETE, / *TRAGÉDIE,* / EN TROIS ACTES ET EN VERS, / TRADUITE DU GREC DE SOPHOCLE; / *Représentée, pour la première fois, par les* / *Comédiens Français, le 16 Juin 1783.* / PAR M. DE LA HARPE, de l'Académie / Française, & Professeur de Littérature au / Lycée. / [*filet*] / Sophocleo *quæ* carmina digna cothurno? *Virg.* / *filet*] / [NOUVELLE ÉDITION. / *Prix xxx sols.* / [*ornement typographique*] / *A PARIS,* / Chez MICHEL LAMBERT, Imprimeur-/Libraire, rue de la Harpe. / [*filet double*] / M. DCC. LXXXVI. / *Avec Approbation & Privilège du Roi.* //

pp.99.[i bl.]; sig.A-F⁸, G²; 21cm.

Ex Libris: CH-Fg; F-P/Bn.
Publication: *JP*, 17 février 1786, p.195.
Table des matières: Préface: pp.3-39.

250. PHILOCTETE, / *TRAGÉDIE* / EN TROIS ACTES / ET EN VERS, / TRADUITE DU GREC DE SOPHOCLE, / *PAR M. DE LA HARPE.* / [*filet*] / Sophocleo *quæ* carmina digna cothurno? *Virg.* / [*filet*] / [*ornement typographique*] / *A PARIS,* / Chez M. Lᴀᴍʙᴇʀᴛ & F. J. Bᴀᴜᴅᴏᴜɪɴ, Imprimeurs- / Libraires, rue de la Harpe, près de S. Côme. / [*filet double*] / M. DCC. LXXXVII. //

pp.42; sig.A-E⁴, F¹; 20cm.

Ex Libris: F-P/Ar.

251. PHILOCTETE, / *TRAGÉDIE* / EN TROIS ACTES / ET EN VERS, / TRADUITE DU GREC DE SOPHOCLE, / *PAR MR. DE LA HARPE.* / [*filet*] / Sophocleo *quæ* carmina digna cothurno? *Virg.* / [*filet*] / [*filet double agrémenté*] / PRIX, 24.SOUS. / [*filet double agrémenté*] / [*fleuron*] / *A PARIS,* / Chez M. Lᴀᴍʙᴇʀᴛ & F. J. Bᴀᴜᴅᴏᴜɪɴ, Imprimeurs-/Libraires, rue de la Harpe, près S. Côme. / [*gras filet double*] / M. DCC. LXXXVIII. //

pp.32; sig.A-D⁴; 20,5cm.

Ex Libris: AUS-C/N; F-Bdx; F-Ly; F-Nm.

252. PHILOCTETE, / TRAGÉDIE, / TRADUITE DU GREC DE SOPHOCLE, / EN TROIS ACTES ET EN VERS. / Par M. DE LA HARPE, de l'Académie Françoise. / [*filet*] / Sophocleo quæ carmina digna cothurno? VIRG. / [*ornement typographique*] / A PARIS, / CHEZ LES LIBRAIRES ASSOCIÉS. / M. DCC. LXXXVIII. //

pp.40; sig.A-E⁴; 20cm.

Ex Libris: F-Ly.

253. PHILOCTETE, / *TRAGÉDIE* / EN TROIS ACTES, EN VERS, / TRADUITE DU GREC DE SOPHOCLE, / *Par M. DE LA HARPE.* / [*filet*] / Sophocleo *quæ* carmina digna cothurno? *VIRG.* / [*filet*] / [*ornement typographique*] / *A PARIS,* / Chez PRAULT, Imprimeur du Roi, quai des / Augustins, à l'Immortalité. / [*filet double*] / M. DCC. LXC. //

pp.32; sig.A-D⁴; 20cm.

Ex Libris: F-Chg; F-P/Ar; GB-MA/U.

254. PHILOCTETE, / TRAGEDIE / EN TROIS ACTES EN VERS. / TRADUITE DU GREC DE SOPHOCLE, / *Représentée pour la premiere fois par les Comédiens Français,* / *le 16 Juin 1783.* / PAR M. DE LA HARPE, / De l'Académie Française, et Professeur / de Littérature au Lycée. / [*filet*] / Sophocleo *quæ* carmina digna cothurno? *Virg.* / [*filet*] / *NOUVELLE ÉDITION.* / [*ornement typographique*] / A PARIS, / CHEZ L'AUTEUR. / [*filet double*] / 1790 //

pp.32; sig.A-D⁴; 22cm.

Ex Libris: F-P/Ar; F-P/Bh.

255. PHILOCTETE, / TRAGÉDIE, / EN TROIS ACTES ET EN VERS. / TRADUITE DU GREC DE SOPHOCLE, / *Représentée pour la premiere fois par les comédiens* / *Français, le 16 juin 1783.* / PAR M. DE LAHARPE, / De l'Académie Française, et professeur / de litérature [*sic*] au Lycée. / [*filet*] / Sophocleo *quæ* carmina digna cothurno? VIRG. / [*filet*] / *NOUVELLE ÉDITION.* / [*filet anglais*] / A PARIS, / CHEZ L'AUTEUR. / [*filet double*] / 1790. //

pp.48; sig.A-E⁴; 20cm.

Ex Libris: B-G/U; D-Mu/B; F-P/Ar; F-P/Bn.

256. PHILOCTETE, / TRAGÉDIE / EN TROIS ACTES ET EN VERS, / TRADUITE DU GREC DE SOPHOCLE, / *PAR LE Cⁿ. LA HARPE.* / [*filet double*] / Sophocleo *quæ* carmina digna cothurno? *Virg.* / [*filet double*] / [*ornement typographique*] / *A PARIS,* / CHEZ LES LIBRAIRES AS-SOCIÉS. / [*filet anglais*] / AN VIIᵉ [1799]. //

pp.32; sig.A-D⁴; 20cm.

Ex Libris: F-P/Ar.

257. PHILOCTETE, | *TRAGÉDIE* | EN TROIS ACTES | ET EN VERS, | TRADUITE DU GREC DE SOPHOCLE, | *PAR Mʳ. DE LA HARPE.* | [*filet*] | Sophocleo *quæ* carmina digna cothurno? *Virg.* | [*filet*] | [*ornement typographique*] | *A BORDEAUX,* | Chez P. PHILLIPPOT, Imprimeur-Libraire, | fossés de la Commune, n°.22. | [*filet anglais*] | AN SEPTIEME [?1799]. //

pp.43.[i bl.]; sig.A-E⁴, F²; 21cm.

Ex Libris: F-P/Ar.

258. PHILOCTETE, | TRAGÉDIE, | EN TROIS ACTES ET EN VERS; | TRADUITE DU GREC DE SOPHOCLE. | *Représentée pour la première fois, par les Comédiens* | *Français, le 16 juin 1783.* | PAR M. DE LA HARPE. | De l'Académie Française, et professeur de littéra-/ture au Lycée. | [*filet*] | Sophocleo *quæ* carmina digna | cothurno? *Virg.* | [*filet*] | NOUVELLE ÉDITION. | [*ornement typographique*] | A PARIS, | Rue cimetiere Saint André-des-Arcs, n°.18. | [*filet double*] | AN XII. – 1804. //

pp.40; sig.A-E⁴; 20,5cm.

Ex Libris: F-P/Ar.

Editeur: Cette édition aurait été publiée par Chambon (voir P. Delalain, *L'Imprimerie et la librairie à Paris de 1789 à 1813* (Paris 1900), p.256).

259. PHILOCTÈTE, | TRAGEDIE, | TRADUITE DU GREC DE SOPHOCLE, | EN TROIS ACTES ET EN VERS; | PAR M. DE LA HARPE, | DE L'ACADÉMIE FRANÇAISE. | Représentée pour la première fois, le 16 juin 1783. | [*filet*] | Sophocleo quæ *carmina digna cothurno.* VIRG. | [*filet*] | [*ornement typographique*] | A PARIS, | Chez [*en parallèle:*] DUCHESNE, Libraire, rue des Grands/Augustins, N.° 30; | MIGNERET, Imprimeur, rue du Sépulcre, | faubourg Saint-Germain, N.° 20. | [*filet double*] | 1806. //

pp.67.[i bl.]; sig.A-D⁸, E²; 20,5cm.

Ex Libris: F-P/Ar.

Table des matières: Préface: pp.3-23.

260. PHILOCTETE, | TRAGÉDIE | EN TROIS ACTES ET EN VERS; | DE LAHARPE, | DE L'ACADÉMIE FRANÇAISE. | Représentée pour la première fois, le 16 juin 1783. | [*ornement typographique*] | A PARIS, | Chez FAGES, Libraire, au Magasin de Pièces de Théâtre, | boulevard St.-Martin, n°.29, vis-à-vis la rue de Lancry. | [*filet ondulé*] | Imprimerie de DELA-GUETTE, rue Saint-Merry, N°. 22. | [*filet ondulé*] | 1813. //

pp.32; sig.1-3⁸; 21,5cm.

Ex Libris: B-G/U; F-P/Ar; F-P/Bn; F-Rms; F-S/Bn.

261. EXAMEN / DU PHILOCTÈTE DE LA HARPE, / RAPPROCHÉ
DU TEXTE DE SOPHOCLE; / AVEC TRADUCTION LITTÉRALE,
NOTES, ET OBSERVATIONS / TANT SUR LES BEAUTÉS DE
CETTE TRAGÉDIE, QUE SUR LES / DANGERS DES PRÉTENDUES
RESTITUTIONS INGÉNIEUSES, / ET INDEX DES MATIÈRES. /
Ouvrage dédié à S.A.S. Mᵍʳ. le Prince Arch-Chancelier / de l'Empire, /
PAR J.-B. GAIL, / Membre de l'Institut impérial, Professeur de Littérature
grecque au Collège / de France, et Chevalier de l'ordre de Saint-Wladimir de
Russie. / [*filet ondulé*] / PARIS, / AUGUSTE DELALAIN, IMPRIMEUR-
LIBRAIRE, / rue des Mathurins-Saint-Jacques, N°. 5. / [*filet double*] / 1813. //

pp.[iv].viii.190.[ii bl.]; sig.a⁴, A-M⁸; 20,5cm.

Ex Libris: F-P/Bn.
Table des Matières: A son altesse sérénissime le prince Arch-chancelier de
l'Empire, duc de Parme, &c. [J. J. de Cambacérès]: 2ff. n.ch.; Préface de Gail:
pp.viii; *Philoctète*, tragédie par La Harpe: pp.1-58; *Philoctète*, traduction en
prose par Gail: pp.59-125; *Examen du Philoctète de La Harpe*, rapproché du
texte de Sophocle: pp.126-177; Index: pp.178-190.

262. PHILOCTÈTE, / TRAGÉDIE, / TRADUITE DU GREC DE
SOPHOCLE, / EN TROIS ACTES ET EN VERS; / PAR DE LA HARPE;
/ Représentée pour la première fois le 16 juin 1783. / [*filet*] / Sophocleo *quæ* carmina digna cothurno? / VIRGILE. / [*filet*] / PRIX: DEUX FRANCS. / [*ornement
typographique*] / A BREST, / DE L'IMPRIMERIE DE MICHEL. / 1814. //

pp.[iv].xxix.57.[i]; sig.1-5⁸, 6⁶; 21cm.

Ex Libris: F-P/Bn.
Table des matières: Préface: pp.i-xxix.

263. PHILOCTÈTE, / TRAGEDIE / EN TROIS ACTES ET EN VERS, /
DE LAHARPE, / DE L'ACADÉMIE FRANÇAISE. / *Représentée pour la
première fois, le 16 juin 1783.* / [*monogramme*] / A PARIS, / Chez FAGES,
Libraire, au Magasin de Pièces de / Théâtre, boulevart St.Martin, N. 29, vis-
à-vis / la rue de Lancry. / [*filet ondulé*] / Imprimerie de Mad. Ve. CUSSAC,
rue Montmartre, n.30. / [*filet*] / 1819. //

pp.32; sig.1-4⁴; 21cm.

Ex Libris: F-P/Ar.

264. PHILOCTÈTE, / *TRAGÉDIE* / EN TROIS ACTES ET EN VERS, /
Par LA HARPE. / *Représentée, pour la première fois, le 16 / Juin 1783.* /

[*filet*] | NOUVELLE EDITION. | [*filet*] | [*ornement typographique*] | A AVIGNON, | *Au Magasin des Pièces de Théâtre.* | Chez ALPHONSE BERENGUIER, Imprimeur-Libraire, | Près le Collège Royal. | [*filet anglais*] | 1820. ||

pp.31.[i bl.]; sig.A-D⁴; 21cm.

Ex Libris: F-P/Ar.

En hollandais:

265. PHILOCTETES, | OP HET | EILAND LEMNOS, | *TREURSPEL*; | UIT HET GRIEKSCH VAN SOFOKLES; | EN GEVOLGD NAAR HET FRANSCHE VAN DEN HEER | DE LA HARPE, | DOOR | A. L. BARBAZ. | [*ornement typographique*] | *Te AMSTELDAM, by* | PIETER JOHANNES UYLENBROEK. | MDCCXCIII. ||

pp.[ix].71; sig.A-D⁸, E⁴; 19,5cm.

Ex Libris: B-G/U; F-P/Bn; NL-L/U.

Table des matières: Aan de Kenners der Dichtkunst [une épître en vers]: pp.4-7; Voorbericht: pp.8-11.

En italien:

266. FILOTTETE | *TRAGEDIA* | *tratta dal Francese* | DI M. DE LA HARPE | DAL CONTE | ORAZIO BRANZO LOSCHI. | *Versione inedita.* | [*fleuron*] | IN VENEZIA | L'ANNO 1806. | PRESSO ANTONIO ROSA | *con regia permissione.* ||

pp.47.[i bl.]; sig.a-c⁸; 17,5cm.

Ex Libris: F-P/Ar; F-P/Bn; GB-LO/N.

Collection: Anno theatrale in continuazione del Teatro moderno applaudito, anno terzo, vol.xi.

Table des matières: Notizie-Storico-Critiche sopra Filottete, estese da Marco Senegali: pp.45-47.

En suédois:

267. PHILOCTETES, | TRAGEDIE. | [*filet agrémenté*] | Fri Öfversättning ifrån Franskan, | *Grekiskt Original*, | [*filet*] | Franska Öfversättningen, utaf De La Harpe, hvilken | man med någon frihet följt, hade bordt falla uti | en skickligare Mans händer. – Detta arbete öfver- | lemnas nu utan anspråk, torde

ock hända, utan / förtjenst, åt allmänna omdömet. | *Svenska Öfversätteren*. | [*filet*] | STCOKHOLM [*sic*], | ELMENS och GRANBERGS Tryckeri, 1818. ||

pp.40; sig.1-2⁸, 3⁴; 17cm.

Ex Libris: USA-NN.

268. *Les Brames*.

Brenner. 7730. Tragédie jouée à Versailles le 4 décembre, et à Paris le 15 et le 17 décembre 1783. Nous avons publié le texte sur le manuscrit de l'Arsenal (Rondel, ms.306), dans Todd 2, pp.203-272. Pour des extraits, voir OP, ii.113-123; Ve, ii.639-650.

Critiques: JgF, 18, 20 décembre 1783, pp.208, 211-212; *JP*, 16 décembre 1783, p.1441; *MF*, 27 décembre 1783, pp.184-186; CLT, xiii.425; MS, 16, 19 décembre 1783, xxiv.92-94, 99.

269. *Coriolan*.

Dans OP, i.275-322 (préface: pp.263-273); *Rép*. 2, vii.115-170; *Rép*.3, xxviii. 263-319; *Chdr*.1, pp.97-114; *Théâtre choisi*, pp.335-413; *Rép*.5, ii.1-60; Ve, ii.470-526 (préface et lettres, &c.: pp.457-469, 527-540); *Rép*.6, pp.95-141; *Chdr*.2, pp.191-251; *Rép*.7, ii.499-512; *Rép*.8, pp.97-142; *Chtr*, i.414-454. L'acte v, scène 3 se retrouve dans OC, i.230-235.

Critiques: *Al*, 1784, ii.188-204, iii.289-319, v.265-268, 1787, iv.154-156; *Js* juillet 1784, p.510; *Je*, 1784, v.280-291; *JgF*, 6 mars 1784, pp.137-138; *JP*, 3, 26 mars 1784, pp.286-287, 383-385, 4 mai 1787, p.539; *MF*, 13, 27 mars 1784, pp.83-90, 145-146, 153-177 (Imbert), 3, 17 avril 1784, pp.25-33, 99-100, 1, 8 mai 1784, pp.6, 53, 26 mai 1787, p.180; CLT, xiii.498-502; CS, 26 mars 1784, xvi.52-67; MS, 3, 6, 8, 11 mars 1784, xxv.166, 170-173, 178, 184-185.

Remarques diverses: Pour les recettes de la première série de représentations, voir Todd 1, p.297. La pièce fut donnée pour la dernière fois à la Comédie-Française en 1839 (Joannides).

La pièce a paru séparément dix-sept fois:

CORIOLAN, | TRAGÉDIE | EN CINQ ACTES, | ET EN VERS, | REPRÉSENTÉE, *pour la premiere fois à Paris*, | *par les Comédiens Français*, | *le 2 Mars 1784*, | *& à Versailles, devant LEURS MAJESTÉS*, | *le II du même mois*. | Par M. DE LA HARPE, | DE L'ACADÉMIE FRANÇAISE. | [*filet*] | *Tantùm in uno viro fuit momenti*, | *Ut unde stetisset, eo se victoria* | *Transferret, fieretque cum eo mira quædam* | *Fortunæ inclinatio*. JUST. | [*filet*] | [*fleuron*] | *A PARIS*, | Chez [*en parallèle*:] BELIN, Libraire, rue Saint-Jacques, près / Saint-Yves; | Et BRUNET, Libraire, rue de Marivaux, | près le Théâtre Italien, | [*filet double*] | 1784. ||

pp.xix.[i].66.[i]; sig.a⁹, b¹, A-D⁸; 20cm.

Ex Libris: A-ONB; F-Am; F-Boul; F-Chau; F-Djn; F-P/Bh; F-P/Bn; GB-LO/N; GB-OX/U-Ty.

Imprimeur: Valade, rue des Noyers, 1784.

Approbation: Suard, 25 fevrier; Le Noir, 26 février 1784.

Publication: *JP*, 18 mars 1784, p.347.

Table des matières: Préface: pp.i-[xx].

270. CORIOLAN, / *TRAGÉDIE,* / EN CINQ ACTES ET EN VERS, / *Représentée, pour la premiere fois à Paris, par* / *les Comédiens Français, le 2* / *Mars 1784; & à* / *Versailles, devant Leurs Majestés, le 11 du* / *même mois.* / Par M. DE LA HARPE, / DE L'ACADÉMIE FRANÇAISE. / [*filet*] / *Tantùm in uno viro fuit momenti,* / *Ut unde stetisset, eò se victoria* / *Transferret,* / *fieretque cum eo mira quædam* / *Fortunæ inclinatio.* JUST. / [*filet*] / [*fleuron*] / *A PARIS,* / Chez [*en parallèle:*] BELIN, Libraire, rue St. Jacques, près S. Yves; / Et BRUNET, Libraire, rue de Marivaux, près le / Théatre Italien. / [*filet double*] / M. DCC. LXXXIV. //

pp.58; sig.A-G⁴, H¹; 20cm.

Ex Libris: F-Nts; USA-CU-SC.

Table des matières: Préface: pp.3-13; Personnages: p.[14]; Texte de la pièce: pp.[15]-58.

271. CORIOLAN, / TRAGÉDIE / EN CINQ ACTES, / ET EN VERS, / *REPRÉSENTÉE pour la Premiere fois à Paris,* / *par les Comédiens Français,* *le 2 Mars 1784,* / *& à Versailles, devant LEURS MAJESTES,* / *le II du* *même mois.* / Par M. DE LA HARPE, / DE L'ACADÉMIE FRANÇAISE. / SECONDE ÉDITION, / *Revue, corrigée & augmentée de Pièces relatives à* *l'Ouvrage.* / [*filet*] / *Tantùm in uno viro fuit momenti, ut unde stetisset, eo se* *victoria transferret,* / *fieretque cum eo mira quædam fortunæ inclinatio.* JUST. / [*filet*] / [*fleuron*] / *A PARIS,* / Chez [*en parallèle:*] BELIN, Libraire, rue Saint-Jacques, près Saint-Yves. / BRUNET, Libraire, rue de Marivaux, près le Théâtre Italien. / [*filet double*] / 1784. //

pp.xix.[i bl.].62.[i].[i bl.].16; sig.a⁸, b¹, A-D⁸, A⁸; 20cm.

Ex Libris: A-ONB; D-Bo/U; DDR-Go/TL; DK-C; F-P/Ar; F-P/Bn; GB-BR/U; USA-CtY; USA-CU; USA-ICU; USA-LNHT; USA-MiU.

Imprimeur: Valade, rue des Noyers, 1784.

Remarques diverses: Cette édition renferme des changements affectant le dénouement de la pièce, et les additions suivantes: Lettre aux rédacteurs du *Mercure*, et réponse à la lettre précédente (voir infra, *A132*): pp.1-10, 11-15; Vers à m. de La Harpe, par Des Tournelles (tirés du *MF*, 27 mars 1784, pp.145-146): p.16.

272. CORIOLAN, / *TRAGÉDIE* / EN CINQ ACTES ET EN VERS, / PAR M. DE LA HARPE, / DE L'ACADÉMIE FRANÇOISE; / [*filet*] / Tantùm in uno viro fuit momenti, ut unde stetisset, / eò se victoria transferret, fieretque cum eo mira / quædam fortunæ inclinatio. JUST. / [*filet*] / [*fleuron*] / A PARIS, / Au Bureau de la Petite Bibliothèque des Théâ-/tres, rue des Moulins, butte S. Roch, n°.II / [*filet double*] / M.DCC. LXXXIV. //

pp.[ii].lxxxviii.62; sig.a-g⁶, h³, A-E⁶, F¹; 13cm.

Ex Libris: B-Br; D-Mu/B; D-St/W; F-Cah; F-Lille; F-Mou; F-P/Bh; F-P/Bn; F-S/Bn; GB-ED/N; USA-CtY; USA-MiU; USA-NN; USA-OClW.

Co-éditeurs: On peut souscrire chez Belin, Libraire, rue S. Jacques; et chez Brunet, libraire, rue de Marivaux, place du Théâtre Italien.

Imprimeur: Valade.

Collection: *Petite bibliothèque des Théâtres* [par Leprince et Baudrais] (Paris 1784-1789), tome iv (*Tragédies françaises*).

Table des matières: Note des rédacteurs: pp.i-ii; Préface: pp.iii-xvii; Sujet de Coriolan: pp.xix-xx; Anecdotes sur Coriolan: pp.xxi-xlviii; Catalogue des Tragédies qui ont paru sous le titre de *Coriolan*: p.xlviii; *Coriolan* – Le dénouement de la pièce, d'après la première édition – Lettre de La Harpe – Réponse – Réflexions de La Harpe.

273. CORIOLAN, / *TRAGÉDIE* / EN CINQ ACTES ET EN VERS, / *Représentée, pour la premiere fois, à Paris,* / *par les Comédiens Français, le 2* *Mars 1784,* / *& à Versailles, devant LEURS MAJESTÉS,* / *le 11 du même* *mois.* / Par M. DE LA HARPE, / DE L'ACADÉMIE FRANÇAISE. / [*filet*] / *Tantum in uno viro fuit momenti,* / *Ut unde stetisset, eo se victoria* / *Transferret,* *fieretque cum eo mira quædam* / *Fortunæ inclinatio. JUST.* / [*filet*] / [*ornement* *typographique*] / *A PARIS,* / Chez BRUNET, Libraire, Place de la Comédie / Italienne. / [*gras filet double*] / M. DCC. LXXXIV. //

pp.51.[i bl.]; sig.A-E⁴, F⁶; 20cm.

Ex Libris: F-Bdx; F-LR; F-P/Ar; GB-LO/N.

274. CORIOLAN, / *TRAGÉDIE* / EN CINQ ACTES, / ET EN VERS. / *Représentée pour la premiere fois à Paris, par les* / *Comédiens Français, le 2* *Mars 1784, & à* / *Versailles devant Leurs Majestés, le II du même* / *Mois.* / Par M. DE LA HARPE / DE L'ACADEMIE FRANÇAISE. / SECONDE ÉDITION, / *Revue, corrigée & augmentée des Pièces relatives à* / *l'Ouvrage.* / [*filet*] / *Tantum in uno viro fuit momenti, ut unde stetisset, eo* / *se victoria trans-* *ferret, fieretque cum eo mira quædam* / *fortunæ inclinatio.* JUST. / [*filet*] / [*ornement typographique*] / *A PARIS,* / Chez PRAULT, Imprimeur du Roi, Quai / des Augustins, à l'Immortalité. / [*filet double*] / M. DCC. LXXXIV. //

pp.36; sig.A-D⁴, E²; 20cm.

Ex Libris: F-P/Ar; F-P/Bh; USA-DFo; USA-IaU.

Co-éditeurs: Les frères Bonnet, à Avignon.

275. CORIOLAN, | *TRAGÉDIE* | EN CINQ ACTES, | ET EN VERS. | *Représentée pour la premiere fois à Paris, par les | Comédiens Français, le 2 Mars 1784, & à Versailles | devant Leurs Majestés, le II du même mois.* | PAR MR. DE LA HARPE, | DE L'ACADÉMIE FRANÇAISE. | SECONDE ÉDITION, | *Revue, corrigée & augmentée.* | [*filet*] | Tantum in uno viro fuit momenti, ut unde stetisset, eo se victoria / transferret, fieretque cum eo mira quædam fortunæ inclinatio. JUST. | [*filet*] | [*filet double agrémenté*] | PRIX, vingt-quatre sols. | [*filet double agrémenté*] | [*ornement typographique*] | *A PARIS,* | Chez PRAULT, Imprimeur du Roi, Quai des | Augustins, à l'Immortalité. | [*filet double*] | M.DCC.LXXXVIII. ||

pp.36; sig.A-D⁴, E²; 21,5cm.

Ex Libris: AUS-C/N; D-Ko/W; F-Gbl; F-Ly; F-P/Ar; GB-OX/U-Ty.

276. PIECE | DRAMATIQUE | DE | M. DE LA HARPE. | [*filet*] | CORIOLAN TRAGÉDIE. | [*filet*] | *A PARIS.* | Au Bureau général des Chefs-d'œuvres [*sic*] drama- / tiques, rue de la Sourdière, n° 14./ Chez [*en parallèle:*] BELIN, Libraire, rue Saint-Jacques, / près Saint-Yves, / VALADE aîné, Imprimeur-Libraire, / rue Plâtrière, J. J. Rousseau, n° 12. / [*filet double*] | 1791. ||

pp.[iv].lxxxviii.62; sig.a-g⁶, h³, A-E⁶, F¹; 13cm.

Ex Libris: CH-Fg; F-Bsn; NL-L/U; USA-NN.

Remarques diverses: C'est une nouvelle émission de l'édition de la *Petite bibliothèque des théâtres* (supra, no.272).

277. CORIOLAN, | *TRAGÉDIE.* | EN CINQ ACTES ET EN VERS. | *Représentée pour la premiere fois à Paris, par les | Comédiens Français, le 2 Mars 1784, & à Versailles | devant Leurs Majestés, le II du même mois.* | Par M. DE LA HARPE. / DE L'ACADÉMIE FRANÇAISE. | SECONDE ÉDITION, | *Revue corrigée et augmentée des Pièces relatives à | l'Ouvrage.* | [*filet*] | *Tantum in uno viro fuit momenti, ut unde stetisset eo se | victoria transferret, fieretque cum eo mira quædem fortunæ | inclinatio.* JUST. | [*filet*] | [*ornement typographique*] | *A AVIGNON,* | [*filet*] | Chez les Freres BONNET, Imprimeur-Libraires, / vis-à-vis le Puits des Bœufs. | [*filet anglais*] | 1792. ||

pp.36; sig.A-D⁴, E²; 20cm.

Ex Libris: F-Av; F-Carp; F-Nc; F-P/Ar; F-Tls; USA-DFo.

278. CORIOLAN, | *TRAGÉDIE* | EN CINQ ACTES | ET EN VERS, | *Représentée, pour la première fois, à Paris, par les | Comédiens Français, le 2*

Mars 1784, & à Ver-/sailles devant Leurs Majestés, le II du même mois. |
PAR MR. DE LA HARPE, | DE L'ACADÉMIE FRANÇAISE. | *Revue, corrigée & aug-
mentée.* | [*filet*] | Tantum in uno viro fuit momenti, ut unde stetisset, eò se
victoria / transferret, fieret que cum eo mira quædam fortunæ inclinato [*sic*].
JUST. | [*filet*] | [*ornement typographique*] | *À AVIGNON,* | Chez JACQUES
GARRIGAN, Imprimeur-Libraire, / Place Saint-Didier. | [*filet anglais*] | 1792. ||

pp.36; sig.A-D⁴, E²; 19,5cm.

Ex Libris: USA-InU.

279. CORIOLAN, / TRAGÉDIE, / EN CINQ ACTES ET EN VERS; /
Représentée, pour la première fois, à Paris, par / les Comédiens Français, le 2
mars 1784; et à / Versailles, devant Leurs Majestés, le II du même / mois. |
PAR DE LA HARPE; | [*filet*] | Tantùm in uno viro fuit momenti, ut unde
stetisset, eo se / victoria transferret, fieretque cum eo mira quædam for- /
tunæ inclinatio. JUST. | [*filet*] | PRIX: DEUX FRANCS. | [*ornement typo-
graphique*] | A BREST, / DE L'IMPRIMERIE DE MICHEL. | 1814. ||

pp.[ii].xv.[i].63.[i]; sig.[ ]⁸, 1-5⁸; 21cm.

Ex Libris: F-P/Bn.
Publication: *JLib*, 25 novembre 1815, no.2839.

280. CORIOLAN, / TRAGÉDIE, / EN CINQ ACTES, / ET EN VERS; /
DE LA HARPE. | *Représentée, pour la première fois à Paris, par | les Comédiens
Français, le 2 Mars 1784.* | [*ornement typographique*] | A. PARIS, | Chez
FAGES, Libraire, au Magasin de Pièces de / Théâtre, boulevard Saint-
Martin, N.º 29, vis-à- / vis la rue de Lancry. | [*petit filet double*] | 1815. ||

pp.40; sig.1-5⁴; 22cm.

Ex Libris: D-Mu/B; F-P/Ar; F-P/Bn; F-S/Bn; GB-ED/U; USA-NN.
Imprimeur: Paris, de l'Imprimerie d'Abel Lanoë, rue de la Harpe, no.78.
Publication: *JLib*, 1 avril 1815, no.871.

281. CORIOLAN, / TRAGÉDIE / DE LA HARPE; / Représentée, pour la
première fois, à Paris, par les Comé- / diens ordinaires du Roi, le mardi 2 mars
1784, et à / Versailles, devant leurs Majestés, le jeudi II du même / mois. |
[*filet*] | Tantùm in uno viro fuit momenti, ut undè stetisset, / eo se victoria
transferret, fieretque cum eo mira quæ- / dam fortunæ inclinatio. JUST. |
[*filet*] | NOUVELLE ÉDITION, / CONFORME A LA REPRÉSEN-
TATION. | [*filet*] | PRIX: I FR. 50 CENT. | [*filet*] | A. PARIS, | CHEZ
BARBA, Libraire, au Palais-Royal, derrière le Théâtre / Français, n°.51. |
1818. ||

pp.47.[i bl.]; sig.1-6⁴; 21cm.

Ex Libris: F-Nts; F-P/Ar; F-P/Bn; USA-InU.
Imprimeur: Fain, place de l'Odéon.
Publication: *JLib*, 17 janvier 1818, no.176.

282. CORIOLAN, / TRAGÉDIE / EN CINQ ACTES, ET EN VERS, /
DE LA HARPE, / *Représentée, pour la première fois, à Paris,* / *par les Comédiens Français, le 2 Mars 1784.* / [*ornement typographique*] A PARIS, / Chez
FAGES, Libraire, au Magasin de Pièces de / Théâtre, boulevart Saint-Martin, N°.29, vis- / à-vis la rue de Lancry. / [*filet ondulé*] / 1818. //

pp.40; sig.1-5⁴; 19,5cm.
Ex Libris: F-P/Ar; F-Tours.
Imprimeur: Mme. vve. Cussac, rue Montmartre, no.30.

283. CORIOLAN, / TRAGÉDIE / EN CINQ ACTES ET EN VERS, /
Représentée pour la première fois à Paris par / les Comédiens français le 2
Mars 1784, et à / Versailles devant Leurs Majestés le II du / même mois, / Par
M. DE LAHARPE / DE L'ACADÉMIE FRANÇAISE, / NOUVELLE
ÉDITION, / Revue, corrigée et augmentée des pièces relatives à / l'ouvrage. /
[*filet*] / *Tantùm in uno virgo* [*sic*] *fuit momenti, ut unde stetisset, eo se* / *victoria transferet fieretque cum eo mira quædam fortunæ* / *inclinato* [*sic*]. JUST. /
[*filet*] / [*ornement typographique*] / A TOULOUSE, / De l'imprimerie d'Antoine NAVARRE, rue des Terçaires, / n.° 84. / *Et se trouve,* / Chez REY, tenant
assortiment de Pièces de Théâtre, / place du Capitole. / [*filet double*] / 1818. //

pp.39.[i bl.]; sig.A-E⁴; 21cm.
Ex Libris: F-P/Ar.
Publication: *JLib*, 14 février 1818, no.673.
Remarques diverses: 'Malgré ce qu'on lit dans le titre, cette édition ne contient
pas autre chose que la tragédie' (*JLib*). Cela est également vrai, en ce qui
concerne un grand nombre d'éditions de cette pièce.

284. CORIOLAN, / TRAGÉDIE / EN CINQ ACTES' / ET EN VERS, /
Représentée pour la première fois, à Paris, par les / *Comédiens Français, le 2*
Mars 1784, et à Ver- / *sailles devant Leurs Majestés, le II du même mois.* /
PAR MR. DE LA HARPE, / DE L'ACADÉMIE FRANÇAISE. / *Revue,*
corrigée et augmentée. / [*filet*] / Tantum in uno viro fuit momenti, ut unde
stetisset, eo se victoria / transferret, fieretque cum eo mira quædam fortunæ
inclinato [*sic*]. JUST. / [*filet*] / [*ornement typographique*] / A AVIGNON, / AU
MAGASIN DES PIÈCES DE THÉATRE. / Chez ALPHONSE BERENGUIER,
Imprimeur-Libraire / vis-à-vis le Collège Royal. / [*filet*] / 1818. //

pp.35.[i bl.]; sig.A-C⁴, D⁶; 19,5cm.
Ex Libris: F-P/Ar.

285. CORIOLAN, | TRAGEDIE | EN CINQ ACTES ET EN VERS, |
Réprésentée [sic], *pour la première fois, à Paris, par les Comé-* | *diens Français,*
le deux Mars 1784, et à Versailles, | *devant Leurs Majestés, le II du même*
mois. | PAR MR. DE LA HARPE, | DE L'ACADÉMIE FRANÇAISE. |
Revue, corrigée et augmentée. | [*filet*] | Tantum in uno viro fuit momenti, ut
unde stetisset, eo se victoria | transferret, fieret que cum eo mira quædam
fortunæ inclinato [sic]. JUST. | [*filet*] | [*ornement typographique*] | AVIG-
NON, | Chez FRANÇOISE RAYMOND, Libraire, près le | Collège Royal. |
[*filet*] | 1822. ||

pp.35.[i bl.]; sig.A-C⁴, D⁶; 21cm.

Ex Libris: F-Nm; F-P/Ar.

En hollandais:

286. CAJUS MARCIUS | CORIOLANUS, | *TREURSPEL.* | NAAR |
DE LA HARPE, | DOOR | *Mr. J. VAN 'S GRAVENWEERT.* |
[*ornement typographique*] | TE AMSTERDAM, B IJ | EN GEDRUKT TER
BOEKDRUKKERIJE VAN | ABRAHAM MARS. | 1813. ||

pp.[iv].61.[iii bl.]; sig.A-D⁸; 17cm.

Ex Libris: F-P/Bn; NL-A/U; NL-L/U.
Approbation: 14 décembre 1812.
Publication: JLib, 19 mars 1813, no.940. Tiré à 500 exemplaires.
Remarques diverses: La préface est datée du 14 septembre 1812.

En italien:

287. Cajo Marzio | Coriolano | Tragedia | Tradotta dal Francese | ed altre
poesie. | [?Pavia] | MDCCXCII. ||

8°. pp.[vi].102.

Remarques diverses: Traduction par G. G. Galli (voir L. Ferrari, *Le tradu-*
ʒioni italiane deo Teatro Tragico Francese (1925), pp.84-85).

288. *Virginie.*
Dans OP, i.323-377; OC, i.107-166; *Théâtre choisi,* pp.416-492 *Rép.,* ii.61-
128; Ve, ii.543-613; *Rép.6,* pp.143-196; *Rép.2* (suite), ii.287-355; *Chdr.2,*
pp.253-322.
Critiques: Al, 1786, v.98-103; *ChP,* 8, 11 mai 1792, pp.515, 526; *JgF,* 18 juillet
1786, pp.339-340; *JP,* 12 juillet 1786, pp.803-804, 14 mai 1792, p.546, 22 juin
1793, p.694, 22 floréal an III (11 mai 1795), p.4; *MF,* 22, 29 juillet 1786, pp.233-
234, 4 novembre 1786, pp.35-45, 19 mai 1792, pp.79-83; Aulard 1, i.38-39,

294-295, 314, 350; *Moniteur*, 27 mai 1792 (réimpression: xii.491-492); CLT, xiv.434; MS, 12 juillet, 30 août 1786, xxxii.187-188, 315-316.

Remarques diverses: Pour les changements dans le texte, voir Todd 1, pp.323-327; *MF*, 1 juin 1793, pp.195-201. Les recettes à la porte pour les représentations de 1786 étaient les suivantes: 11 juillet: 3 283 livres 7 sols; 17 juillet: 1 967 livres 8 sols; 19 juillet: 2 247 livres 11 sols; 22 juillet: 1 795 livres; 24 juillet: 1 428 livres 2 sols; 13 août: 2 404 livres 2 sols; 16 août: 2 293 livres 18 sols; 21 août: 1 411 livres 7 sols; 23 août: 1 228 livres 10 sols; 2 septembre: 1 157 livres. A chaque représentation, il fallait ajouter 770 livres 7 sols 4 deniers pour les petites loges, et 8 livres 6 sols 8 deniers pour les abonnements à vie. Puisque La Harpe gardait alors l'anonymat, 2 624 livres 9 sols 7 deniers furent payés à Molé (*Archives de la Comédie-Française*).

Pour la liste des acteurs en 1786, voir Todd 1, p.302. Pour la série de dix représentations du 9 mai au 13 juillet 1792 au Théâtre de la République, les acteurs étaient les suivants: Talma (Icilius); Monvel (Virginius); mme Vestris (Plautie), mlle Desgarcins (Virginie), Valois, Rosière, Monville, et Quesnel.

La pièce a paru séparément cinq fois:

VIRGINIE, / TRAGÉDIE, / EN CINQ ACTES ET EN VERS; / *Représentée pour la première fois au théâtre | Français du faubourg Saint-Germain, le 11 | Juillet 1786, et reprise sur le théâtre de la | République le 9 Mai 1792.* / PAR le Citoyen LA HARPE, de l'Académie / Française. / [*ornement typographique*] / A PARIS, / Chez GIROD et TESSIER, Libraires, rue de la / Harpe, No. 162. / [*filet double*] / 1793. //

pp.v.[i bl.].[7]-56; sig.A-E⁴, *E⁴, G⁴; 21 cm.

Ex Libris: CDN-BVau; F-Am; F-La; F-P/Ar; F-P/Bh; F-P/Bn; GB-LO/N; USA-CtY; USA-IaU.

Table des Matières: Lettre de l'auteur aux Journalistes de Paris: pp.i-v. Déclaration de propriété du 16 mai 1793 [*Minutier central des Notaires*: Etude XXXVI**620]: p.56.

289. [*Idem*] A PARIS, / Chez CORBAUX, Editeur et Mᵈ. de Musique, / à la LYRE D'OR, *rue de Thionville*, Nᵒ. 28,/ Il tient un Assortiment complet de Pièces de théâtre. / [*filet double*] / 1793. //

pp.[v].[i bl.].[7]-56; sig.A-G⁴; 20cm.

Ex Libris: USA-IaU.

290. VIRGINIE, / TRAGÉDIE, / EN CINQ ACTES ET EN VERS, / *Représentée pour la première fois au Théâtre | Français du faubourg Saint-Germain, le 11 | Juillet 1786, et reprise sur le Théâtre de la | République le 9 Mai*

1792. / PAR le Citoyen LA HARPE, de l'Académie / Française. / [*ornement typographique*] / A PARIS, / Chez GIROD et TESSIER, Libraires, rue de la / Harpe, N°. 162. / [*filet double*] / 1793. //

pp.viii.[9]-79.[i]; sig.A-E⁸; 21cm.

Ex Libris: AUS-C/N; B-Br; CDN-OTU; F-Do; F-Nts; F-P/Ar; F-P/Bh; F-P/Bn; F-S/Bn; USA-DLC; USA-InU; USA-NcD.

Publication: Tourneux, no.18. 495.

Table des matières: Lettre de l'auteur aux journalistes de Paris: pp.[iii]-viii; Acteurs: p.[9]; Texte de la pièce: pp.[10]-77; Errata: p.78; Déclaration de propriété: pp.79-[80].

291. VIRGINIE, / TRAGEDIE / EN CINQ ACTES ET EN VERS; / PAR M. DE LA HARPE, / DE L'ACADÉMIE FRANÇAISE. / Représentée pour la première fois, au théâtre Français, / le 11 juillet 1786. / [*ornement typographique*] / A PARIS, / Chez [*en parallèle:*] DUCHESNE, Libraire, rue des Grands- / Augustins, N.° 30; / MIGNERET, Imprimeur, rue du Sépulcre, / faubourg Saint-Germain, N.° 20. / [*filet double*] / 1806. //

pp.56; sig.A-C⁸, D⁴; 21cm.

Ex Libris: F-P/Ar.

292. VIRGINIE, / TRAGÉDIE / EN CINQ ACTES ET EN VERS; / PAR DE LA HARPE; / Représentée, pour la première fois, au Théâtre / français du faubourg Saint-German, le 11 Juillet / 1786, et reprise sur le Théâtre de la République / le 9 Mai 1792. / [*filet*] / PRIX: DEUX FRANCS. / [*filet*] / [*ornement typographique*] / A BREST, / DE L'IMPRIMERIE DE MICHEL. / 1814. //

pp.[i].iv.[i].72; sig.1-4⁸, 5⁶; 21cm.

Ex Libris: F-P/Bn.

Publication: 25 novembre 1815, no.2841.

Table des matières: Lettre aux Journalistes de Paris: pp.i-iv.

293. *Polixène*.

Un fragment manuscrit, conservé à l'Arsenal (Rondel ms. 306), est reproduit en fac-similé par Lintilhac dans son *Histoire générale du théâtre* (Paris [1908]), iv.61. Il a été publié avec un commentaire par Petitot dans OP, ii.124-131; Ve, ii.651-660. Voir Lancaster 2, p.49; Todd 3, p.107.

c. Drames

294. *Mélanie*.

Dans Yn, i.85-159; Pt, i.68-143 (texte revu); *Mélanie* (&c.), pp.1-68 (texte de

1778); *Rép*.1, vii.419-505 (texte de 1802); OP, i.71-125 (texte de 1802); *Rép*.3, xxx.251-321; *Chdr*.1, pp.145-200; OC, i.167-227 (texte de 1802); *Théâtre choisi*, pp.80-155; *Rép*.4, vii.383-462; Ve, i.153-238; *Rép*.6, pp.197-224; *Chdr*.2, pp.71-137; *Rép*.2 (suite), lxxxiv (drames, tome xviii).[25]-95; *Rép*.7, ii.472-487; *Rép*.2, pp.3-55; *Théâtre du XVIIIᵉ siècle, textes choisis, établis, présentés et annotés par Jacques Truchet* (Paris [1974]), ii.[883]-885.

Critiques: JgF, 21, 28 mars 1770, pp.48, 52; *Al*, 1770, i.145-184; ChP, 9 décembre 1791, pp.1381-1382; *Js*, mai, août 1770, pp.306-307, 546-551; *Je*, 15 mai 1770, iv.86-99; *JP*, 12 décembre 1791, p.1410, 12 frimaire an x (3 decembre 1801), pp.430-431; *MémT*, mai 1770, pp.214 &c.; *MF*, 17 décembre 1791, pp.91-94, 21 janvier 1792, p.81; CLT, viii.458-461, 470-472, 475, xvi.206; Collé, iii.281; Lewis, iv.366, 369-370, 390; MS, 20, 24 février, 3 avril 1770, v.67-69, 89.

Remarques diverses: Pour des détails de la première représentation au Théâtre de la République le 7 décembre 1791, voir Todd 1, pp.304-305. La pièce fut jouée pour la première fois à la nouvelle Comédie française le 28 novembre 1801 (Jovicevich 1, pp.135-137; *MF*, 2 fructidor an xi (20 août 1803), 15 nivôse an xii (5 janvier 1805), xiii.419, xix.129).

Pour une études des changements apportés au texte en 1778 et en 1802, voir A. Pitou, 'Les trois textes de la *Mélanie* de La Harpe', *Rhl*, 1909, xvi.540-553.

La pièce a été publiée séparément vers vingt-cinq fois:

MÉLANIE, / *DRAME* / EN TROIS ACTES / ET EN VERS. / [*filet double agrémenté*] / Le prix est de 36 sols. / [*filet double agrémenté*] / [*ornement typographique*] / *A AMSTERDAM*. / Chez Henri-Jacob-Jonas WAN-HARRE-WELT, / Libraire. / [*filet double agrémenté*] / M. DCC. LXX. //

pp.64; sig.A-D⁸; 21cm.

Ex Libris: A-ONB; B-Br; CDN-OKQ; CDN-OOU; D-Mu/B; D-St/W; DDR-Gr/U; DK-C; F-Aj; F-Am; F-Bsn; F-Chau; F-Com; F-Dnj; F-Gbl; F-Lim; F-LM; F-LP; F:Ly; F-Nts; F-Ny; F-P/Ar; F-P/Bn; F-P/StG; F-Pts; F-Senl; F-Vers; GB-CA/U; GB-LO/N; GB-MA/S; GB-MA/U; S-U/U; SU-BV; USA-CU; USA-DLC; USA-ICU; USA-MA; USA-MiU; USA-OCU; USA-NNU-W; USA-WU.

Publication: Best.D16185 (27 février 1770).

Remarques diverses: En-tête et culs-de-lampe par Beugnet. Pour la cession des droits à mme Duchesne le 21 mars 1770, voir Todd 3, p.218. Il faut croire que c'est elle le véritable éditeur de cette première édition d'autant plus qu'elle l'inséra par la suite dans le tome xxvi de la *Bibliothèque des théâtres* (Paris 1784) (F-LRS; F-S/Bn).

295. MÉLANIE, / *DRAME* / EN TROIS ACTES / *ET EN VERS.* / [*filet agrémenté*] / Le prix est de 36 sols. / [*filet agrémenté*] / [*ornement*

typographique] | *A AMSTERDAM*, | Chez Henri-Jacob-Jonas WAN-HARREWELT, | Libraire. | [*filet double*] | M. DCC. LXX. //

pp.63.[i bl.]; sig.A-D⁸; 19,5cm.

Ex Libris: F-Am; F-P/Bn; GB-LO/N.

296. MÉLANIE, | *DRAME* | EN TROIS ACTES | ET EN VERS. | [*filet double agrémenté*] | Le prix est de 24 sols. | [*filet double agrémenté*] | [*ornement typographique*] | *A AMSTERDAM*, | Chez Henri-Jacob-Jonas WAN-HARREWELT, | Libraire. | [*filet*] | M.DCC. LXX. //

pp.44; sig.A⁶, B-C⁸; 19cm.

Ex Libris: CDN-OTU; F-Nts; F-P/Ar; USA-CtY; USA-CU; USA-NNC; USA-OCU.

297. MÉLANIE, | *DRAME* | EN TROIS ACTES | *ET EN VERS.* | [*filet double agrémenté*] | Le prix est de 24 sols. | [*filet double agrémenté*] | [*fleuron*] | *A AMSTERDAM*, | Chez Henri-Jacob-Jonas WAN- HARREWELT, | Libraire. | [*filet double*] | M DCC. LXX. //

pp.41.[i bl.]; sig.A-D⁴, E⁵; 19cm.

Ex Libris: F-P/Ar.

298. MÉLANIE, | *DRAME*, | EN TROIS ACTES | ET EN VERS. | [*ornement typographique*] | *A AMSTERDAM*, | Chez Henri-Jacob-Jonas WAN-HARREWELT, | Libraire. | [*filet double*] | M. DCC. LXX. //

pp.48; sig.A-F⁴; 20cm.

Ex Libris: GB-BR/U; USA-DLC.

299. MÉLANIE, | *DRAME* | EN | TROIS ACTES | ET | *EN VERS.* | [*ornement typographique*] | YVERDON. | [*gras filet double*] | M. DCC. LXX. //

pp.75.[i].[iv bl.]; sig.A-E⁸; 18cm.

Ex Libris: A-ONB; DK-C; F-P/Bn; F-Vlns; USA-InU; USA-NN.

Approbation: 'Permis l'impression de *Mélanie*, drame. A Yverdon, ce 1 de May 1770. Phillichody, Chatelain de Baulmes, censeur'.

300. MÉLANIE, | OU LA | RELIGIEUSE. | *TRAGEDIE.* | EN TROIS ACTES | ET EN VERS. | PAR | MR. DE LA HARPE. | [*ornement typographique*] | *A LEYDE*, | Chez C. VAN HOOGEVEEN, JUN. | MDCCLXX. //

80. pp.64; 15cm., frontisp.

Ex Libris: D-Er/U; NL-A/U.

301. MÉLANIE, / *DRAME* / EN TROIS ACTES / ET EN VERS. / Par M. DE LA HARPE. / [*ornement typographique*] / [*filet*] / A ERLANG. / Chés WOLFGANG WALTHER. / MDCCLXX. //

pp.76; sig.A-D⁸, E⁶; 16cm.

Ex Libris: A-ONB; D-Er/U; D-HH/SU; F-S/Bn; GB-LO/N.

Table des matières: Vers de Saurin à m. de La Harpe, après la lecture de *Mélanie*: pp.75-76; Réponse faite sur le champ: p.76. Voir infra, no.434.

302. [*Cadre agrémenté*:] *MÉLANIE*, / *DRAME* / EN TROIS ACTES ET EN VERS. / Par M. de la HARPE. / [*ornement typographique*] / A PARIS, / & se trouve à Basle. / [*filet agrémenté*] / Chez JEAN SCHWEIGHAUSER, / M. DCC. LXX. //

pp.66; sig.A-D⁸, E¹; 20cm.

Ex Libris: DDR-Hal/UL; DDR-Le/U; F-Ny; USA-IU.

303. MÉLANIE, / DRAME / EN TROIS ACTES, / ET EN VERS. / [*ornement typographique*] / A PARIS, Chez MERLIN, Libraire, rue de la Harpe, / à Saint Joseph. / [*filet double*] / M. DCC. LXX. //

pp.48; sig.A-C⁸; 19cm.

Ex Libris: B-G/U; USA-CU; USA-LNHT.

304. MÉLANIE, / *DRAME*. / EN TROIS ACTES / ET EN VERS. / [*filet double agrémenté*] / NOUVELLE ÉDITION. / [*filet double agrémenté*] / [*ornement typographique*] / A PARIS, / Aux dépens de la Compagnie des Libraires. / [*filet double agrémenté*] / M. DCC. LXXI. //

pp.40: sig.A-E⁴; 20cm.

Ex Libris: A-ONB; USA-IaU.

305. MELANIE, / *DRAME*, / EN TROIS ACTES / ET EN VERS. / [*fleuron*] / *A AMSTERDAM*, / Chez Henri-Jacob-Jonas WAN- HARRE-WELT, / Libraire. / [*filet double*] / M.DCC.LXXII. / *Avec Approbation & Privilege du Roi*. //

pp.42; sig.A-E⁴, F¹; 19,5cm.

Ex Libris: CDN-OTU; F-Tls; USA-IaU.

306. L'ECOLE DES PERES / OU / *MÉLANIE*, / *DRAME* / EN TROIS ACTES / *ET EN VERS* / CORRIGÉ PAR L'AUTEUR. / [*filet double agrémenté*] / *Le prix est de 24. sols*. / [*filet double agrémenté*] / [*ornement typographique*] / *A PARIS*. / [*filet agrémenté*] / Chez Duchene [*sic*]. / M. DCC. LXXIV. //

pp.55.[i bl.]; sig.A-C⁸, D⁴; 19,5 cm.

Ex Libris: F-P/Ar.

Remarques diverses: Pour les 'corrections', voir Todd 3, pp.256-257.

307. Mélanie ... 1776.
Voir Quérard 1, iv.441. Nous n'avons pas pu retrouver cette édition.

308. MÉLANIE, | *DRAME*, | EN TROIS ACTES | *ET EN VERS*. |
[*ornement typographique*] | *A PARIS*, | Chez VENTE, Libraire des Menus
Plaisirs du/Roi, rue des Anglais, près celle des Noyers./[*filet double*]/M. DCC.
LXXXII. | *Avec Approbation & Permission.* ||
pp.51.[i bl.]; sig.A-F⁴, G²; 20cm.

Ex Libris: F-Nts; F-P/Ar; F-Rms.

309. MÉLANIE, | *OU* | LA RELIGIEUSE FORCEE, | *DRAME*, | EN
TROIS ACTES ET EN VERS, | DE M. DE LA HARPE. | [*filet*] | *PRIX*,
DOUZE SOLS. | [*filet*] | [*fleuron*] | A TOULOUSE, | *Au Magasin général
des Pieces de Théâtre*, | Chez BROULHIET, Libraire, rue Saint-Rome. |
[*filet double*] | M. DCC. LXXXVII. | *AVEC PERMISSION.* ||
pp.40; sig.A-E⁴; 20,5cm.

Ex Libris: AUS-C/N; D-Ko/W; F-Bdx; F-Gbl; GB-BR/U.

310. MÉLANIE, | DRAME | *EN TROIS ACTES* | ET EN VERS. | [*filet
double agrémenté*] | NOUVELLE EDITION. | [*filet double agrémenté*] |
[*ornement typographique*] | *A PARIS*, | Chez DELALAIN, rue & à côté de la
Comédie | Française. | [*filet double agrémenté*] | M. DCC. LXXXVIII. ||
pp.40; sig.A-E⁴; 20cm.

Ex Libris: CDN-OTY; F-Gbl; F-Hy; F-P/Ar.
Co-éditeur: A Avignon, chez Jacques Garrigan, imprimeur-libraire, place
Saint-Didier.

311. MÉLANIE, | *OU* | LA RELIGIEUSE FORCÉE, | DRAME, | EN
TROIS ACTES ET EN VERS, | DE M. DE LA HARPE. | [*ornement typo-
graphique*] | A TOULOUSE, | *Au Magasin général des Pieces de Théâtre*, |
Chez BROULHIET, Libraire, rue Saint-Rome, | [*filet double*] | M. DCC.
LXXXX. | *AVEC PERMISSION.* ||
pp.58; sig.A-C⁸, D⁵; 21cm.

Ex Libris: CDN-OTU; F-P/Bn.

312. MÉLANIE, | *OU* | LA RELIGIEUSE, | DRAME | EN TROIS
ACTES | ET EN VERS, | *Remise au Théâtre Français de la rue de Richelieu*, |

conforme à la représentation. | PAR M. DE LA HARPE. | [*filet*] | *Prix*, 24 *sols*. | [*filet*] | [*fleuron*] | A PARIS, | AU PALAIS-ROYAL, *au foyer*; | [*filet anglais*] | M. DCC. XCII. ||

pp.56; sig.A⁹, B-C⁸, D³; 21cm.

Ex Libris: D-Bo/U; F-LH; F-Nts; F-P/Ar; F-P/Bh; F-P/Bn; F-Pau; S-U/U; USA-MH.

Publication: Tourneux, no.18492.

313. MÉLANIE, | *OU* | LA RELIGIEUSE, | DRAME | EN TROIS ACTES | ET EN VERS. | *Remise au Théâtre Français de la rue de Richelieu,* | *conforme à la représentation.* | PAR M. DE LA HARPE. | [*filet*] | *Prix*, 24 *sols*. | [*filet*] | [*ornement typographique*] | A PARIS, | RUE DES AUGUSTINS, N°.25. | [*filet anglais*] | M. DCC. XCII. ||

pp.48; sig.A-F⁴; 20cm.

Ex Libris: B-Br; F-Ny; F-P/Ar; F-Rns.

314. MÉLANIE, | DRAME | EN TROIS ACTES ET EN VERS, | DE LA HARPE, | IMPRIMÉ POUR LA PREMIERE FOIS EN 1770, | REPRÉ-SENTÉ EN 1793 [*sic*], | REVU ET CORRIGÉ PAR L'AUTEUR EN 1802. | Prix, 1 franc 50 centimes. | [*monogramme*] | A PARIS, | DE L'IM-PRIMERIE DE P. DIDOT L'AÎNÉ. | CHEZ DUCHESNE, LIBRAIRE, RUE DES GRANDS AUGUSTINS, N°30; | MIGNERET, IMPRIMEUR-LIBRAIRE, RUE DU SÉPULCRE, N°28; | ET PERLET, LIBRAIRE, RUE DE TOURNON, N° 1133. | AN XII=M.DCCCIV. ||

Variante dans l'adresse:
A PARIS, | DE L'IMPRIMERIE DE P. DIDOT L'AÎNÉ. | CHEZ MIG-NERET, IMPRIMEUR-LIBRAIRE, RUE DU SÉPULCRE, N°28. | ET PERLET, LIBRAIRE, RUE DE TOURNON, N° 1133. | AN XII= M.DCCCIV. ||

pp.80; sig.1-5⁸; 21cm.

Ex Libris: F-P/Ar; F-P/Bh; F-P/Bn.

Publication: *Jtb*, 24 messidor an XII (14 juillet 1804), vii.291.

Table des matières: *Avertissement des éditeurs*: pp.3-7.

Remarques diverses: Edition tirée du *Répertoire du théatre françois, ou recueil des tragédies et comédies restées au Théâtre . . . Avec des notices sur chaque auteur, et l'examen de chaque pièce* [par C. B. Petitot] (Paris 1803-1804). 'Seule pièce de ce recueil imprimée à part' (*Avertissement*, p.6).

315. MÉLANIE, | DRAME | EN TROIS ACTES ET EN VERS; | PAR M. DE LA HARPE; | Imprimé pour la première fois en 1770; | représenté le 7 décembre 1791; revue et | corrigé par l'Auteur en 1802. | On a rétabli, en

forme de Notes, les passages / supprimés ou changés par l'Auteur, d'après / l'Edition de 1778. / [*ornement typographique*] / A BREST, / DE L'IMPRI- MERIE DE MICHEL. / 1814. //

pp.[ii].ix.[i].75.[i]; sig.[ ]⁶, 1-4⁸, 5⁶; 21cm.

Ex Libris: F-P/Ar; F-P/Bn.

Table des matières: Préface de l'édition de 1778: pp.i-ix. On lit à la dernière page: 'Prix, 2 francs'.

Remarques diverses: 'On a imprimé les additions et les changements en *carac- tère italique*' (*Avertissement*).

316. MÉLANIE / OU / LA RELIGIEUSE FORCÉE, / DRAME EN TROIS ACTES ET EN VERS, / PAR LA HARPE. / [*filet anglais agré- menté*] / PARIS. / PONTHIEU, PALAIS-ROYAL, GALERIE DE BOIS; / DELAUNAY, PALAIS-ROYAL, GALERIE DE BOIS; / BRIÈRE, RUE SAINT ANDRÉ-DES-ARTS, N°68; / TOUQUET, PASSAGE VIVIENNE. / [*petit filet ondulé*] / 1826. //

pp.61.[i bl.]; sig.1-4⁸; 11cm.

Ex libris: F-Carp; F-Col; F-Mor; F-P/Ar; F-P/Bn; F-Rou; F-S/Bn.

Imprimeur: J. Pinard, rue d'Anjou-Dauphine, no.8.

Publication: *JLib*, 4 mars 1826, no.1315: 1er. tirage; 29 mars 1826, no.1883: 2e. tirage.

Remarques diverses: Texte de 1778.

317. MÉLANIE, / OU / LA RELIGIEUSE FORCÉE, / DRAME EN TROIS ACTES ET EN VERS, / PAR LA HARPE. / [*filet anglais agrémenté*] / PARIS. / ACHILLE DESAUGES / RUE JACOB, N° 5. / [*petit filet ondulé*] / 1826. //

pp.64; sig.1-4⁸; 11cm.

Ex Libris: D-Mu/B.

318. MÉLANIE, / ou / LA RELIGIEUSE FORCÉE, / DRAME / EN TROIS ACTES ET EN VERS, / PAR LA HARPE. / [*ornement typo- graphique*] / PARIS, / A LA LIBRAIRIE ANCIENNE ET MODERNE, / PALAIS-ROYAL, GALERIE DE BOIS, Nos 263-264. / [*petit filet*] / 1827. //

pp.63.[i bl.]; sig.1-4⁸; 11cm.

Ex Libris: F-P/Bn.

Imprimeur: C. Farcy, rue de la Tablette, no.9.

Publication: *JLib*, 8 décembre 1827, no.7628.

En allemand:

319. Mariane / ein bürgerliches / Trauerspiel / in / drey Aufzügen / für das herzogliche Hoftheater. / [*filet double*] / Gotha / bey Carl Wilhelm Ettinger / 1776. //

pp.78; sig.A-D⁸, E⁷; 16,5cm.

Ex Libris: D-Gö/NU; GB-LD/U; USA-CtY; USA-CU.
Remarques diverses: Traduction de F. W. Gotter (voir mme de Staël, *De l'Allemagne* (Paris 1958), i.313-314). Cette traduction fut jouée à Hambourg le 11 janvier, et à Berlin, le 22 juillet 1776.

320. Mariane. / [*filet*] / Ein bürgerliches Trauerspiel / in / drey Aufzügen. / von / Gotter. / [*ornement typographique*] / [*filet double*] / Wien, / gedruckt bey Joh. Joseph Jahn, k. k. privil: / Universitäts=Buchdrucker, wohnt im Gundelhof: [*filet*] / 1789. //

pp.61.[i]; sig.A-C⁸, D⁷; 16cm.

Ex Libris: A-ONB; USA-NN.

321. Mariane / ein / Trauerspiel / in drey Akten. / Neue umgearbeite Auflage. //

pp.124; sig.A-G⁸, H⁶; 17,5cm.

Ex Libris: D-Be/U.
Collection: C'est la première pièce de la collection suivante: *Literarische Nachlass von Friedrich Wilhelm Gotter.* Gotha, bey J. Perthes, 1802, pp. lxxviii.536.

En espagnol:

322. *La Melania, por La Harpe.* Voir *Gaceta de la Regencia de las Españas* [*Gaceta de Madrid*], 19 junio 1810 (A. M. Coe, *Catálogo bibliográfico y crítico de las comedias anunciadas en los periodicos de Madrid* (1935), p.151).

En hollandais:

323. MELANIE, / OF DE / RAMPZALIGE / KLOOSTERDWANG, / *TREURSPEL.* / *Gevolgt na het Fransche van den Heere* / DE LA HARPE. / DOOR HER / KUNSTGENOOTSCHAP, / Onder de Zinspreuk: / *KUNST WORDT DOOR ARBEID VERKREEGEN.* / [*flueron*] / *Te LEYDEN,* / Gedrukt voor het KUNSTGENOOTSCHAP. / MDCCLXX. //

pp.[viii].55.[i]; sig. *4, A-D⁸; 16,5cm., frontisp. hors-texte, par Fokke.

Ex Libris: B-A/S; B-G/U; F-P/Bn; NL-A/U; NL-L/U; NL-U/U.
Table des matières: *Voorbericht*: 3ff.n.ch. Dernière page: *Aen Melanie* [une épître en vers].

324. MELANIE, / OF DE / RAMPZALIGE / KLOOSTERDWANG, / *TREURSPEL*. / *Gevolgd na het Fransche van den Heere* / DE LA HARPE. / DOOR HET / KUNSTGENOOTSCHAP, / Onder de Zinspreuk: / *KUNST WORDT DOOR ARBEID VERKREEGEN*. / [*fleuron*] / Te *LEYDE*, [*sic*] / Gedrukt voor het KUNSTGENOOTSCHAP. / MDCCLXX. //

pp.[viii].55.[i]; sig. *4, A-D⁸; 16,5cm., frontisp. hors-texte, par Fokke.
Ex Libris: F-P/Bn; NL-A/U.

325. MELANIË, / OF / VADERLYKE DWANG, / *TOONEELSPEL*; / GEVOLGD NAAR HET FRANSCHE VAN / DE LA HARPE, / DOOR / A. L. BARBAZ. / [*vignette*] / Te *AMSTELDAM by* / H. van MUNSTER en ZOON, / BOEKDRUKKERS, / op den N. Z. Achterburgwal, Nº.350. / MDCCCXII. //

pp.[viii]. 64; sig.A-D⁵; 16cm.
Ex Libris: NL-A/U.

En italien:

326. [Faux-titre:] MELANIA / *OVVERO* / LA MONACA / [*filet double*] / *Sceleris etiam poena tristis, et praetor eos eventus qui* / *sequentur per se ipsa maxima est.* CICERO II. DE LEGIB. // [*Page de titre gravée (avec un cadre de fantaisie):*] MELANIA / *OVVERO* / LA MONACA / *DRAMMA* / *DEL SIG. DE LA HARPE* / Trasportato dal Francese / nel verso sciolto Italiano. / [*filet triple*] / *MDCCLXX*. / [*filet double*] //

pp.[ii].55.[i bl.]; sig.[ ]¹, A-C⁸, D⁴; 21,5cm., frontisp. hors-texte.
Ex Libris: F-P/Ar; USA-MdBJ.
Publication: Edition publiée à Parme, selon Ersch, ii.168.

En polonais:

327. MELANI, / DRAMMA / *W TRZECH AKTACH* / WIERSZEM, / *z Francuzkiego tłomaczona.* / [*ornement typographique*] / [*filet double agrémenté*] / *w WARSZAWJE 1780.* / Nakładem y Drukiem MICHAŁA GRÖLLA, / Księgarza Nadwornego J. K. Mci. //

pp.77.[i].[ii bl.]; sig.A-E⁸; 16,5cm.

Ex Libris: F-P/Bn.

328. *Barnevel*[*dt*].
Brenner. 7729. Pièce écrite vers 1770, pour être lue en société (*Correspondance
inédite de Condorcet* (Paris 1883), pp.26-29).
Dans Pt, i.195-261; Ve, ii.50-109; OP, ii.103-110 (extraits).

En hollandais:

329. BARNEWEL, | *TOONEELSPEL,* | UIT HET ENGELSCH
GETROKKEN DOOR | *DE LA HARPE*; | EN GEVOLGD NAAR
HET FRANSCHE, | DOOR | *A. L. BARBAZ.* | [*ornement typographique*] |
Te *AMSTELDAM, by* | PIETER JOHANNES UYLENBROEK. |
MDCCC. ||
pp.86.[ii]; sig.[A]-E⁵, F³; 19,5cm.
Ex Libris: B-G/U; NL-A/U; NL-L/U; USA-ICU.

d. Comedies

330. *Les Muses rivales.*
Dans *Mélanie*, pp.153-190; OC, i.237-257; Ve, ii.199-229, et OP, ii.111-112
(extraits).
Critiques: JgF, 10 février, 10, 17 mars 1779, pp.24, 39-40, 44; *Annonces*,
12 juillet 1791 (suppl.), pp.2546-2547; *Al*, 1779, ii.102-131; *JP*, 17 janvier,
1, 2, 17 février, 6, 17 mars (Le Vacher de Charnois), pp.67, 128, 132, 189-190,
257-258, 286; *MF*, 15 février 1779, pp.162-165, 15 mars 1779, p.185 (La
Harpe), pp.174-184 (Marmontel), 17 janvier 1784, p.135; CLT, iv.353; CS,
28 février 1779, vii.284; MS, 11 février 1779, xiii.280.
Remarques diverses: Pour les recettes de la première série de représentations,
voir Todd 1, p.251. La Harpe donne la distribution des rôles dans *MF*, 15
février 1779, pp.162-165, 15 mars 1779, p.186.
    La pièce fut reprise en 1791 pour célébrer le transfert des restes de Voltaire
au Panthéon (Théâtre de la rue de Richelieu: 10, 11, 15, 18 juillet, 3 août).
L'auteur ajouta alors une tirade de 67 vers dans la scène 8, imprimée dans
ChP, 11 juillet 1791, p.773, et *JP*, 7 pluviôse an XI (28 janvier 1803), p.803, et
retenue dans toutes les éditions subséquentes de la pièce.
    La pièce a eu trois éditions séparées:
LES | MUSES RIVALES, | *EN UN ACTE,* | ET EN VERS LIBRES, |

Répresentées pour la premiere fois, par les | *Comédiens Français, le* 1*er*. *Février* 1779. | PAR M. DE LA HARPE, | DE L'ACADÉMIE FRANÇAISE. | Discite justitiam moniti. | *Virg.* | [*filet double agrémenté*] | Le prix est de 24 sols. | [*filet double agrémenté*] | [*ornement typographique*] | A PARIS, | Chez PISSOT, Libraire, quai des Augustins. | [*filet double*] | M. DCC. LXXIX. ||

pp.31.[i bl.]; sig.A-[B]⁸; 20cm.

Ex Libris: B-Br; CDN-OTU; F-AM; F-Bsn; F-Djn; F-Gbl; F-Ly; F-Orl; F-P/Ar; F-P/Bh; F-P/Bn; F-Pts; F-Senl; F-Vers; F-Vlns; GB-CA/U; GB-LO/N; GB-OX/U-Ty; S-S/N; USA-CtY; USA-CU; USA-IaU; USA-OCU.

Imprimeur: Prault, imprimeur du Roi, quai de Gêvres.

Publication: *JP*, 25 février 1779, p.221; *JgF*, 3 mars 1779, p.36.

Table des matières: Préface: p.[3]; Epître à mme. Denis: pp.[5-9]; Personnages: p.[10].

331. LES MUSES RIVALES | OU | L'*APOTHÉOSE* | DE VOLTAIRE, | *EN UN ACTE* | ET EN VERS LIBRES, | *Représentée pour la premiere fois*, *par les* | *Comédiens français, le I. Février 1779.* | PAR M. DE LA HARPE, | *DE L'ACADÉMIE FRANÇAISE.* | [*filet*] | Discite justitiam moniti. | *Virg.* | [*ornement typographique*] | *A PARIS*, | Chez PISSOT, Libraire, quai des Augustins. | [*filet double agrémenté*] | M. DCC. LXXIX. ||

pp.[iii].24; sig.A-C⁴; 20cm.

Ex Libris: AUS-C/N; B-Br; F-Bsn; F-Hy; F-LM; F-Nts; F-P/Ar; F-P/Bn; GB-BR/U; GB-NR/U; USA-IaU; USA-ICN.

Privilège: 'Le privilège est aux Œuvres de l'auteur'. Voir supra, no.4.

Table des matières: Préface: p.[3]; Epître à mme Denis: pp.[5-7]; Personnages: p.[8]; Texte de la pièce: pp.[9]-24.

Remarques diverses: Cette édition a paru avec deux ornements typographiques différents: soit des branches, des feuilles, et des baies, avec des rubans, soit divers objets entassés: luth, masque, plume et feuilles, etc.

332. LES | MUSES RIVALES | OU | L'APOTHÉOSE | DE VOLTAIRE, | *EN UN ACTE*, | ET EN VERS LIBRES, | *Représentées pour la premiere fois*, *par les Comé-* | *diens Français, le* 1*er* *Février 1779;* & à | *Nancy, le 17 Novembre même année.* | PAR M. DE LA HARPE. | *DE L'ACADÉMIE FRAN-ÇAISE.* | [*filet*] | Discite justitiam moniti. | *Virg.* | [*filet*] | *ornement typographique*] | A NANCY, | Chez la Veuve LECLERC, Imprimeur de l'Intendance. 1779 | [*filet double agrémenté*] | *AVEC PERMISSION.* ||

pp.31. [i bl.]; sig.A-B⁸; 21cm.

Ex Libris: F-Ny.

333. *Molière à la nouvelle salle.*
Dans OP, ii.1-4; Ve, ii.233-296; *Comoedia*, 30 septembre 1913, pp.4-5.
Critiques: *JgF*, 24 avril, 26 juin 1782, p.68, 103-104; *AM*, 1783, pp.310-311; *Al*, 1782, iii.36-39, iv.73-105; *JP*, 13 avril, 12 mai 1782, pp.411-412, 525-526; *MF*, 20 avril 1782, pp.139-141, 11 mai 1782, pp.64-76; CLT, xiii.120; MS, 15, 27 avril, 9 mai 1782, xx.184-185, 207-208, 237.
Remarques diverses: Pour les recettes, voir Todd 1, p.281.

La pièce a eu deux éditions séparées:

MOLIÈRE / A LA NOUVELLE SALLE, / *OU* / LES AUDIENCES DE THALIE, / *COMÉDIE* / EN UN ACTE ET EN VERS LIBRES; / *Représentée pour la première fois par les Comédiens* / *Français, sur le nouveau Théâtre du Fauxbourg* / *Saint-Germain, le 12 Avril* 1782. / PAR UNE SOCIÉTÉ DE GENS DE LETTRES. / [*filet*] / *Difficile est propriè communia dicere.* HOR. / [*filet*] / Prix, 24 sols. / [*ornement typographique*] / *A PARIS*, / De l'Imprimerie de M. Lambert & F. J. Baudouin, / rue de la Harpe, près Saint-Côme. / [*filet double*] / M. DCC. LXXXII. //

pp.xvi.[ii].58; sig.a⁹, A-C⁸, D⁵; 19,5cm.

Ex Libris: B-Br; CDN-NFSM; CDN-OTU; D-Mu/B; F-Do; F-Gbl; F-Ly; F-Nts; F-P/Ar; F-P/Bh; F-P/Bn; F-Pts; F-Vlns; GB-OX/U-Ty; USA-CtY; USA-CU; USA-DLC; USA-ICN; USA-MH; USA-NIC; USA-RPB.
Approbation: Suard et Lenoir, 21 mars 1782.
Table des matières: Préface: pp.iii-x; Lettre d'un amateur du spectacle, à m.***: pp.[xi]-xvi.

334. MOLIERE / A LA NOUVELLE SALLE, / *OU LES AUDIENCES* / DE THALIE, / *COMÉDIE* / EN UN ACTE ET EN VERS LIBRES; / *Représentée pour la premiere fois par les Comédiens* / *François, sur le nouveau* / *Théâtre du Fauxbourg* / *Saint-Germain, le 12 Avril* 1782. / PAR UNE SOCIÉTÉ DE GENS DE LETTRES. / [*filet*] / *Difficile est propriè communia dicere.* HOR. / [*filet*] / [*ornement typographique*] / *A PARIS*, / De l'Imprimerie de M. Lambert & F. J. Baudouin, / rue de la Harpe, près Saint-Come. / [*filet double agrémenté*] / M. DCC. LXXXII. //

pp.31 (pag. déf.=32); sig.A-D⁴; 20cm.

Ex Libris: CDN-OTU; USA-CtY; USA-MiU.

e. Opéras

335. *La Vengeance d'Archille, tragédie lyrique.*
Brenner. 7743. Extraits dans OP, ii.132-136; Ve, ii.661-666. Voir Todd 3, p.258.

336. *Aboulcassem, drame lyrique.*
Brenner. 7727. Extraits dans OP, ii.137-142, Ve, ii.667-673. Voir Todd 3, p.258.

7

Poésies

✦

a. Editions collectives

337. HÉROIDES | NOUVELLES, | *PRÉCÉDÉES* | D'UN ESSAI | *SUR* | L'HÉROIDE | *EN GÉNÉRAL.* | PAR M. DE LA HARPE. | [*ornement typographique*] | A AMSTERDAM, | *Et se trouve à Paris*, | Chez CAILLEAU, à l'image S. André, | Quay des Augustins. | [*filet triple*] | M. DCC. LIX. ||

pp.30; sig.A-C^{iv}, D^{iii}; 17cm.

Ex Libris: F-Nts; F-P/Bn.
Publication: *AnT*, avril 1761, i.341.
Critiques: *JgF*, 31 octobre 1759, p.174; *Al*, 1759, vi.91-100; *Js*, janvier 1760, pp.33-38; *Je*, 14 décembre 1759, viii.118-128; *MF*, novembre 1759, pp.96-106 (Marmontel).

338. MONTÉZUME, | *A CORTEZ*; | ELISABETH | DE FRANCE, | *A DON CARLOS*; | HÉROÏDES NOUVELLES | *Par M. DE LA HARPE*, | *Auteur de la* | *Tragédie du Comte de Warwick.* | [*fleuron*] | A PARIS, | Chez CAILLEAU, Libraire, rue S. Jacques, | vis-à-vis les Mathurins, à S. André. | [*filet double*] | M. DCC. LXIV. ||

pp.30; sig.A-c^{iv}, D^{iii}; 17cm.

Ex Libris: F-P/Bn.
Remarques diverses: C'est une nouvelle émission de l'édition précédente.

En italien:

339. EROIDI | DEL SIG. | DE LA HARPE | TRADOTTE DA | FER-DINANDO CO: GUALDO | NOBILE VICENTINO. | [*ornement typographique*] | IN VICENZA | PER FRANCESCO MODENA. | [*filet double*] | MDCCLXXVI. ||

pp.46.[ii bl.]; sig.A-C⁸; 20,5cm.

Ex Libris: GB-OX/U-Bl.
Table des matières: A su Eccellenza il sig. Marco Aurelio Soranzo. Il Traduttore: pp.4-9; Montezumi a Cortez & Elisabetta a Don Carlos: pp.10-45 [*texte avec traduction en regard*]; Errori: p.46.

340. CATON / *A CÉSAR*, / ET / *ANNIBAL* / A FLAMINIUS. / [*filet double*] / HÉROÏDES. / [*filet double*] / *Par l'Auteur de Montézume*. / [*ornement typographique*] / *A PARIS*, / [*filet double*] / M. DCC. LX. //

pp.14; sig.A⁸; 17cm.

Ex Libris: F-P/Bh; F-P/Bn.
Critiques: *Al*, 1760, vii.283-288; *Js*, avril 1760, pp.216-222.

341. LE PHILOSOPHE / DES ALPES, / *ODE* / QUI A CONCOURU POUR LE PRIX / de l'Académie Françoise en 1762. / [*filet*] / . . . . *Quae nemora aut quos agor in specus*, / *Velox mente novâ!* . . . . . Hor. Lib. III. Ode xxv. / [*filet*] / [*fleuron*] / A PARIS, / Chez la V. BRUNET, Imprimeur de l'Académie / Françoise, Grand'Salle du Palais, & / rue basse des Ursins. / [*filet double*] / M. DCC. LXII. //

pp.16; sig.A-B^iv; 21,5cm.

Ex Libris: F-P/Bn.
Publication: *AnT*, juillet 1763, ii.71.
Table des matières: Le Philosophe des Alpes et La Gloire, ode (voir infra, no. 379, 382).

342. PIECES / FUGITIVES / *RECUEILLIES* / PAR UN AMATEUR. //
pp.40; sig.A-B^viii, C^iv; 18,5cm.

Ex Libris: F-P/Bn.
Remarques diverses: Ce recueil renferme des vers de La Harpe composés à Ferney.

343. *Poètes français, ou collection des poètes du premier ordre, et les meilleurs ouvrages en vers du second ordre, publiée par P. M. M. Lepeintre*. Paris, vve. Dabo, 1821 //
xxxvii (1823 [*Poésie du second ordre: La Harpe et Marmontel*]). 1-147.

Ex Libris: F-Bdx; F-Bsn; F-Djn; F-Lib; F-Nm; F-Nts; F-P/Bn.
Imprimeur: Tremblay, à Senlis.
Remarques diverses: On retrouve les mêmes poèmes dans le même ordre dans les *Petits poètes français depuis Malherbe jusqu'à nos jours avec des Notices biographiques et littéraires sur chacun d'eux, par m. Prosper Poitevin*. (Paris 1839), ii.154-191 (db.col.). Ceci a été réimprimé plusieurs fois: 1841, 1849, 1864, 1870.

b. Poèmes majeurs

344. *Tangu et Félime, ou le pied de ne*ʒ, *poème en quatre chants,* 'Le peuple arabe est un peuple conteur'.

Dans le *Voyage de Chapelle et Bachaumont, suivi de quelques autres voyages dans le même genre* (Londres 1782), pp.165-200; [*Idem*] (Genève 1782[Paris 1783]), pp.209-254; [*Idem*] (Genève MDCC.LXXVII [*sic* = ?1787]), pp.175-212; *Petite encyclopédie poétique, ou choix de poésies dans tous les genres, par une Société de gens de lettres. Poèmes badins* (Paris 1804), pp.55-97; OP, iii.39-79; *Voyage de Chapelle et Bachaumont*... (Paris 1810), pp.179-217; OC, ii.7-39; Ve, iii.171-208; Lepeintre, xxxvii.1-39; *Bibliothèque d'une maison de campagne* (Paris 1821), lxix (*Voyage de Chapelle et Bachaumont, &c.*). 187-225; Poitevin, ii.154-164; *Poèmes badins. Caquet-Bonbec, la Poule à ma tante, par Junquières, suivi de Tangu et Félime* (Paris 1840), pp.81-124; [*Idem*] *Nouvelle édition* (Paris 1840), pp.106 [voir *JLib*, 1840, no.5063].

Première édition séparée:

TANGU / *ET* / FÉLIME, / *POËME* / en IV Chants. / *Par* / M. *de la Harpe,* / *de l'Académie Française.* / [*Page de titre gravée par C. P. Marillier, 1780. Un cadre extérieur porte le nom de l'éditeur:*] Paris che*ʒ* Pissot Libraire, Quay des Augustins. //

pp.[ii].64; sig.A-H⁴; 19cm., 4 figures hors-texte de Marillier, gravées par Dambrun, de Ghendt, Halbou et Ponce.

Ex Libris: D-Mu/B; F-Bdx; F-Chx; F-Nts; F-P/Bn; F-Rou; F-Tls; GB-ED/N; GB-LO/N; S-S/N; USA-CLSU USA-MH; USA-NN.

Publication: *JP*, 17 avril 1780, p.446; *JgF*, 26 avril 1780, p.66; *MF*, 6 mai 1780, p.47. Les droits de l'édition furent ensuite vendus à Lambert (*JP*, 11 décembre 1780, p.1411).

Critiques: *Al*, 1780, iii.177-193; *Js*, janvier 1781, p.12 (Gaillard); *JP*, 19 mai 1780, pp.573-575; *MF*, 4 septembre 1780, pp.18-30; CLT, xii.390.

Remarques diverses: Certains exemplaires ont 'chant' au lieu de 'chants' sur la page de titre. L'édition renferme un avertissement: pp.1-2.

345. *Tangu et Félime,* / OU / LE PIED DE NEZ / POÈME EN QUATRE CHANTS; / *Par La Harpe.* / [*filet pointillé*] / Prix: I F. 50 C. / [*filet pointillé*] / PARIS, / P. VILLIERS, Libraire, boulevard St.-Martin, n°15, / et rue des Marais-Saint-Martin, n°14; / DELAUNAY, Libraire, au Palais-Royal. / [*petit filet*] / 1824. //

pp.70.[ii bl.]; sig.1-6⁶; 16cm., frontispice signé N. D.

Ex Libris: F-P/Bn.

Imprimeur: David, rue du Faubourg Poissonnière, no.1.

Publication: *JLib*, 13 mars 1824, no.1369.

346. TANGU / ET / FÉLIME / POËME EN IV CHANTS / PAR / M. DE LA HARPE / De l'Académie française. / [*vignette*] / PARIS / CHEZ PISSOT, LIBRAIRE / QUAI DES AUGUSTINS. / [*petit filet*] / 1780[1877] //

pp.71.[i]; sig.1-9⁴; 23,5cm.

Ex Libris: F-P/Bn.

Imprimeur: Motteroz, 31, rue de Dragon.

Publication: *JLib*, 20 janvier 1877, no.646. 'Réimpression publiée par Pierre Rocquette, tirée à petit nombre sur papier de Hollande' (Vicaire, iv.col.940).

En anglais :

347. THREE GIFTS / An Arab Love Story / After the French version entitled 'Tangu et / Félime' by M. de La Harpe, Member / of the French Academy published in Paris in / 1780, and now done into English by Sir FRANK / SWETTENHAM. With Marillier's five illustra- / tions reproduced from the French / edition. / LONDON / JOHN LANE THE BODLEY HEAD LTD / 1928. //

pp.[ii bl.].76.[i bl.].[i]; sig.A-E⁸; 22 cm.

Ex Libris: CDN-OHM; CDN-OKQ; CDN-OTP; CDN-QMM; GB-CA/U; GB-ED/N; GB-LD/U; GB-LO/N; IRL-DB/U; USA-ICarbS; USA-ICN; USA-ICU; USA-IU; USA-NN; USA-NRU; USA-WU.

Imprimeur: The Westminster Press, 411A. Harrow Road, London, W.9.

Remarques diverses: La page de titre et les illustrations de l'édition de 1780 sont encartonnées. Tiré à 1 500 exemplaires, tous numérotés.

348. *Les Femmes.*

Commencé en 1781, ce poème devait comporter quatre chants sur la beauté, les talents, les vertus, et l'amour des femmes (Ve, xii.42-44). Seul le second chant fut complété:

Les Talents des Femmes, 'La Reine de Paphos, brûla pour Adonis', et variante [CR / MF]: 'Adonis autrefois brûla pour Cythérée', 512v.

Dans CR, lettre 174 (éditions de 1801 et de 1804); *MF*, 16 floréal an IX (6 mai 1801), iv.242-247; *AM*, 1802, pp.191-196; *Spectateur du Nord*, février 1802, pp.202-203; OC, ii.70-86; Ve, iii.209-226.

Critiques: *JP*, 16 juin 1784, p.723; *ChP*, 12 avril 1793, p.4; CLT, xiii.545; MS, 15 juin 1784, xxvi.58-59.

D'autres fragments:

Exorde du premier chant (*sur la Beauté des Femmes*), 'Vous par qui des mortels s'embellit l'existence', 20v. Dans CR, lettre 174; *MF*, 16 floréal an IX (6 mai 1801), iv.241-242.

et

Début d'une jeune personne (*qui essaie, pour la première fois, dans un concert de société, ses talents pour la musique*), 'J'ai joui des talents, j'en ai chéri l'usage', 50v. Dans CR, lettre 174; *MF*, 1 prairial an IX (21 mai 1801), iv.321-322.

349. *Le Triomphe de la Religion*, 'Je chante ce bon roi, de ses sujets victime'. Dans Ve, iii.pp.i-vi.7-170.

Fragments publiés à part:

Portraits de Jean-Jacques Rousseau et Voltaire [ch.ii. v.53-142], 'Deux surtout dont le nom, les talents, l'éloquence'. Dans *MF*, 25 nivôse an XI (16 janvier 1803), xi.145-148.

Fragment tiré du 4e. chant [v.200-344], 'Malheur à toi! malheur! ô France! ô race impie!'.

Dans *AM*, 1810, pp.143-148.

Première édition complète:

LE TRIOMPHE / DE LA RELIGION, / OU / LE ROI MARTYR, / POËME EPIQUE; / Par feu JEAN-FRANÇOIS DE LA HARPE, / DE L'ACADÉMIE FRANÇAISE. / Les trônes sont frappés quand la terre est coupable. / Chant VIe. / [*monogramme*] / A PARIS, / CHEZ MADAME Ve MIGNERET, IMPRIMEUR, / RUE DU DRAGON, F.S.G. N.° 20. / [*filet ondulé*] / 1814. //

pp.[iv].xvi.169.[i bl.]; sig.[ ]², a⁸, 1-10⁸, 11⁴, 12¹; 20cm.

Ex Libris: B-A/S; D-Mu/B; F-Bdx; F-Djn; F-LH; F-LP; F-LyU; F-Nts; F-P/Bh; F-P/Bn; GB-MA/S; GB-LO/N; USA-DLC; USA-MH.

Publication: *JLib*, 11 juin 1814, no.859; *Jglf*, xvii (1814). vi.190.

Table des matières: Préface des éditeurs [A. M. H. Boulard]: pp.[i]-xv; Avertissement de l'auteur: pp.xv-xvi.

c. Poésie didactique et académique

350. *Lettre à m.****, en prose et en vers*, L'Ennui, depuis votre voyage'.

Dans *Mélanges*, pp.55-57.

Remarques diverses: Selon une note (*Mélanges*, p.55), ce serait 'la première pièce de l'auteur'. D'après Quérard 1, iv.440, 'la première pièce imprimée' de La Harpe serait un ouvrage intitulé *Epitres en vers et en prose sur l'Ennui*

(1757, in-8°.). Cependant, l'ennui est bien le sujet de cette *Lettre à m.****, qui ne paraît pas avoir été publiée à part, et La Harpe lui-même disait que ses premiers ouvrages publiés étaient ses héroïdes (*Mélanges*, p.67, n.; *JPL*, 25 novembre 1776, p.447; *MF*, 15 août 1778, p.155). Voir supra, no.337.

351. *L'Homme de lettres*, 'Toi, qui sauvé par un esprit solide', 207v. Ce poème n'a été publié qu'une fois:

L'HOMME / *DE LETTRES.* / [*filet double*] / EPITRE / *A MONSIEUR**** / [*filet double*] //

pp.7.[i]; sig.A^{iv}; 20cm.

Ex Libris: F-P/Bn.

Critiques: *Al*, 1760, viii.31-39.

Remarques diverses: les vers 63 à 79, et 199 à 207 sont tirés de la *Lettre à m.**** (supra, no.350).

352. *Sur la sensibilité, discours en vers*, 'Dans les destins divers ordonnés par les Cieux', 148v. Dans *Mélanges*, pp.1-6.

353. *Sur le Génie, discours en vers*, 'Des limites du Nord à ce mur formidable', 136v. Dans *Mélanges*, pp.7-11.

354. *Que les fautes des grands hommes tiennent à leur caractère, discours en vers*, 'Lorsque nous éclairant du flambeau de l'histoire', 124v. Dans *Mélanges*, pp.12-16.

355. *Sur l'imagination, allégorie* (1760), 'Principe que j'ignore, âme de mon essence', 133v. Dans *Mélanges*, pp.17-21.

Ce poème fut ensuite abrégé (conservant les vers 31 à 42 et 45 à 95) et publié sous un nouveau titre:

L'Envie et le Temps, 'Des temps et des objets image renaissante', 63v.

Dans Pt, ii.123-125; Gaigne, xvii.290-293; OP, iii.89-90; Ve, iii.426-428.

356. *Sur le Malheur, allégorie à mme. de T**** (1760), 'Où me suis-je égaré? dans quel désert immense', 75v.

Dans *Mélanges*, pp.22-24; Pt, ii.116-119; OP, iii.83-85; OC, ii.90-93; Ve, iii.419-422.

Remarques diverses: A partir de 1778, il y a des changements dans les vers 42 et 56. La Harpe ajouta alors (avec d'autres changements) les vers 16 à 40 de la troisième *Epître à mme. de**** (infra, no.405).

357. [*Sur*] *l'Indifférence d'un homme sensible, à m.*** (1760), 'Du démon qui souffle la guerre', 122v. Puis à partir de 1778: 75v., supprimant les vers 5 à 8, 21 à 46, 78 à 94, et introduisant beaucoup de variantes.

Dans *Mélanges*, pp.25-29; Pt, ii.120-122; OP, iii.86-88; OC, ii.94-96; Ve, iii.423-425.

358. *La Délivrance de Salerne*, 'Quoi! ne peut-on chanter que ces fameux combats', 162v. Publié ainsi:
[*En-tête*] LA DÉLIVRANCE / *DE SALERNE*, / ET LA FONDATION / DU ROYAUME / *DES DEUX-SICILES*. / [*filet double*] / POEME / *Couronné à l'Académie de Rouen le 25 Août,* / *jour de Saint-Louis.* //
pp.7. [i bl.]; sig.A⁴; 19cm.
Ex Libris: B-A/S; F-P/Bn; SU-BV.
Editeur: Paris, de l'Imprimerie de D'Houry, 1765.
Approbation: Marin, 20 août 1765.
Permis d'imprimer: De Sartine, 22 août 1765.
Publication: AvC, 30 septembre 1765, p.614.
Critiques: AvC, 14 octobre 1765, pp.646-648; *Js*, avril 1766, pp.238-239.

359. *Le Poète*, 'Disciple ambitieux du dieu de l'harmonie', 256v.
Dans *Je*, 15 septembre 1766, vi.119-125 ('Le Poète, épître à mon ami'); Yn, i.163-172; Pt, ii.1-10; Gaigne, xii.65-75; OP, iii.3-10; OC, ii.40-48; Ve, iii.229-238.

Deux publications à part:
LE POETE. / *ÉPITRE* / QUI A REMPORTÉ LE PRIX / de l'Académie Françoise en 1766. / Par M. DE LA HARPE. / [*filet*] / Ingenium cui fit, cui mens divinior, atque os/Magna sonatorum . . . . *Hor.* / [*filet*] / [*fleuron*] / A PARIS, / Chez REGNARD, Imprimeur de l'Académie / Françoise, Grand'-Salle du Palais, à la / Providence, & rue basse des Ursins. / [*filet double*] / M. DCC. LXVI. //
pp.15.[i bl.]; sig.[A⁸]; 19cm.
Ex Libris: D-Mu/B; F-Chg; F-P/Bn; F-Troyes; S-S/N; USA-CtY.
Critiques: AvC, 1, 8 septembre 1766, pp.559, 574-575; *GF*, 29 août 1766; MS, 19, 25 août 1766, iii.67, 69.

360. LE POETE. / ÉPITRE / Qui a remporté le prix de l'Académie / Françoise en 1766. / Par M. DE LA HARPE. / [*filet*] / Ingenium cui fit, cui mens divinior, atque os/Magna sonatorum . . . . Horat . . . . . . / [*filet*] / A BESAN-ÇON, / Chez Fantet, Libraire, Grand'rue, près / la Place Saint Pierre. / [*filet double*] / M.DCC. LXVI / *Avec Permission.* //
pp.15.[i bl.]; sig.Aⁱᵛ; 19,5cm.
Ex Libris: F-Verd.

361. *Sur les Préjugés et les Injustices littéraires* (1767), 'Au Parnasse, Ariston, les rangs sont disputés', 234v.
Dans Yn, i.194-204; Pt, ii.59-68; Ve iii.282-292.
Selon La Harpe, un extrait de ce poème fut inséré dans *MF* (voir Ve, xiv.313), mais nous n'avons pas pu le retrouver là. Par contre, les vers 87 à 114 furent publiés dans *EP*, xiv(1783).147-148, sous le titre de *Parallèle de Corneille et de Racine* ('Hélas! malheur à moi, si ma voix sacrilège').

362. *Le Philosophe, ou sur les Avantages de la Philosophie, pièce qui a concouru pour le prix de l'Académie française en 1768.*
Ce poème a disparu, mais il est permis de se demander si un certain nombre de ses vers n'ont pas été employés dans les deux poèmes suivants (infra, nos.363, 364). Pour des détails sur le *Philosophe*, voir *AvC*, 29 août 1768, p.556; *Correspondance de Diderot* (Paris 1955), viii.151; Best.D15191, D15199, D15226, D15279; CLT, viii.168; MS, 17, 25 août 1765, iv.86, 90.

363. *Le Portrait du Sage, poème couronné par l'Académie des Jeux Floraux en 1769*, 'Eloigne de ton cœur la crainte avilissante', 235v.
Dans *Recueil des ouvrages de poésie et d'éloquence présentés à l'Académie des Jeux Floraux en l'année M.DCC.LXIX . . .* (Toulouse 1769), pp.41-52; *Je*, 1 juin 1769, iv.249-255 (voir *ibid*, 15 juin 1770, iv.427); *MF*, juillet 1769, i.5-15; *CollH*, viii.21-20; Gaigne, xv.331-340; *L'Anthologie des Jeux Floraux (1324-1924)*, *d'Armand Praviel et J. R. de Brousse* (1924). Ersch, ii.168, et Quérard 1, iv.441, parlent d'une édition séparée de ce poème (1769 in-8°.). Nous l'avons pas retrouvée. Voir le poème suivant (no.364).

364. *Le Philosophe*, 'Qu'est-ce qu'un philosophe? Est-il vrai que ce nom', 224v.
Dans Pt, ii.28-36; Gaigne, xii.337-345; Ve, iii.254-262.
C'est le *Portrait du Sage* remanié.

365. *Les Prétentions* (1770), 'Qu'ai-je vu dans ce monde, école d'imposture?', 188v.
Dans Pt, ii.51-58; Gaigne, xiii.351-357; OP, iii.24-28; OC, ii.64-70; Ve, iii.275-281; Lepeintre, xxxvii.58-65; Poitevin, ii.169-170.

366. [*Fragment de l'Epître*] *sur le Luxe* (1770), 'Jetez (disait Horace aux Romains indociles)', 170v.
Dans *MF*, mars 1773, pp.181-182; Pt, ii.37-43; Gaigne, ix.414-420; Ve, iii.262-268.
Remarques diverses: 'Ce sujet fut proposé par l'académie. Il était trop vaste, et l'on ne donna point de prix. On s'est restreint ici à considérer en partie l'influence morale du luxe . . .' (Ve, iii.262, n.).

367. *Des Talents dans leurs rapports avec la société et le bonheur*, 'Vous après la vertu, le plus beau don des cieux', 174v.
Dans Yn, i.173-179; Pt, ii.11-17; Gaigne, xvii.135-142; Ve, iii.238-244.

Publication à part:

DES TALENS / DANS LEURS RAPPORTS / AVEC LA SOCIÉTÉ / ET LE BONHEUR. / *PIECE* / QUI A REMPORTÉ LE PRIX / de l'Académie Françoise en 1771. / *Par M. DE LA HARPE.* / [*filet*] / *Otium gemmis neque purpurâ venale nec auro.* Horat. / [*filet*] / [*ornement typographique*] / *A PARIS,* / Chez la Veuve REGNARD, Imprimeur de l'Académie Françoise, / & DEMONVILLE, Libraire, Grand'Salle du Palais, à la / Providence, & rue basse de l'Hôtel des Ursins. / [*filet double agrémenté*] / M. DCC. LXXI. //

pp.11.[i bl.]; sig.[A⁶]; 22cm.

Ex Libris: F-Gbl; F-Orl; F-P/Bh; F-P/Bn; F-Senl; F-Troyes; S-S/N.
Critiques: JgF, 11 septembre 1771, pp.146-147; *Al,* 1771, v.268-280; *AvC,* 2, 9 septembre 1771, pp.558, 572-573; *GF,* 30 août 1771; *Js,* juin 1772, i.362-363; *Je,* 1 octobre 1771, vii.89-95; *MémT,* octobre 1771, pp.13 etc.; *MF,* octobre 1771, i.136-143; CLT, ix.387.

368. *Sur les Grecs anciens et modernes* (1772), 'Dans l'antique Phocée enfant industrieux', 188v.
Dans Pt, ii.44-50; *Pph,* i.187-197 (Notice sur La Harpe: pp.187-189); OP, iii.19-23; OC, ii.53-64; Ve, iii.268-274; Lepeintre, xxxvii.51-58; Poitevin, ii.167-168. Dans certaines éditions de *Philoctète,* les vers 13 à 75 de ce poème ont été ajoutés à l'Acte I, scene 1 (voir OC, i.62-63).

369. *Réponse d'Horace à m. de V[oltaire]*, 'Au plus gai des vieillards, au plus grands des poètes', 210v.
Dans *MF,* janvier 1773, ii.138-142 (seuls les vers 1 à 24, 65 à 68, 93 à 128, 173 à 196); *Ej,* février 1773, pp.34-36 (les mêmes fragments); *Epître à Horace* [de Voltaire] ([s.l.n.d.]), pp.11-21; *Epître de m. de Voltaire, suivie de la réponse d'Horace et des Systèmes* (Ferney 1773), pp.11-16; *Les Loix de Minos, tragédie* [de Voltaire]. *Avec des notes de m. de Morza et plusieurs pièces curieuses détachées* (Genève 1773), pp.136-145; *Nouveaux mélanges philosophiques, historiques, critiques etc.* [de Voltaire] (Genève 1765-1776), 8°: xiv.83-90; 4°: xx.38; *L'Evangile du Jour* [par Voltaire] (Londres 1769-1778), x.14-21; Yn, i.239-246; Pt, ii.245-252; OP, iii.157-162; OC, ii.172-179; Ve, iii.306-313; Lepeintre, xxxvii.112-120; Poitevin, ii.182-184.

Publication à part:

RÉPONSE / D'HORACE / A M. DE V**. //

8°. pp.[ii bl.].29.[iii bl.]; 19,5cm.

Ex Libris: CH-Au; F-ChM; F-P/Bn; GB-MA/U; GB-LO/U; USA-MH.

Editeur: Paris, Lacombe, 1772.

Critiques: *JgF*, 10 février 1773, pp.22-23; *AM*, 1773, p.209; *Al*, 1772, vii.317-331; *AvC*, 11 janvier 1772, pp.28-30; *Je*, 15 janvier 1773, i.285-288; CLT, x.93; MS, 3, 5 décembre 1772, vi.232-233.

Table des matières: Réponse d'Horace: pp.5-14; PRÉCIS / HISTORIQUE / SUR M. DE VOLTAIRE.: pp.17-28 (voir infra, no.572).

370. *L'Ombre de Duclos* (1773), 'Dans l'Elysée, il est un lieu charmant', 536v. Dans Pt, ii.134-153; *Psat*, ii.55-75; OP, iii.98-112; OC, ii.105-123; Ve, iii.435-455; Lepeintre, xxxvii.69-90; Poitevin, ii.172-177.

Remarques diverses: Poème envoyé par Suard le 10 mai 1773 (Suard 1, p.158).

371. *Vers à sa majesté Louis XVI, sur l'édit du 31 mai*, 'Tel s'annonçait au monde heureux sous ses auspices', 90v.

Dans *MF*, juillet 1774, ii.5-9; *Ej*, 30 août 1774, pp.121-124; *Al*, 4 décembre 1774, vii.336-342; Yn, i.190-193; Pt, ii.69-72; Gaigne, xiv.230-233; Ve, iii. 292-295.

Publication à part:

VERS / A SA MAJESTE / LOUIS XVI, / SUR L'EDIT DU 31 MAI, / Par M. DELAHARPE. / [*ornement typographique*] / EN FRANCE; / *Et se trouve A PARIS*, / Chez MORIN, Libraire de S. A. S. Monseigneur / le Duc de Valois, au Palais-Royal. / [*filet double*] / M. DCC. LXXIV. //

pp.7.[i]; sig.A^{iv}; 19cm.

Ex Libris: F-P/Bn.

Imprimeur: P. Fr. Gueffier, au bas de la rue de la Harpe.

Approbation: Marin, Sartine, 23 juin 1774.

Critiques: *AM*, 1775, p.289; *Al*, 1774, vii.336-347; *Gl*, 5 juillet 1774, pp.5-6; *Je*, v.314-316; MS, 20 juin 1774, xxvii.285.

372. *Vers de m. de La Harpe à deux de ses amis qui étaient [allés le voir] à la campagne* [ou *Epitre à deux de ses amis*], 'Vous arrivez, amis, dans ce simple séjour', 110v.

Dans CS, 18 mars 1775, i.279-282, et en manuscrit: F-P/Bn: nafr.5214, ff.311-312.

Les vers sur Rigoley de Juvigny sont cités dans *l'Espion anglais*, 11 mars 1776, iii.45. Le poème aura finalement 106 vers. La Harpe supprimera une attaque contre Dorat et une référence aux *Amants généreux* de Rochon de Chabannes. Il publiera le poème sous un nouveau titre:

Impromptu de Campagne (à deux amis qui venaient souper chez l'auteur en revenant de Fontainebleau).

Dans *Mélanie*, pp.225-230; OC, ii.180-184; Ve, iii.514-518; Lepeintre, xxxvii.121-125; Poitevin, ii.184-185.

373. *Conseils à un jeune poète* [ou *Epitre à un jeune poète sur le choix des liaisons*], 'Oui, la gloire t'appelle, et ce n'est pas en vain', 272v.

Dans *MF*, octobre 1775, i.5-11 (seuls les vers 1 à 64, 156 à 186, 213 à 272); *Ej*, novembre 1775, pp.241-245 (les mêmes fragments); Yn, i.180-189; Pt, ii.18-27; Gaigne, xiii.76-86; OP, iii.11-18; OC, ii.49-57; Ve, iii.245-254; Lepeintre, xxxvii.41-51; Poitevin, ii.164-167.

Publication à part:

CONSEILS / A UN JEUNE POETE. / *PIECE* / QUI A REMPORTE LE PRIX / de l'Académie Françoise, en 1775. / *Par M.* DE LA HARPE. / [*filet*] / *Doctrina sed vim promovet insitam.* Hor. / [*filet*] / [*fleuron*] / *A PARIS,* / Chez DEMONVILLE, Imprimeur-Libraire de l'Académie / Françoise, rue S. Severin, aux Armes de Dombes. / [*filet double agrémenté*] / M. DCC. LXXV. // pp.16; sig.A-[B]^{iv}; 23,5cm.

Ex Libris: CH-Au; D-Mu/B; DK-C; F-P/Ar; F-P/Bh; F-P/Bn; F-P/StG; GB-LO/N; SU-BV.

Publication: *CH*, 9 septembre 1775, no.36 art.5.

Critiques: *JgF*, 13, 20 septembre 1775, pp.146-147, 150-151; *AM*, 1776, pp.231-232; *Al*, 1775, v.145-191; *Js*, octobre 1775, p.702; *JV*, octobre 1775, ii.254-257; *JPL*, 5 octobre 1775, iii.158-162; *MF*, 28 février 1784, p.170; CLT, xi.110, 116; CS, 16 janvier 1782, xii.253; MS, 27 août 1775, xxxi.329-330.

Remarques diverses: La première édition n'a pas les vers 24 à 42, supprimés par le censeur (voir Suard 1, p.223). On les retrouve avec des variantes dans les réimpressions subséquentes du poème.

374. *Epître au Tasse, pièce qui a obtenu l'accessit de l'Académie française*, 'O toi que le destin, complice de l'Envie', 222v.

Dans Pt, ii.223-231; Gaigne, xvii.177-186; OP, iii.151-156; OC, ii.165-172; Ve, iii.298-306; Lepeintre, xxxvii.103-112; Poitevin, ii.180-182.

Ersch, ii.169, et Quérard 1, iv.440, parlent d'une édition séparée de ce poéme (Paris 1775, brochure in-8°.), mais les auteurs de *l'Année littéraire*, 1775, iv.26, accusaient La Harpe de ne pas oser l'imprimer, et en janvier 1776, Sautreau de Marsy écrivit que le poème 'ne se trouve à Paris que chez l'auteur qui ne le montre à personne' (*AM*, 1776, p.232). Voir aussi *JPL*, 15 janvier 1776, i.85.

La Harpe envoya un manuscrit du poème en Russie (CR, lettre 28).

Critiques: *Al*, 1775, iv.290-305; CLT, xi.110.

Remarques diverses: La Harpe donna à son poème la devise suivante 'Lugentes campi; sic illos nomine dicunt / Hic, quos dirus amor crudelitabe peredit / ... Curae non ipsâ in morte relinquunt ... [Virgile] (dos du faux-titre de l'*Eloge de Catinat* et des *Conseils à un jeune poète*).

375. *A sa majesté l'Impératrice de toutes les Russies*, 'Tu brises sous tes pieds l'orgueil des Ottomans', 66v.
Dans Pt, ii.73-75; Gaigne, x.447-450; Ve, iii.295-297.
Remarques diverses: Vers envoyés à Catherine avec un exemplaire de *Menzicoff* (voir Todd, 4, p.77).

376. *Epître à m. le comte de Schowaloff, sur les effets de la nature champêtre et sur la poésie descriptive*, 'Sur les bords de la Saône tranquille', 491v.
Dans *Mélanie*, pp.105-123 (avertissement: pp.101-103); OC, ii.190-206; Ve, iii.316-333 (avertissement de 1792: pp.314-315).
Remarques diverses: Ecrite à Lyon en 1779 (voir Ve, xi.495; *Mémoires inédits de mme de Genlis* (Paris 1825), iii.118), cette épître fut lue à l'Académie française le 27 mai 1782 et le 14 mai 1788 (voir CLT, xiii.149-150; MS, 14 juin 1782, xx.300-301; *MF*, 24 mai 1788, p.179).
Fragments publiés à part:
Vers pour une statue de la Mélancolie, faite en biscuit de Vincennes [v.138-149], 'Ses maux et ses plaisirs ne sont connus que d'elle'.
Dans CR, lettre 114.
De l'Imagination [v.134-149], 'C'est là, c'est dans l'obscurité'.
Dans *MF*, 16 brumaire an IX (7 novembre 1800), ii.283 (dans une comparaison avec des vers de l'abbé Delille).

377. *Vers à m. le comte du Nord, récités à l'Académie française le 27 mai 1782* [ou *Vers récités au grand-duc de Russie, dans une séance de l'Académie française*], 'Pierre est votre modèle, en votre âme il respire', 84v.
Dans *MF*, 15 juin 1782, pp.97-100; CS, 10 juillet 1782, xiii.150-152; *AM*, 1783, pp.93-96; *Mélanie*, pp.193-196; CR, lettre 167; OC, ii.218-220.
Critiques: CLT, xiii.149; MS, 14 juin 1782, xx.300-301.

d. Odes et poésie lyrique

378. *Ode à mgr. le prince de Condé, au retour de la campagne de 1763* [sic= *1762*], 'Viens, descends dans les airs, sur tes bruyantes aîles', 102v.
Dans *Mélanges*, pp.100-104; Yn, i.209-213; Pt, ii.81-85; Ve, iii.349-353.

Publication à part:

Ode à son Altesse sérénissime Monseigneur le Prince de Condé. A Paris, chez la V. Brunet, Imprimeur de l'Académie Françoise, Grand'Salle du Palais, & rue Basse des Ursins. M. DCC. LXII //

8°. ou 12°.?

Remarques diverses: Selon *AnT*, 1763, i.542, le format de cette édition est in-octavo, alors que Ersch, ii.167, et Quérard 1, iv.441, disent que l'édition est in-douze. Nous n'avons pas pu la voir. Voir Best.D13863.

379. *Le Philosophe des Alpes, ode qui a concouru pour le prix de l'Académie française en 1762*, 'Près des sources du Rhône, au pied de ces monts énormes', 102v; *puis, à partir de 1778*: 'A la source du Rhône, au pied de ces montagnes', 96v.
Dans *Le Philosophe des Alpes* (supra, no.341), pp.[1]-8; *Epf*, ii.265-269; *Mélanges*, pp.91-95; Yn, i.205-209; Pt, ii.76-80; Gaigne, xii.351-355; Ve, iii.346-349.

En allemand:

380. ?*Der Alpenphilosoph*. 1765 80.
Voir Ersch, ii.167; Joëchers, iii. (suppl.). col. 1063.

En italien:

381. IL FILOSOFO DELL'ALPI / ODE / DEL SIGNOR DE LA HARPE / DELL' ACCADEMIA FRANCESE / *Liberamente ridotta in Versi Sciolti italiani* / DA GUISEPPE FOSSATI VENEZIANO / *Fra gli Arcadi* / ARTEMISCO DEDALEO. / [*ornement typographique*] / IN VENE-ZIA / PER GASPARE STORTI / M. DCC. LXXX. //

pp.[ii bl.].14.[i].[i bl.]; sig.[ ]⁸; 23,5cm.

Ex libris: F-P/Bn; GB-LO/N.

Table des matières: A sua eccellenza il signor Zorzi Pisani procuratore di S. Marco: pp.5-7; Si fractus illabus orbis / Impavidum ferient ruinæ / Hor. lib.3, od.3: p.[8]; Il Filosofo dell'Alpi: pp.9-14.

Remarques diverses: Cette traduction du poème se retrouve dans *Saggio di libere versione poetiche* (Padova 1781), pp.47-55.

382. *La Gloire, ode*, 'J'entends la trompette éclatante', 100v.
Dans *Le Philosophe des Alpes* (supra, no.341), pp.9-16; *Mélanges*, pp.96-100.

Remarques diverses: Cette ode est publiée avec la devise suivante:' . . . *Laudum que immensa cupido.* Virg.'

383. *La Navigation, ode*, 'Si l'homme a paru grand, si le fils de la terre', 158v.
Dans *MF*, octobre 1773, i.5-14; *Ej*, 15 novembre 1773, pp.15-20; *La Navigation malheureuse, ou analyse de l'ode qui a remporté le prix de l'Académie française en 1773; adressée à m. de La Harpe par un Abonné du Mercure* (Genève 1773) pp.32; *La Lusiade de Louis Comoëns* (infra, no.549), chant v, note 18; Yn, i.214-222; Pt, ii.86-94; Gaigne, xi.103-111; Ve, iii.353-361.

Publication à part:

LA / NAVIGATION. / *ODE* / QUI A REMPORTÉ LE PRIX / de l'Académie Françoise, en 1773. / *Par M. DE LA HARPE.* / [*filet*] / *Nil mortalibus arduum est.* (HOR.) / [*filet*] / [*ornement typographique*] / *A PARIS,* / Chez J. B. BRUNET, Imprimeur-Libraire de l'Académie / Françoise, & DEMONVILLE, Libraire, rue S. Severin, / vis-à-vis celle de Zacharie, aux Armes de Dombes. / [*filet double agrémenté*] / M. DCC. LXXIII. //

pp.14. [ii bl.]; sig.A⁸; 21 cm.

Ex Libris: CH-N; D-Mu/B; F-Chg; F-Orl; F-P/Bn; GB-MA/U; SU-BV.
Critiques: *JgF*, 8 septembre 1773, p.142, 1 décembre 1773, pp.190-191; *Al*, 1773, iv.313-330; *JV*, novembre 1773, ii.352-356; *Je*, 1773, vii.107-113; *MémT*, octobre 1773, pp.142 &c.

384. Le même poème, en portugais dans le *Journal de Coimbra*, xii (1818). 88-89. Voir Costa Coutinho, pp.95-96.

385. *Aux mânes de Voltaire, dithyrambe*, 'Quel est donc ce vieillard, ce mortel adoré', 366v.
Dans *MF*, 4 septembre 1779, pp.13-27; CS, 18 septembre 1779, viii.311-322; *Ej*, décembre 1779, pp.231-242; *Mémoires et anecdotes pour servir à l'histoire de Voltaire, depuis sa naissance jusqu'à sa mort; précédés de son Eloge qui a remporté le prix de l'Académie française en 1779* (Liège 1780), pp.1-18; [*Idem*] (Au Temple de la Gloire 1780); *Mélanie*, pp.137-149 (avertissement: pp.129-135); OC, ii.206-218; Ve, iii.368-380 (avertissement de 1792: pp.362-367); Lepeintre, xxxvii.133-147; Poitevin, ii.187-191.

Publication à part:

AUX MANES / DE VOLTAIRE, / *DITHYRAMBE* / QUI A REMPORTÉ LE PRIX / au jugement de l'Académie Françoise / en 1779. / [*filet*] / *Nec quisquam Ajacem possit superare, nisi Ajax.* / OVIDE. / [*filet*] / [*ornement typographique*] / *A PARIS,* / Chez DEMONVILLE, Imprimeur-Libraire de l'Académie / Françoise, rue S. Severin, aux Armes de Dombes. / [*filet double agrémenté*] / M. DCC. LXXIX. //

pp.16; sig.A; 20cm.

Ex Libris: B-Br; B-G/U; CH-Au; F-Gbl; F-Nc; F-P/Ar; F-P/Bn; F-Senl; GB-OX/U-Ty; NL-LH/N; S-S/N; USA-CtY; USA-MB; USA-MnU.

Publication: *CH*, 28 août 1779, no.35, art.1.

Critiques: *JgF*, 8 septembre 1779, pp.141-142; *Annales politiques* [de Linguet], vi.327-329, 404, 455; *Al*, 1779, vi.41-55; 73-117, vii.64-66; *Js*, mars 1780, p.190; *JP*, 26 août, 6 septembre 1779, pp.970, 1013-1015; *MF*, 18 septembre 1779, pp.100-117, 9, 16 octobre 1779, pp.69, 71-89, 133-140, 1 janvier 1780, pp.39-40; CLT, xii.287; CS, 14, 21, 26, 29 août 1779, viii.246, 256-267, 271-274, 295; MS, 5, 26 août 1779, xiv.141, 165.

386. *Hymne à la liberté*, '*Vengeance!* . . . sur nos bords ils ont osé paraître', 185v.

Dans *MagE*, 1792, no.18, pp.137-142; *AM*, 1794, pp.39-46; Ve, iii.381-387.

Critiques: *ChP*, 8 décembre 1792, pp.1371-1372; *Décade*, 20 floréal an II (9 mai 1794), i.85-87; *MagE*, 1792, no.1, pp.52-53; *MF*, 12 janvier 1793 (suppl.), pp.1-3 (La Harpe); Aulard 2, ii.52.

Ce poème a eu deux éditions séparées:

[*En-tête signé Ambacher, 1791*:] [*ornement typographique*] / HYMNE / A LA LIBERTÉ, / *RÉCITÉ à la Séance de l'Ouverture du Lycée, / le lundi 3 décembre 1792, par le Citoyen* / LA HARPE; *et imprimé aux frais de l'Administration du Lycée.* //

pp.7.[i bl.]=2ff. in-folio; 9cm.

Ex Libris: F-Bdx; F-P/Bh; F-P/Bn; F-Rou; GB-LO/N; USA-DLC.

Publication: *JP*, 27 décembre 1792, p.352.

387. [*En-tête*:] [*ornement typographique*] / HYMNE / A LA LIBERTÉ, / *RÉCITÉ à la Séance de l'ouverture du Lycée, / le lundi 3 décembre 1792, par le Citoyen La HARPE.* //

pp.7.[i bl.]=2ff. in-folio; 9cm.

Ex Libris: F-P/Bn.

Imprimeur: A Epinal, de l'imprimerie nationale d'Haener.

Remarques diverses: Cette édition est due aux soins de François de Neuf-château (voir *MF*, 12 janvier 1793 (suppl.), p.3). Elle renferme l'avis suivant: 'Les administrateurs du Département des Vosges ont souscrit à leurs frais personnels pour la réimpression de cet hymne après en avoir fait la lecture dans la Séance publique du Conseil, le 26 décembre 1792, l'an premier de la République.'

388. *La Prise de Toulon, stances chantées sur le Théâtre de la République, le 31 décembre 1793*, 'Ils ont payé de leur perfidie'; *air*: La Marseillaise; 30v.

Dans *MF*, 15 nivôse an II (4 janvier 1794), pp.[1-2]; *AM*, 1795, pp.47-48; Ve, iii.387-388 ('Stances sur la prise de Toulon').

389. *Le Chant des Triomphes*, 'Quand des montagnes de Pyrène', 100v.
Dans *Décade*, 10 brumaire an III (31 octobre 1794), iii.230-233; *AM*, 1796, pp.13-16 ('Evacuation du territoire français ou le Chant des Triomphes de la France'); *Cours de littérature ancienne et moderne* (supra, no.29), i. pp.lxxxviii-xc.
Remarques diverses: Donné à la Fête des Victoires au Champ de la Fédération (Champ-de-Mars) le 30 vendémiaire an III (21 octobre 1794), et à Marly le 26 messidor an III (14 juillet 1795) (Guillaume, v.101, vi.424; Aulard 1, i.189-192).
Publié séparément deux fois, avec des variantes dans le titre:
LE CHANT / DES / TRIOMPHES DE LA RÉPUBLIQUE / FRAN-ÇAISE, / ODE / PAR LA HARPE, / *MUSIQUE DE LE SUEUR*, / DE L'INSTITUT NATIONAL DE MUSIQUE. / A PARIS. / Au Magasin de Musique à l'usage des FÊTES NATIONALES, rue des Fossés-Mont-martre, / N°.4, Section de Guillaume-Tell. //
2ff. in-folio (texte et musique); 33cm.
Ex Libris: F-Nts; F-P/Ar; F-P/Bn; GB-LO/N.
Publication: *JP*, 30 vendémiaire an III (21 octobre 1794), p.120.

390. LE CHANT DES TRIOMPHES DE LA FRANCE. / ODE Par LA HARPE / Musique de LESUEUR de l'Institut National. //
2ff. in-folio (texte et musique); 21cm.
Ex Libris: F-P/An.
Remarques diverses: Porte la mention 'Au Magasin de Musique, no.29'.

e. Héroïdes

391. *Montézume à Cortez*, *héroïde*, 'Enfin de tes forfaits tu recueilles le fruit', 110v.
Dans *Héroïdes nouvelles* (supra, no.337), pp.13-20; *Montézume à Cortez* [etc.] (supra, no.338), pp.13-20; *Eroidi del sig. De La Harpe* (supra, no.339), pp.10-21 (avec la traduction italienne en regard); *Bibliothèque de Campagne, ou amusements de l'esprit et du cœur* (Amsterdam 1762), viii.[412]-416; [*Idem*] (Bruxelles 1785). Une version remaniée de 138 vers est imprimée dans *Mélanges*, pp.74-79; *CollH*, vi.61-66.

Remarques diverses: Le poème a été publié avec la devise suivante: '*Morte ferocior*. Hor. Od.'.

392. *Elisabeth de France à don Carlos, infant d'Espagne*, 'C'en est donc fait, ô Ciel!... rien ne peut t'attendrir', 190v.
Dans *Héroïdes nouvelles* (supra, no.337), pp.21-30; *Montézume à Cortez* [etc.] (supra, no.338), pp.21-30; *Eroidi del sig. De La Harpe* (supra, no.339), pp.26-45 (avec la traduction italienne en regard); *Bibliothèque de Campagne, ou amusements de l'esprit et du cœur* (Amsterdam 1762), viii.[417]-423.

393. *Caton à César*, 'Au dessus des destins qui couronnent le crime', 112v.
Dans *Caton à César* [etc.] (supra, no.340), pp.5-9. Puis dans une version remaniée de 108 vers: *Mélanges*, pp.79-83; *CollH*, vi.67-71.
Remarques diverses: Ce poème a été publié avec la devise suivante: '*Et cuncta terrarum subacta | Praetor atrocem Catonis*. Hor. Lib.2'.

394. *Annibal à Flaminius*, 'Triomphe, et vois enfin ta vengeance assouvie', 96v.
Dans *Caton à César* [etc.] (supra, no.340), pp.11-14; *Mélanges*, pp.83-86; *CollH*, vi.72-75; Yn, i.228-231; Pt, ii.102-104 (version abrégé de 88 vers, avec des variantes); Ve, iii.395-397 (texte de 1778).
Remarques diverses: Cette héroïde a la devise suivante: '*Cannarum vindex et tanti sanguinus ultor | Annulus*. Juv.'

395. *Socrate à ses amis, héroïde*, 'Ne pleurez point Socrate; amis, il va mourir', 93v.
Dans *Mélanges*, pp.87-90; *CollH*, vi.76-79; *Variétés littéraires et politiques* (Stockholm 1770), i.1ère. partie.
Remarques diverses: Avec la devise suivante: '*Animae que magnae|Prodigum*. Hor. Od.'

396. *Servilie à Brutus, après la mort de César, pièce qui a remporté le prix de poésie à l'Académie de Marseille en 1767*, 'Eh bien! César n'est plus, et tu crois Rome libre', 200v.
Dans *Combien le génie des grands écrivains influe sur l'esprit de leur siècle* (supra, no.131); *CollH*, viii.51-62; Yn, i.231-238; Pt, ii.105-111; Ve, iii.398-404.

En hollandais:

397. SERVILIA | AAN | BRUTUS, | NA DE DOOD VAN CEZAR; | GEVOLGD NAAR HET FRANSCH, VAN | DE LA HARPE. ||

8°. pp.14; 22cm.

Ex Libris: NL-A/U.

Table des matières: Servilia aan Brutus: pp.1-11; Lukanus aan Nero: pp.12-14 (voir infra, no.482).

Remarques diverses: L'ouvrage est signé: '1799. Barbaz'.

398. *Réponse d'un solitaire de la Trappe à la lettre de l'abbé de Rancé (1767)*, 'J'ai lu, triste Rancé, ta lamentable épître', 184v.

Dans *Les Choses utiles et agéables* (Berlin 1768-1770), ii.167-175 ('Héroïde d'un moine de la Trappe') (Préface de mr. Abauzit [Voltaire]: pp.163-166); *Pièces fugitives recueilles par un amateur* ([s.l.n.d.]), pp.23-32 ('Préface faite de main de maître': pp.19-22); Yn, i.250-256 (Préface de Voltaire: pp.247-249); *Mélanie*, pp.91-97 (Préface de Voltaire: pp.87-90); *Etrennes à m. de La Harpe* [par Palissot de Montenoy] (1802), pp.33-38 (Préface de Voltaire: pp.29-32); *La Harpe peint par lui-même* [par Sérieys] (1817), pp.113-120; OC, ii.184-190; Ve, iii.409-415 (Préface de Voltaire: pp.405-408); Lepeintre, xxxvii.126-133; *Le Couvent des Camaldules* (infra, no.571), pp.21-30; Poitevin, ii.186-187.

Vieille copie manuscrite: F-Gbl: ms.924.

Remarques diverses: C'est une réponse à la *Lettre de l'abbé de Rancé à un ami, écrite de son abbaye de la Trappe* (Genève 1765), par N. T. Barthe. Elle fut composée avec l'aide de Voltaire, qui fut également responsable de sa publication en 1770 (voir Best.D16115).

f. Poésie légère

399. *A m.****, 'Il est triste, et pourtant permis', 23v.

Dans *Mélanges*, p.54.

Remarques diverses: Ce poème a été publié avec la note suivante: 'C'est un des maîtres de l'auteur; il est professeur au Collège d'Harcourt, et rempli des principes de la saine littérature.' Pour La Harpe et ses professeurs, voir Ve, i.92; Jovicevich 1, pp.109-110.

400. *Epître à Zélis, par un prisonnier du Fort-l'Evêque* (1760), 'Dans un séjour où l'innocent', 100v; *puis, à partir de 1778, omettant les huit premiers vers*: 'Tu vois ma jeunesse incertaine.'

Dans *Epf*, i.105-109; *Mélanges*, pp.30-33; Pt, ii.112-115; OP, iii.80-82; OC, ii.87-90; Ve, iii.415-418.

Critiques: JgF, 11 avril 1764, p.58.

401. [*Deuxième*] *Epître à Zélis*, 'Toi qu'appelait mon cœur au jour de l'injustice', 90v.
Dans *Mélanges*, pp.34-37.

402. [*Troisième*] *Epître à Zélis*, 'Au matin de mes jours, dans l'âge du désir', 67v.
Dans *Mélanges*, pp.37-39.

403. *A mme de****, 'Toi qui sais à la fois être sage et jolie', 32v.
Dans *Mélanges*, pp.39-40; *AvC*, 11 février 1765, pp.84-85.

404. [*Deuxième épître*] *A mme de****, 'La juridique obscurité', 33v.
Dans *Mélanges*, pp.41-42.

405. [*Troisième épître*] *A mme de****, 'Epouvanté du bruit des plus affreux orages', 40v.
Dans *Mélanges*, pp.42-43.
Remarques diverses: Les vers 16 à 40 furent ensuite ajoutés à *Sur le Malheur* (supra, no.356).

406. *A* ..., 'Mes vers sont dictés par mon âme', 47v.
Dans *Mélanges*, pp.46-48.

407. [*Deuxième épître*] *A* ..., 'Castel parlait au monde, Ovide à sa maîtresse', 88v.
Dans *Mélanges*, pp.48-51.

408. *A mme de****, 'Aglaé, votre amant vous oublie', 33v.
Dans *Mélanges*, pp.51-52.

409. *A mlle ****, 'Souffre que la raison t'éclaire', 28v.
Dans *Mélanges*, pp.53-54.

410. *A mlle R***, qu'on demandait au Théâtre de Pétersbourg*, 'Tu fuis, tu ne m'écoutes pas', 24v.
Dans *Mélanges*, pp.59-60.

411. *Vers adressés à Lekain, représentant Cicéron dans la tragédie de Rome sauvée* [de Voltaire], 'Ainsi dans le conseil des maîtres de la terre', 40v; *puis, à partir de 1778, version remaniée*: 35v.
Dans *Mélanges*, pp.57-59; Yn, i.279-281; Pt, ii.157-158; OP, iii.115-116; OC, ii.126-127; Ve, iii.458-459.

Remarques diverses: Le poème est publié avec la date de '1762', mais la pièce de Voltaire ne fut pas reprise avant le 8 février 1763 (*Registres* Cf.).

412. *A mlle Clairon, jouant le rôle de soubrette dans Les Précieuses* [de Molière], 'On aime à voir un roi sous l'habit d'un berger', 8v; le cinquième vers fut modifié en 1778.
Dans *Mélanges*, p.61; *NA*, ii.355; *MF*, avril 1769, i.104-105; Yn, i.282; Pt, ii.160; OP, iii.117; OC, ii.128; Ve, iii.460.

413. *A mlle Dubois* [ou *Vers à une jeune actrice*] (1763), 'Tu nous fais aimer les alarmes', 16v.
Dans *Mélanges*, p.60; *NA*, ii.75; Yn, i.281; Pt, ii.159; OP, iii.116; OC, ii.127-128; Ve, iii.459-460.

414. *Vers à mlle Dumesnil*, 'Eh bien! de tes talents le triomphe est durable', 31v.
Dans *Aux plaisirs, 27 janvier 1764* [par Voltaire] ([s.l.]), pp.7-8; *AM*, 1765, pp.23-24; *Mélanges*, pp.65-66; Yn, i.285-286; Pt, ii.166-167; OP, iii.121; OC, ii.131-132; Ve, iii.-464-465.
En manuscrit: SU-BV (voir Caussy, p.11).
Critiques: MS, 19 mars 1764, ii.35.

415. *A m.***, en lui envoyant les Œuvres de Gessner* (1763), 'Tout change, et le temps notre maître', 31v.
Dans *Mélanges*, pp.64-65; Yn, i.284-285; Pt, ii.164-165; OP, iii.119-120; OC, ii.130-131; Ve, iii.462-463.

416. *[Madrigal] à mme la comtesse de C****, 'Vos traits sont beaux, et votre esprit est sage', 10v.
Dans *Mélanges*, p.61; *NA*, ii.100; *MF*, avril 1769, i.104; *Je*, 15 février 1770, ii.91-92; Yn, i.282; Pt, ii.161; OP, iii.117; OC, ii.128; Ve, iii.460-461.

417. *A mme la marquise de P***, sur une aigrette* [ou *parure*] *de diamants qui représentait les globes terrestres*, 'La terre est à vos pieds, les cieux vous embellissent', 6v.
Dans *Mélanges*, p.62; Yn, i.283; Pt, ii.162; OP, iii.118; OC, ii.129; Ve, iii.461.

418. *A mme De****, 'Les vers pour la beauté sont un bien faible hommage', 19v.
Dans *Mélanges*, pp.62-63.

419. *A une mère*, '['ai vu régner chez toi la bonté, la candeur', 74v; *puis, à partir de 1778, version remaniée*: 'Tandis que cette foule inconstante, aveuglée,' 60v.
Dans *Mélanges*, pp.44-46; Pt, ii.199-201; OP, iii.139-140; OC, ii.151-153; Ve, iii.488-490.

420. *A monsieur de V****, 'Vivons unis, vivons contents', 19v.
Dans *Mélanges*, p.63; Yn, i.283-284; Pt, ii.163; OP, iii.118; OC, ii.129-130; Ve, iii.461-462.
Remarques diverses: Il est tentant de voir ici un poème adressé à Voltaire, mais rien ne le prouve.

421. *Vers de m. D*** à m. D***, sur la réhabilitation de la famille Calas* [ou *A m. de V***, ou A m. de Voltaire, sur la réhabilitation de la famille Calas*], 'Tu n'as pas vainement défendu l'innocence', 52v.
Dans *Les Choses utiles et agréables* (Berlin 1769-1770), ii.176-179; *Pièces fugitives recueillies par un amateur* ([s.l.n.d.]), pp.35-38; Yn, i.294-296; Pt, ii.196-198; OP, iii.137-138; OC, ii.149-151; Ve, iii.486-488.
Remarques diverses: Ces vers furent écrits après l'arrêt du 9 mars 1765, et envoyés non-signés à Voltaire avant le 2 avril (Best.D12519, 14162).

422. *Prologue. Composé et récité par m. D***, au château de . . . , le mardi 9 juillet 1765, avant la représentation d'Alzire* [ou *Vers prononcés* ou *récités sur le théâtre de Ferney*], 'Les créatures des arts, les maîtres du génie', 43v.
Dans *MF*, décembre 1768, pp.67-68; *Pièces fugitives recueillies par un amateur* ([s.l.n.d.]), pp.33-34; Epf, iv.143-144; Yn, i.267-269; Pt, ii.126-128; OP, iii.91-93; OC, ii.90-100; Ve, iii.428-430.
Remarques diverses: Envoyé de Ferney par le marquis et la marquise de Florian le 11 juillet 1765 (Best.D12795). Pour la réponse de Voltaire, voir Bengesco, no.1088.

423. *Vers* [*adressés*] *aux officiers français, assistant à une représentation d'Adélaïde du Guesclin sur le théâtre de Ferney*, 'Sous les belles couleurs du pinceau d'un grand homme', 15v.
Dans *MF*, avril 1769, pp.58-59; *AM*, 1770, p.31; Pt, ii.129; OP, iii.94; OC, ii.101-102; Ve, iii.431.
Remarques diverses: Ce poème est souvent daté '1765', mais la représentation en question paraît avoir eu lieu en janvier 1767 (Best.D13904).

424. *Vers à m. de Voltaire pour le jour de Saint-François* [le 4 octobre 1767] [ou *Badinage philosophique adressé à m. de Voltaire pour le jour de sa fête*], 'François d'Assise fut en gueux', 14v.

Dans MS, 27 octobre 1767, iii.255; *Etrennes à m. de La Harpe* [par Palissot] (1802), p.39; *La Harpe peint par lui-même* [par Sérieys] (1817), p.15.
En manuscrit: SU-BV (voir Caussy, p.12).
Critiques: Je, 15 novembre 1767, viii.109-110.
Remarques diverses: Pour la réponse de Voltaire, voir Bengesco, no.1101.

425. *A mme la marquise de F****, 'Vous n'êtes plus dans l'esclavage', 24v.
Dans Pt, ii.211-212; OP, iii.146; OC, ii.159-160; Ve, iii.497-499.
Remarques diverses: Ce poème est adressé à Lucrèce Angélique Denormandie, marquise de Florian, morte en 1774. Elle était à Ferney en 1767, en attendant de divorcer avec son premier mari, Théodore Rilliet (Ve, x.229-230; Suard 1, pp.206-207).

426. *Epigramme sur les Œuvres de m. Dorat*, 'Bon Dieu, que cet auteur est triste en sa gaîté', 8v.
Dans MS, 8 décembre 1767, iii.273-274; *MF*, 5 août 1780, p.12, n.; CR, lettre 61; *Correspondance turque* [par Colnet du Ravel] (1801), p.47.
Remarques diverses: La Harpe n'avoua pas la paternité de cette épigramme avant 1801 (Ve, x.408, n.). Pour des réactions qu'elle suscita, voir Best. D14014, 14062, 14791; MS, 27 décembre 1767, iii.270-271 (réponse de Dorat).

427. *A mme de M***, en lui envoyant la Réponse d'un solitaire à l'abbé de Rancé* 'Vous qui savez penser et plaire', 18v.
Dans Yn, i.287; Pt, ii.168; Ve, iii.465-466.

428. *Réponse à des vers de M. D. P. sur un concours académique*, 'Vous êtes trop modeste, et savez trop séduire', 24v.
Dans *MF*, septembre 1768, pp.62-63 (avec les vers adressés à La Harpe); Yn, i.289-290; Pt, ii.171; OP, iii.123; OC, ii.134-135; Ve, iii.467-468.
Remarques diverses: Ces vers sont peut-être adressés à Laurent-François Du Poirier, auteur d'un recueil de vers intitulé *Essais de Poésies, par M.D.P.* (voir infra, *A16*). Pour une lettre de La Harpe à Du Poirier, voir A. Jovicevich, 'An unpublished letter of La Harpe', *Modern language notes*, 1963, lxxviii.304-307.

429. *Vers à mme de***, en lui envoyant la pièce intitulé le Philosophe*, 'Mon art est peu de chose, et j'en sens la faiblesse', 4v.
Dans Yn, i.292; Pt, ii.175; OP, iii.125; OC, ii.137; Ve, iii.470.

430. *Héro et Léandre, romance*, 'Je vais vous conter l'aventure'; *air*: La romance de Gabrielle de Vergi; 72v; *plus*:
Envoi a mme d***, 'Il ne faut point braver l'orage', 8v.

Dans *MF*, mars 1769, pp.38-41; Yn, i.297-300; *Pcf*, pp.277-280; Pt, ii.176-179; OP, iii.126-128; OC, ii.137-140; Ve, iii.470-473; Lepeintre, xxxvii.90-94; Poitevin, ii.177-178.

431. *Vers à mme S***, en lui envoyant l'Eloge de Henri IV,* 'Je n'ai point au bon roi reproché ses faiblesses', 7v.
Dans *MF*, mars 1769, p.42; Yn, i.291; Pt, ii.173; OP. iii.124; OC, ii.136; Ve, iii.469.

432. *[Vers à] la Fontaine de Meudon* (1769), 'Aimable fille des montagnes', 99v.
Dans *Gl*, 19 mars 1774, pp.1-3; Yn, i.259-262; Pt, ii.130-133; Gaigne, x.201-205; OP, iii.95-97; OC, ii.102-105; Ve, iii.432-435; Lepeintre, xxxvii.65-69; Poitevin, ii.170-171.

433. *A Voltaire, en lui envoyant Mélanie,* 'Vous qui possédez l'art de ne jamais vieillir', 45v.
Dans *Mélanie*, 2pp. n.ch. (après l'avertissement); Ve, i.165-166.
Remarques diverses: Voir les remerciements de Voltaire du 7 mars 1770 (Best. D16209).

434. *Réponse faite sur le champ aux vers adressés par m. Saurin de l'Académie française après une lecture de Mélanie,* 'Votre suffrage est cher à ma muse, à mon cœur', 4v.
Dans *MF*, avril 1770, i.180 (avec les vers de Saurin); *Mélanie, drame* (supra, no.301), p.76.
Remarques diverses: Saurin était le censeur de la pièce (CLT, viii.472).

435. *Vers à mme S***, en lui envoyant l'Eloge de Fénelon,* 'J'ai loué Fénelon, vous l'eussiez loué mieux', 11v.
Dans *MF*, décembre 1771, p.178; *EP*, 1774, v.33; Yn, i.292; Pt, ii.174; *AM* (*Pièces échappées*) (1781), p.112; OP, iii.125; OC, ii.136; Ve, iii.469-470.

436. *Les Regrets, stances* (1771), 'Le sombre hiver va disparaître', 104v.
Dans *Gl*, 12 mars 1774, pp.1-3; *AM*, 1775, pp.205-208; Yn, i.272-276; Pt, ii.202-207; *Bp*, iii (2e. partie). 247-248; OP, iii.141-144; OC, ii.153-157; Ve, iii.490-494; Lepeintre, xxxvii.98-103; Poitevin, ii.179-180.

437. *Réponse à des vers d'un jeune homme de dix-huit ans,* 'Ton style est séduisant; ton âme est noble et tendre', 15v.
Dans *MF*, décembre 1771, pp.178-179; Yn, i.290-291; Pt, ii.172; OP, iii.124; OC, ii.135; Ve, iii.468-469.

438. *Distique pour mlle Dubois*, 'Vous avez corrompu tous les dons précieux / Que pour un autre usage ont mis en vous les dieux'.
Dans *Correspondance inédite de Condorcet* [19 mai 1772] (Paris 1883), p.82.

439. *Stances à mme de C[assini], qui a réconcilié l'auteur avec m. D[orat]*, 'L'éclat de ta naissante aurore', 52v.
Dans *Ej*, octobre 1772, pp.79-80; *MF*, novembre 1772, pp.66-68; *AM*, 1773, pp.21-23; *EP*, 1773, v.189-191; Yn, i.269-271; Pt, ii.189-191; OP, iii.135-136; OC, ii.147-149; Ve, iii.481-483.
Remarques diverses: Sur les circonstances de cette réconciliation, voir CLT, x.39.

440. *A mes amis (au retour de la campagne)*, 'Je vous retrouve enfin, je vous vois réunis', 35v.
Dans *MF*, novembre 1772, pp.68-69; Yn, i.288-289; Pt, ii.169-170; OP, iii.122; OC, ii.133-134; Ve, iii.466-467.

441. *Romance (sur une ancienne musette)* [ou *Légèreté de Lisette*], 'O ma tendre musette'; *air*: Défiez-vous sans cesse, mélodie attribuée à Pierre Monsigny; 32v.
Dans *AM*, 1774, pp.23-24 (la partition musicale est à la fin du volume); Yn, i.302-303; *Pcf*, pp.335-336; Pt, ii.182-183; *Bp*, iii (2e. partie).263; OP, iii.130-131; OC, ii.142-143; Ve, iii.475-476; Lepeintre, xxxvii.97-98; Poitevin, ii.178-179.

442. *A m. le comte de Schowaloff (chambellan de l'Impératrice de Russie) qui avait adressé des vers à l'auteur*, 'Vous avez sur un noble ton', 67v.
Dans *MF*, août 1773, pp.5-7; *Ej*, 15 septembre 1773, pp.44-46; Yn, i.277-279; Pt, ii.208-210; OP, iii.144-146; OC, ii.157-158; Ve, iii.495-497.
Remarques diverses: Pour les vers de Shuvalov, voir MF, juillet 1773, i.49-50.

443. *Daphné, couplets à mme B****, 'Vous retracez tous les appas'; *air*: Lisette est faite pour Colin; 24v.
Dans *AM*, 1774, pp.105-106; Yn, i.306-307; *Pcf*, pp.247-248; Pt, ii.188; OP, iii.134; OC, ii.146-147; Ve, iii.480.
Remarques diverses: Adressés à mme Suard (voir ses *Mémoires sur Suard* (Paris 1881), p.150).

444. *A m. le comte de B*** (sur la beauté)*, 'Relevez moins nos avantages', 10v.
Dans *Gl*, 9 avril 1774, p.1; Yn, i.293; Pt, ii.213; OP, iii.147; OC, ii.160; Ve, iii.499.

445. *Vers* [ou *Quatrain*] *pour le portrait* [ou *pour mettre au bas du portrait*] *de la Reine*, 'Le ciel mit dans ses traits cet éclat qu'on admire', 4v.
Dans *Gl*, 28 juin 1774, p.1; *MF*, juillet 1774, i.178; *JgF*, 7 septembre 1774; *AM*, 1775, p.223; Pt, ii.221; Gaigne, x.39; OP, iii.150; OC, ii.164.
Remarques diverses: Mme Vigée Le Brun croyait ces vers faits pour celébrer un de ses portraits de la Reine (*Souvenirs* (Paris 1867), i.45), mais ils paraissent avoir été inspirés par un tableau de De Lorge, qui montrait 'la Reine en Diane, donnant des ordres, à un retour de chasse' (*MF*, juillet 1774, i.177-178).

446. *Couplets à mme la duchesse de Grammont qui revenait des eaux de Barège, et à mme de Choiseul, qui revenait de Chanteloup*, 'Que son voyage', 20v.
Dans CR, lettre 6.

447. *Couplets pour une fête* (*donnée par m. et mme de Choiseul et mme de Grammont*), 'Que dans ton aimable loisir'; *air*: de Joconde; 24v.
Dans CLT, janvier 1776, xi.182-183; CR, lettre 6.

448. *Vers pour le portrait de m. Turgot, contrôleur général des finances.* 'Ses talents, son courage, et sa raison profonde', 5v.
Dans *MF*, juillet 1775, ii.174-175; *Ej*, septembre 1775, p.251; *AM*, 1776, p.44; *JPL*, 15 janvier 1776, i.84; Yn, i.293, Pt, ii.222; CR, lettre 15; OP, iii. 150; OC, ii.164.
Remarques diverses: Ecrits pour accompagner un 'Portrait de Turgot, peint par De Troy, gravé par P. A. Le Beau' (*MF*, novembre 1774, p.185; Best. D19379).

449. [*Vers*] *à une célèbre cantatrice italienne* [mlle Aguiari, *dite* 'la Bastardella'], 'A la voix du chantre de l'Hébre', 16v.
Dans *JPL*, 25 décembre 1776, iii.588; Pt, ii.216; CR, lettre 30; OP, iii.148; OC, ii.161-162.

450. *Vers pour le portrait de Pascal*, 'Par la nature instruit, prodige dès l'enfance', 6v.
Dans Yn, i.294; Pt, ii.219; CR, lettre 36; OP, iii.150; OC, iii.180; Lepeintre, xxxvii.103; Poitevin, ii.180.
Remarques diverses: Faits pour accompagner le frontispice non-signé de l'édition des *Pensées de Pascal* (Londres M.DCC.LXXVI), préparée par Condorcet.

451. *Etrennes à une Société*, 'A chacune de vous on doit le même hommage', 56v.
Dans Pt, ii.154-156; OP, iii.113-114; OC, ii.124-125; Ve, iii.456-458.

452. *A un amant qui pleurait beaucoup*, 'Connaissez mieux le prix des larmes', 9v.
Dans Pt, ii.214; OP, iii.147; OC, ii.161; Ve, iii.499-500.

453. *Romance* [ou *L'Amant abandonné*], 'D'une amante abandonné'; *air*: Que ne suis-je la fougère!; 8v.
Dans Yn, i.300-302; Pt, ii.180-181; *Bp*, iii (2e. partie). 260; OP, iii.129-130; OC, ii.140-141; Ve, iii.473-475; Lepeintre, xxxvii.95-96; Poitevin, ii.178.

454. *Couplets à mme P****, *qui dansait au bal*, 'Oui, la muse pleine d'appas'; *air*: Lisette est faite pour Colin; 32v.
Dans *JPL*, 5 mai 1777, ii.27-28; Pt, ii.184-185; OP, iii.131-132; OC, ii.143-144; Ve, iii.477-478.

455. *Parodie d'un couplet de Marmontel à mme de Cambis*, 'Cédez aux dieux de la tendresse'; *air*: De tous les Capucins du monde; 6v.
Dans CR, lettre 69 (avec les vers de Marmontel).

456. *Le Ruisseau, couplets sur l'ancien refrein* 'Félicité passée, &c, 'L'amour charmait ma vie', 56v.
Dans Yn, i.304-305; Pt, ii.186-187; OP, iii.132-133; OC, ii.144-146; Ve, iii.478-479.

457. *A mme de****, 'Votre gaîté vive et piquante', 8v.
Dans Pt, ii.220; Ve, iii.501-502.

458. *Impromptu à madame L.C.D.M.*, *après lui avoir récité la traduction du quatrième chant de Lucrèce*, 'Ah! j'ai traduit, et traduire c'est feindre', 8v.
Dans Pt, ii.195; Ve, iii.483-485.

459. *A une pensionnaire de Couvent*, 'Céleste est le nom que je chante', 43v.
Dans Pt, ii.217-218; OP, iii.148-149; OC, ii.162-163; Ve, iii.500-501.

460. *Couplets à mme****, *qui avait un chien nommé Tonton*, 'Il faut, dit-on, pour satisfaire'; *air*: Réveillez-vous, belle endormie; 8v.
Dans *Mélanie*, p.220; CR, lettre 81; Lewis, vii.2.
Remarques diverses: 'Mme. de Luxembourg ... a envoyé pour étrennes à mme. Dudeffand le portrait de Tonton, petit chien qu'elle aime beaucoup; et un exemplaire des œuvres de Voltaire. Elle y a joint les deux couplets ... qu'elle m'avait demandés' (Ve, xi.10).

461. *A mesdames de B[oufflers], de L[auzun], et de V[illette]*, *qui étaient chez m. de Voltaire* [ou *Vers faits dans la chambre de Voltaire*], 'Quels sont ces objets ravissants', 14v.

Dans *JP*, 29 mars 1778, p.349; *CrE*, 7 avril 1778, p.221; *Ej*, mai 1778, pp.256-257; *AM*, 1779, p.57; *Mémoires et anecdotes pour servir à l'histoire de Voltaire* (Liège 1780), pp.78-79; [*Idem*] (Au Temple de la Gloire 1780); *Mélanie*, p.200; CR, lettre 84.

462. *A mme de Genlis, en sortant d'une représentation de quelques unes des pièces de son théâtre d'éducation, jouées par ses enfants*, 'Non, ce que j'ai senti ne peut être un prestige', 45v.
Dans CS, 10 mai 1779, viii.11-13; *MF*, 25 mai 1779, pp.243-245; *Mélanie*, pp.204-206; CR, lettre 104.
Remarques diverses: La représentation en question eut lieu le 17 mars 1779 (*Poésies diverses de Bonnard*, (Paris 1791), p.166).

463. *Deux couplets pour être mis au bas de deux tableaux d'Abéone et d'Adéone par mme de Genlis*, 'Ah! dans un long adieu, dont la douleur s'irrite', 8v.
Dans *Mémoires inédits de mme de Genlis* (Paris 1825), iii.118-119.

464. *A mme de Genlis à son retour de la campagne*, 'Vous avez visité les champs', 45v.
Dans CR, lettre 107.

465. *Les Trois langages, à mme* [*de Genlis*], 'L'âme a besoin d'avoir plus d'un langage', 21v.
Dans *Mélanie*, p.201; CR, lettre 108.

466. *L'Amour timide, romance*, 'Hélas! quel martyre!', 4 strophes, plus refrain.
Dans CR, lettre 109.

467. *Réponse à des vers du comte de Schovaloff sur la paresse*, 'Non, quelque ardeur qui vous anime', 37v.
Dans CR, lettre 110 (avec les vers de Shuvalov).

468. *A mme de***, pour la fête de Sainte-Madeleine, sa patronne*, 'Non, elle n'aimait point, votre belle patronne', 20v.
Dans *Mélanie*, p.198; Ve, iii.502.
Remarques diverses: Ces vers sont peut-être adressés à la maréchale de Luxembourg (voir Ve, xi.200)?

469. *A mme de***, en lui envoyant le Tasse et l'Arioste* [ou *A une jolie femme, en lui envoyant…*], 'De ces auteurs fameux vous aimez les travaux', 24v.

Dans *Mélanie*, pp.199-200; *AM*, 1799, p.120; Ve, iii.503.
Remarques diverses: Vers adressés à la même personne que la pièce précédente.

470. *A mme de Genlis, qui a eu le malheur d'être louée par Fréron*, 'Devant les déités de Gnide et du Parnasse', 17v.
Dans *Mélanie*, pp.213-214; CR, lettre 114; *AM*, 1802, p.30.
Remarques diverses: Ce poème fut suscité par un article de *l'Année littéraire* du 4 août 1779 (*Al*, 1779, v.104-132).

471. *A mme de Genlis, en lui envoyant pour étrennes les Pensées de La Roche-foucauld*, 'Voilà du cœur humain ce sinistre interprète', 23v.
Dans *Mélanie*, pp.212-213; CR, lettre 120.
Remarques diverses: L'édition en question serait les *Maximes et Réflexions morales du duc de La Rochefoucauld*. Paris, Didot le jeune et Pissot (*JP*, 20 décembre 1779, pp.1445-1446).

472. *Réponse à l'épître du comte de Tressan*, 'Votre Apollon vil et malin', 63v.
Dans *Mélanie*, pp.208-211 (Epître de Tressan: pp.206-208); Ve, iii.506-508.
Remarques diverses: Pour les circonstances qui entouraient la composition de ces vers, voir CR, lettre 120.

473. *Réponse aux vers adressés à l'auteur par m. de Villette au sujet de l'Eloge de Voltaire* [ou *Réponse de m. de La Harpe aux vers que m. le marquis de Villette lui a adressés sur son Eloge de Voltaire*], 'L'amour-propre et votre Apollon', 21v.
Dans *JP*, 14 avril 1780, p.433 (Villette: 12 avril, p.425); CS, 21 avril 1780, ix.333-334 (avec les vers de Villette); *MF*, 22 avril 1780, pp.145-146 (Villette: 15 avril, p.97); *Mélanie*, pp.211-212 (avec les vers de Villette); CR, lettre 126 (avec les vers de Villette).

474. *Deux quatrains pour être mis au bas de deux dessins représentant la Vérité et la Vertu*, 'En peignant la vertu, j'ai cru peindre ma mère', 8v.
Dans CR, lettre 122.

475. *Couplet à mme la duchesse de Chartres*, 'Pour combler la félicité, 8v.
Dans CR, lettre 126.

476. *Vers pour être mis au bas d'un dessin de la Vertu*, 'Quoique mon zèle ait prétendu', 4v.
Dans CR, lettre 126.

477. *A mme la comtesse de La Fare*, 'Sous vos crayons tout s'anime et respire';
air: Des folies d'Espagne; 12v.
Dans CR, lettre 145.

478. *Vers sur mm. Turgot et Necker*, 'De deux bienfaiteurs des humains', 12v.
Dans CR, lettre 147.

479. *Vers pour mettre au bas d'une estampe intitulée La Gouvernante*, 'Entre l'enfance et la jeunesse', 7v.
Dans CR, lettre 150.
Remarques diverses: 'M. le duc de Chartres fait graver à Londres, à la manière noire, une estampe représentant mme. de Genlis, occupée de l'éducation de ses deux filles qui ont 13 à 14 ans, et des deux petites filles de m. le duc de Chartres, âgées de 3 ou 4 ans, et dont elle est la gouvernante' (Ve, xi.398).

480. *A mme de [Damas], qui voulait faire un roman*, 'Aglaé, dont l'esprit charmant', 41v.
Dans *Mélanie*, pp.196-197; *AM*, 1793, pp.61-62; CR, lettre 163.

481. *Le Revenant du Marais, ou réponse d'un mort aux dames qui ont fait son épitaphe*, 'Enterré de votre façon', 79v.
Dans *Mélanie*, pp.222-225; *AM*, 1799, pp.62-64; Ve, iii.511-514.
Remarques diverses: Pour La Harpe et le Marais, voir P. Zurich, *Une femme heureuse: mme de La Briche* (1934), pp.190-192.

482. *Epilogue aux mânes de Lucain*, 'C'est là que tu cessas et d'écrire et de vivre', 98v.
Dans OP, ii.413-415; Ve, viii.666-667.
Critiques: *MF*, 31 août 1782, p.233; MS, 25 août 1782, xxi.76; *JP*, 27 avril 1793, p.470 (où l'on cite également les vers 38 à 70 du poème).
Remarques diverses: Pour des réflexions par La Harpe sur une lecture de ce poème, voir Ve, xiii.41. Pour une traduction hollandaise par A. L. Barbaz, voir supra, no.397.

483. *Vers à mlle Philippine de Sivry*, 'Ton esprit de dix ans nous plaît et nous efface', 4v.
Dans CR, lettre 190; *Guirlande des Dames* [par Alberic Deville], 1826, xii.143.
Remarques diverses: Pour la réponse, voir CR, lettre 190; CLT, juin 1783, xiii.325.

484. *Les Trois Louises, chanson faite à la Ferté-Vidame, pour le jour de la S. Louis [25 août 1783], fête de mesdames D'[Escars], V[intimille], et [Montesquiou-] F[esensac]*, 'Les noms de la bergerie'; *air*: Ce mouchoir, belle Raimonde; 56v.
Dans *Mélanie*, pp.217-219; CR, lettre 195.

485. *Vers à mme de La Borde*, 'O vous qui d'un époux digne de votre cœur', 16v.
Dans CR, lettre 194.
Remarques diverses: Ecrits pour sa fête, le 4 septembre 1783.

486. *Epigramme sur Chamfort et Rulhière*, 'Connaissez-vous Chamfort, ce maigre bel-esprit' ou 'Vous connaissez Chamfort, ce maigre bel-esprit', 4v.
Dans MS, 11 mars 1784, xxv.184-185; CLT, mars 1784, xiii.498-499; CS, 26 mars 1784, xvi.68.
Remarques diverses: 'C'est La Harpe qui répétait un mot de l'abbé Arnaud, et qui le mettait en mauvaises rimes' (Sainte-Beuve, *Causeries du lundi* (Paris 1885), iv.579).

487. *Vers à mme d'Aguesseau de Fresne*, 'Dans ces lieux consacrés aux vertus, au génie', 12v.
Dans CR, lettre 275.

488. *A mme la marquise de G***, qui venait de montrer une bourse de filet* [ou *Vers adressés à mme la marquise de ***, qui venait de me montrer une bourse de filet* ou *A mme de G**** ou *A mme G***, sur une bourse de filet*], 'Vos doigts ont tissé cet ouvrage', 6v.
Dans *EP*, 1788, xviii; *JgF*, 8 janvier 1788, p.6; *AM*, 1789, p.204; *Mélanie*, p.216; Ve, iii.509.

489. *A mme la baronne de M*[ontesquiou], *qui avait joué en société le rôle de Mélanie, celui d'Annette, et celui d'Emilie dans la comédie intitulée Les Joueurs avec un égal succès* [ou *A mme de***, qui avait joué...*], 'De ses talents qu'a-t-elle donc affaire?', 13v.
Dans *AM*, 1789, pp.205-206; *Mélanie*, p.215; CR, lettre 283.

490. *Impromptu de Table* [ou *Vers sur la société de m. le marquis de Montesquiou*], 'Qu'on a à Maupertuis une joyeuse vie', 11v.
Dans *AM*, 1789, p.206; *Mélanie*, p.216; Ve, iii.509.

491. *A mme de Bourdic, en réponse à des vers qu'elle avait adressés à l'auteur* [ou *Réponse à des vers de mme la baronne de Bourdic*], 'Des Beautés de Téos l'essaim jeune et volage', 51v.
Dans *AM*, 1790, pp.256-258; *Mélanie*, pp.202-204; Ve, iii.504-505.
Remarques diverses: Voir les 'Vers à m. de La Harpe qui prétendait qu'il commençait à vieillir', *AM*, 1790, pp.255-256.

492. *A mme de La B*[riche], *qui avait donné une boîte à l'auteur* [ou *A mme de**** ou *A mme***, qui avait donné...*], 'Pandore en eut une des dieux', 11v.

Dans *MF*, 22 mai 1790, p.130; *AM*, 1791, p.46; *Mélanie*, pp.214-215; Ve, iii.508.

493. *A une jeune actrice qui s'appelait Madeleine*, 'On dit qu'ainsi que vous, Madeleine était belle', 6v.
Dans *Mélanie*, p.219; *AM*, 1793, p.112; Ve, iii.510.
Remarques diverses: Ce poème serait peut-être adressé à Magdeleine Desgarcins, qui joua Mélanie en 1791? Voir Todd 1, p.305; Todd 4, pp.323-324.

494. *A mme****, 'Je rêvais: volontiers, c'est de vous que je rêve', 27v.
Dans *Mélanie*, pp.220-221; Ve, iii.510-511.

8

Traductions en vers

~~~~~~

a. Traductions majeures

495. *Traduction libre et abrégée en vers de la Pharsale [de Lucain]*.
a) *Discours traduits de Lucain*:
  i) *César à ses soldats* [*Pharsalia*, i.299-351], 'O vous dont j'éprouvai le courage et la foi'.
  ii) *Brutus à Caton* [*Pharsalia*, ii.242-284], 'La vertu dès longtemps de l'univers bannie'.
  iii) *Réponse de Caton à Brutus* [*Pharsalia*, ii.286-323], 'Oui, la guerre est horrible entre des citoyens'.
  iv) *César à ses soldats révoltés* [*Pharsalia*, v.319-364], 'Vos cris ont éclaté; j'ai vu votre courroux'.
  v) *Les Adieux de Pompée et de Cornélie* [*Pharsalia*, v.734-790], 'Le sommeil avait fui les yeux de Cornélie'.
  vi) *Pompée à ses soldats* [*Pharsalia*, vii.342-382], 'Ce jour hâté par vous, attendu par la terre'.
Dans *Mélanges*, pp.127-153.
b) *Fragment du ix*ᵉ *chant de la Pharsale* [v.950-986], 'Cependant de César la haine encore trompée'.
Dans *JPL*, 15 octobre 1777, iii.215-216; *Je*, 15 décembre 1777, viii.482-483.
c) *Traduction libre et abrégée du premier et du septième livres de la Pharsale*; *chant i*: 'Je chante les combats, et la querelle impie'; *chant vii*: 'Le Dieu qui sur le monde épanche la lumière'.
Dans Pt, ii.317-362, 365-419 (texte avec traduction en regard).
d) *Portraits de César et de Pompée* [*Pharsalia*, i.121-157], 'Pompée avec chagrin voit ses travaux passés'.
Dans *EP*, 1782, xiii.206-208; *Lycée*, i.287-289.
Pour un autre passage du premier livre (v.522-583), également tiré de l'édition de 1778, voir *Lycée*, i.289-290: 'Les dieux mêmes, les dieux, qui, pour mieux nous punir'.
e) *Entrevue de César et de Cléopâtre, description de leurs festins* [*Pharsalia*, x.82-168), 'Seule et sans ornements, Cléopâtre s'avance'.
Dans *MagE*, 1795, i.267-270; *AM*, 1796, pp.139-142.

f) *Tableau des proscriptions de Marius et de Sylla* [*Pharsalia*, ii.1-233], 'Ainsi la voix des dieux et l'effroi qu'elle imprime'.

Dans *MF*, 16 vendémiaire an IX (8 octobre 1800), ii.81-86.

g) *Les Noces de Caton et de Marcie; description des Pyrénées* [*Pharsalia*, ii.326-438], 'Déjà le ciel blanchit des rayons du matin'.

Dans *MF*, 1 brumaire an IX (23 octobre 1800), ii.161-164.

h) *Traduction libre et abrégée en vers de la Pharsale*.

Dans OP, ii.353-412; Ve, iii.589-665.

Remarques diverses: *Chant i*: comme en 1778, avec une variante pour les vers 48 à 50 (*Pharsalia*, i.70-72). *Chant ii*: beaucoup de coupures mineures. *Chant vii*: comme en 1778. *Chant x*: commence en fait avec *Pharsalia*, ix.950-1108. On omet la discussion avec Acoreus et la description des sources du Nil. On omet donc les passages du *Chant v* publiés en 1764. Les autres passages publiés à cette époque ont été remaniés.

En hollandais:

496. FARZALIA, / EERSTE EN ZEVENDE ZANG, / VRY GEVOLGD NAAR HET LATYN, / VAN / *LUKANUS*, / DOOR / *DE LA HARPE*; / EN GEVOLGD NAAR HET FRANSCH, / DOOR / *A. L. BARBAZ*. / [*ornement typographique*] / *Te AMSTELDAM, by* / PIETER JOHANNES UYLENBROEK. / MDCCCI. //

pp.xiii.73.[i bl.]; sig.A-C⁵, D³; 21,5cm.

Ex Libris: B-A/S; NL-A/U; NL-U/U.

497. *Traduction des huit premiers chants de la Jérusalem délivrée* [*du Tasse*], 'Je chante ce héros qui par de saints combats'.

Dans OP, ii.143-352; Ve, viii.321-585.

Fragments publiés à part:

Traduction de l'épisode d'Olinde et Sophronie [*Gerusalemne*, ii.st.xiv-liii], 'Au printemps de ses jours, modeste et retirée'.

Dans *MF*, 1, 16 messidor an VIII (20 juin, 6 juillet 1800), i.5-12, 81-85 (avec des notes (pp.85-88) qui diffèrent légèrement de celles données dans les éditions collectives).

Le Combat d'Othon contre Argant et d'Argent contre Tancrède [*Gerusalemne*, vi.st.xxv-liii], 'Entre Jérusalem et le camp de Bouillon'.

Dans *MF*, 20 frimaire an XI (12 décembre 1802), x.529-536.

Combat de Tancrède et de Raimbaud [*Gerusalemne*, vii. st.xxxvii-xlvi], 'Sur ce pont tout-à-coup paraît un chevalier'.

Dans *MF*, 4 nivôse an XI (26 décembre 1802), xi.1-4; *AM*, 1804, pp.37-40.

Combat d'Argant et de Raymond [*Gerusalemne*, vii. st. lxxxiv-xcix], 'Argant seul, et foulant l'arène abandonnée'.
Dans *MF*, 18 nivôse an XI (9 janvier 1803), xi.97-102; *AM*, 1805, pp.25-30.

b. Traductions mineures

498. *Eloïse à Abailard* [de Pope, v.303-316], 'Dans l'ombre de la nuit au milieu des tombeaux', 17v.
Dans *L'Essai sur l'héroïde* (supra, no.112).

499. Eschyle, *Coephoroë*, v.84-163, 'Vous qu'en mon infortune il m'est permis de voir'.
Dans *MF*, janvier 1771, ii.130-136; Pt, i.295-299; *Lycée*, i.349-353.

500. Eschyle, *Septem ante Thebam* (*Sept Chefs devant Thèbes*).
a) v.377-394, 'Le Terrible Tydée, aux bords de l'Isménus'.
Dans Pt, i.278-279; *Lycée*, i.336-337; *MF*, 1 brumaire an IX (23 octobre 1800), ii.184-185.
b) v.424-435, 'A la porte d'Electre, aux assauts destinée'.
Dans Pt, 279-280; *Lycée*, i.337.
c) v.486-500, 526-541, 'Aux remparts de Minerve Hippomédan s'avance'.
Dans Pt, i.280-281; *Lycée*, i.338.
d) v. 298-368, 'Du plus mortel effroi nos sens sont pénétrés'.
Dans Pt, i.286-288; *Lycée*, i.339-340.
e) v.800-1005, 'O frères insensés! ô princes déplorables!'.
Dans Pt, i.282-286; *Lycée*, i.341-345.

501. Euripide, *Alcestis* (*Alceste*), v.280-325, 'Cher Admète, je touche à mon heure suprême'.
Dans Pt, i.339-340; *Lycée*, i.486-488.

502. Euripide, *Hecuba*.
a) v.249-295, 'Souviens-toi de ce jour, où d'une voix tremblante'.
Dans Pt, i.332-333; *Lycée*, i.470-471.
b) v. 324-437, 'Ulysse, je le vois, vous craignez ma prière'.
Dans Pt, i.334-338; *Lycée*, i.471.
c) v.521-582, 'Pour ce grand sacrifice on s'assemble, on s'empresse'.
Dans Pt, i.338-339 [337-338]; *Lycée*, i.476-478.

503. Homère, *Iliade*.
a) *Phoenix à Achille* [ix.498 &c], 'Filles de Jupiter, les modestes Prières'.
Dans *Lycée*, i.232.

b) *Achille, après la mort de Patrocle* [xviii-107-114], 'Ah! périsse à jamais la discorde barbare'.
Dans *Lycee*, i.246-247.
c) *Jupiter à Thétis* [xxiv.112-116], 'Dites à votre fils qu'en son aveugle rage'.
Dans *Lycée*, i.248.

504. *Douzième Olympique de Pindare* (*pour Ergotélès d'Himère, vainqueur au Dolique*), v.1-14, 'Fille de Jupiter, Fortune impérieuse'.
Dans *MF*, avril 1772, i.132-133; Yn, i.344; Pt, iv.173; *Lycée*, ii.113.

505. *Première ode pythique de Pindare* (*pour Hiéron d'Etna, vainqueur à la course des chars*), 'Doux trésor des neuf sœurs, instrument du génie', 45v.
Dans *MF*, avril 1772, i.111-113; Yn, i.321-333; Pt, iv.147-149; *Lycée*, ii.96-97.

506. Sophocle, *Ajax* (*furieux*).
a) v.118-133, 'Eh bien! des immortels vous voyez la puissance'.
Dans *Lycée*, i.364.
b) *Traduction des dernières paroles d'Ajax* [v.815-865], 'Oui, le fer [ou le glaive] est tout prêt: il va finir ma vie'.
Dans *JPL*, 25 décembre 1777, iii.521-522; Pt, i.314-315; *Lycée*, i.369-371; *Sophocle. Ajax. Edition classique . . . par D. Mairie* (Paris 1855), avec le passage précédent.

507. Sophocle, *Elektra* (*Electre*).
a) v.431-454, 'Ah! ma sœur, loin de vous ce ministre impie'.
Dans *MF*, janvier 1771, ii.137-139; Pt, i.301-302; *Lycée*, i.416-417.
b) *Traduction d'un morceau de l'Electre de Sophocle* [v.1126-1170], 'O monument sacré du plus cher des humains'.
Dans *JPL*, 15 décembre 1777, iii.474-475; Pt, i.310-312; *Lycée*, i.421-422.

508. Sophocle, *Œdipus Coloneus* (*Œdipe à Colonne*), v.1348-1396, 'Puisqu'il ose parler, puisqu'il faut le confondre'.
Dans Pt, i.327-328; *Lycée*, i.387-388.

509. *Traduction des Adieux d'Œdipe à ses filles* [Sophocle, *Œdipe roi*, v.1466-1514], 'Que je les touche encor de mes mains paternelles'.
Dans *JPL*, 5 janvier 1778, i.38-39; *Ej*, mai 1778, pp.245-247; Pt, i.321-333; *EP*, 1781, xii.196-198; *Lycée*, i.405-407.

510. *Imitation du psaume i* (*Beatus vir* . . .), 'Heureux qui n'a jamais, d'une oreille indulgente', 42v.
Dans *MF*, 7 ventôse an XI (26 février 1803), xi.433-434; *AM*, 1804, pp.191-192; OP, iv.371-372; Ve, ix.500-501.

511. *Imitation du psaume cxiii (In exitu Israël)*, 'Lorsque, enfin séparé de la race étrangère', 188v.
Dans OP, iv.373-375; Ve, ix.502-506.

512. *A Pirrha, imitation d'Horace* [*Carmina*, I,v.], 'Pirrha, quel est l'amant enivré de tendresse', 29v.
Dans *MF*, avril 1772, i.125-126; *AM*, 1773, pp.47-48; Yn, i.337-338; Pt, iv.166-167; *Lycée*, ii.116-117; *AM*, 1800, pp.1-2.

513. *Traduction de l'ode d'Horace "O Venus, Regina Cnidi Paphique"* [*Carmina*, I, xxx], 'O Reine de Paphos, de Gnide et de Cythère', 10v.
Dans JPL, 25 janvier 1777, i.132; Pt, ii.215; *Lycée*, ii.117; *AM*, 1800, p.124.

514. *Imitation d'Horace* [ou *Ode à la Fortune*] [*Carmina*, I, xxxiv & xxxv], 'D'Epicure élève profane', 97v.
Dans *MF*, avril 1772, i.129-132; Yn, i.340-343; Pt, iv.169-173; *Lycée*, ii.110-113; *Bp*, iii (1ère.partie). 1-3; *AM*, 1805, pp.149-152.

515. *A Cloé, imitation d'Horace* [ou *Ode à Barine*] [*Carmina*, II, viii], 'Si le ciel t'avait punie', 41v.
Dans *MF*, avril 1772, i.124-125; *EP*, 1773, iv.131-132; *Lycée*, ii.114-116; *Moniteur*, 21 prairial an VII (9 juin 1799), p.1065; *AM*, 1803, p.151; *Bp*, iii (1ère. partie). 37.

516. *Traduction du début de l'Ode d'Horace 'Justum et tenacem propositi virum'* [*Carmina*, III, iii], 'Le Juste est inébranlable', 10v.
Dans *Lycée*, ii.117-118.

517. *Traduction d'une ode d'Horace sur Pindare* [*Carmina*, IV, ii], 'Ah! que jamais mortel, émule de Pindare', 28v.
Dans *MF*, avril 1772, i.104-105; Yn, i.314-315; Pt, iv.139-140; *Lycée*, ii.90-92.

518. *Traduction d'un morceau du quatrième chant de Lucrèce* [*De Rerum Natura*, iv.1073-1120], 'Ah! fuyez cet amour qui, dans sa folle erreur', 58v.
Dans Pt, ii.192-194; Ve, iii.484-485.

519. *A Caton sur les Jeux floraux* [Martial, *Epigrammatica*, I (préface)], 'Tu savais de nos jours quelle était la licence', 4v.
Dans *Les Douze Césars* (infra, no.524), i. p.lxi; Ve, vi.59.

520. *A un avocat* [Martial, *Epigrammatica*, VI, 19], 'On m'a volé: j'en demande raison', 10v.
Dans *Lycée* ii.187; *AM*, 1800, p.241.

521. Ovide, *Héroïdes*.
a) no.ix: *Deianira Herculi* (*Dejanire à Hercule*), 'Ton épouse jouit de ta nouvelle gloire', 12v.
b) no.xiii: *Laudamia Protesilao* (*Laudamie à Protésilas*), 'Je tremble; on m'a parlé d'un Hector redoutable', 6v.
Dans l'*Essai sur l'Héroïde* (supra, no.112).

522. *Quatrain de Regnard gravé sur un rocher du mont Métavara* [voir *Œuvres de m. Regnard* (Paris 1758), i.115], 'Nés Français, éprouvés par cent périls divers'.
Dans *MF*, mars 1772, p.85; Pt, v.168; *Lycée*, vi.18.

523. *Imitation de la première élégie de Tibulle*, 'Qu'un autre, poursuivant la gloire et la fortune', 121v.
Dans *MF*, octobre 1773, ii.51-55; *Ej*, 30 octobre 1773, pp.143-146; Yn, i.263-267; Pt, ii.240-244; *Lycée*, ii.212-216; *AM*, 1803, pp.1-5; N. E. Lemaire, *Bibliothèque classique latine* (Paris 1818), t.i.
Critiques: *MF*, 14 février 1784, pp.63-64.

9

Traductions en prose

~~~~~~

a. Traductions majeures

524. *Les Douze Césars, traduits du latin de Suétone.*
Dans Ve, tomes vi et vii.

Publications à part:

LES / DOUZE CÉSARS, / TRADUITS DU LATIN / DE SUÉTONE, / AVEC DES NOTES ET DES RÉFLEXIONS, / *PAR. M. DE LA HARPE.* / [*filet*] / TOME PREMIER. / [*filet*] / [*ornement typographique*] / A PARIS, / Chez Lacombe, Libraire, rue Christine, près de / la rue Dauphine; / & Didot l'aîné, Libraire & Imprimeur, rue Pavée, / près du quai des Augustins. / [*filet double*] / M. DCC. LXX. / *Avec Approbation, & Privilège du Roi.* //

8°. 2 vols. pp.lxvi.432 + 503. [i bl.]; 19,5cm.

Ex Libris: B-G/U; D-Mu/B; F-Chau; F-P/Bn; GB-LO/N; SU-BV.
Imprimeur: Didot.
Approbation: Saurin, 4 janvier 1770.
Privilège: 14 mars 1770.
Publication: 'après la Saint-Martin' [11 novembre] (*MF*, novembre 1770, pp.129-130). *AvC*, 12 novembre 1770, p.746. Déjà sous presse en juin 1770 (*MF*, juin 1770, p.148).
Critiques: *Al*, 1770, vii.284-285, 1771, i.3-39; 145-172, 246-269; *AvC*, 26 novembre 1770, pp.764-765; *Js*, mars 1771, p.183, octobre 1774, pp.682-695; *Je*, 1 avril 1771, iii.3-16; *MémT*, février 1771, pp.259 etc.; *MF*, décembre 1770, pp.122-130, février 1771, pp.124-134, 134-138, août 1771, pp.140-146; CLT, ix.243-247; CS, 4 juin 1776, iii.117-118; MS, 23 novembre 1770, v.192-193.
Remarques diverses: voir supra, nos.115, 116.

525. LES / DOUZE CÉSARS, / TRADUITS DU LATIN / DE SUÉTONE, / AVEC DES NOTES ET DES RÉFLEXIONS, / Par M. DE LA HARPE. / Nouvelle édition revue et corrigée, ornée des Portraits / des douze Empereurs, et de celui de l'Auteur, gravés / d'après l'antique. / [*filet anglais*] / TOME PREMIER. / [*filet anglais*] / A PARIS, / CHEZ GABRIEL WAREE, LIBRAIRE, QUAI VOLTAIRE, / n°14. / AN XIII-1805. //

8°. 2 vols. pp.567.[i bl.] + 567.[i bl.]; 20cm., portraits par Maradan.

Ex Libris: B-A/S; D-Tü/U; F-Albi; F-Bvs(t.2); F-Mou; F-Mor; GB-LO/N; GB-MA/S; USA-NN.

Imprimeur: Guilleminet.

Remarques diverses: Edition préparée par A. H. Boulard (voir sa *Lettre au Moniteur* (Paris 1814), p.11), qui revit le texte, en tenant compte des critiques énoncées dans l'*Année littéraire* en 1770 et 1771. Dans l'édition collective des œuvres de La Harpe de 1820, Verdière adoptera en partie les changements de Boulard, mais sans les signaler.

526. HISTOIRE / DES / DOUZE CESARS, / TRADUITE DU LATIN / DE SUETONE, / AVEC DES NOTES ET DES RÉFLEXIONS / PAR J. F. DE LAHARPE. / CINQUIEME ÉDITION, revue avec le plus grand soin, ornée / des Portraits des douze Césars et de Suétone, dessinés / et gravés par Gautier d'après les antiques du Musée / Royal; / SUIVIE / D'un Tableau historique et chronologique de la Vie des Empereurs / Romains qui leur ont succédé, et des causes qui, après avoir / élevé l'Empire au plus haut degré de splendeur, en ont amené / la décadence. / ET / D'un Précis de l'Histoire Romaine sous la Monarchie et / la République jusqu'à Jules César, par M. J. Auger. / TOME PREMIER. / A PARIS, / CHEZ SAMSON FILS, LIBRAIRE, / POUR L'EDUCATION, LES ARTS ET LES LANGUES ETRANGÈRES, / rue des Grands-Augustins, n° 28. / 1822. //

16°. 3 vols. pp.vi.[ii].236 + 218 + 194; 14,5cm.

Ex Libris: F-P/Bn.

Imprimeur: Pillet jeune, rue de la Colombe, no.4.

Publication: *JLib*, 28 septembre 1822, no.4352.

Remarques diverses: Malgré la mention de la page de titre, et en tenant compte de la publication dans l'édition collective des œuvres de La Harpe, nous croyons qu'il s'agit ici de la quatrième édition de cette traduction.

527. [*Idem*], 1823.

Ex Libris: F-Tours.

528. ŒUVRES / DE / SUÉTONE / TRADUCTION FRANÇAISE / DE LA HARPE / REFONDUE AVEC LE PLUS GRAND SOIN / PAR / M. CABARET-DUPATY / Professeur de l'Université, auteur de divers ouvrages classiques. / [*filet*] / PARIS / GARNIER FRÈRES, LIBRAIRE-EDITEURS / 6, RUE DES SAINT-PÈRES, ET PALAIS-ROYAL, 215 / 1862. //

pp.[iv].xix.[i bl.].462.[i]. [i bl.]; sig. [ ]², a¹⁰, 1¹², 2⁶ ... 24⁶, 25¹², 26⁴; 17,5 cm.

Ex Libris: F-AixU; F-Cns; F-P/Bn; NL-A/U; NL-LH/N.

Imprimeurs: Paris, imprimerie Simon Raçon et Comp., rue d'Erfurth, 1.
Puis: 1er. tirage: Coulommiers, typographie A. Moussin. 2e. tirage: typographie A. Moussin et Charles Unsinger.
Collection: *Bibliothèque latine-française*, tome 23. Ceci remplace dans cette collection la traduction de Suétone par Golbéry (1830).
Table des matières: Avertissement pour cette nouvelle édition, par Félix Lemaistre: pp.[i]-ii; Préface par J. P. Charpentier: pp.[iii]-xix.
Remarques diverses: Cabaret-Dupaty revit le texte de La Harpe, tenant compte du travail de Golbéry. Cette édition a le texte latin au bas de la page, mais le *discours préliminaire*, les *réflexions*, et les notes de La Harpe sont supprimés.

529. [*Idem*], 1865.
Ex Libris: GB-BH/U; USA-NN.

530. [*Idem*], 1874.
Ex Libris: F-Val; GB-LD/U.

531. [*Idem*], 1885.
Ex Libris: F-Boul; F-Nts.

532. [*Idem*], 1893.
Ex Libris: F-P/Bh; GB-RE/U; GB-SA/U.
Imprimeur: Coulommiers, imprimerie Paul Brodard.

533. [*Idem*] [1922].
Ex Libris: D-Tü/U.

534. BIBLIOTHÈQUE NATIONALE / COLLECTION DES MEILLEURS AUTEURS ANCIENS ET MODERNES. / [*filet*] / HISTOIRE / DES / DOUZE CESARS / TRADUITS DU LATIN / DE SUÉTONE / PAR / J. F. DE LAHARPE / [*petit filet*] / TOME PREMIER. / [*petit filet*] / PARIS / DUBUISSON ET Cᵉ, IMPRIMEURS-LIBRAIRES / 5, RUE COQ-HÉRON, 5 / [*petit filet*] / 1863. //
32°. 2 vols pp.192 + 187. [i bl.]; 14 cm.
Ex Libris: CH-Lug; F-P/Bn.
Remarques diverses: Cette édition a une *Etude sur les historiens* (i.1-16), extraite du *Discours préliminaire* (supra, no.115).

535. [*Idem*] PARIS / [*en parallèle*:] DUBUISSON ET Cᵉ / 5, rue Coq-Héron, 5 / LUCIEN MARPON / 4-7, galeries de l'Odéon, 4-7 / [*petit filet*] / Nouvelle édition. – Avril 1864. //
Ex Libris: F-Carp; F-LRY(t.1); F-P/Bn.

536. [*Idem*] 3e. édition. – Février 1865. //
Ex Libris: F-AM; F-Bvs; F-P/Bn.
Publication: *JLib*, 11 février 1865, no.1865.

537. [*Idem*] PARIS / BUREAU DE LA PUBLICATION / 5 RUE COQ-HÉRON / [*Petit filet*] / Quatrième édition. – Décembre 1865. //
Ex Libris: F-P/Bn.

538. [*Idem*] Cinquième édition. – 1866.
Ex Libris: B-G/U; F-Albi; F-P/Bn.

539. [*Idem*] PARIS / LIBRAIRE DE LA BIBLIOTHEQUE NATIONALE / 8, RUE DE VALOIS, PALAIS-ROYAL, 2 / [*petit filet*] / 1872. / Tous droits réservés. //
Ex Libris: CDN-QMU; USA-NN.

540. [*Idem*], 1875. //
Ex Libris: F-P/Bn.

541. [*Idem*], 1877. //
Ex Libris: F-P/Bn.

542. [*Idem*], 1880-1881. //
Ex Libris: USA-NN.

543. [*Idem*], 1886-1887. //
Ex Libris: GB-BH/U.

544. [*Idem*] Paris, Pfluger, 1898. //
Publication: *JLib*, 24 juin 1899, no.6648 (pour le 11 juin 1898).
Imprimeur: Mangeot, à Paris.

545. SUÉTONE / [*filet*] / ROME GALANTE / SOUS LES DOUZE CESARS / [*filet*] / Nouvelle édition, précédée d'une notice. / [*ornement typographique*] / PARIS / E. DENTU, ÉDITEUR / LIBRAIRE DE LA SOCIÉTÉ DES GENS DE LETTRES / PALAIS ROYAL, 15-17-19, GALERIE D'ORLÉANS / [*petit filet*] / 1883. //
pp.[iv].iii.[i bl.]306.[i].[i bl.]; sig.[   ]⁴, 1-19⁸, 20²; 16,5cm.
Ex Libris: F-P/Bn.
Imprimeur: George Jacob, à Orléans.

Collection: *Bibliothèque choisie des chefs d'Œuvre français et étrangers*, tome ix.

Remarques diverses: 'La vie des Douze Césars, ou Rome galante sous les empereurs, a été traduite plus de dix fois en français. Nous avons suivi, en la revoyant, la version de La Harpe, publiée pour la première fois en 1770. C'est la plus fidèle et la plus 'élègante que nous ayons dans notre langue' (p.iii).

546. SUÉTONE / [*filet*] / Les / Douze Césars / TRADUCTION DE LA HARPE / [*ornement typographique*] / PARIS / ERNEST FLAMMARION, ÉDITEUR / 26, RUE RACINE, 26 / [*petit filet*] //

pp.[ii].363.[i bl.].[ii].[iv. bl.]; sig.1¹², 2-30⁶, 31⁵; 18,5cm.

Ex Libris: F-P/Ar; F-P/Bn.
Imprimeur: J. Pigelet, à Auxerre.
Publication: *JLib*, 9 juin 1911, no.5404.
Collection: *Les meilleurs auteurs classiques français et étrangers*.

547. [*couverture illustrée*:] Grande collection Nationale. / Suétone. / Rome galante sous les Césars. / 20c. l'ouvrage complet. / F. Rouffe, Editeur, / Avenue du Maine, / Paris 14ᵉ //

4°. pp.36; 28cm.

Ex Libris: F-P/Bn.
Publication: 1914.
Collection: *Grande collection nationale*, no.31.

548. LES DOUZE / CESARS / PAR / SUETONE. / TRADUCTION FRANÇAISE DE LA HARPE. / PREFACE DE J.-P. CHARPENTIER. //

16°. pp.395.[i bl.]; 20cm., pl.front.

Ex Libris: F-P/Bn.
Editeur: Paris, l'Ambassade du Livre, 12 rue de Presbourg, XVIe., 1961.
Imprimeur: Mame, à Tours.
Publication: dépôt légal: 7 octobre 1961. Tiré à 5 000 exemplaires tous numérotés.

549. *La Lusiade de Louis Camoëns.*
Dans Ve, viii.7-316.
Remarques diverses: C'est un remaniement en prose poétique d'une 'version littérale du texte portugais' par Vaquette d'Hermilly. La Harpe a fourni des notes critiques et historiques et une *Notice sur Camoëns*.

Publications à part:

LA LUSIADE / DE / *LOUIS CAMOËNS*; / POEME HEROÏQUE, / *EN DIX CHANTS,* / NOUVELLEMENT TRADUIT DU PORTU-GAIS, / *Avec des Notes & la Vie de l'Auteur.* / Enrichi de Figures à chaque

Chant. / [*filet*] / TOME PREMIER. / [*filet*] / [*ornement typographique*] / *A PARIS*, / Chez NYON aîné, Libraire, rue Saint-Jean-/de-Beauvais. / [*filet double*] / M. DCC. LXXVI. //

8°. 2 vols. pp.xxix.320+291.[iv]; 19.5cm.

Ex Libris: B-Br; B-G/U; F-Do; F-Lille; F-Ly; F-P/Bn; F-Troyes; GB-LO/N.

Imprimeur: Ph.D. Pierres, imprimeur du Collège Royal de France, rue Saint-Jacques.

Approbation: Osmont, 3 mai 1776. 'Le privilège se trouve aux *Pensées* de La Rochefoucauld.'

Publication: Exemplaire présenté à l'Académie française le 12 août 1776 (*RegistresAf.*).

Critiques: Al, 1776, v.3-36; *Js*, août 1777, p.573; *Je*, 15 novembre 1776, viii.99-108; *JPL*, 15 septembre, 5 décembre 1776, iii.99-103, 491-492 (une réponse à l'attaque sur l'ouvrage par l'abbé Grosier).

550. [*Idem*] //

8°. 2 vols. pp.xvii.160+ 132; 19,5cm.

Ex Libris: B-Br.

Remarques diverses: voir Costa Coutinho, pp.95-96.

551. LA / LUSIADE / DE / *CAMOËNS.* / TRADUCTION POÉTIQUE, / *AVEC* / DES NOTES HISTORIQUES ET / CRITIQUES, NÉCES-SAIRES / POUR L'INTELLIGENCE DU / POEME. / *PAR* / MR. DE LA HARPE. / [*ornement typographique*] / LONDRES. / [*filet double agrémenté*] / M. DCC. LXXVI. //

pp.xvi.299. [i bl.]; sig.[   ]⁸, A-S⁸, T⁶; 18cm.

Ex Libris: CH-L; DK-C; F-LRY; F-Ly.

Publication: Edition publiée par la Société littéraire et typographique d'Yverdon (voir Perret, pp.299, 433).

552. LA LUSIADE / DE / LOUIS CAMOËNS, / POÉME HEROÏQUE / EN DIX CHANTS, / Traduit du Portugais, avec des Notes et la Vie de l'Auteur. / PAR J. F. LA HARPE. / [*filet ondulé*] / TOME PREMIER. / [*filet ondulé*] / PARIS, / LAURENT-BEAUPRÉ, Libraire, au Palais-Royal, / galeries de bois, n°.218. / [*filet*] / 1813. //

8°. 2 vols. pp.350+ 294; 18cm.

Ex Libris: F-Ber; F-Nm.

Imprimeur: D'Hautel, rue de la Harpe, no.80.

Publication: *JLib*, 1813, no.3208.

553. Пузияда, ироическая поэма Лудовика Камоенса. Переведена с французскаго де-ла-Гарпова переводу Александром Дмитриевым. Москва, комп. типографич., 1788. //

8°. 2 vols. pp.307. [i b.] + 256.

Ex Libris: SU-M.

Remarque diverses: Voir *Сводный каталог русской книги XVIII века* (1963-1967), no.2761.

554. *Le Psautier en français.*
Dans Ve, tome ix.
Publications à part:

LE PSEAUTIER / EN FRANÇAIS, / TRADUCTION NOUVELLE, / Avec des notes pour l'intelligence du texte, et des / argumens à la tête de chaque Pseaume: précédée / d'un Discours sur l'esprit des Livres saints et le / style des Prophètes. / OUVRAGE destiné principalement à l'usage des Fidèles / qui ne peuvent lire les Pseaumes qu'en français, et / distribué suivant l'ordre des offices de la semaine. / Par JEAN-FRANÇOIS LAHARPE. / [*filet*] / *Cantabiles mihi erant justificationes tuae, in loco pere-* / *grinationis meae.* / Vos justices, Seigneur, étaient le sujet de mes chants / dans le lieu de mon exil. *Ps.118.* / [*filet*] / [*filet anglais*] / A PARIS, / Chez MIGNERET, Imprimeur, rue Jacob, / N.°1186. / [*filet double*] / AN VI. [1798] //

pp.[iv].lxxx.283. [i]; sig.a-c¹², d⁴, A-L¹², M¹⁰; 16,5cm.

Ex Libris: CH-G; G-Char; F-ChM; F-Lille; F-Mor; F-P/Bn; F-Rod; GB-MA/S; S-U/U.

Critiques: *Journal des débats*, 8 prairial an VIII (28 mai 1800), p.4.

Remarques diverses: 'Cet ouvrage a été composé en 1794, pendant la détention de l'auteur, sous la tyrannie de Robespierre; et de peur que son ouvrage ne pérît avec lui, il en fit passer le manuscrit à un ami, à tout événement. Occupé depuis d'autres objets, il l'a laissé dans ses mains; et comme l'ouvrage est entièrement étranger aux matières politiques, et uniquement de religion et de littérature, les amis de l'auteur ont pensé que la publication pouvait être de quelque utilité pour lui, sans aucun inconvénient: c'est ce qui nous a déterminés à l'imprimer' (*Avertissement de l'éditeur*).

555. LE PSEAUTIER / EN FRANÇAIS, / TRADUCTION NOUVELLE, / AVEC DES NOTES POUR L'INTELLIGENCE DU TEXTE, ET DES / ARGUMENS A LA TÊTE DE CHAQUE PSEAUME: PRÉCÉDÉE / D'UN DISCOURS SUR L'ESPRIT DES LIVRES SAINTS ET LE STYLE / DES PROPHÈTES. / OUVRAGE destiné principalement pour l'usage des Fidèles qui / ne peuvent lire les Pseaumes qu'en français, et distribué / suivant l'ordre des offices de la semaine. / Par JEAN-FRANÇOIS LAHARPE. / [*filet*] / *Cantabiles mihi erant justificationes tuae, in loco* / *pere-*

grinationis meae. / Vos justices, Seigneur, étaient le sujet de mes / chants dans le lieu de mon exil. *Ps. 118.* / [*filet*] / NOUVELLE ÉDITION. / A PARIS, / CHEZ MIGNERET, IMPRIMEUR, / RUE DU SÉPULCRE, F.S.G., N.° 28. / [*filet double*] / AN XII. – 1804. //

pp.[iv].400; sig.1-25⁸; 20cm.

Ex Libris: F-Am; F-ChM; F-Col; F-Ly; F-P/Bn.

556. LE PSEAUTIER / EN FRANÇAIS, / TRADUCTION NOU-VELLE, / AVEC DES NOTES POUR L'INTELLIGENCE DU TEXTE, ET / DES ARGUMENTS A LA TÊTE DE CHAQUE PSEAUME: / PRÉCÉDÉE D'UN DISCOURS SUR L'ESPRIT DES LIVRES / SAINTS ET LE STYLE DES PROPHÈTES. / OUVRAGE destiné principalement à l'usage des/Fidèles qui ne peuvent lire les Pseaumes qu'en / français, et dis-tribué suivant l'ordre des offices de / la semaine. / Par JEAN-FRANÇOIS LAHARPE. / [*filet*] / *Cantabiles mihi erant justificationes tuæ, in loco* / *pere-grinationis meae.* / Vos justices, Seigneur, étaient le sujet de mes / chants dans le lieu de mon exil. *Ps.*118. / [*filet*] / NOUVELLE ÉDITION. / A PARIS, / CHEZ MIGNERET, IMPRIMEUR, / RUE DU DRAGON, F.S.G., N.°20. / [*filet ondulé*] / 1811. //

pp.[iv].420; sig. π², 1-17¹², 18⁶; 18cm.

Ex Libris: CH-Fg; F-ChM; F-Do; F-Nts; F-Rns; F-StC.

557. [*Idem*] NOUVELLE ÉDITION. / [*filet anglais*] / A LYON, / CHEZ BALLANCHE, IMPRIMEUR, / AUX HALLES DE LA GRENETTE, N.° 2. / [*filet double*] / 1814. //

pp.[iv].444; sig. π², A-Z⁸, Aa-Dd⁸, Ee⁶; 22cm.

Ex Libris: F-ChM.

558. [*Idem, moins le filet anglais*] //

pp.[iv].420; sig. π², A-R¹², S⁶; 18cm.

Ex Libris: F-Albi; F-ChM; F-P/Ep.

559. LE PSAUTIER / EN FRANÇAIS, / TRADUCTION NOUVELLE, / Avec des notes pour l'intelligence du texte, et des/argumens à la tête de chaque Psaume, précédée / d'un discours sur l'esprit des livres saints et le / style des Prophètes; / OUVRAGE / Destiné principalement à l'usage des fidèles qui ne peuvent lire les Psaumes qu'en français, et distribué / suivant l'ordre des offices de la semaine; / PAR J. F. LAHARPE. / [*filet*] / *Cantabiles mihi erant justificationes tuae, in* / *loco peregrinationis meæ.* / Vos justices, Seigneur, étaient le sujet de mes / chants dans le lieu de mon exil. *Ps.* 118. / [*filet*] / A PARIS, CHEZ LEDOUX ET TENRÉ, LIBRAIRES, / RUE PIERRE-SARRAZIN, N° 8. / [*filet*] / 1817. //

pp.[iv].420; sig.1-17^{12}, 188^8; 17cm. *ou* sig.1-268^8, 274^4; 20cm.

Ex Libris: F-Bdx; F-Bsn; F-Mor.
Imprimeur: Feugueray, à Paris.
Publication (pour les deux formats): *JLib*, 22 mars 1817, no.950.

560. LE PSAUTIER / EN FRANÇAIS. / TRADUCTION NOUVELLE, / AVEC DES NOTES POUR L'INTELLIGENCE DU TEXTE, ET / DES ARGUMENS A LA TÊTE DE CHAQUE PSAUME: / PRÉCÉDÉE D'UN DISCOURS SUR L'ESPRIT DES LIVRES / SAINTS ET LE STYLE DES PROPHÈTES. / OUVRAGE / Destiné principalement à l'usage des Fidèles qui ne peu- / vent lire les Psaumes qu'en français, et distribué suivant / l'ordre des offices de la semaine. / PAR J. F. LAHARPE. / [*filet*] / *Cantabiles mihi erant justificationes tuae, in loco / peregrinationis meæ.* / Vos justices, Seigneur, étaient le sujet de mes/chants dans le lieu de mon exil. *Ps.* 118. / [*filet*] / NOUVELLE ÉDITION. / LYON, / CHEZ LES FRERES GUYOT, LIBRAIRES, / Rue Mercière, n.° 39. / *Aux trois Vertus Théologales.* / [*filet*] / 1818. //

pp.[iv].420; sig.1-17^{12}, 188^8; 17cm.

Ex Libris: F-Mbn; F-Perp; F-Val.
Imprimeur: Fr. Mistral.
Publication: *JLib*, 10 octobre 1818, no.3677.

561. LE / PSAUTIER / PAR LA HARPE / AVEC / UNE NOTICE HISTORIQUE ET DES NOTES EXPLICATIVES / PAR M. L'ABBÉ LABOUDERIE / VICAIRE GÉNÉRAL D'AVIGNON / CHANOINE HONORAIRE DE SAINT-FLOUR / CHEVALIER DE MALTE / MEMBRE DE PLUSIEURS ACADÉMIES ET SOCIÉTÉS SAVANTES. / Vos justices, Seigneur, étaient le sujet de mes / chants dans le lieu de mon exil. / Ps. cxviii. / [*monogramme*] / PARIS / LIBRAIRIE DE CHARLES GOSSELIN. / [*petit filet*] / DE L'IMPRIMERIE DE RIGNOUX. / M DCCC XXIV. //

pp.[iv].xxxi.[i bl.].468; sig.a-b^8, 1-28^8, 29^{10}; 22cm.

Ex Libris: CH-N; F-Bdx; F-Gbl; F-P/Bn; F-Tls.
Collection: *Bibliothèque religieuse*, tome i.
Publication: *JLib*, 20 novembre 1824, no.5794.
Table des matières: Notice sur La Harpe (signée J.L.): pp.i-xii; Fragments d'une apologie de la Religion chrétienne (tirés du *Lycée*): pp.[xiii]-xxxi; Discours préliminaire: pp.1-90; Le Psautier: pp.91-468.

562. LE / PSAUTIER / PAR LA HARPE / AVEC / UNE NOTICE HISTORIQUE ET DES NOTES EXPLICATIVES. / Vos justices, Seig-

neur, étaient le sujet de mes / chants dans le lieu de mon exil. / Ps. cxviii. / [*monogramme*] / PARIS, / PERISSE FRERES, LIBRAIRES, / PLACE SAINT-ANDRÉ-DES-ARTS, N° II. / LYON / MEME MAISON, RUE MERCIERE, N°33. / [*petit filet*] / M DCC XXVIII. //

pp.[iv].xxxi.[i bl.].468; sig.a-b⁸, 1-28⁸, 29¹⁰; 23cm.

Ex Libris: F-Aut; F-Cham.

Publication: *JLib*, 15 décembre 1827, no.7875.

Remarques diverses: La première de plusieurs nouvelles émissions de l'édition précédente.

563. [*Idem*] [*filet anglais agrémenté*] / LIBRAIRE CATHOLIQUE DE PERISSE FRÈRES / [*en parallèle*:] LYON, / (ANCIENNE MAISON) / GRANDE RUE MERCIÈRE, N. 33, / en face de l'allée Marchande. / PARIS, / (NOUVELLE MAISON) / RUE DU PETIT-BOURBON, N. 18, / angle de la place St. Sulpice. / 1847 //

pp.[iv].xxxi.[i bl.].468; sig.[ ]², a-b⁸, 1-29⁸, 30²; 23cm.

Ex Libris: F-PtsU.

564. [*Idem*] [*ornement typographique*] / LIBRAIRIE CATHOLIQUE DE PERISSE FRERES / [*en parallèle*:] PARIS, / Nouvelle Maison, / RUE DU PETIT-BOURBON, 18 / Angle de la place St-Sulpice. / LYON, / Ancienne Maison, / GRANDE RUE MERCIERE, 33, / Et rue Centrale, 8 / 1850 //

pp.[iv].xxxii.468; sig.[ ]², a-b⁸, 1-29⁸, 30²; 21cm.

Ex Libris: F-Bdx.

b. Traductions mineures

565. *Traduction d'une lettre de Brutus à Cicéron* [*M. Tullii Ciceronis Epistularum ad M. Brutum*, I, 16 (c. juillet 43 av. J.C.)], 'Vous avez écrit à Octave. Il y a dans votre lettre un article qui me concerne, et qu'Atticus m'a fait tenir...'.
Dans *MF*, novembre 1769, pp.125-135; 8 février 1794 (20 pluviôse an II), pp.243-247 (*réflexions*: pp.247-250); Ve, v.101-109.

566. *Traduction d'une lettre de Brutus à Atticus* [*M. Tulii Ciceronis Epistularum ad M. Brutum*, I, 17 (c. première moitié de juin 43 av. J.C.)], 'Cicéron s'étonne, dites-vous, du silence que je garde sur la conduite qu'il tient dans le gouvernement...'.
Dans *MF*, décembre 1769, pp.111-115; Ve, v.110-114.

Correspondance littéraire

~~~~~~

567. *Correspondance littéraire adressée à son altesse impériale mgr. le grand-duc, aujourd'hui empereur de Russie, et à m. le comte André Schowalow.*

Dans Ve, tomes x, xi, xii et xiii (texte de 1804 et de 1807). Pour le texte corrigé de la plupart des lettres adressées à Shuvalov, voir Todd 4.

Publications à part:

CORRESPONDANCE / LITTÉRAIRE, / ADRESSÉE A SON ALTESSE IMPÉRIALE / M.ᴳᴿ LE GRAND-DUC, / AUJOURD'HUI / EM-PEREUR DE RUSSIE, / ET A M. LE COMTE / ANDRÉ SCHOWA-LOW, / CHAMBELLAN DE L'IMPÉRATRICE CATHERINE II, / Depuis 1774 jusqu'à 1789; / Par JEAN-FRANÇOIS LAHARPE. / *Et mihi res, non me rebus submittere conor.* / HOR. / [*filet*] / TOME PREMIER. / [*filet*] / A PARIS, / Chez [*en parallèle*:] MIGNERET, Imprimeur, rue Jacob, N.º 1186; / Et à l'ancienne Librairie de DUPONT, rue de la Loi, / N.º 288. / [*filet double*] / AN IX. (1801.) //

8°. 4 vols. pp.xxiv-423.[i bl.] + 424 + 400 + 333.[i bl.]; 20cm.

Ex Libris: A-ONB; CDN-BVau; CDN-OLU; CDN-OTU; CH-Fg; D-Be/U; D-Bo/U; D-Fre/U; D-He/U; D-Mu/B; DDR-Le/U; DK-C; F-Aut; F-Bdx; F-Bl; F-Bourges(t.1-2); F-Cns; F-Do; F-Ev; F-LP; F-LR; F-LRY; F-LyU; F-Mplr; F-Ny; F-Orl; F-P/Ar; F-P/Bh; F-P/Bn; F-P/StG; F-Sal; F-S/Bn; F-Tours; F-Troyes; GB-BL/U; GB-CA/U; GB-LD/U; GB-LO/N; GB-MA/S; GB-OX/U-Ty; GB-RE/U; N-O/U; NL-A/U; S-G/U; S-S/N; S-U/U; USA-CU; USA-DLC; USA-ICarbS; USA-InU; USA-NcU; USA-NjR; USA-NN; USA-PBm.

Publication: Cet ouvrage parut le 9 floréal an ix (29 avril 1801) (voir *Journal des débats*, 5 floréal an ix (25 avril 1801), p.2). *JP*, 15 floréal an ix (5 mai 1801), p.1359; *ClC*, 20 floréal an ix (10 mai 1801); *Jglf*, prairial an ix (mai 1801), IV, vii.183.

Critiques: *ClC*, 19 prairial an ix (8 juin 1801), pp.5-8; *Décade*, 30 thermidor an x (18 juillet 1802); *Journal des débats*, 8 prairial an ix (28 mai 1801), pp.3-4; *Jglf*, juillet 1807, X, vi.180-181; *JP*, 18, 23, 26, 27 floréal an ix (8, 13, 16, 17 mai 1801), pp.1376-1377, 1405-1407, 1425, 1429-1431; *MF*, 16 floréal an ix (6 mai 1801), pp.249-264; Clément, *Tableau annuel de la littérature* (1801), ii.47-72.

Remarques diverses: Ces quatre volumes renferment les lettres 1 à 221 (février 1774 à mai 1785). Un passage de la lettre 36 parut dans *MF*, 1 messidor an IX (20 juin 1801), v.33-37, sous le titre de 'Sur l'abbé de Voisenon'.

568. [*Idem*] SECONDE ÉDITION. / A PARIS, / CHEZ MIGNERET, IMPRIMEUR, / RUE DU SÉPULCRE, F.S.G. N.º 28 / [*filet double*] / AN XII. – 1804. //

8°. 4 vols. pp.xxiv.423.[i]+ 424 + 400 + 334; 20cm.

Ex Libris: D-Mu/B; F-Aix; D-AixU; D-Aut; F-Boul; F-Cham; F-Cls; F-Dgn; F-Djn; F-Ly; F-LyU; F-Mplr; F-Nts; F-P/StG; F-PtsU; F-Rou; F-S/Bn; GB-DR/U; GB-ED/N; GB-LO/L; GB-LO/N; USA-CtY; USA-MH; USA-OCl.
Remarques diverses: A part quelques erreurs de transcription, le texte est identique à celui de 1801.

569. CORRESPONDANCE / LITTÉRAIRE [. . .] / Depuis 1774 jusqu'à 1791; / [. . .] / TOME CINQUIÈME. / [*filet*] / A PARIS, / CHEZ MIG-NERET, IMPRIMEUR, / RUE DU SÉPULCRE, N.º 20. / [*filet double*] / 1807. //

8°. 2 vols. pp.404 + 219.[i bl.]; 20cm.

Ex Libris: A-ONB; CDN-BVau; CDN-OLU; CH-N; D-Be/U; D-Mu/B; DDR-Le/U; F-Aix; F-AixU; F-Aut; F-Bdx; F-Bl; F-Boul; F-Bsn; F-Cham; F-Cns; F-Dgn; F-Djn; F-Ev; F-LRY; F-Ly; F-LyU; F-Mplr; F-Nts; F-P/Ar; F-P/Bh; F-P/Bn; F-P/StG; F-Pts; F-S/Bn; F-Tours; GB-CA/U; GB-DR/U; GB-ED/N; GB-LD/U; GB-LO/L; GB-LO/N; GB-MA/S; GB-OX/U-Ty; NL-A/U; S-G/U; S-U/U; USA-CtY; USA-CU; USA-DLC; USA-ICarbS; USA-InU; USA-MH; USA-NcU; USA-NjR; USA-NN; USA-OCl; USA-PBm.
Publication: *Jtb*, 1 juin 1807, x.99-100; *Jglf*, juin 1807, X, v.160.
Remarques diverses: Ces deux volumes (tomes v et vi) renferment les lettres 222 à 302 (juillet 1785 à décembre 1791), et une 'Table alphabétique des auteurs et des matières dont il est question dans les six volumes'. Pour les vers sur M. J. Chénier qui devraient se trouver dans la lettre 288, et qui furent supprimés à la demande d'A.V. Arnault, voir ses *Souvenirs d'un sexagénaire* (Paris 1833), i.198-205. Voir aussi *JLib*, 26 février 1820, pp.115-116.

Pamphlets et varia

⚜

570. *Dialogue entre Alexandre et un solitaire du Caucase.*
Dans *Mélanges*, pp.154-161; Pt, iv.391-399; Ve, v.157-164.

571. *Le couvent des Camaldules.*
Dans Yn, iii.131-140; *Mélanie*, pp.69-83 (pag.déf.); *Ej*, nivôse an x (décembre 1801), pp.117-125; *Etrennes à m. de La Harpe* [par Palissot] (1802), pp.18-28; Ve, v.165-174. Beuchot croit à tort que cet ouvrage est renfermé dans Pt. (*JLib*, 12 avril 1826, p.308).
Remarques diverses: Pour les circonstances de la composition de cet ouvrage, voir Todd 3, pp.198-199, 273.

Publication à part:

LE COUVENT / DES / CAMALDULES, / SUIVI DE LA RÉPONSE / D'UN SOLITAIRE DE LA TRAPPE / A L'ABBÉ DE RANCÉ; / PAR LA HARPE. / [*filet anglais*] / PARIS, / SANSON, LIBRAIRE, / PALAIS-ROYAL, GALERIE DE BOIS. / [*petit filet*] / M DCCC XXVI. //

32°. pp.30; 10,5cm.

Ex Libris: F-P/Bn; F-P/Rou.
Imprimeur: Victor Cabuchet, rue du Bouloi, no.4.
Publication: *JLib*, 12 avril 1826, no.2159. Prix: 25 centimes.
Tables des matières: Le Camaldule: pp.[5]-15; Réponse d'un solitaire [titre]: p.16; Préface de Voltaire: pp.[17]-20; Réponse . . . : pp.[21]; Souscription: *Voyage d'Anarcharsis en Grèce*, par J. J. Barthélémy: pp.[31]-32.

572. *Précis historique sur m. de Voltaire.*
Dans *Réponse d'Horace* (supra, no.369), pp.17-29; *Ej*, 15 novembre 1772, pp.67-69 (Douze derniers paragraphes); *Epître de m. de Voltaire* (Ferney 1773), pp.9-17; Yn, iii.73-83; Pt, iv.99-111; Ve, iv.307-318.
Critiques: MF, janvier 1773, ii.138-142; *Je*, 15 janvier 1773, i.286-300; JP, 2 mars 1786, pp.296-300.
Remarques diverses: Ce précis devait faire partie de l'ouvrage suivant: *Galerie universelle, contenant les Portraits de Personnes célèbres, de tout pays, actuellement vivantes, gravés en couleur par mm. Gautier Dagoty père, et fils aîné;*

avec des notices historiques relatives à chaque portrait par une société de gens de lettres. Paris, Ruault; imp. de Pierres, 1773, 2 cahiers in-fol.

Voir *MF*, septembre 1772, p.168, août 1773, pp.184-186; *Ej*, 30 août 1773, pp.125-129 (*Journal des Beaux-Arts*); Todd 3, pp.218-219. Nous n'avons pas vu cette *Galerie*, et selon La Harpe 'ce projet n'a pas été achevé' (Pt, iv.98).

573. *Précis historique sur m. d'Alembert.*

Dans Yn, iii.85-103; Pt, iv.112-134; Ve, iv.429-446.

Remarques diverses: Composé pour *la Galerie universelle* (voir supra, no.572), avec l'aide de Condorcet (Pt, iv.112).

574. *Parallèle de Voltaire et de Rousseau (juin 1773).*

Voir CLT, x.232. Cet ouvrage a disparu, mais certains passages ont dû être repris dans d'autres études sur J. J. Rousseau (voir CR, lettre 24, &c.).

575. *Précis historique sur le prince Menzicoff.*

Dans *Menzicoff ou les Exilés* (supra, no.234), pp.xi-lxx; OP, iv.3-45; Ve, i.245-294.

Publication à part:

MÉMOIRES / DU / PRINCE MENZICOFF, / FAVORI / DE / PIERRE LE GRAND. / [*filet*] / PAR M. DE LA HARPE, / De l'Académie Françoise; Auteur du "Cours de / Littérature," &c. &c. &c. / [*filet*] / A PARIS: / Chez GALIGNANI, Rue Vivivienne; / A LONDRES: / Chez MATTHEW ILEY, Rue Somerset, Portman Square. / [*petit filet*] / 1819. //

pp.viii.136.[ii bl.]; sig.A-I⁸, K⁴; 17cm.

Ex Libris: GB-ED/N; USA-ICU.

Imprimeurs: Cox et Baylis, Great Queen Street, Lincoln's-Inn-Fields.

576. *Réponse aux observations pour les Comédiens français.*

Suivant l'*Adresse des auteurs dramatiques à l'Assemblée nationale* prononcée par La Harpe le 24 août 1790 (supra, no.133), les acteurs Molé, Fleury, et Dazincourt répondirent avec des *Observations pour les Comédiens français sur la pétition adressée par les auteurs dramatiques à l'Assemblée nationale* (Paris 1790). Au nom de la Société des Auteurs et Compositeurs dramatiques, La Harpe rédigea alors la brochure suivante:

[*En-tête*:] RÉPONSE / AUX OBSERVATIONS / POUR LES COMÉDIENS FRANÇAIS. //

pp.56; sig.A-G⁴; 20cm.

Ex Libris: F-P/An; F-P/Ar; GB-LO/N.

Editeurs: A Paris, chez Bossange et Compagnie, Libraires, rue des Noyers.

Imprimeur: Laurens jeune, imprimeur-libraire, rue Saint-Jacques, vis-à-vis celle des Mathurins, no.37.

Publication: Tourneux, no.18203.

Remarques diverses: L'ouvrage porte les signatures suivantes: Delaharpe, Champfort, Sedaine, Fenouillot [de Falbaire], Mercier, Ducis, Le Blanc de Guillet, Palissot, Bret, Laujon, André de Murville, Fallet, Michel de Cubières, Marie-Joseph de Chénier, Cailhava, Fabre d'Eglantine, Dudoyer [de Gastels], Lemierre, Caron de Beaumarchais, Forgeot, Sauvigny, Collot d'Herbois, Gudin de la Brunellerie, de Maisonneuve, & Blin de Sainmore. Pour des détails de brochures par d'autres membres de l'association portant la signature de La Harpe, voir Todd 3, p.232.

577. *La Liberté de la presse*.

Dans Ve, v.343-362.

Remarques diverses: Il s'agit d'une réponse à l'article V d'un projet de loi proposé à la Convention par Chénier le 12 floréal an III (1 mai 1795).

Publication à part:

LA LIBERTÉ / DE LA PRESSE / DÉFENDUE / PAR *LA HARPE*, / CONTRE CHÉNIER. / [*filet*] / *Hinc omne principium hûc refer exitum.* – Hor. / [*filet*] / [*filet*] / A PARIS, / Chez MIGNERET, Imprimeur, rue / Jacob, F. G., N.° 1186. / Et chez tous les Marchands de Nouveautés. / [*filet*] / L'an III. //

pp.22; sig.A¹¹; 20cm.

Ex Libris: F-Am; F-Aut; D-Djn; F-Lille; F-Nts; F-P/Ar; F-P/Bh; F-P/Bn; F-Troyes; F-Rou; F-Vers; S-S/N; GB-LO/N; GB-LO/U; USA-DLC; USA-MH.

Publication: Tourneux, no.10160. Un exemplaire de cette brochure fut présenté à la section où habitait La Harpe le 26 floréal an III (15 mai 1795) (*Procès-verbaux du comité civil de la Butte-des-Moulins*: F-P/Bn: nafr.2676, f.201).

578. *Le Salut public*.

Dans Ve, v.407-465.

Publication à part:

LE SALUT PUBLIC, / OU / LA VÉRITÉ / DITE A LA CONVENTION / PAR UN HOMME LIBRE. / [*filet*] / *L'intérêt général doit présider seul aux combinaisons politiques.* / *Les conceptions de l'intérêt particulier sont étroites, éphé-* / *mères et chancelantes comme lui.* Discours de DAUNOU, / le 10 Août. / [*filet*] / [*filet anglais*] / A PARIS, / Chez MIGNERET, Imprimeur, rue/ Jacob, N.° 1186. / [*filet*] / L'AN III. //

pp.[ii].58; sig.[ ]¹, A-C⁸, D⁵; 20,5cm.

Ex Libris: F-Am; F-Aut; F-Cham; F-Djn; F-Do; F-Gbl; F-LH; F-Nts; F-P/Bh; F-P/Bn; F-Rou; GB-LO/N; GB-LO/U; GB-OX/U-Bl; S-S/N; S-U/U; USA-CSt; USA-MH; USA-NIC; USA-NjP; USA-NN; USA-NNC.

Publication: 'Le projet d'*Acte de garantie* paraîtra dans trois jours' (dos du faux-titre). Voir infra, no.579. Tourneux, no.4522.

Critiques: *JP*, 22 fructidor an III (8 septembre 1795), pp.1426-1427.

Remarques diverses: La majeure partie de cet ouvrage paraît avoir été composée avant la ratification des Propositions de Baudin pour le renouvellement par tiers de la Convention nationale le 5 et le 13 fructidor an III (22, 30 août 1795) (voir Ve, v.408,n.).

579. *Acte de garantie.*
Dans Ve, v.383-405.

Publication à part:

ACTE DE GARANTIE / POUR / LA LIBERTÉ INDIVIDUELLE, / LA SURETÉ DU DOMICILE, / ET LA LIBERTÉ DE LA PRESSE; / *Par le citoyen LAHARPE.* / [*filet*] / A PARIS, / Chez MIGNERET, Imprimeur, rue / Jacob, N.° 1186. / [*filet*] / L'AN III. //

pp.24; sig.[A¹²]; 20,5cm.

Ex-Libris: CDN-OLU; F-Do; F-Gbl; F-Ly; F-P/Bh; F-P/Bn; F-Rou; GB-LO/N; GB-LO/U; S-S/N; USA-DLC; USA-ICU; USA-NcD; USA-NIC; USA-PU; USA-RPB.

Publication: *JP*, 22 fructidor an III (8 septembre 1795), p.1427.

580. *Réponse à la lettre du représentant Baudin.*
Dans Ve, v.467-471.

Publication à part:

LETTRES / DE BAUDIN / A LAHARPE, / ET DE LAHARPE / A BAUDIN. / [*filet anglais*] / A PARIS, / *Chez tous les Marchands de Nouveautés,* / Et à l'Imprimerie de J. M. CHEVET, Cour / de Rohan, attenant celle du Commerce, par la / rue du Jardinet. / *AN TROISIEME.* / 1795. //

8°. pp.14; 18cm.

Ex Libris: F-Bsn; F-P/Bh; F-P/Bn; GB-LO/N; USA-NN.

Table des matières: Réponse à l'écrit du citoyen La Harpe [*Le Salut public*] que je n'ai point lu: pp.[3]-7; Réponse à la réponse que m'a faite le Représentant Baudin qui ne m'a point lu: pp.[9]-14.

Remarques diverses: La réponse de Baudin parut d'abord dans *La Sentinelle*, 23 fructidor an III (9 septembre 1795), pp.314-315. Elle a également paru séparément.

581. *Oui ou non* [ou *Dialogue entre un Etranger appelé le Sens commun et un homme de bonne foi*].

Publication à part:

OUI OU NON / *Paris, nonidi Fructidor.* //

pp.18; sig.[A⁸]; 20cm.

Ex Libris: F-Am; F-Aut; F-Bsn; F-Djn; F-Do; F-Gbl; F-Nts; F-P/Bh; F-P/Bn; F-Pau; F-Rou; F-Vers; GB-LO/N; GB-LO/U; S-S/N; USA-DLC; USA-MH; USA-NcD; USA-PSt; USA-PPAmP; USA-PU.

Editeur: A Paris, de l'imprimerie de Migneret, rue Jacob, no.1186.

Publication: *La Quotidienne*, 1 vendémiaire an IV (22 septembre 1795), p.3. 'nonidi Fructidor' = 27 août 1795.

582. *Du Fanatisme dans la langue révolutionnaire.*

Dans Ve, v.477-646; et OP, iii.404-418 (extraits).

Remarques diverses: Cet ouvrage devait faire partie d'une sorte de dictionnaire intitulé *L'Esprit de la Révolution, ou commentaire historique sur la langue révolutionnaire* (voir Todd 3, p.237). Pour les articles sur le *Calendrier républicain* et sur le mot *Révolution*, voir *Lycée*, xvi.386 etc. Le manuscrit (pp.12 in-4°.) d'une variante de la section XVI de *Du Fanatisme* fut offert à la vente de la Collection de P. Cap[elle] (Laverdet, 26 février 1852, p.52, no.495). Intitulé *Phénomène d'horreur*, il commence ainsi: 'Le sentiment de la piété entièrement effacé du cœur humain et compté même au rang des crimes, pendant des années, dans un million de *tyrans révolutionnaires*, à l'égard de 24 millions de leurs concitoyens désarmés . . . '. Voir aussi infra, no.616.

Du Fanatisme dans la langue révolutionnaire a été publié séparément un grand nombre de fois, et nous sommes loin d'en avoir trouvé toutes les contrefaçons.

Edition princeps:

DU FANATISME / DANS / LA LANGUE RÉVOLUTIONNAIRE, / OU / DE LA PERSÉCUTION / Suscitée par les Barbares du dix-huitième / Siècle, contre la Religion Chrétienne / et ses Ministres. / Par JEAN-FRANÇOIS LAHARPE. / [*filet*] / *Firmaverunt sibi sermonem nequam.* / Ils se sont affermis dans l'habitude / d'un language pervers. *Ps.33.* / [*filet*] / A PARIS, / Chez MIGNERET, Imprimeur, rue Jacob, / N.°1186. / [*filet*] / AN 5. – 1797. //

pp.[iv].152; (pag. déf.=168); sig.A-K⁸, L⁴; 19cm.

Ex Libris: A-ONB; B-Br; CDN-OKQ; CDN-OLU; CDN-QSherU; CH-B/N; D-He/U; D-Mu/B; D-St/W; D-U/S; F-Abb; F-Am; F.Anoy; F-Arr; F-Aut; F-Bar; F-Bdx; F-Bsn; F-Chg; F-ChM; F-ClF; F-Dgn; F-Djn; F-Do; F-Gap; F-Gbl; F-GblU; F-LM; F-LP; F-LyU; F-Mel; F-Nc; F-Ny; F-P/Bh; F-P/Bn; F-Perp; F-PtsU; F-Roa; F-Rod; F-Rou;

F-Tours; GB-MA/U; GB-OX/U-Bl; N-O/U; S-G/U; S-L/U; S-S/N;
S-U/U.

Publication: *La Quotidienne*, 9 ventôse an v (27 février 1797), p.4; *JP*,
10 ventôse an v (28 février 1797), p.642. Tourneux, no.15964.

Critiques: *JP*, 20 ventôse, 10, 19 floréal, 22 prairial au v (10, 22 mars, 29 avril,
8 mai 1797), pp.681-682; 733; 890, 925-926; 1060-1061; *La Quotidienne*, 14
ventôse an v (4 mars 1797), pp.2-3; Richer-Sérizy, *L'Accusateur public*,
no.xxi, pp.33-37; no.xxviii, pp.44-45; Aulard 1, iv.110.

Remarques diverses: '*N.B.* On se croit obligé d'avertir que les feuilles F et G
se trouvent numérotées de même au haut des pages (de 81 à 96) ... *P.S.* Le
fragment sur le Calendrier, annoncé dans une note, n'a pu être placé à la fin
de cet ouvrage, parce que les circonstances en pressaient la publication ... '
(Dos du faux-titre).

583. [*Idem*, sauf l'inversion de la lettre *N* dans l'adresse de Migneret (N°. 1186).
Le filet qui sépare l'adresse et la date est aussi plus court et plus gras.] //

pp.139.[i bl.]; sig.A-H⁸, I⁶; 20cm.

Ex Libris: CDN-BVau; CDN-OTU; F-Aut; F-Av; F-P/Ar; F-P/Bh;
F-P/Bn; F-Sal; GB-NO/U; USA-NcD; USA-NCH.

584. [*Idem*, avec un filet court et gras entre l'adresse de Migneret et la date,
mais avec la lettre *N* imprimée correctement.] //

pp.144; sig.A-I⁸; 19,5cm.

Ex Libris: F-Ly; GB-MA/S; GB-NO/U; USA-FTaSU; USA-MH; USA-
NcU.

585. [*Idem*] A PARIS, Chez MIGNERET, Imprimeur, rue Jacob, N.°1186. /
[*filet double*] / AN 5 – – 1797. //

pp.148; sig.A-I⁸, K²; 18cm.

Ex Libris: CDN-OOU.

586. [Page de titre identique à celle de la première édition, sauf un accent
circonflèxe à la place de l'accent aigu sur la lettre *E* dans le mot 'RÊVOLU-
TIONNAIRE.'] //

pp.164; sig.[ ]² A-I⁸, K⁸, L²; 21cm.

Ex Libris: USA-IEN; CSt.

587. DU FANATISME / DANS / LA LANGUE RÉVOLUTIONNAIRE,
/ OU / DE LA PERSÉCUTION / Suscitée par les Barbares du dix-huitième /
Siècle, contre la Religion / Chrétienne & ses Ministres. / PAR JEAN- FRAN-
ÇOIS LAHARPE. / [*filet*] / *Firmaverunt sibi sermonem nequam.* / Ils se sont

affermis dans l'habitude / d'un langage pervers. *Ps.* 33./ A PARIS, / Chez MIGNERET, Imprimeur, rue Jacob, / N°. 1186 / [*filet anglais*] / An 5 – – – 1797. //

pp.125.[i bl.]; sig.[ ]¹, A-H⁸; 20 cm.

Ex Libris: CH-Fg; F-Cham; GB-NO/U; USA-ICN; USA-MH; USA-NjP; USA-UU.

588. Contrefaçon de J. N. Barba: '135p. in-8°., petit romain et petit texte' (*Archives de la Seine*: D.12 U¹art.20).
La Harpe et Migneret entamèrent des poursuites judiciaires au sujet de cette contrefaçon (voir A. Douarche, *Les Tribunaux civils de Paris* (Paris 1907), ii.435-436.

589. DU FANATISME / DANS / LA LANGUE RÉVOLUTIONNAIRE; / OU / DE LA PERSÉCUTION / Suscitée par les Barbares du dix-huitième / Siècle, contre la Religion Chrétienne et / ses Ministres. / Par JEAN-FRAN-ÇOIS LAHARPE. / [*filet*] / *Firmaverunt sibi sermonem nequam.* / Ils se sont affermis dans l'habitude / d'un langage pervers. Ps. 63 [*sic*] / [*filet*] / [*filet anglais*] / A PARIS, / Chez les Marchands de Nouveautés. / [*filet*] / AN V. – – 1797. //

pp.[ii].174; sig.A-G¹², H⁴; 16,5cm.

Ex Libris: DK-C; F-Albi; F-Mbn; F-Nm; F-Nts; F-Pau; USA-DAU; USA-CtY; USA-MnU.

590. DU FANATISME / DANS / LA LANGUE RÉVOLUTION-NAIRE, / OU / DE LA PERSÉCUTION / Suscitée par les Barbares du dix-hitième siècle, / contre la Religion chrétienne et ses Ministres. / PAR / JEAN FRANÇOIS LA HARPE. / [*filet*] / *Firmaverunt sibi sermonem nequam.* / Ils se sont affermis dans l'habitude / d'un langage pervers. *Ps.* 33. / [*filet*] / [*filet anglais*] / A PARIS, / CHEZ LES MARCHANDS DE NOU-VEAUTÉS. / 1797. //

pp.202; sig.A⁸, B⁴ ... P⁸, Q⁴, R⁵; 16,5cm.

Ex Libris: CDN-QMM; D-Tr/S; F-Albi; GB-LO/N; USA-NjP.

591. DU FANATISME / DANS / LA LANGUE RÉVOLUTION-NAIRE, / OU / DE LA PERSÉCUTION / Suscitée par les Barbares du dix-huitième / Siècle, contre la Religion Chrétienne / et ses Ministres. / Par JEAN-FRANÇOIS LAHARPE. / SECONDE EDITION, revue et corrigée par l'Auteur. / *Prix,* 2 l. 5 s. *pour Paris.* / [*filet*] / *Firmaverunt sibi sermonem nequam.* / Ils se sont affermis dans l'habitude / d'un langage pervers.

Ps. 33. / [*filet*] / A PARIS, / Chez MIGNERET, Imprimeur, rue Jacob, /
N.° 1186. / [*filet*] / AN 5 – 1797. //

pp.[iv].169.[i].[ii bl.]; sig.[ ]², A-K⁸, L⁴; 20,5 cm.

Ex Libris: A-ONB; B-A/S; B-G/U; CDN-OTU; F-BsnU; F-Cah; F-Nts;
F-P/Bh; F-P/Bn; F-Rou; F-S/Bn; F-TlsU; GB-LO/N; GB-OX/U-Ty;
USA-CtY; USA-FU; USA-NIC; USA-NRU.

Publication: *La Quotidienne*, 14 germinal an v (3 avril 1797), p.3 ('Paris,
2 avril').

Remarques diverses: En face de la page de titre, on trouve l'avis suivant:
'Nous apprenons à l'instant qu'une contrefaçon de cet ouvrage vient de
paraître [voir supra, no.588]: le respect dû aux propriétés n'est pas sans doute
connu de celui qui l'a faite. Nous laissons au Public éclairé le soin de nous
venger de cette violation de tous les principes. Quoiqu'il en soit, il distin-
guera facilement cette *seconde Edition* aux différentes corrections faites par
l'Auteur.'

592. [*Idem*] A PARIS, / Chez MIGNERET, Imprimeur, rue Jacob, / N°.
1186. / [*filet double*] / AN 5. = 1797. //

pp.135.[i bl.]; sig.A-H⁸, I⁴; 21 cm.

Ex Libris: CDN-BVau; F-Am; F-LyU; GB-CA/U; GB-YK/U; USA-NN.

Remarques diverses: Cette édition renferme le même *Avis de l'éditeur* que la
précédente.

593. DU FANATISME / DANS LA / LANGUE RÉVOLUTIONNAIRE,
/ OU / DE LA PERSÉCUTION / SUSCITÉE par les Barbares du dix- /
huitième Siècle, contre la Religion / Chrétienne & ses Ministres. / Par JEAN-
FRANÇOIS LAHARPE. / SECONDE EDITION, / Revue & corrigée par
l'Auteur. / [*filet*] / *Firmaverunt sibi sermonem nequam.* / Ils se sont affermis
dans l'habitude / d'un langage pervers. *Ps.* 33. / [*filet*] / [*petit fleuron*] / A
PARIS / Chez les LIBRAIRES ASSOCIES. / [*filet anglais*] / AN 5. – 1797. //

pp.250; sig.A-X⁴; 16,5 cm.

Ex Libris: F-Carp; F-LP.

594. DU FANATISME / DANS / LA LANGUE RÉVOLUTION-
NAIRE, / OU / DE LA PERSÉCUTION / Suscitée par les Barbares du dix-
huitième / Siècle, contre la Religion Chrétienne / et ses Ministres. / Par JEAN-
FRANÇOIS LA HARPE. / SECONDE ÉDITION, revue et corrigée par
l'Auteur. / [*filet*] / *Firmaverunt sibi sermonem nequam.* / Ils se sont affermis
dans l'habitude / d'un langage pervers. *Ps.* 33. / [*filet*] / A TOURNAY, / De
l'Imprimerie de R. VARLÉ, sur la / Grand'Place. / [*filet*] / An 5. – 1797. //

pp.88; sig.A-D⁸, E¹², G² [*sic*]; 20,5cm.

Ex Libris: B-Br.

595. DU FANATISME / DANS / LA LANGUE RÉVOLUTIONNAIRE, / OU / DE LA PERSÉCUTION / Suscité par les Barbares du dix-huitième / Siècle, contre la Religion Chrétienne / et ses Ministres. / Par JEAN-FRAN-ÇOIS LAHARPE. / TROISIÈME ÉDITION. / *Prix*, 2 l. 5 s. *pour Paris.* / [*filet*] / *Firmaverunt sibi sermonem nequam.* / Ils se sont affermis dans l'habi-tude / d'un langage pervers. *Ps. 33.* / [*filet*] / A PARIS, / Chez MIGNERET, Imprimeur, rue Jacob, / N.° 1186. / [*filet*] / AN 5. −1797. //

pp.[iv].168; sig. [ ]², A-K⁸, L⁴; 20,5cm.

Ex Libris: B-Br; B-G/U; CH-Fg; D-Fre/U; U-HH/SU; F-P/Bn; F-Rou; F-S/Bn; GB-AD/U; USA-CU; USA-DLC; USA-IU; USA-MB; USA-OU.
Publication: *La Quotidienne*, 17 floréal an v (6 mai 1797), pp.2-3 (lettre de La Harpe).

596. DU FANATISME / DANS / LA LANGUE RÉVOLUTIONNAIRE, / OU / DE LA PERSÉCUTION / Suscitée par les Barbares du dix-huitième / Siècle, contre la Religion Chrétienne et / ses Ministres. / Par JEAN-FRAN-ÇOIS LAHARPE. / TROISIÈME ÉDITION, revue et corrigée par l'Auteur. / [*filet*] / *Firmaverunt sibi sermonem nequam.* / Ils se sont affermis dans l'habitude / d'un langage pervers. *Ps, 33.* / [*filet*] / A PARIS, / Chez MIGNERET, Imprimeur, rue Jacob, N°. 1186. / [*filet*] / AN 5 − − − − 1797. //

pp.[iv].122.[ii bl.]; sig.A-G⁸, H⁶; 21cm.

Ex Libris: B-A/S; F-P/Bh.

597. DU FANATISME / DANS / LA LANGUE RÉVOLUTIONNAIRE, / OU / DE LA PERSÉCUTION / SUSCITEE par les Barbares du dix-huitième / Siècle, contre la Religion Chrétienne / et ses Ministres. / Par JEAN-FRANÇOIS LAHARPE. / D'APRÈS LA TROISIEME EDITION, / revue et corrigée par l'Auteur. / [*filet*] / *Firmaverunt sibi sermonem nequam.* / Ils se sont affermis dans l'habitude / d'un langage pervers. *Ps. 33.* / [*filet*] / A LIEGE, / Chez J. A. LATOUR, Imprimeur-Libraire, / sur le Pont-d'Isle. / [*filet anglais*] / An 5 − 1797. / Avec Autorisation de l'Auteur. //

pp.[iv].199.[i bl.]; sig.A-H¹², I⁴; 16,5cm.

Ex Libris: B-Br; B-G/U; F-LH; F-P/Bn; L-N; USA-OU.

598. DU FANATISME / DANS / LA LANGUE RÉVOLUTIONNAIRE, / OU / DE LA PERSÉCUTION / Suscitée par les Barbares du dix-/huitième Siècle, contre la Religion / Chrétienne et ses Ministres. / [*filet anglais*] / PAR

JEAN-FRANÇOIS DE LAHARPE. / [*filet double*] / *Fimaverunt* [*sic*] *sibi sermonem nequam.* / Ils se sont affermis dans l'habitude / d'un langage pervers. *Ps.33* / [*filet double*] / A LONDRES: / *De l'Imprimerie de Baylis, Greville-street.* / Imprimé pour M. BÉNÉ, No. 16, Charles-street, / Manchester-square; se trouve chez lui & chez / DULAU & Co. No. 107, Wardour-street; DE-BOFFRE, / Gerrard-street; BROOKER, New Bond-street; & / BOOSEY, Broad-street, près de la Bourse-Royale. / [*filet*] / 1797. //

pp.[ii].168; sig.[ ]¹, A-K⁸, L⁴; 19cm.

Ex Libris: CDN-QMBN; F-Char; GB-ED/N; GB-MA/S; IRL-DB/U.

599. *Du Fanatisme dans la langue révolutionnaire* . . . Paris; Cöln, Thurneysen und Sohn. // 8°.
Voir Kayser, ii.459.

600. *Du Fanatisme dans la langue révolutionnaire* . . .
Strassbourg, Levrault. // 8°.
Voir Kayser, ii.459.

601. DU FANATISME / DANS / LA LANGUE RÉVOLUTIONNAIRE, / OU / DE LA PERSÉCUTION / SUSCITÉE / PAR LES BARBARES DU DIX-HUITIÈME SIÈCLE, CONTRE / LA RELIGION CHRÉTIENNE ET SES MINISTRES; / SUIVI D'UN APPENDICE / SUR LE CALENDRIER RÉPUBLICAIN; / PAR LAHARPE, / DE L'ACADÉMIE FRANÇAISE. / [*filet*] / Firmaverunt sibi sermonem nequam. / Ils se sont affermis dans l'habitude d'un / langage pervers. Ps. xxxiii. / [*filet*] / PARIS, / CHEZ CHAUMEROT JEUNE, LIBRAIRE, / Palais-Royal, Galeries de bois, N° 189. / 1821. //

pp.[iv].199.[i bl.]; sig.1-12⁸, 13⁴; 20,5cm.

Ex Libris: F-Char; F-P/Bn; F-S/Bn; N-O/U; USA-MH.
Publication: *JLib*, 23 mars 1821, no.1114.
Table des matières: Appendice: pp.190-199.

En allemand:

602. Vom / Fanatismus / in der Rebolutionssprache, / oder / von der Verfolgung / der christlichen Religion und ihrer Diener / durch / die Barbaren des achtzehnten Jahrhunderts. / Von / Johann Franz La Harpe. / [*filet*] / Firmaverunt sibi sermonem nequam. / Sie haben sich gestärket in der boshaften Rede. / Ps.33 / [*filet*] / Aus dem Französischen nach dem Pariser Original übersezt. / [*filet double*] / Wien, / bey J. B. Degen. / 1797. //

pp.[iv].236; sig.A-O⁸, P⁶; 16,5cm.

Ex Libris: A-ONB; D-He/U; D-Mu/B; USA-TNT.

603. 𝕵𝖔𝖍𝖆𝖓𝖓 𝕱𝖗𝖆𝖓𝖟 𝕷𝖆 𝕳𝖆𝖗𝖕𝖊 / 𝖜𝖆𝖘 𝖍𝖊𝖎𝖘𝖙 𝕾𝖈𝖍𝖜𝖆̈𝖗𝖒𝖊𝖗𝖊𝖎 / 𝖎𝖓 / 𝖉𝖊𝖗 𝕾𝖕𝖗𝖆𝖈𝖍𝖊 𝖉𝖊𝖗 𝕾𝖙𝖆𝖆𝖙𝖘𝖚𝖒𝖜𝖆̈𝖑𝖟𝖊𝖗? / 𝖔𝖉𝖊𝖗 / 𝖚̈𝖇𝖊𝖗 𝖉𝖎𝖊 𝖛𝖔𝖓 𝖉𝖊𝖓 𝕭𝖆𝖗𝖇𝖆𝖗𝖊𝖓 𝖉𝖊𝖘 𝖆𝖈𝖍𝖙𝖟𝖊𝖍𝖓𝖙𝖊𝖓 / 𝕵𝖆𝖍𝖗𝖍𝖚𝖓𝖉𝖊𝖗𝖙𝖘 𝖌𝖊𝖌𝖊𝖓 𝖉𝖎𝖊 𝖈𝖍𝖗𝖎𝖘𝖙𝖑𝖎𝖈𝖍𝖊 𝕽𝖊𝖑𝖎𝖌𝖎𝖔𝖓 / 𝖚𝖓𝖉 𝖎𝖍𝖗𝖊 𝕷𝖊𝖍𝖗𝖊𝖗 𝖊𝖗𝖗𝖊𝖌𝖙𝖊 𝖁𝖊𝖗𝖋𝖔𝖑𝖌𝖚𝖓𝖌. / [*filet*] / Firmaverunt sibi sermonem nequam, / [*filet*] / 𝕬𝖚𝖘 𝖉𝖊𝖒 𝕱𝖗𝖆𝖓𝖟𝖔̈𝖘𝖎𝖘𝖈𝖍𝖊𝖓 𝖚̈𝖇𝖊𝖗𝖘𝖊𝖙𝖟𝖙. / [*filet agrémenté*] / 𝕯𝖔𝖗𝖙𝖒𝖚𝖓𝖉, / 𝖌𝖊𝖉𝖗𝖚𝖈𝖐𝖙 𝖚𝖓𝖉 𝖎𝖓 𝕮𝖔𝖒𝖒𝖎𝖘𝖘𝖎𝖔𝖓 𝖇𝖊𝖎 𝖉𝖊𝖓 𝕲𝖊𝖇𝖗𝖚̈𝖉𝖊𝖗𝖓 / 𝕸𝖆𝖑𝖑𝖎𝖓𝖈𝖐𝖗𝖔𝖉𝖙 1799. //

pp.xxii.295.[i bl.]; sig.[ ]⁸, π³, A-S⁸, T⁴; 15cm.

Ex Libris: A-ONB; D-Mu/B.

En espagnol:

604. DEL FANATISMO / *EN LA LENGUA REVOLUCIONARIA.* / Ó / DE LA PERSECUCION SUSCI-/TADA CONTRA LA RELIGION CHRISTIA-/NA Y SUS MINISTROS POR LOS BARBA-/ROS DEL SIGLO 18.° / *POR JUAN FRANCISCO LAHARPE.* / *EDICION TERCERA DE* / *PARIS* / *AÑO* 5. – 1797. / [*ornement typographique*] / GUATAMALA. / INPRENTA MAYOR A CARGO DE UN INTELI-GENTE. / *Casa de Porras* //

pp.142; sig.x⁴, xx⁴, xxx⁸, xxxx⁴-xxxxx⁴, x-xxxxx⁴, x-xxxxx⁴; 19cm.

Ex Libris: USA-CU; USA-DLC.

Publication: 1825.

605. DE LO QUE SIGNIFICA / LA PALABRA / FANATISMO / EN LA LENGUA REVOLUCIONARIA, / *ó de la persecucion suscitada por los bárbaros del siglo XVIII contra la Religion* / *Cristiana y sus ministros.* / OBRA ESCRITA EN FRANCÉS / 𝕻𝖔𝖗 𝕵𝖚𝖆𝖓 𝕱𝖗𝖆𝖓𝖈𝖎𝖘𝖈𝖔 𝕷𝖆𝖍𝖆𝖗𝖕𝖊. / Y TRADUCIDA A NUESTRO IDIOMA / POR D. JUAN MANUEL GARCIA DEL CASTILLO Y TEJADA, / Doctor en ambos derechos y sagrada Teologia. / [*filet anglais agrémenté*] / MADRID: / IMPRENTA DE DON EUSEBIO AGUADO. / [*petit filet*] / *1838.* //

pp.viii.170.[ii]; sig.[ ]⁴, 1-10⁸, 11⁶; 18cm.

Ex Libris: USA-IEN.

Publication: Cette traduction aurait-elle paru d'abord en 1836? Voir Hidalgo, ii.224; Palau y Dulcet. *Manuel de Librero Hispano Américano* (1954), vii.339, no.130109.

606. *De lo que significa la palabra fanatismo en el lenguaje revolucionario, ó de la persecucion suscitada por los bárbaros del siglo XVIII contra la religion cristiana*

y sus ministros, obra escrita en francés por Juan Francisco Laharpe, uno de los indivíduos mas distinguidos de aquella famosa academia por su literatura y elocuencia, traducida á nuestro idioma por Eudoxio Hesperiophilo, el que la dedica y consagra á los católicos españoles, verdaderos patriotas, cuidanos honrados y juiciosos liberales, para que á vista de tan horrible cuadro, y reunidos con los sagrados lazos de la religion, fraternidad, concordia y sumision á las leyes y autoridades constituidas, peudan evitar los males lamentables que traen consigo la impiedad, desorden y anarquía, haciendo á estos monstruous destructores de toda sociedad una guerra no menus implacable y resuelta que la que debe sosternerse contra los enemigos de nuestras libertades patrias y trono legitimo. Madrid, de Cuesta, [1838] //*

8°.

Voir Hidalgo, ii.224.

En italien:

607. COSA SIA / IL FANATISMO / NEL DIALETTO RIVOLUZION-ARIO / *OSSIA* / DELLA PERSECUZIONE SUSCITATA DA' BAR-BARI DEL / SECOLO DICIOTTESIMO CONTRO LA RELIGIONE / CRISTIANA, ED I SUOI MINISTRI / *RIFLESSIONI* / DI / GIAN-FRANCESCO LAHARPE / *Per la prima volta recate in Italiano.* / [*filet agrémenté*] / *RAGUSI.* / 1798 //

pp.218; sig.*⁴, a-p⁴, o³; 20,5cm.
Ex Libris: USA-DLC.

608. IL FANATISMO / DELLA / LINGUA RIVOLUZIONARIA / *OSSIA* / DELLA PERSECUZIONE SUSCITATA NEL / SECOLO XVIII CONTRO LA RELIGIONE / CRISTIANA E SUOI MINISTRI / *Opera interessante* / DI GIAN FRANCESCO LAHARPE / VOLGARIZ-ZATA / A DISINGANNO DEGL' ITALIANI. / [*filet anglais*] / *Firmaverunt sibi sermonem nequam.* Ps. 33. / Forti si fan d'empa favella al suono. / CRISTIANOPOLI / 1798. //

pp.xxiv.244; sig.1¹², a-i¹², k¹⁴; 17cm.
Ex Libris: F-P/Bn.

609. IL FANATISMO / DELLA / LINGUA RIVOLUZIONARIA / *OSSIA* / DELLA PERSECUZIONE SUSCITATA NEL / SECOLO XVIII CONTRO LA RELIGIONE / CRISTIANA E SUOI MINISTRI / DI / GIAN FRANCESCO LAHARPE / *SECONDA EDIZIONE* / NUOVAMENTE CORRETTA ED ILLUSTRATA. / [*filet anglais*] /

Firmaverunt sibi sermonem nequam. Ps. 33. / Forti si fan d'empia favella al suono. / [*filet anglais*] / CRISTIANOPOLI / 1798. //

pp.iii-xxxii.1-224.241-256(pag.déf.); sig.[ ]¹, *², **⁸, a-0⁸, q⁸, q-s⁸, t⁴ [*sic*]; 17,5cm.

Ex Libris: USA-MH.

610. IL FANATISMO / DELLA / LINGUA RIVOLUZIONARIA / *OSSIA* / DELLA PERSECUZIONE SUSCITATA / NEL SECOLO XVIII. CONTRO LA RELIGIONE / CRISTIANA E SUOI MINISTRI / *DI* / GIAN FRANCESCO LAHARPE / VOLGARIZZATO / DALL'AB. MAURO BONI / *TERZA EDIZIONE* / NUOVAMENTE COR-RETTA ED ILLUSTRATA. / [*filet anglais*] / *Firmaverunt sibi sermonem nequam.* Ps. 33. / Forti si fan d'empia favella al suono. / [*filet anglais*] / CRISTIANOPOLI, ED IN PAVIA 1799. / [*filet anglais*] / PER GLI EREDI DI PIETRO GALEAZZI. / *CON PERMISSIONE.* //

8°. pp.xxiv.111.lvi; 19cm.

Ex Libris: CH-Lug.

611. [*Dans un cadre agrémenté:*] IL / FANATISMO / DELLA / LINGUA RIVOLUZIONARIA / *OSSIA* / DELLA PERSECUZIONE SUS-CITATA NEL SE-/COLO XVIII. CONTRO LA RELIGIONE / CRIS-TIANA, E SUOI MINISTRI / DI / GIAN FRANCESCO LAHARPE. / *TERZA EDIZIONE* / NUOVAMENTE CORRETTA, ED ILLUS-TRATA. / [*filet ondulé*] / *Firmaverunt sibi sermonem nequam.* Ps.33. / Forti si fian d'empia favella al suono. / [*filet ondulé*] / 1800. / [*filet agrémenté*] / Con *Approvazione.* //

pp.xxix.[i].298; sig.1¹,*2⁸,**2⁶, a-s⁸, t⁵; 19cm.

Ex Libris: F-P/Bn; USA-MnCS.

En polonais:

612. *Wolter między prorokami czyli Dzieło o fanatyzmie w, języku rewolu-cyjnym, albo prześladowaniu wznieconym od barbarzyńców osiemnastego wieku na chrześciańską religią i jej ministrów, przez pana . . . francuzkiego Akademika, jedenego z pierwszch uczniów i szczególniejszego faworyta partryarchy Woltera, drukowane w Paryżu roku V. podług Kalendarza niegdy Rzeczypospolitej wolnego, rownego i panują ludu, ery chrześciańskiej 1797, przełożone na język polski 1816.* //

8°. pp.415.[i bl.].

Traduction par Karol Surowiecki (Estreicher, ii.544).

613. *Lettre de m. de La Harpe à La Revellière-Lepeaux, &c.*
Publication à part de divers articles tirés du *Mémorial* (voir infra, *A394-397, 399-400*):
LETTRE / DE / M. DE LA HARPE / À / LA REVELLIERE-LEPEAUX, / (*L'Un des Cinq Directeurs de la République Française*) / EN FAVEUR DE / LA RELIGION / ET DE / *SES MINISTRES.* / [*filet double*] / DE L'HYPOCRISIE, / PAR LE MÊME. / [*filet double*] / RÉPONSE / DE / M. DE LA HARPE / AUX INCULPATIONS QUI LUI ONT ÉTÉ / FAITES D'AVOIR / *Attaqué la Religion Catholique.* / [*filet double*] / A LONDRES: / DE L'IMPRIMERIE DE BAYLIS, GREVILLE-STREET: / Et se trouve chez MM. *Béné,* No. 16, Charles-street, / Manchester-square; & *Dulau* & *Co.,* No. 107, War-/dour-street, Soho. – 1797. – [*Prix Six Pence.*] //

pp.26; sig.[ ]¹, A¹²; 18,5cm.

Ex Libris: GB-MA/S; USA-MH; USA-RPB.

Table des matières: Réponse . . . à La Revellière-Lépeaux: pp.3-13; De l'Hypocrisie: pp.14-24; Réponse . . . aux Inculpations: pp.25-26.

614. *Sur la déclaration exigée des prêtres catholiques.*
Deux éditions séparées d'un long article du *Mémorial* (voir infra, *A403-408*):
SUR LA / DÉCLARATION / *EXIGÉE* / DES PRÊTRES CATHO-LIQUES. / PAR MR. LAHARPE, / *Auteur de la réfutation du livre de l'Esprit, et du Fanatisme, dans la langue révo-/lutionnaire.* / L.H. / [*ornement typographique*] / [*filet double*] / A PARIS, / Et se trouve à BRUXELLES, / Chez MORNÉWECK et Compagnie, au / bureau de l'*Impartial Européen.* //

pp.[ii].46; sig.[ ]¹, A-E⁴, F³; 20cm.

Ex Libris: B-A/S.

615. *SUR LA* / DÉCLARATION / *EXIGÉE DES* / PRÊTRES CATH-OLIQUES / *PAR* / M.ʀ LA HARPE, / *Auteur de la réfutation du livre de l'Esprit, et du* / *Fanatisme dans la langue révolutionnaire.* / L.H. / [*fleuron*] / [*filet triple*] / A PARIS, AN V – 1797. //

pp.29.[i bl.]; sig.A-C⁴, D²; 21cm.

Ex Libris: B-G/U.

616. *Apologie de la Religion* [*chrétienne*].
Pour des détails de cet ouvrage, voir Todd 3, p.240.

a) *Fragments majeurs* (livre 1er., chap.1 à 4):
Dans OP, iv.47-370; *Instructions pour un pêcheur touché de Dieu,* par L.P.J. Joly de Bevy (Dijon 1820), pp.187-426 ('Conversion de J. F. de La Harpe,

écrite par lui-même'); Ve, tome xvi; *La Raison du christianisme*, par A. E. Genoude (Paris 1835), x.25-156; *Démonstrations évangéliques* . . . , par J. P. Migne (Petit-Montrouge 1843-1849), xiii.col.478-647 ('Vie de Laharpe': col.473-478).

Et en russe:

ОПРОВЕРЖЕНІЕ / ЗЛОУМЫШЛЕННЫХЪ ТОЛКОВЪ, / распространенныхъ философами / XVIII вѣка противъ христіан- / скаго благочестія. / [*filet ondulé*] / послѣднее сочиненіе / Гна. ЛА ГАРПА, / французской академіи члена, / съ французскаго переведенное / яковомъ бардовскимъ, государственной кольлегіи иностранныхъ / дѣлъ переводчикомъ. / [*ornement typographique*] / МОСКВА, / [*filet ondulé*] / въ типографіи платона бекетова. / [*filet ondulé*] / 1810. //

pp.ix.262; sig.1-16⁸, 17³; 22cm.

Ex Libris: USA-DLC.

b) *Fragments mineurs* (tirés du livre 2: *De la Prière, Elévation à Dieu*, plus une variante pour le premier livre, chapitre 4: *Bonté de Dieu dans le mystère de l'Incarnation*).

Dans *MF*, 14 ventôse an XI (5 mars 1803), xi.487-493, 5 germinal an XI (26 mars 1803), xii.57-64; *Lycée*, xvi.841 etc.; *Table historique et moral de la Bible, suivi des Sentiments de pénitence de m. de La Harpe* (1806); *Exhortation d'un bon curé à ses paroissiens, sur le Jubilé, suivre des sentiments de pénitence tirés d'un ouvrage de m. de La Harpe à l'article sur la miséricorde de Dieu* ([s.d.]), pp.10-16; *Les Veillées sérieuses d'un jeune homme*, par P. J. Boudier de Villemert (Lyon 1848), *in fine*; diverses éditions du *Psautier* (voir supra, no.561).

Deux publications à part:

[*En-tête*:] SENTIMENTS / DE PÉNITENCE / DE M. DE LA HARPE. / *Extrait de son Apologie de la Religion,* / *non encore imprimée*. //

pp.12; 6ff.; 19cm.

Ex Libris: CDN-OKQ; F-Pts.

Editeur: Le Clère, Imprimeur- libraire, quai des Augustins, no.39.

[*Cadre simple*:] FRAGMENTS D'UNE APOLOGIE / DE LA / RELIGION CHRÉTIENNE. / PAR / M. DE LA HARPE. / LONDON: / J. H. JACKSON, ISLINGTON GREEN. / L. & G. SEELEY, FLEET STREET. / [*petit filet*] / 1841. //

8°. pp.22; 20,5cm.

Ex Libris: GB-LO/U-UC.

c) *Manuscrits*:

i) *Apologie de la Religion*. Manuscrit autographe de 119 feuillets, 237 pages pleines in-fol. Papier uniforme et pouvant former un volume. Notes diverses autographes, pour *l'Apologie de la Religion.* Extraites de l'écriture sainte, des Pères de l'Eglise, des Philosophes, etc. 190 pages in-18°., in-8°., in-4°., et in-fol. Hymne de Saint-Jean (en latin). 1 page et demi in-80. Offerts à la vente de la collection de Lucas de Montigny (Laverdet, le 30 avril 1860., p.296, nos.1656 (i), 1659), ces manuscrits faisaient ensuite partie de la collection de Dubrunfaut, avant d'être vendus à la vente de la Bibliothèque d'Alfred Piat (1899), no.7942.

(ii) *Des peines éternelles* (voir Ve, xvi.61). Manuscrit autographe, 1 grande page pleine et quart in-fol., et 7 pages de notes autographes, in-18°., et in-8°. Offert à la vente de la collection de Lucas de Montigny (Laverdet, 30 avril 1860, p.296, no.1658).

iii) *Sur Saint-Augustin et sur J.J. Rousseau.* Manuscrit autographe, 3 pages, gr. in-folio (voir Ve, xvi.167, n., 193-194, n.). Offert dans *RA*, janvier 1907, p.8, no. 126. octobre 1907, p.7, no.111, juin 1913, p.6, no.91.

iv) *De la Providence* (voir *Lycée*, xv.56; Ve, xvi.116, n.) Manuscrit autographe, 12 pages à mi-marge in fol., reliées. Offert à la vente de Lucas de Montigny (Laverdet, 30 avril 1860, p.296, no.1657), et dans *RA*, octobre 1902, p.12, no.196, octobre 1909, p.8, no.120.

617. *Pour mémoire. Fragment sur la dernière révolution de Suède.*
Dans Todd 1, p.329.

618. *Prophétie* [ou *Prédiction*] *de Cazotte.*
Dans OP, i. pp.lxii-lxviii; Ve, i. pp.ciii-cx (1ère. édition complète); Sainte-Beuve, *Causeries du lundi* (Paris 1885), v.139-143 (fragments); *Le Diable amoureux de Jacques Cazotte. Préface d'A. J. Pons . . . Variantes et Bibliographie* (Paris 1878), pp.282-299; *J. F. de La Harpe, littérateur, par J. d'Hertault* (Paris 1904), pp.13-14; *Les Chefs-d'œuvre de l'occultisme* (Paris [s.d.]), pp.24-30; *La Patte du Chat, le Diable amoureux de Jacques Cazotte. Préface de Lucien Maury* (Paris 1949), pp.153-160.
En manuscrit: F-P/Ar: Rondel ms.307.
Remarques diverses: Pour diverses suppositions erronées concernant cet ouvrage, voir Todd 3, p.274; *JP*, 17 février 1817 (lettre de Boulard); *JLib*, 28 juin 1817, pp.382-383; C. Asselineau, 'La Prophétie de Cazotte', *Bulletin du bibliophile*, 1868, pp.661-666; E. P. Shaw, *Jacques Cazotte* (Cambridge, Mass., 1942), pp.90-94.

Deux éditions séparées:

PRÉDICTION / DE CAZOTTE, / FAITE EN 1788, / ET RAPPORTÉE PAR LA HARPE, / SUIVIE DE NOTES / SUR MM. CAZOTTE, LA HARPE, CHAMFORT, / CONDORCET, VICQ-D'AZYR, DE NICOLAI, BAILLY, / DE MALESHERBES, DÉFENSEUR DE LOUIS XVI, ET / MADAME

LA DUCHESSE DE GRAMMONT; / AVEC QUELQUES RÉ-FLEXIONS GÉNÉRALES. / [*ornement typographique*] / A PARIS, / CHEZ TOUS LES MARCHANDS DE NOUVEAUTÉS; / Et A MONTPEL-LIER, / CHEZ Aug. SEGUIN, LIBRAIRE, PLACE NEUVE. / Mars 1817. //

pp.23.[i bl.]; sig.1⁴, 2⁸; 19,5cm.

Ex Libris: F-Nc; F-P/Bn.
Imprimeur: A Montpellier, chez Jean Martel le jeune, imprimeur ordinaire du Roi.
Publication: *JLib*, 17 mai 1817, no.1565.

619. LA HARPE / LA / PROPHÉTIE / DE / CAZOTTE / *PRÉFACE* / DE / HENRY PRIOR. / PARIS. / G. GOVONE, EDITEUR / 1927. //

pp.[viii].xiii.[i bl.].19.[i bl.].[i].[iii bl.]; sig. a-f⁴; 19cm., portrait (en couleur), attr. à Hall.

Ex Libris: F-P/Bn; USA-MU; USA-PU.
Co-éditeur: Librairie Picart, 59, boulevard Saint-Michel, Paris.
Imprimeur: 'Ce volume a été achevé d'imprimer sur les presses de A. & F. Debeauve à Paris le XVIII. janvier MCMXXVII'.

620. *Fragments autobiographiques*.
Dans Petitot, 'Mémoires sur la vie de La Harpe', OP, i. pp.v-vi, li-liii, liv-lvi.

621. *Ecrit qui devait précéder une édition épurée des Œuvres de La Harpe (composé un mois avant sa mort)*.
Dans *MF*, 15 nivôse an XIII (5 janvier 1805), xix.126-130.

Version abrégée de
l'*Histoire génerale des voyages*
1746-1771

~~~~~~~~~

622. ABRÉGÉ / DE / L'HISTOIRE GÉNÉRALE / DES VOYAGES, / *CONTENANT* / Ce qu'il y a de plus remarquable, de plus utile & / de mieux avéré dans les Pays où les Voyageurs / ont pénétré; les mœurs des Habitans, la Religion, / les Usages, Arts & Sciences, Commerce, / Manufactures; enrichie de Cartes géographiques / & de figures. / [*filet double*] / *Par M.* DE LA HARPE, *de l'Académie Française.* / [*filet double*] / TOME PREMIER. / [*ornement typographique (chaque volume a une scène différente)*] / A PARIS, / HÔTEL DE THOU, RUE DES POITEVINS. / [*filet double*] / M. DCC. LXXX. / *Avec Approbation, & Privilége du Roi.* //

Variante pour le premier volume:

HISTOIRE / GÉNÉRALE / DES VOYAGES, / *DE M. L'ABBE PRÉ-VOT,* / ABRÉGÉ ET REDIGÉE SUR UN NOUVEAU PLAN; / *CON-TENANT* / Ce qu'il y a de plus remarquable, de plus utile / & de mieux avéré dans les Pays où les / Voyageurs ont pénétré; les mœurs des Habitans, la Religion, les Usages, Arts & / Sciences, Commerce, Manufactures; enrichie / de Cartes géographiques & de Figures. / [*filet double*] / *Par M.* DE LA HARPE, *de l'Académie Française.* / [*filet double*] / TOME PREMIER. / [*fleuron*] / A PARIS / HÔTEL DE THOU, RUE DES POITEVINS. / [*filet triple*] / M. DCC. LXXX. / *AVEC APPROBATION ET PRIVI-LEGE DU ROI.* //

8°. 21 vols. pp.lii.lxxxiv.550 + 464 + 503.[i bl.] + 545.[i bl.] + 674 + 527.[i bl.] + 525.[i bl.] + 494 + 418 + 485.[i bl.] + 502 + 480 + 493.[i bl.] + 572 + 637.[i bl.] + 532 + 510 + 660 + 440 + 491[i bl.] + 671.[i bl.] *& réimpression*: lii.lxxxiv.550 + 465.[i bl.] + 506 + 544.[iii].[i bl.] + 672.[iii].[i bl.] + 526.[ii] + 525.[i bl.] + 494 + 418 + 487.[i bl.] + 503.[i bl.] + 481.[i bl.] + 493.[i bl.] + 572 + 637.[i bl.] + 532 + 510 + 660 + 438.[ii] + 490.[i].[i bl.] + 671.[i bl.]; 19,5cm.

Ex libris: A-ONB; B-L/U; CDN-OSUL; CDN-QMBM; CH-SG; D-Be/U; D-Bo/U; D-DO/F; D-HH/SU; D-Ki/U; D-Mu/B; D-St/W; F-Abb; F-Am; F-Ancy; F-Anoy; F-Aut; F-Bar; F-Bdx; F-Boul; F-Bourg;

F-Bourges (mq: t.4, 14-15, 20); F-Cah (t.1-17); F-Carp; F-Cham; F.Chau; F-ClF; F-Cns; F-Col; F-Djn; F-Do; F-FC; F-Gbl; F-Grs; F-Hy (mq: t.2); F-Lav; F-Lille; F-LyU; F-Metz; F.Nev (mq: t.1-3, 6-7, 15-16, 19-20); F-Orl; F-P/Ar; F-P/Bn; F-P/SocG; F-P/StG; F-Pau; F-Pts; F-Qr; F-Rod; F-S/Bn; F-Sts; F-Vers; GB-BH/U; GB-ED/N; GB-LO/L; GB-LO/N; GB-LO/U (t.12); GB-MA/P; GB-OX/U-Bl; GB-RE/U; N-O/U; S-G/U; S-L/U; USA-CtY; USA-CU-S; USA-DLC; USA-ICU; USA-MB; USA-MdAN; USA-NBC; USA-NcU; USA-NIC; USA-NN; USA-NNH.

Approbation: Suard, 10 janvier 1779.

Privilège: 30 décembre 1779. Registré le 10 janvier 1780.

Publication: *1er. tirage*: *CH*, 8 avril 1780, no.15; art.1; *MF*, 8 avril 1780, p.94, 22 avril 1780, pp.167-177, 15 juillet 1786, suppl. pp.6-9; *JgF*, 26 avril, 21 juin 1780, pp.66, 98-99. *2e. tirage*: *MF*, 15 juillet 1780, p.144; *Js*, juillet 1780, pp.510-511; *JP*, 4 août 1780, p.391. *Réimpression*: *Fcl*, 1792, i.21, no.2063.

Table des matières: 'L'ouvrage est divisé en quatre parties. Les voyages d'Afrique, divisés en six livres, forment les trois premiers volumes de cet Abrégé. Ceux d'Asie, divisés en sept livres, forment six volumes. Ceux d'Amérique, partagés en douze livres, forment aussi six volumes. Les voyages autour du monde et aux Pôles remplissent les six derniers tomes de cet abrégé' (*MF*, 15 juillet 1786, suppl. pp.8-9). Pour des détails des 82 planches, voir Mongland, v.643-648.

Remarques diverses: Pour le contrat signé par La Harpe et Panckoucke pour la révision de la compilation de l'abbé Prévost, voir Jovicevich 1, pp.23-25. Seuls les 21 premiers volumes de l'abrégé sont l'œuvre de La Harpe. Les tomes 22 et 23 parurent sans nom d'auteur. Contenant le *Troisième Voyage de Cook*, ils furent publiés en 1786 par A. L. G. C. La Porte (*JP*, 5 décembre 1786, p.1413; *JgF*, 20 janvier 1787, pp.33-34; *MF*, 6 janvier 1787, pp.45-46; *Al*, 1787, ii.342-350). Le privilège fut transféré à La Porte en 1787, et celui-ci le vendit à C. F. Maradan le 14 mai 1789 (F-P/An: V¹551 & 553). Maradan publia alors une *Continuation de l'Histoire générale des Voyages de l'Abbé Prévost, par une société de Gens de Lettres* (voir *JgF*, 8 septembre 1789, pp.447-448). La version abrégée devait être continuée par Delpeuch de Comeiras. Elle aura finalement 32 volumes in-8°., plus un atlas in-4°. Ces derniers volumes furent publiés par Moutardier de 1798 à 1801 (*Jglf*, vendémiaire an VII (septembre 1798), I, x.289; *JP*, 20 fructidor an VII (6 septembre 1799), p.1534, etc.). Ils renferment des récits de voyages plus récents. En 1803 et 1804, douze volumes sur des *Voyages faits en Europe* parurent. Ils devaient former une deuxième suite à l'ouvrage de La Harpe (*Jtb*, 7e. année, no.ix, 16 frimaire an XIII (9 décembre 1803). Pour d'autres suites, voir *La Relation abrégée du voyage de La Perouse, pendant les années 1785, 1787 et 1788*; *pour faire suite à l'Abrégé de l'Histoire générale des Voyages, par Laharpe* (A

Leipsick 1799); A. Montémont, *Histoire des Voyages modernes effectués par mer et par terre dans les cinq parties du monde . . . depuis 1800, pour faire suite à l'Histoire des Voyages de La Harpe* (Paris 1838), etc.

623. *Abrégé de l'Histoire générale des Voyages* . . . Strassbourg, Academischen Buchhand, 1780-1786. //

8°. 23 vols.

Voir Kayser, ii.459.

624. *Abrégé de l'Histoire générale des Voyages* . . . Paris, Maradan, libraire, rue Saint-André-des-Arcs, 1789. //

8°. 23 vols.

Nous ne connaissons que le prospectus de cette édition: F-P/An: V¹551 & 553.

625. ABRÉGÉ / DE / L'HISTOIRE GÉNÉRALE / DES VOYAGES, / CONTENANT / CE qu'il a de plus remarquable, de plus utile et/de mieux avéré dans les pays où les voyageurs / ont pénétré; les mœurs des habitans, la religion, / les usages, arts et sciences, commerce, manu-/factures. / PAR J. F. LA HARPE. / [*filet ondulé*] / TOME PREMIER. / [*filet ondulé*] / PARIS, / JANET ET COTELLE, Libraires, Marchands de Musique / de LL. MM. II et RR., rue Neuve des Petits-Champs, n° 17. / FOUCAULT, Libraire, quai des Augustins, n°, 17 / [*petit filet*] / 1813[-1815]. //

Variante dans l'adresse:

[. . .] PARIS, / FOUCAULT, Libraire, quai des Augustins, n°. 17 / JANET ET COTELLE, Libraires, Marchands de Musique / de LL. MM. II et RR., rue Neuve des Petits-Champs, n° 17. / [*petit filet*] / 1813[-1815]. //

12°. 29 vols. pp.[ii].382 + [ii].452 + [ii].367(pag.déf.=363).[i bl.] + [ii].408 + [ii].408(pag.déf.=404) + [ii].399.[i bl.] + [ii].404 + [ii].395.[i bl.] + [ii].410 + [ii].402 + [ii].389.[i bl.] + [ii].411.[i bl.] + [ii].406 + [ii].403. [i bl.] + [ii].427.[i bl.] + [ii].391.[i bl.] + [ii].404 + [ii].392 + [ii].415. [i bl.] + [ii]. 395.[i bl.] + [ii].407.[i bl.] + [ii].407.[i bl.] + [ii].403.[i bl.] + [ii].402 + [ii]. 420 + [ii].399.[i bl] + [ii].392 + [ii].308 + [i].iv.170(pag.déf.=166); 17,5 cm.

Ex Libris: A-ONB; D-Fre/U; F-Bdx; F-Bzs (mq:t.4); F-Col; F-Mor (mq: t.4, 7, 14, 20, 24-25); F-PtsU; F-S/Bn.

Imprimeur: D'Hautel, rue de la Harpe, no.80.

Publication: *JLib*, 27 août 1813, no.2415: t.i, ii; 1 octobre 1813, no.2892: t.iii, iv; 26 novembre 1813, no.3327: t.vii, viii; 31 décembre 1813, no.3683: t.ix, x; 4 février 1814, no.254: t.xi, xii; 7 mars 1814, no.499: t.xiii. xiv; 2 juillet 1814, no.982: t.xv, xvi; 30 juillet 1814, no.1175; t.xvii, xviii; 3 septembre 1814, no.1423: t.xix, xx; 8 octobre 1814, no.1631: t.xxi, xxii; 19 novembre

1814, no.1961: t.xxiii, xxiv; 7 janvier 1815, no.77: t.xxv, xxvi; 4 mars 1815, no.674: t.xxvii, xxviii; 21 octobre 1815, no.2574: t.xxix. Tiré à 1 000 exemplaires.

626. ABRÉGÉ / DE / L'HISTOIRE GÉNÉRALE / DES VOYAGES, / CONTENANT / CE QU'IL Y A DE PLUS REMARQUABLE, DE PLUS UTILE ET DE / MIEUX AVÉRÉ DANS LES PAYS OU LES VOYAGEURS ONT / PÉNÉTRÉ; LES MŒURS DES HABITANS, LA RELIGION, LES / USAGES, ARTS ET MANUFAC-/TURES. / PAR J. F. LAHARPE. / [*petit filet*] / TOME PREMIER. / [*filet anglais agrémenté*] / A PARIS, / CHEZ LEDOUX ET TENRÉ, LIBRAIRES, / RUE PIERRE-SARRAZIN, N° 8. / [*filet ondulé*] / 1816. //

8°. 24 vols. pp.xxiv.454 + 491.[i bl.] + 492 + 468 + 464 + 453.[i bl.] + 471.[i bl.] + 559.[i bl.] + 488 + 460 + 461.[i bl.] + 437.[i bl.] + 511.[i bl.] + 468 + 386 + 394 + 401.[i bl.] + 410 + 377.[i bl.] + 432 + 398 + 362 + 378 + 430; 20,5cm.

Ex Libris: B-L/U; F-Albi; F-Av; F-Bdx; F-Djn; F-LH; F-Mplr; F-Nc; F-P/Bn; F-TlsU; F-Vsl; L-N; GB-LO/N; S-U/U; USA-ICU.
Imprimeur: Crapelet.
Publication: *JLib*, 24 février 1816, no.480: Prospectus; 15 juin 1816, no.1630: t.i-viii; 17 août 1816, no.2224: t.ix-xvi; 23 novembre 1816, no.3245: t.xvii-xxiv.

627. ABRÉGÉ / DES TROIS VOYAGES / DU CAPITAINE COOK, / PRÉCÉDÉ / D'UN EXTRAIT DES VOYAGES DE BYRON, WALL, CARTERET / ET BOUGAINVILLE, AUTOUR DU MONDE; / PAR J.-F. LAHARPE. / NOUVELLE ÉDITION, / *Revue et corrigée, ornée d'une très-belle Carte générale / des Voyages de Cook.* / TOME PREMIER. / [*filet anglais*] / A PARIS, / CHEZ LEDOUX ET TENRÉ, LIBRAIRES, / RUE PIERRE-SARRAZIN, N° 8. / [*filet ondulé*] / 1817. //

8°. 6 vols. (pp.[iv].546.[i].[i bl.].[i].[i bl.] + 432 + 398 + 362 + 378 + 328) 20cm.: 'Carte sous forme de dépliant à la fin du premier tome'.

Ex Libris: F-P/Bn.
Publication: *JLib*, 23 novembre 1816, no.3246.

628. ABRÉGÉ / DE L'HISTOIRE GÉNÉRALE / DES VOYAGES, / Par LAHARPE, / RÉDUIT AUX TRAITS LES PLUS INTÉ-/RESSANS ET LES PLUS CURIEUX; / PAR ANT. C**. / ORNÉ DE HUIT FIGURES EN TAILLE-DOUCE. / [*filet*] / TOME PREMIER. / [*filet*] / PARIS. / LEDENTU, LIBRAIRE, QUAI DES AUGUSTINS, / N°. 31; / Et passage Feydeau, N°. 28. / [*petit filet*] / 1820. //

16°. 2 vols. pp.[vi].iv.469.[i bl.] + [vi].471.[i bl.]; 17 cm. ¦

Ex Libris: B-L/U; F-Bdx(t.1); F-Boul; F-P/Bn; L-N; USA-ViU.
Publication: *JLib*, 1 janvier 1820, no.25.
Remarques diverses: Texte revu par Caillot.

629. [*Idem*] SECONDE EDITION. / [*filet*] / TOME PREMIER. / [*filet*] /
PARIS / LEDENTU, LIBRAIRE, / QUAI DES AUGUSTINS, No.31. /
[*petit filet*] / 1822. //

16°. 2 vols. pp.[vi].iv.469. [i bl.] + [vi].471.[i bl.]; 17,5cm.

Ex Libris: F-LR; F-P/Bn.
Imprimeur: J. B. Imbert.
Publication: *JLib*, 10 août 1822, no.3653.

630. ABRÉGÉ / DE L'HISTOIRE GÉNÉRALE / DES VOYAGES, / Par
LAHARPE, / RÉDUIT AUX TRAITS LES PLUS INTÉRESSANS ET
LES / PLUS CURIEUX. / Par A. CAILLOT. / ORNÉ DE HUIT
FIGURES EN TAILLE-DOUCE. / TROISIÈME ÉDITION. / TOME
PREMIER. / PARIS; / LEDENTU, LIBRAIRE / QUAI DES AUGUS-
TINS, N° 31. / [*filet*] / 1826. //

12°. 2 vols. pp.469.[i bl.] + 471.[i bl.]; 17cm.

Ex Libris: F-Bsn; F-Djn; F-LRY(t.2); F-Nc; F-P/Bn; USA-DLC.
Imprimeur: Aucher-Eloy, à Blois.
Publication: *JLib*, 22 mars 1826, no.1659.

631. [*Idem*] QUATRIÈME ÉDITION. / TOME PREMIER. / [*filet anglais
agrémenté*] / PARIS. / LEDENTU, LIBRAIRE, / QUAI DES AUGUS-
TINS, N° 31. / [*petit filet*] / 1833. //

12°. 2 vols. pp.[iv].648 + [iv].470; 17cm.

Ex Libris: B-G/U(t.2); B-L/U; F-Nev; F-P/Bn; USA-CU.
Imprimeur: Casimir, rue de la Vieille Monnaie, no.12.
Publication: *JLib*, 6 décembre 1834, no.6571.

632. ABRÉGÉ / DE / L'HISTOIRE GÉNÉRALE / DES VOYAGES, /
CONTENANT / CE QU'IL Y A DE PLUS REMARQUABLE, DE
PLUS UTILE ET DE MIEUX / AVÉRÉ DANS LES PAYS OÙ LES
VOYAGEURS ONT PÉNÉTRÉ; LES / MOEURS DES HABITANS,
LA RELIGION, LES USAGES, ARTS ET / SCIENCES, COMMERCE
ET MANUFACTURES; / PAR J. F. LAHARPE. / NOUVELLE
ÉDITION, / REVUE ET CORRIGÉE AVEC LE PLUS GRAND SOIN, /
ET ACCOMPAGNÉE D'UN BEL ATLAS IN-FOLIO. / [*filet*] / TOME

PREMIER. / [*filet anglais agrémenté*] / A PARIS, / CHEZ ETIENNE LEDOUX, LIBRAIRE, / RUE GUÉNÉGAUD, N° 9. / [*filet*] / 1820 [-1821]. //

8°. 24 vols. pp.xxviii.463.[i bl.] + 496 + 496 + 480 + 474 + 435.[i bl] + 473.[i bl.] + 475.[i bl.] + 586 + 496 + 508 + 383.[i bl.] + 520 + 523.[i bl.] + 415.[i bl.] + 473.[i bl.] + 471.[i bl.] + 488 + 378 + 429.[i bl.] + [7].399.[i bl.] + 363.[i bl.] + 379.[i bl.] + 346; 20,5 cm., atlas dressé par A. Tardieu.

Ex Libris: B-G/U; B-L/U; F-Am; F-ChS; F-Cns; F-Dgn; F-Lille; F-LP; F-Ly; F-Mou; F-P/Bn; F-Sal; GB-ED/U(t.1); GB-LO/N; USA-DLC; USA-ICN; USA-KU; USA-OCl; USA-WHi.

Imprimeur: Crapelet.

Publication: *JLib*, 22 janvier 1820, no.334: Prospectus; 15 avril 1820, no.1261: t.i-iv; 10 juin 1820, no.2069: t.v-viii; 15 juillet 1820, no.2582: t.ix-xii; 9 septembre 1820, no.3167: t.xiii-xvi; 25 novembre 1820, no.4248: t.xvii-xx; 12 mai 1821, no.1809: t.xxi-xxiv.

Remarques diverses: Texte revue par J. B. B. Eyriès.

633. [*Idem*] A PARIS, / CHEZ LEDENTU, LIBRAIRE, / QUAI DES AUGUSTINS, N° 31. / 1825[-1826]. //

Variante dans l'adresse:

[...] A PARIS, / CHEZ P. DUPONT, LIBRAIRE-EDITEUR, / HÔTEL DES FERMES, RUE DU BOULOY, N° 24. / LEDENTU, LIBRAIRE, / QUAI DES AUGUSTINS, N° 31. / 1825[-1826]. //

8°. 24 vols.pp.[v].xxviii.463.[i bl.] + [v].496 + [v].498 + [v].481.[i bl.] + [v].475.[i bl.] + [v].436 + [v].475.[i bl.] + [v].476 + [v].587.[i bl.] + [v].497. [i bl.] + [v].509.[i bl.] + [v].383.[i] + [v].520 + [v].524 + [v].416 + [v].474 + [v].472 + [v].489.[i bl.] + [v].379.[i bl.] + [v].431.[i bl.] + [v].400 + [v].364 + [v].380 + [v].347.[i bl.]; 20,5 cm., atlas de 15 planches.

Ex Libris: B-A/S; B-L/U; F-Bdx; F-Bourg; F-Chg; F-FC; F-Mon; F-Mor; F-Mplr; F-P/Bn; USA-ICN; USA-OKU; USA-PPAmP.

Imprimeur: Crapelet, rue de Vaugirard, no.9.

Publication: *JLib*, 12 novembre 1825, no.6349: t.i-iv; 23 novembre 1825, no.6494: t.v-viii; 14 janvier 1826, no.153: t.ix-xii; 18 janvier 1826, no.272: t.xiii-xvi; 25 janvier 1826, no.354: t.xvii-xx; 4 février 1826, no.722: t.xxi-xxiv; 29 mars 1826, no.1873: Atlas de Tardieu: 22 novembre 1826, no.7155: figures.

Remarques diverses: C'est une nouvelle émission de l'édition d'Eyriès.

634. ABRÉGÉ / DE / L'HISTOIRE GÉNÉRALE / DES VOYAGES, / CONTENANT / CE QU'IL Y A DE PLUS REMARQUABLE, DE PLUS UTILE ET DE / MIEUX AVÉRÉ, DANS LES PAYS OÙ LES

VOYAGEURS ONT / PÉNÉTRÉ, LES MOEURS DES HABITANS, LA RELIGION, LES / USAGES, SCIENCES ET ARTS, COMMERCE ET MANUFACTURES; / PAR J.-F. LAHARPE. / NOUVELLE ÉDI-TION, / ORNÉE DE SOIXANTE VIGNETTES ET D'UN ATLAS IN-4°. / TOME PREMIER. / [*monogramme*] / PARIS, / ACHILLE JOUR-DAN, LIBRAIRE, / RUE GÎT-LE-COEUR, N°. 4. / 1822[-1823]. //

Avec une nouvelle adresse pour les tomes 17 à 30: [. . .] PARIS, / RAYMOND, LIBRAIRE-ÉDITEUR, / RUE DE LA BIBLIOTHÈQUE, N°. 4. / 1822. //

18°. 30 vols. pp.xlviii.312+ 402+ 404+ 376+ 409.[i bl]+ 367.[i bl.]+ 406+ 335.[i bl.]+ 401.[i bl.]+ 419.[i bl.]+ 412+ 406+ 360+ 380+ 362+ 394+ 386+ 420+ 343.[i bl.]+ 420+ 402+ 383.[i bl.]+ 364+ 384+ 323.[i bl.]+ 290+ 296+ 300+ 371.[i bl.]+ 342; 14 cm., frontispices.

Ex Libris: F-Albi; F-Am; F-ClB; F-P/Bn; F-S/Bn; F-Sens; GB-AB/N.

Imprimeur: Fain, à Paris.

Publication: *JLib*, 2 février 1822, no.512: Prospectus (Jourdan); 16 février 1822, no.735: t.i-iii; 20 avril 1822, no.1797: t.iv-vi; 10 août 1822, no.3630: t.vii-ix; 2 novembre 1822, no.4846: t.t.x-xii; 15 février 1823, no.731: Nouveau Prospectus (Raymond); 29 mars 1823, no.1420: t.xiii-xv; 26 mai 1823, no. 1780: t.xvi-xviii; 21 juin 1823, no.2509: t.xix-xxi; 26 juillet 1823, no.3094: t.xxii-xxiv; 6 septembre 1823, no.3764: t.xxv-xxvii; 20 septembre 1823, no.3964: t.xxviii; 4 octobre 1823, no.4119: t.xxix-xxx.

Remarques diverses: Cette édition renferme une *Notice biographique sur La Harpe* et un *Précis de l'histoire des Voyages et découvertes, &c.*, par G. B. Depping.

635. ABRÉGÉ / DE / L'HISTOIRE GÉNÉRALE / DES VOYAGES; / PAR J.-F. LAHARPE. / TOME PREMIER. / [*ornement typographique*] / PARIS, / MÉNARD ET DESENNE, FILS. / [*filet*] / 1825. //

18°. 30 vols. pp.lxvi.312+ 402+ 404+ 376+ 411.[i bl.]+ 368+ 407.[i b.l]+ 337.[i bl.]+ 403.[i bl.]+ 421.[i bl.]+ 413.[i bl.]+ 406+ 360+ 380+ 363. [i bl.]+ 394+ 386+ 421.[i bl.]+ 345.[i bl.]+ 421.[i bl.]+ 402+ 385.[i bl.]+ 365.[i bl.]+ 385.[i bl.]+ 324+ 291.[i bl.]+ 296+ 301.[i bl.]+ 372+ 343. [i bl.]; 13,5 cm., portrait de La Harpe par Deveria, gravé par Morinel.

Ex Libris: CDN-QMBN(mq: t.21); CH-Z; F-Aur; F-Epy; F-Gap; F-Metz; USA-IaU.

Collection:*Bibliothèque française*.

636. [*Tome i:*] VOYAGES / AUTOUR DU MONDE. [*filet anglais*] / HISTOIRE / DES VOYAGES, / AUTOUR DU MONDE; / GUERRES, MOEURS, / PRODUITS, ANECDOTES; / ABRÉGÉ DE LA HARPE ET DES VOYAGEURS MODERNES, / PAR M. JULES DUFAY. / Un

Volume in-12, orné de Gravures. / [*filet anglais agrémenté*] / PARIS, / CHEZ
BUREAU DE COURVAL ET Cᵉ, EDITEURS, / A LA LIBRAIRIE
CLASSIQUE, / RUE DES VIEUX-AUGUSTINS, N°35, / Près la place
des Victoires. / [*filet ondulé*] / 1826. //

[*Tome ii:*] L'EUROPE. / [*filet anglais*] / HISTOIRE / DES VOYAGES, /
DANS CETTE PARTIE DU MONDE, / GUERRES, [. . .] / 1826. //

12°. 2 vols. pp.260 + 308; 17cm.

Ex Libris: F-P/Bn.
Imprimeur: A. Henry, rue Gît-le-Cœur, no.8.
Collection: *Bibliothèque universelle des voyages.*
Publication: *JLib*, 6 mai 1826, nos.2939-2940.

637. BIBLIOTHÈQUE / GÉNÉRALE / DES VOYAGES, / CON-
TENANT / LA RELATION DE TOUS LES VOYAGES INTÉRESSANS
ENTREPRIS / DEPUIS 1400 JUSQU'A NOS JOURS. / TOME PRE-
MIER. / [*ornement typographique*] / 𝔓ari𝔰, / LIBRAIRIE PARISIENNE,
GALERIE VÉRO-DODAT, N°8; / AUDIN, LIBRAIRE, QUAI DES
AUGUSTINS, N°25. / 1829[-1830]. //

18°. 17 vols. pp.[vi].247.[i] + [vi.].256.[i].[i bl.] + [vi].211.[i] + [vi].250.[i].
[i bl.] + [vi].211.[i] + [vi].228.[i].[i bl.] + ? + [vi].211.[i] + [vi].213.[i bl.].
[i].[i bl.] + [vi].202.[i].[i bl.] + [vi].190.[i].[i bl.] + [vi].210.[i].[i bl.] + [vi].
210.[i].[i bl.] + [vi].174.[i].[i bl.] + [vi].247. [i bl.].[i].[i bl.] + [vii].212.[i].
[i bl.] + [vi].211.[i. bl.].[i].[i bl.]; 14cm., frontispices.

Ex Libris: F-P/Bn. (manque t.7).
Co-éditeurs: Chez Froment, Libraire, rue Dauphine, no.24; Papinot, Libraire,
rue de Sorbonne, en face l'Académie.
Imprimeur: Félix Locquin, rue Notre-Dame-Des-Victoires, no.16.
Publication: 7 novembre 1829, no.6570: t.i; 21 novembre 1829, no.6872: t.ii;
28 novembre 1829, no.7028: t.iii; 5 décembre 1829, no.7153: t.iv; 12 décembre 1829, no.7303: t.v; 26 décembre 1829, no.7698: t.vi; 6 février 1830, no.
672: t.viii-ix; 20 février 1830, no.954: t.x; 6 mars 1830, no.1242: t.xi; 27 mars
1830, no.1663: t.xii; 3 avril 1830, no.1802: t.xiii; 17 avril 1830, no.2067:
t.xiv; 22 mai 1830, no.2683: t.xv; 12 juin 1830, no.3154: t.xvi; 3 juillet 1830,
no.3624: t.xvii.
Remarques diverses: la collection devait comporter 100 volumes.

638. ABRÉGÉ / DE L'HISTOIRE GÉNÉRALE / DES / VOYAGES /
PAR J. F. DE LA HARPE. / NOUVELLE EDITION, / revue, corrigée et
augmentée d'un extrait des voyages les plus récens / *Par M. le Baron de
Roujoux*, / AUTEUR DE LA TRADUCTION DE L'HISTOIRE D'-
ANGLETERRE DE LINGARD, D'UN DICTIONNAIRE DE / GÉO-

GRAPHIE, D'UN PRÉCIS UNIVERSEL DE GÉOGRAPHIE. / 𝕬 l'usage des Maisons d'Éducation / [*filet anglais agrémenté*] / AFRIQUE. – TOME I. / [*filet anglais agrémenté*] / A PARIS, / A LA LIBRAIRIE CLAS-SIQUE DE RUSAND ET Cie, / RUE DU POT-DE- FER SAINT-SULPICE, N. 8. / A LYON, / CHEZ RUSAND ET Cie, LIBRAIRES, / rue Mercière, n.26. / 1830[-1835]. //

8°. 30 vols. pp.399.[i bl.]+ 397.[i bl.]+ 414+ 448+ 452+ 430+ 455.[i bl.]+ 428+ 452+ 496+ 427.[i bl.]+ 460+ 349.[i bl.]+ 504+ 495.[i bl.]+ 380+ 519.[i bl.]+ 527.[i bl.]+ 387.[i bl.]+ 424+ 464+ 483.[i bl.]+ 492+ 368+ 415.[i bl.]+ 392+ 363.[i bl.]+ 361.[i bl.]+ 374+ 538; 21cm.

Ex Libris: CH-Fg(t.1-21); F-BsnU(t.1-26); F-Grs(t.1-29); F-Lav; F-P/Bn; F-Rns; F-TlsU; USA-IEN; USA-MH.

Imprimeur: Poussielgue-Rusand, Imprimeur de S.A.R.M. le duc de Bordeaux, rue de Sèvres, n.2.

Publication: *JLib*, 10 avril 1830, no.1938: Prospectus; 20 novembre 1830, no.6061: t.vi-viii; 10 novembre 1832, no.5441: t.xiv-xv; 28 mars 1835, no.1625: t.xxi.

639. ABRÉGÉ / DE / L'HISTOIRE GÉNÉRALE / DES VOYAGES, / JUSQU'A NOS JOURS; / PAR LA HARPE ET M. EYRIÈS. / Nouvelle Édition. / [*petit filet anglais*] / TOME PREMIER. / A PARIS, / CHEZ E. LEDOUX ET FILS, ÉDITEURS, RUE GUÉNÉGAUD, N° 9. / [*petit filet*] / 1830. //

8°. 2 vols. pp.480.[ii]+ 486.[i].[i bl.]; 21cm.

Ex Libris: F-Chg; F-P/Bn.

Imprimeur: Everat, rue du Cadran, no.16.

Publication: *JLib*, 14 août, 9 octobre 1830, nos.4382, 5341: t.i-ii.

640. CHOIX / DE VOYAGES / LES PLUS INTÉRESSANS / DANS DIVERSES PARTIES DU MONDE, / CONTENANT / Ce qu'il a de plus remarquable dans les Pays où les / Voyageurs ont pénétré, les Mœurs des Habitans, la / Religion, les Usages, Sciences, Commerce, etc. / PAR J.-F. La HARPE. / TOME PREMIER. / [*filet*] / Avec Gravures en couleur. / [*monogramme*] / A PARIS, / CHEZ PHILIPPE, LIBRAIRE, / RUE DAUPHINE, N° 20. / [*petit filet pointillée*] / 1831. //

18°. 8 vols; 17cm.

Ex Libris: USA-CU(égaré)

Imprimeur: Belin.

Publication: *JLib*, 7 mai 1831, no.2047.

641. *Abrégé de l'histoire générale des voyages* ... Paris, Philippe, rue Dauphine, no.20, 1831. //

18°. 5 vols.

Ex Libris: F-Sts (manque).
Imprimeur: Belin.
Publication: *J Jib*, 27 août 1831, no.3967.

642. ABRÉGÉ / DE / L'HISTOIRE GÉNÉRALE / DES VOYAGES / de 𝕷𝖆𝖍𝖆𝖗𝖕𝖊, / CONTINUÉ JUSQU'A NOS JOURS, D'APRÈS MM. DUMONT / D'URVILLE, HALL, CLAPPERTON, CRAWFORD, /. FRASER, WALSH, STURT, ETC. / [*petit filet*] / AVEC FIGURES. / [*petit filet*] / TOME PREMIER. / [*filet anglais agrémenté*] / PARIS, / chez MAU-MUS, LIBRAIRE, / Rue du Jardinet. / [*petit filet*] / 1835. //

12°. 2 vols. pp.299.[i bl.] + 319.[i bl.]; 18cm.

Ex Libris: F-Fgs; F-LR.
Co-éditeur: A Paris, chez Corbet aîné, quai des Augustins.
Imprimeur: Mme. vve. Brugnol, à Dijon.
Publication: *JLib*, 29 août 1835, no.4543.
Table des matières: Tome i: Voyages anciens; tome ii: Voyages modernes.

643. *Nouvel abrégé de l'Histoire générale des voyages de La Harpe, par E. C. Piton*. Paris, imp. de Rignoux, rue des Francs-Bourgeois, 1836. //

12°. 2 vols.

Publication: *JLib*, 10 avril 1836, no.1886.

644. NOUVEL ABRÉGÉ / DE / L'HISTOIRE GÉNÉRALE / DES VOYAGES DE LA HARPE. / PAR E. C. PITON, / MEMBRE DE L'UNI-VERSITÉ, ETC. / 2ᵉ ÉDITION, REVUE ET CONSIDÉRABLEMENT AUGMENTÉE. / ORNÉE DE GRAVURES. / [*filet*] / TOME PRE-MIER. / PARIS. / IMPRIMERIE DE RIGNOUX, RUE DES FRANCS-BOURGEOIS. / [*petit filet*] / 1836. //

12°. 2 vols. pp.275.[i bl.] + 292; 17,5cm.

Ex Libris: F-P/Bn.

645. [*Idem*]. *3e. édition*. Paris, Renault, 1838. //

12°. 2 vols.

Voir Loandre et Bourquelo, *La France littéraire continuée* (Paris 1842), vi.32.

En allemand:

646. 𝕯𝖎𝖊 / 𝖒𝖊𝖗𝖐𝖜𝖚̈𝖗𝖉𝖎𝖌𝖘𝖙𝖊𝖓 𝖚𝖓𝖉 𝖆𝖇𝖊𝖓𝖙𝖊𝖚𝖊𝖗𝖑𝖎𝖈𝖍𝖘𝖙𝖊𝖓 / 𝕷𝖆𝖓𝖉 = 𝖚𝖓𝖉 𝕾𝖊𝖊𝖗𝖊𝖎𝖘𝖊𝖓 / 𝖟𝖚 / 𝖆𝖑𝖑𝖊𝖓 𝖅𝖊𝖎𝖙𝖊𝖓 𝖎𝖓 𝖆𝖑𝖑𝖊𝖓 𝕿𝖍𝖊𝖎𝖑𝖊𝖓 𝖉𝖊𝖗 𝕰𝖗𝖉𝖊. / [*filet*] / 𝖅𝖚𝖗 / 𝕭𝖊𝖑𝖊𝖍𝖗𝖚𝖓𝖌 𝖚𝖓𝖉 𝖀𝖓𝖙𝖊𝖗 =

haltung / historisch dargestellt / von / M. Laharpe und A. Caillot. / [*filet anglais*] / Aus dem Französischen der vierten Auflage / von / Wilhelm Hammer. / Erster Band. / [*gras filet double*] / Stuttgart: / J. Scheible's Buchhandlung. / 1835. //

12°. 2 vols. pp.vi.485.[i bl.] + 500; 17cm.

Ex Libris: CH-Bf.

En espagnol:

647. *Historia general de los Viajes* . . . Valladolid, 1831. //

8°. 23 vols.

En juillet 1831, l'imprimeur Mariano de Santarén y Fernández voulut publier cette traduction de l'abrégé de La Harpe, mais la permission fut refusée par le censeur (voir A. González Palencia, *Estudio histórico sobre la censura gubérnativa en España* (1941), i. pp.clxxxii-clxxxiii, iii.262).

En italien:

648. COMPENDIO / DELLA / STORIA GENERALE / DE' VIAGGI / *OPERA* / DI M. DE LA HARPE ACCADEMICO PARIGINO / *Adorna di Carta Geografiche, e Figure* / *Arricchita d'Annotazioni* / TOMO PRIMO. / [*fleuron*] / VENEZIA MDCCLXXXI. / [*filet double*] / PRESSO RINALDO BENEVENUTI. / *A Spese del Traduttore.* //

8°. 38 vols. 21cm.

Ex Libris: CH-Lug; USA-CU.

649. COMPENDIO / DELLA / STORIA GENERALE / DE' VIAGGI / *OPERA* / DI M. DE LA HARPE ACCADEMICO PARIGINO / *Adorno di Carta Geografiche, e Figure.* / *Arricchita d'Annotazioni* / TOMO PRIMO. / *EDIZIONE SECONDA.* / [*ornement typographique*] / VENEZIA 1782 [-1785]. / [*filet double*] / PRESSO VINCENZIO FORMALEONI. / *Con Licenza de' Superiori, e Privilegio.* //

8°. 38 vols. pp.xvi.271.[i bl.] + 286 + 240 + 255.[i bl.] + 250 + 255.[i bl.] + 231.[i bl.] + 256 + 256 + 283.[i bl.] + 235.[i bl.] + 312 + 268 + 255.[i bl.] + 264 + 290 + 292 + 259.[i bl.] + 267.[i bl.] + 224 + 296 + 283.[i bl.] + 315. [i bl.] + 240 + 280 + 248 + 268 + 264 + 276 + 255.[i bl.] + 272 + 234 + 258 + 266 + 264 + 256 + 254 + 280; 21cm.

Ex Libris: D-Bo/U; GB-ED/U(t.1).

Remarques diverses: Voir aussi *Compendio della storia generale de' viaggi, supplemento all' opera di m. de La Harpe* (Venezia 1786), 3 vols(F-Ly).

650. COMPENDIO / DELLA STORIA GENERALE / DE' VIAGGI / OPERA / DEL SIG. DE LA HARPE / GIA' MEMBRO DELL'ACCADEMIA DELLE SCIENZE DI PARIGI / ADORNA DI FIGURE, ED ARRICCHITA DI ANNOTAZIONI DIVERSE. / EDIZIONE TERZA. / RIVEDUTA, E CORRETTA IN MOLTISSIMI LUOGHI. / [*filet anglais agrémenté*] / VOLUME PRIMO. / NAPOLI, / DALLA STAMPERIA E CARTIERA DEL FIBRENO / Largo S. Domenico Maggiore N.° 3. / [*petit filet ondulé*] / 1834. //

8°. ?38 vols; 22cm.

Ex Libris: USA-CU(t.1-4).

En polonais:

651. *Historya o podrúżach prżeż Pana De La Harpe Akademika francużkiego skrócona, żawieraiąca odkrycie kraiów dawniey nież naionych, orąż obycżaie, religię, rżąd i handel obywatelów. Z rożkażu J. K. Mci na Polski jężyk prżełożona. Za pojwoleniew Zwierżchnósci w Warsżawie w drukarni nadworniey królewskiey; w drukarni Wydżiału Instr. Narod,* 1783[-1794]. //

8°. 5 vols. 6 cartes, pp.470, 1 carte + 4 cartes, pp.516 + pp.586 + pp.619. [i bl.] + pp.675.[i bl.].

Traduction de F. Bohomolec, de K. Wróblewski, et de W. Magier (Estreicher, ii.544, xxi.28).

652. *Zbior podróży do żnakomitsżych Afriki i Ażyi krajów, ż wiadomościami o tychże cżęści świata miesżkancach, ich obycżajach, religü, rżądżie i handlu, tudżież opisem sżczególnych żwierżąt ptastwa, roślin itd. ż obsżernych dżieł P. de La Harpe krótko wyjęty, a dla osobliwsżej swej żalety na polska jężky prżełożony i obrażkami prżyożdobiony.* Krakow, druk. Grölla, 1810. //

8°. 2 vols pp.297.[i bl.] + 482.

Voir Estreicher, ii.544.

En russe:

653. ИСТОРІЯ / о / СТРАНСТВІЯХЪ / ВООБЩЕ / по всѣмъ краямъ земнаго круга, / сочиненія / *ГОСПОДИНА ПРЕВО,* / сокращенная новѣйшимъ расположеніемъ / *Чрезъ Господина Ла-Гарпа* / ЧЛЕНА / французской академіи, / содержащая въ себѣ: / Достойнѣйшее примѣчанія, самое полезнѣйшее / и наилучшимъ доказанное образомъ, въ спра- / нахъ свѣма, до коихъ доспигали Европейцы; / о нравахъ оныхъ жителей, о вѣрахъ, обыча- / яхъ, наукахъ, художест-

вахъ, шорговлѣ / и рукодѣліяхъ, съ пріобщеніемъ, / Землеописамель-
ныхъ чершежей и изо- / браженій вещей любопышныхъ. / *Частъ 1.* /
[*filet*] / На Россійской языкъ переведена 1782 года / Дмишровскаго
уѣзда въ сельцѣ Михалевѣ [*filet double agrémenté*] / Въ Москвѣ / Въ
Универсишешской Типографіи у Н. Новикова / 1782 года. //

8o. 22 vols. pp.xxiv.430 + 541.[i bl.] + 599.[i bl.] + 611.[i bl.] + 782 + 589.
[i bl.] + 656 + 666 + 261.[i bl.] + 635.[i bl.] + 620 + 524 + 562 + 680 + 776
+ 643.[i bl.] + 412 + 642 + 440 + 502 + 516 + 311.[i bl.]; 21cm. (1782-
1787).

Ex Libris: USA-DLC; USA-MH.

Pour d'autres détails bibliographiques, voir Sopikov, no.4862, et N. N.
Melnikova, *Изданія напечатанные в Типографіи Московского
Университета XVIII век* (1966), no.1443.

13

Attributions non confirmées

~~~~~~~~~~~~

a. Critiques diverses

654. L'ALÉTHOPHILE, / *OU* / L'AMI DE LA VÉRITÉ. / [*filet*] / Des Protégés si bas, der [*sic*] Protecteurs si bêtes. / GREESSET [*sic*]. *Le Méch.* / [*filet*] / [*fleuron*] / A AMSTERDAM. / [*filet double*] / M. D. CC. LVIII // pp.33.[i bl.]; sig.[ ]¹, A⁷, B⁴, C⁴, D¹; 16,5cm.
Ex Libris: CDN-QMM; CH-Au; F-Ang; F-Gbl; F-P/Bh; F-P/Bn; F-Rms; F-Senl; GB-DR/U; GB-LO/L; GB-OX/U-Bl.
Critiques: *Al* (février) 1758, ii.24-41; CLT, iii.486.
Remarques diverses: Attribué à La Harpe par L. M. S. Fréron (*Al*, 1776, vi.88-89). Pour les raisons qui nous incitent à croire que cet ouvrage est effectivement de La Harpe, voir Todd 3, pp.209-210. Voir aussi Jovicevich 3, pp.19-23, 27.

655. *Remarques sur les Fables de La Fontaine.*
Dans les *Observations sur les quatre dernières fables de La Fontaine restées jusqu'ici sans commentaire, par mm.* **Sélis**, *Delille, et La Harpe, recueillies par J. B. Gail* (Paris 1821).
Ex Libris: A-ONB; F-P/Bh.
Remarques diverses: On lit dans l'avertissement de cet ouvrage: 'Exclusivement voué à mes travaux helléniques, je n'osais me livrer à un travail purement littéraire. Néanmoins, cédant au désir de compléter un commentaire laissé imparfait... je composai pour un cours de trois à quatre mois, des notes que longtemps après je soumis à m. Séllis..., et à mm. La Harpe et Delille.

Ce sont ces notes que je publie aujourd'hui. Je ne puis dire quelles remarques appartiennent à tel de ces estimables littérateurs' (p.vii).

Tout ce qu'on peut dire c'est qu'ici le rôle de La Harpe est purement passif.

b. Poésies

656. *Couplets contre les professeurs du collège d'Harcourt* (1760), 'Toi dont fut inspiré Rousseau', 44v.

Dans F. Ravaisson, *Archives de la Bastille* (1881, xii.454-455; P. Bonnefon,
'Une aventure de la jeunesse de La Harpe', *Rhl*, 1911, xviii.355 (les vers 1 à
12, et 29 à 40); Todd 3, pp.9-10.
En manuscrit: F-P/Ar: ms.12.070, f.35.

657. *Vers à mr. de Voltaire*, 'Assis sur un trophée où t'a placé la gloire'.
Dans *Pièces fugitives recueillies par un amateur* ([s.l. n.d.]), pp.39-40.

658. *Le Grand Roi de la Chine au grand Tien du Parnasse*, 'Ton épître me
plaît; mais un mot de préface', 34v.
Dans CLT, ix.176 (où cette épître est attribuée à La Harpe).
Remarques diverses: C'est une réponse à l'épître cviii de Voltaire. Pour une
autre réponse, voir *Œuvres de Frédéric le Grand* (Berlin 1846), xiii.36-39.

659. *Vers à m. de Marchais*.
Condorcet écrivit à Turgot le 10 décembre 1770: 'Je vous envoie de petits
vers de m. de La Harpe à m. de Marchais' (*Correspondance inédite de Condorcet*
(1883), p.26. Ces vers ont-ils disparu, ou les connaissons-nous sous un autre
titre?

660. *A m. l'abbé Porquet, en sortant de dîner chez lui (par La Harpe, sous le
nom de mme. la comtesse de B****), 'Le dîner, dans la vie, est chose intéressante',
8v.
Dans *AM*, 1773, p.152.

661. *Madrigal à mme la marquise de***, au retour d'une visite faite à son enfant
qui était en nourrice, par M.D.L.H.*, 'De votre aimable enfant les caresses
badines', 8v.
Dans *MF*, janvier 1776, ii.49.

662. *Epître aux Calomniateurs de la Philosophie*, 'Vous dont la rage plaît au
sot qu'elle édifie', 354v.
Dans *Espion anglais*, 13 mai 1776, iii.201-214; Ve, iii.333-345.
Remarques diverses: Voir les réflexions sur ce poème dans *Espion*, 13 mai 1776,
iii.198-201; MS, 22, 24 mai 1776, ix.116-117. Pour les raisons qui nous font
croire que cet ouvrage n'est pas de La Harpe, voir Todd 3, p.221.

Deux publications à part:

ÉPITRE / *AUX* / CALOMNIATEURS / *DE LA* / PHILOSOPHIE. /
[*filet*] / *Dans tous les temps, le fanatisme ne s'est piqué ni/d'équite, ni de justesse.
Il a donné à ceux qu'il vou-/lait perdre, non pas les noms qu'ils méritaient, mais /
ceux qui pouvaient leur nuire le plus.* / M. D'ALEMBERT. / [*filet*] / [*ornement
typographique*] / LONDRES. / [*gras filet double*] / M.DCC.LXXVI. //

pp.16; sig.A⁴; 19cm.

Ex Libris: CH-IMV.

663. NOUVELLES / ETRENNES / A M. DE LA HARPE. / [*filet anglais*] / A PARIS, / Au CABINET DE LECTURE, Palais du Tri-/bunat, 2ᵉ galerie de bois, n°. 239. / AN X. (1802). //

pp.24; sig.A⁸, B⁴; 16,5cm.

Ex Libris: F-P/Bn.

Table des matières: A l'auteur des *Etrennes à m. de La Harpe à l'occasion de sa brillante rentrée dans le sein de la philosophie* [Palissot]: pp.3-8; Epître, etc.: pp.9-21; Note de l'éditeur: pp.22-24.

664. *Epitaphe de m. Dorat*, 'De nos papillons enchanteurs', 4v.
Dans *MF* 10 juin 1780, p.99; CLT, juin 1780, xii.405; CS, 17 juin 1780, x.14; Fayolle, p.88.
Remarques diverses: Attribuée à La Harpe par Métra et Fayolle.

665. *A mlle Cléophile de****, de M.D.L.H.*, 'L'inconstance et l'artifice', 48v.
Dans *JP*, 21 août 1782, p.951; CLT, juillet 1782, xii.170; MS, 28 août 1782, xxi.80-81; *AM*, 1783, pp.235-236; CS, 2 février 1783, xiv.116-117.
Remarques diverses: Tout fait croire que ce poème est effectivement de La Harpe (voir Todd 3, p.32).

666. *Quatrain sur les œuvres de mme de Genlis*, 'Comme tout rencherit! disait un amateur', 4v.
Dans MS, 13 juillet 1784, xxvi.112; Fayolle, p.124.
Remarques diverses: Attribué à La Harpe par Fayolle.

667. *Epitaphe de Choiseul*, 'Ci-git Choiseul, dont le vaste génie', 4v.
Dans CS, 18 mai 1785, xviii.106; MS, 24 mai 1785, xxix.51; *Correspondance secrète inédite* [publiée par Lescure] (Paris 1866), i.561.
Remarques diverses: Attribuée à La Harpe par Métra et Lescure.

668. *Vers pour le portrait de mme de Ga . . .*, 'Enfin, voici l'instant fatal', 16v.
Dans *La Chronique scandaleuse* (Paris 1791), no.28, pp.2-3.
Remarques diverses: Ceci fut publié avec la note suivante: 'Nous ne savons pas ou est mme. de Ga. . . , mais nous sommes sûrs que monsieur de *Bau*. . . . de *Périg*. . . lui envoya, avant son départ *pour l'étranger*, les vers suivants: il les recommanda à monsieur de *la Harp*. . . qui, en sortant des Jacobins, les fit pour 36 l.'-

c. Varia

669. *Anecdotes sur Fréron.*
Dans *les Choses utiles et agréables* (Berlin 1770), ii.350-402; *L'Evangile du jour* (Londres 1770), viii.165-173.
Attribuées à La Harpe par Voltaire (Best.D9159, 9727, 9767), il est possible que celui-ci en soit lui-même le véritable auteur (voir Best.D.app.482; Bengesco, ii.92-96; Todd 3, p.211).

670. *Compliments des Dames de la Halle, récités lors de la naissance de mgr. le Dauphin* (22 octobre 1781).
Dans *JP*, 6, 9 novembre 1781, pp.1249, 1261; MS, 6, 7 novembre 1781, xviii.124, 127-128.
Remarques diverses: Ecrits sur un éventail et lus en présence de la famille royale, ces compliments furent attribués à La Harpe par mme. Campan (*Mémoires sur la vie privée de Marie-Antoinette* (Paris 1849), pp.167-168).

671. Un rapport de police du 10 prairial an VIII (30 mai 1800) (Aulard 2, i.375-376) cite La Harpe comme collaborateur dans le *Recueil de morale et de littérature antiphilosophique,* partie de *la Politique chrétienne de l'an 1800* (an VIII), par l'abbé de *la Politique chrétienne de l'an 1800* (an VIII), par l'abbé Guillon. Nous n'avons pu confirmer cette affirmation.

14

Fausses attributions

a. Critiques diverses

672. DIALOGUE / ENTRE / LUI ET MOI / *SUR* / LE DITHYRAMBE / COURONNÉ A L'ACADÉMIE. / [*filet double*] / Un Poëme insipide & sottement flatteur, / Déshonore à la fois le Héros & l'Auteur. / *Boil. Sat. IX.* / [*filet double*] / *La scène se passe dans la cour du Louvre.* / [*filet double*] / 1779 //
pp.[ii].21.[iii lb.]; sig.A⁸, B⁴; 19,5cm.
Ex Libris: F-P/Bn.
Editeur: A Paris, Esprit.
Publication: *JP*, 16 septembre 1779, p.1053.
Remarques diverses: Nous voyons mal pourquoi Ersch, ii.169 attribue à La Harpe cette attaque contre son dithyrambe, *Aux mânes de Voltaire* (supra, no.385). Nous la croyons l'œuvre de N. C. Salaun (voir CS, 18 septembre 1779, viii.328).

b. Théâtre

673. OLINDE / ET / SOPHRONIE, / TRAGÉDIE, / EN CINQ ACTES, EN VERS. / *Par l'Auteur de* VIRGINIE. / [*ornement typographique*] / A LA HAYE, / *Et se trouve, à Paris,* / Chez LE JAY, Libraire, rue Saint-Jacques, / au Grand Corneille. / [*filet double*] / M. DCC. LXXIV. //
pp.74; sig.A-D⁸, E⁴, F¹; 19,5cm.
Ex Libris: F-Djn; F-P/Bn.
Remarques diverses: Attribuée à La Harpe dans Barbier-Billard, iii.col.706, cette pièce est peut-être l'œuvre de Chabanon, ou plus probablement celle d'un habitant de Rennes (voir Todd 3, p.228).

c. Poésies

674. LETTRE / DE / CATON D'UTIQUE / A CESAR. / [*ornement typographique*] / *A PARIS,* / De l'Imprimerie de MICHEL LAMBERT / au

Collège de Bourgogne, rue des Cordeliers. / [*filet double*] / M. DCC. LXVI. //
pp.[iv].32; sig.A-D⁴; 19,5cm., fron. de H. Gravelot, gravé par M. Fessard.
Ex Libris: DDR-W/TL; F-P/Bn.
Tables des matières: Lettres de Caton . . . : pp.3-18; Réflexions sur Caton:
pp.19-32.
'Rome va donc finir, et César en dispose', 302v.
Remarques diverses: Cette héroïde est normalement attribuée à l'abbé
Parmentier. Dans le *Bulletin des Bibliophiles et du Bibliothécaire*, année 1948,
cependant, monsieur Jules Messine suggère comme auteur de cette 'lettre'
Barthe, alors que monsieur G. Charlier dit que c'est l'ouvrage de La Harpe
(pp.88-91, 360). Quelqu'un a également écrit 'par mr. de La Harpe' sur la
page de titre de l'exemplaire de Weimar. Y a-t-il confusion avec les passages
traduits de Lucain que La Harpe publia en 1764 (supra, no.495)?

675. *Projet d'Orgies, à m. Dorat*, 'Ami toujours aimable', 25v.
Attribué à La Harpe dans CS, 29 septembre 1774, i.86-87, ce poème est de
Bertin (voir *AM*, 1775, pp.197-199; *Œuvres complètes de Bertin* (Paris 1806),
ii.129-130).

676. *Couplet sur m. Naigeon*, 'Je suis savant, je m'en pique' ou 'Je suis philosophe et je m'en pique'; *air*: Ton humeur est Catherine; 8v.
Publié sans nom d'auteur dans *JP*, 23 novembre 1782, p.1327, et attribué à La
Harpe dans CLT, août 1782, xiii.187-188. Fayolle (p.210) le disait attribué à
La Harpe et à l'abbé de Vauxcelles. La Harpe le cita son nommer son auteur
dans CR, lettre 86. Ce serait en fait l'ouvrage d'un certain René Pascalis, con-
seiller honoraire à la cour des monnaies (MS, 12 décembre 1782, xxi.236).

677. *Vers sur m. de Champcenetz*, 'Etre haï, mais sans se faire craindre', 16v.
Attribués à La Harpe dans la *Correspondance littéraire*, janvier 1788 (Paris
1812-1814), 3e. partie, iv.419 (dans un passage supprimé par Tourneux en
1877). La Harpe lui-même disait que ces vers étaient de Rulhière (CR, lettre
249); et on les retrouve dans les *Œuvres posthumes de Rulhière* (Paris 1819),
i.430.

678. L'avis suivant parut dans la *Clef du Cabinet*, 29 germinal an VIII (19 avril
1800), p.9875: 'Paris, 28 germinal. Le citoyen Laharpe déclare qu'il n'est
point l'auteur du sonnet, sur la Passion, à lui attribué par le citoyen Ximenès,
doyen des poètes tragiques'. Nous n'avons pas pu identifier le sonnet en
question.

Appendice
sur le journalisme

a. Introduction

AUCUNE bibliographie de La Harpe ne saurait omettre une liste des articles qu'il composa en tant que journaliste. Malheureusement, on aurait du mal à dresser une liste complète de ces articles, car la contribution de La Harpe dans ce domaine est mal définie.

D'abord, La Harpe aurait-il travaillé pour l'*Année littéraire*, comme l'affirme le poète P. D. Ecouchard Le Brun (Best.D16415)? Selon Le Brun, La Harpe serait l'auteur de trois extraits publiés en mars, avril, et juin 1761 sur les *Contes moraux* de Marmontel, la *Nouvelle Héloïse* de Rousseau, et le *Père de famille* de Diderot (*Al*, 1761, ii.144-175, ii.289-330, iii.289-319). Le Brun prétend que le premier de ces trois articles se termine ainsi: 'M. M... n'est bon qu'à faire de petits contes, à papillonner, frétillonner. . .'. Nous n'avons pas retrouvé ces mots, quoique vers la fin d'un article de février 1761 sur un autre ouvrage de Marmontel, *Les Charmes de l'Étude. Epître aux Poètes* (*Al*, 1761, i.217-250), on trouve la même idée exprimée dans des termes plus modérés:

Les défauts qui la déparent n'empêchent pas qu'on ne rende d'ailleurs justice à l'esprit et aux talents dont m. Marmontel a donné des preuves dans un autre genre.

En outre, l'auteur de ce dernier article s'appuie sur l'autorité de Voltaire et de Boileau pour combattre les louanges que Marmontel avait adressés à Lucain. C'est justement ce que fera La Harpe dans ses *Réflexions sur Lucain*.

Et pourtant, on aurait du mal à croire que La Harpe travaillait à ce moment-là pour un homme qui l'avait déjà traité publiquement d'écolier prétentieux, manquant de chaleur d'âme, et de 'toutes les qualités qu'on peut acquérir au défaut du génie' (*Al*, 1759, vi.93, 100); qui l'avait déjà appelé le 'Bébé de notre parnasse' (*Al*, 1760, vii.283, viii.39). De plus, d'après le témoignage de La Harpe lui-même, il se serait querellé avec Fréron dès 1757 (voir Todd 3, pp.7, 209), et avant cette date, il était toujours sur les bancs de l'école. Il est vrai que Le Brun fait remarquer que dans deux lettres du 18 juillet 1761, La Harpe, désireux de ne pas être pris pour l'auteur d'une attaque contre Fréron, *La Wasprie*, parle du goût et de la modération de Fréron dans les articles qu'on a cités, et veut que celui-ci sache qu'il l'estime, malgré leurs 'petits démêlés' (voir *Al*, 1776, iv.273-276). Cela prouve quelque chose sur le caractère de La Harpe, mais n'indique pas forcément qu'il ait contribué au journal de l'ennemi de Voltaire.

On associe aussi le nom de La Harpe à d'autres journaux où il serait également difficile de lui attribuer la parternité des articles. D'après la *Correspondance littéraire philosophique* de mars 1774 (CLT, x.374), Panckoucke confia 'la direction suprême' de la *Gazette de l'Avant-coureur de la littérature* à La Harpe et à Suard. Ce journal – qui ne dura que quelques mois – renferme un bon nombre de poèmes de La Harpe, mais on n'a pas pu identifier avec certitude des articles qui soient infailliblement de lui. Le catalogue de la Bibliothèque nationale nomme également La Harpe comme un des rédacteurs de la *Gazette nationale ou le Moniteur universel*, et de la *Quotidienne*. La Harpe était abonné au *Moniteur*, et à sa mort il possédait tous les numéros depuis le 1er juin 1792 au 31 décembre 1796 (Cat.811). Cependant, les seules contributions à porter sa signature sont toutes tirées du *Mercure de France*. Quant à la *Quotidienne*, ceci fut rédigé par des amis de La Harpe, qui n'hésitèrent pas à publier là-dedans des articles en sa défense. De plus, il écrivit une série de lettres à ce journal en 1797. Rien n'indique pourtant qu'il était responsable de sa rédaction, ou qu'il lui fournissait d'autres articles. De la même façon, La Harpe lui-même sera obligé de nier toute association avec le *Magasin encyclopédique* (voir Todd 3, p.235).

Par contre, on sait qu'il travaillait pour le *Mercure de France*, pour le *Journal de politique et de littérature*, et pour le *Mémorial*, bien que là encore il soit impossible d'identifier tous les articles qui soient de lui.

Pour parler de l'association de La Harpe avec le *Mercure de France*, on est obligé de la diviser en trois périodes distinctes. La première période est celle qui va de 1768 à 1776, date à laquelle La Harpe quitta le *Mercure* pour aller travailler au *Journal de politique et de littérature*. C'est par erreur que Beuchot attribue à La Harpe des articles du *Mercure* de 1766 (M.xlv.111; voir Best.D13950). La Harpe lui-même dit qu'il s'est joint à l'équipe qui rédigeait ce journal bientôt après son retour de Ferney en 1768 – probablement après la ressuscitation du journal par Lacombe en juin ou en juillet 1768 (*JPL*, 25 novembre 1776, iii.451-452).

La Harpe publia des vers dans le *Mercure* dès le mois de septembre 1768, mais on ne trouve pas d'articles là-dedans qu'on puisse lui attribuer avec certitude avant mars 1769. A partir de janvier 1771, il signera tous ses articles. Il serait vain et même dangereux de lui attribuer tout article qu'il n'aurait pas signé ou qu'il n'aurait pas reproduit lui-même dans l'édition collective de ses œuvres de 1778,[1] bien qu'il soit bien tentant de voir en lui l'auteur des articles

---

[1] voir, par exemple, *Ej*, 15 février 1773, pp.50-53, où l'on commet l'erreur d'attribuer à La Harpe une 'Lettre sur la critique des ouvrages et des auteurs' publiée dans *MF*,

sur toutes les réunions de l'Académie française, des compte-rendus de la représentation de certaines pièces, et de diverses attaques contre Linguet (voir Todd 3, p.216).

La deuxième période de l'association de La Harpe avec le *Mercure* va de juin 1778 à août 1779. Le 25 juin 1778, Panckoucke réunit au *Mercure* le *Journal de politique et de littérature*, et jusqu'à la fin octobre, La Harpe continuera à faire le travail qu'il avait eu dans ce dernier journal (*MF*, juin 1778, p.4):

> Tout ce qui est du ressort de la littérature et des spectacles sera traité par m. de La Harpe... Il rédigera d'ailleurs tout ce qui ne regardera pas la politique, les sciences et les arts.

Pendant ces quatre mois, les autres collaborateurs signeront leurs articles, et il faut croire que tout ce qui n'est pas signé est de La Harpe (voir Todd 3, p.223). A la fin du mois d'octobre 1778, cependant, La Harpe perdit la rédaction du journal et fut réduit à la place d'auteur de 'l'article des trois spectacles' (*MF*, 25 avril 1779, p.290). A partir d'avril 1779, il céda à Suard les articles sur l'opéra, et vers la fin juin il commença à se faire remplacer par Le Vacher de Charnois pour les autres spectacles aussi (voir Todd 3, p.224). Il se retira complètement du journal à la mi-août (*MF*, 4 septembre 1779, p.47, n.). Il continuera néanmoins à écrire de temps en temps des lettres au rédacteur, et en 1780 et 1781, il inséra notamment dans le *Mercure* deux séries d'articles sur le théâtre de madame de Genlis.

La troisième période de l'association de La Harpe avec le *Mercure* va de 1789 à 1794. De décembre 1789 à décembre 1791, La Harpe fut responsable des annonces des livres nouveaux et signait ses articles avec un *D* (pour 'Delaharpe') (voir Todd 3, pp.230-231). A partir du 10 décembre 1791, La Harpe devint le seul rédacteur de la partie littéraire du journal. Du 15 décembre 1792 au 27 mars 1793, le journal devint un quotidien et la rédaction de la partie littéraire était censée être partagée entre La Harpe et Suard. Celui-ci devait s'occuper de 'la littérature anglaise et étrangère'. En fait, sa contribution paraît avoir été purement nominale, et quand le journal redevint un hebdomadaire, La Harpe redevint le seul responsable de la partie littéraire (voir Todd 3, p.231). Il gardera ce poste jusqu'à son arrestation le 26 ventôse an II (16 mars 1794). Il ne reviendra pas au *Mercure* après Thermidor, et bien que l'on ait voulu l'associer au nouveau *Mercure de France* à deux reprises – en 1800 et 1802 – il n'envoya que des vers et des extraits de son *Lycée ou cours de littérature* (voir Todd 3, pp.70, 74, 241).

La Harpe rédigea la partie littéraire du *Journal de politique et de littérature* du 5 août 1776 au 15 juin 1778. Malgré les doutes émis sur la paternité de

février 1773, pp.43-52, alors que cette lettre est en fait de Meunier de Querlon (voir *MF*, mars 1773, p.191).

certains articles, nous croyons que tout ce qui n'est pas signé pendant cette période est de La Harpe (voir Todd 3, pp.221-222). La Harpe paraît avoir été le rédacteur en chef du *Mémorial ou Recueil historique, politique et littéraire*, qu'il publia de concert avec l'abbé Bourlet de Vauxcelles et Fontanes, avec la collaboration de Maton de la Varenne, de mai à septembre 1797 (voir Todd 3, p.238). Ici, La Harpe signait ses articles 'L.H.'.

Nous donnons également dans cet appendice des détails des lettres que La Harpe adressait à divers autres journaux.

b. *Le Mercure de France*

Mercure de France, dédié au Roi, juillet 1768 – mai 1778, 159 vols, Paris, Lacombe. [*Devenu:*] *Mercure de France, dédié au Roi par une société de gens de lettres,* juin 1778 – décembre 1789, 79 vols, Paris, Hôtel de Thou[C. J. Panckoucke]. [*Devenu:*] *Mercure de France, composé et rédigé, quant à la partie littéraire par mm. Marmontel, de La Harpe, Chamfort, tous les trois de l'Académie française* ..., janvier 1790 – 3 décembre 1791. [*Devenu:*] *Mercure français, composé par m. de La Harpe, quant à la partie littéraire, par m. Marmontel, pour les contes, et par m. Framéry pour les spectacles,* 17 décembre 1791 – 4 août 1792. [*Devenu:*] *Journal hebdomadaire,* 18 août 1792. [*Devenu:*] *Mercure français, par une Société de patriotes,* 31 août 1792 – décembre 1794 [etc. etc.]. [*Devenu:*] *Mercure de France, littéraire et politique,* messidor an VIII (juin 1800) – janvier 1820, 76 vols, Paris, imprimerie de Didot le jeune; *puis* Le Normant.

Rédigé de juillet 1768 à mai 1778 par Jacques Lacombe et son frère. En juin 1778, la partie littéraire fut confiée à La Harpe, remplacé ensuite par B. Imbert. La partie politique fut composée d'abord par Dubois-Fontanelle, et puis par Mallet Du Pan. Le journal fut rédigé par La Harpe et Imbert de janvier 1790 à juillet 1791, et par Berquin et Framéry, d'août à décembre 1791. Mallet Du Pan perdit la rédaction de la partie politique du journal en août 1792, et celle-ci fut confiée alors à Garat et à Lenoir. La Harpe, devenu seul responsable de la partie littéraire en décembre 1791, continuera à travailler à partir du 15 décembre 1792 sous la direction générale de Castera, et celui-ci fournira la partie politique avec l'aide de Rabaut de Saint-Etienne, Lenoir, et Garat. Après l'arrestation de La Harpe, le journal sera dirigé par Lenoir-Laroche, avec la collaboration de Cabanis, Destutt-Tracy, Lottin jeune, Mongez, Alexandre Barbier, etc. Le nouveau *Mercure de France* sera essentiellement l'œuvre de Fontanes, sous la direction de J. A. Esmenard. Fontanes quittera ses fonctions le 21 mai 1801.

[MF.]

A1. mars 1769:

pp.94-100: *Le Siècle de Louis XIV, de Voltaire, nouvelle édition, revue, corrigée et augmentée, à laquelle on a ajouté un précis du Siècle de Louis XV* (Genève 1769). Dans Pt, v.43-45; Ve, xiv.18-19. Voir Best.D15412.

pp.100-102: Volumes i-vi de l'*Histoire naturelle, générale et particulière, par m. de Buffon* (Paris 1769). Dans Pt, v.45-46; Ve, xiv.20 (dernière partie seulement).

pp.102-108: *Almanach des Muses, ou Recueil de poésies fugitives de nos différents poètes, pour l'année 1769*. Rédigé par Sautreau de Marsy (Cat. 399). Dans Pt, v.128-129; Ve, xiv.81-82.

A2. avril 1769, tome ii:

pp.121-134: *Histoire littéraire des Femmes françaises, ou lettres historiques et critiques contenant un précis de la vie et une analyse raisonnée des ouvrages des femmes qui se sont distinguées dans la littérature française, par une société de gens de lettres* [J. de La Porte & J. F. de La Croix] (Paris 1769). Dans Pt, v.46-54; Ve, xiv.21-27. Cet article est annoncé dans *MF*, avril 1769, i.141-142. La Harpe parle de diverses versions françaises d'*Eloisa to Abailard* de Pope, par Colardeau, Feutry, Beauchamps, et Saurin. Il étudie ensuite des femmes poètes: mme Deshoulières, mme Bernard, Ninon de Lenclos (et ses rapports avec Voltaire), mme Dacier. Il finit par examiner des romanciers féminins: mme de Sévigné, mme de La Fayette, mme de Tencin, mme de Fontaines, mme de Graffigny, mme Riccoboni, Octavie Guichard (et sa traduction de l'*Histoire d'Angleterre* de Hume), mme Elie de Beaumont, la marquise Du Châtelet, mme Du Boccage.

Diverses parties de cet article ont été incorporées dans le *Lycée*. Voir I, liv.1, chap.iv; II, liv.1, chap.xii, liv.2, chap.iv, sec. 1, 3; III, liv.1, chap.iii. sec.3, liv.2, chap.iii, sec.3, etc. Voir aussi notre bibliographie, n.121.

A3. juin 1769:

pp.64-81: *Narcisse dans l'Isle de Vénus, poème en quatre chants, par J. C. de Malfilâtre* (Paris 1769) (Cat.387). Dans Pt, v.18-25, et incorporé dans le *Lycée*, III, liv. 1, chap. ii, sec.3.

pp.105-126: *Spartacus, tragédie par J. B. Saurin* (Paris 1769) (Cat.387). Dans Pt, v.25-29, et incorporé dans le *Lycée*, III, liv.1, chap.iv, sec.4.

pp.132-143: *Les Nuits d'Young, traduites de l'Anglois, par P. P. F. Le Tourneur. 2e. édition* (Paris 1769). Dans Pt, v.29-37; Ve, xiv.5-12 (omettant une citation de Le Tourneur, et une note biographique sur Young). La Harpe compare les pensées sur la mort d'Edouard Young et de Massillon. Il faut opposer cet article à l'extrait extrêmement favorable de la première édition de cet ouvrage dans *MF*, avril 1769, i.91-95.

A4. juillet 1769, tome i:

pp.65-77: *Sur l'Histoire universelle du 16e. siècle, par S. N. H. Linguet* (Paris 1769). Dans Pt, v.80-89; Ve, xiv.52-60. Pour une réponse à cet article, voir la 'Lettre aux auteurs du Mercure [signée Douville]', *MF*, août 1769, pp.141-148.

A5. septembre 1769:

pp.148-152: *Lettre de m. de La Harpe en réponse à celle de m.* [J. B.] *de La Borde* [p.148], *au sujet des Nuits d'Young, et sur le mérite de l'auteur et du traducteur* ('à l'occasion de la troisième édition'). Dans Pt, v.38-43; Ve, xiv.13-17 (légèrement abrégé).

pp.177-185: *Sur la distribution des Prix de l'Université de Paris, le 7 août 1769.* (Signé: p.184,n.). La fin du discours de G. G. Guyot.

A6. novembre 1769:

pp.105-124: *Le Poème de la Peinture, en trois chants, par A. M. Lemierre* (Paris [s.d.]). (Cat.401). Dans Pt, v.1-18, et incorporé dans le *Lycée*, III, liv.1, chap.ii, sec.4. La Harpe compare le poème de Lemierre à la *Pictura, carmen* (Parisiis 1736), de l'abbé de Marsy.

A7. janvier 1770, tome ii:

pp.87-95: *La Henriade et la Loysee de Sébastien Garnier. 2e. édition* (Paris 1770). Dans Pt, v.95-101; Ve, xiv.61-66. Une comparaison avec l'œuvre de Voltaire (voir Best.D16115).

A8. février 1770:

pp.93-112: *Les Géorgiques de Virgile, traduites par J. Delille* (Paris 1770). (Cat 313). Dans Pt, v.54-68; Ve, xiv.28-40. Voir *Lycée*, III, liv.1, chap.ii, sec.5. La Harpe cite également un passage tiré de la traduction de Lefranc de Pompignan.

A9. mars 1770:

pp.72-85: *Hamlet, imité de l'anglois, par J. F. Ducis* (Paris 1770). (Cat.502). Dans Pt, v.68-79; Ve, xiv.41-51.

A10. juin 1770:

pp.129-147: *Les Tragédies d'Eschyle* [traduction de J. J. Lefranc de Pompignan] (Paris 1770). (Cat.423). Dans Pt, v.102-110; Ve, xiv.67-74.

A11. juillet 1770, tome ii:

pp.122-135: *La Sophonisbe de Mairet, réparée à neuf* [par Voltaire] (Paris 1770). (Cat.472). (Signé: p.137, n.). Voir *Lycée*, III, liv.1, chap.iii, sec.15.

pp.133-137: *Zelmire, tragédie par P. L. B. de Belloy. Nouvelle édition* (Paris 1770). (Cat.502). (Signé: p.137, n.). Voir *Lycée*, III, liv.1, chap.iv, sec.4.

A12. octobre 1770, tome i:

pp.121-139: *Lettres sur la théorie des lois civiles, de S. N. H. Linguet* (Amsterdam 1770). Dans Pt, v.132-157; Ve, xiv.85-106.

A13. octobre 1770, tome ii:

pp.68-78: *Observations sur Boileau, Racine, Crébillon, Voltaire et sur la langue française en général, de m. d'Açarq* (Paris 1770). Dans Pt, v.178-186; Ve, xiv.107-114.

A14. novembre 1770:

pp.80-85: *La comtesse de Fayal, tragédie de société* [par mme de Marron] (Lyon 1770). Dans Pt, v.90-94. Il faut croire que La Harpe pensait à cet article, lorsqu'il disait au sujet de *Gabriel de Vergy* de de Belloy: 'j'avais déjà dit, il y a longtemps, dans le Mercure, ce que je pensais du sujet de la pièce, et je n'ai nullement changé d'avis' (Ve, x.460). Rien ne prouve que La Harpe ait été l'auteur de deux articles antérieurs sur *Fayel* de Baculard d'Arnaud et sur la pièce de de Belloy elle-même (*MF*, mars 1770, pp.121-127, 127-136).

pp.135-145: *Du mot amour, dans ses différentes acceptions.* Dans Yn, iii.119-129; Pt, iv.72-82; Ve, v.91-99. 'Le morceau suivant a été composé dans la forme des articles de l'*Encyclopédie* et devait faire partie d'un travail dont l'auteur devait être chargé dans le *Supplément* de ce Dictionnaire' (Pt, iv.72). Voir Todd 3, p.218.

A15. décembre 1770:

pp.133-143: *Idées sur Molière.* Dans Pt, iv.58-71; Ve, v.57-67. 'Cette esquisse fut présentée à l'Académie lorsqu'on y proposa l'éloge de ce grand homme. L'auteur trop occupé alors de travaux d'une autre espèce, ne put s'engager à traiter cet important sujet dans la forme et avec l'étendue convenables ...'. Voir Todd, p.37.

A16. janvier 1771, tome ii:

pp.124-149: *Oreste ou les Coëphores, tragédie d'Eschyle, traduction nouvelle de m. La Porte du Theil* (Paris 1770). (Signé: p.124, n.). Dans Pt, v.111-117; Ve, xiv.75-80 (en partie). Le reste de cet article sert de base à l'*Essai sur les trois tragiques grecs* (notre bibliographie, n.117).

pp.149-158: *Bibliothèque des anciens philosophes ... contenant les Œuvres de Platon, les vers dorés de Pythagore, &c.* [traductions de Maucroix, de Dacier, de Grou, et d'Arnaud] (Paris 1771). (Cat.66). (Signé: p.124, n.). La collection renferme également l'œuvre d'Hiéroclès.

pp.158-161: *Essais de Poésies, par m. D.P.* [L. F. Du Poirier] (Amsterdam 1771). (Signé: p.124, n.).

A17. février 1771:

pp.124-134: *Réponse de m. de La Harpe à un article de l'Année littéraire* [1771, i.3-39], *concernant la traduction de Suétone*. Dans Pt, v.401-411; Ve, vii.451-456. Voir *Al*, 1771, i.145-172, 246-269.

A18. mars 1771:

pp.77-81: *Almanach des Muses . . . , pour l'année 1771.* (Signé: p.77, n.). Dans Pt, v.130-132; Ve, xiv.82-84. Voir la réponse de Sautreau de Marsy dans *Al*, 1771, ii.40-48.

L'article sur le volume pour l'année 1770 (*MF*, avril 1770, i.154-158) ne serait pas de La Harpe, car on loue là-dedans l'utilité de cet ouvrage. D'autre part, à en juger par le ton critique, La Harpe aurait pu être l'auteur de celui qui traite du volume pour l'année 1772 (*MF*, février 1772, pp.116-120).

pp.81-121: *Observations critiques sur la nouvelle traduction en vers françois des Géorgiques de Virgile* [par Delille], *et sur les poèmes des Saisons* [par Saint-Lambert], *de la Déclamation* [par Dorat], *et de la Peinture* [par Lemierre], *suivies de quelques réflexions sur le poème de Psyche* [par Meunier de Querlon], *par J. M. B. Clément* (Genève 1771). (Cat.633) (Signé: p.77, n.). Dans Pt, v.186-222; Ve, xiv.115-146. La Harpe cite un passage de 'Sur la manière d'apprendre les langues, épisode d'Orphée', par Le Brun.

pp.165-166: *Spectacles: Comédie française.* (Signé: p.166, n.). Lekain comme Néron dans *Britannicus* de Racine.

A19. avril 1771, tome ii:

pp.77-93: *Continuation de l'Histoire générale des voyages de l'abbé Prévost, par A. Deleyre, A. G. Meunier de Querlon, J. P. Rousselot de Surgy*, tome xix n-4°. (Signé: p.163, n.). 'L'histoire du voyage de Groenland, celui de Kamfchatka, extrait du voyage de m. l'abbé Chappe en Sibérie, et de la relation des découvertes des Russes dans la mer glaciale, une description de la Laponie suédoise, et un voyage dans la Nortlande occidentale'. Voir notre bibliographie, n.622.

pp.155-163: *Académie française*: 21 mars 1771. (Signé: p.163, n.). Discours prononcés lors de la réception du maréchal de Beauvau (remplaçant le président Hénault). Discours prononcés lors de la réception de G. H. Gaillard (remplaçant Alary). Réponses de Voisenon.

A20. mai 1771:

pp.105-122: *L'Histoire du règne de l'Empereur Charles-Quint, par m. Robertson* [traduite par J. B. Suard, l'abbé Roger, et Le Tournier] (Amsterdam 1771). (Cat.996). Signé: *MF*, juin 1771, pp.178-9, n.).

pp.122-138: *Les Saisons, poème en quatre chants, par m. de Saint-Lambert. 3e. édition* (Paris 1771). Dans Pt, v.117-128, et incorporé dans le *Lycée*, III, liv.i, chap.ii, sec.5.

A21. juin 1771:

pp.178-184: *Académie française*: 13 mai 1771. (Signé: pp.178-179, n.). Réception de m. l'abbé Arnaud (remplaçant Mairan). Reponse de Chateaubrun. D'Alembert lut *Sur la Vieillesse*, par Saurin.

A22. juillet 1771, tome i:

pp.94-97: *Les Tableaux, suivis de l'histoire de mlle de Syane et du comte de Maray* [par le marquis Masson de Pezay] (Amsterdam 1771). (Signé: p.106, n.).

pp.97-106: *Traduction en prose de Catulle, Tibulle et Gallus, par l'auteur des Soirées Helvétiennes et des Tableaux* [le marquis Masson de Pezay] (Amsterdam 1771). (Signé: p.106, n.). La Harpe cite des imitations des vers de Catulle 'Vivamus, mea Lesbia, atque amemus' par Dorat, Rigoley de Juvigny et Pellisson.

pp.106-124: Divers poèmes de C. J. Dorat: *Ma philosophie – réponse badine à de graves observations* (La Haye 1771), *La Déclamation théâtrale. 4e. édition* (Paris 1771 [Cat.367]), *Les Baisers, précédés du mois de mai* (La Haye 1770), *Mes Fantaisies. 3e. édition* (La Haye 1771), *Recueil de contes et de poèmes* (La Haye 1770). (Signé: p.106, n.). Voir *Lycée*, III, liv.i, chap.ii, sec.4.

A23. juillet 1771, tome ii:

pp.140-150: *Histoire de l'Académie royale des inscriptions et belles-lettres,* tomes xxxiii, xxxiv et xxxv. (Cat.1062). (Signé: p.140, n.). Ces volumes renferment des tables et des éloges. La Harpe examine le travail du comte d'Argenson et du comte de Caylus.

A24. août 1771:

p.146: *Réponse de m. de La Harpe à la lettre du marquis de Thyard, de l'Académie des sciences et belles-lettres de Dijon, à m. de La Harpe, sur sa traduction de Suétone* [pp.140-145]. Les deux lettres se retrouvent dans Ve, vii.469-473, 473-474.

A25. décembre 1771:

pp.63-84: *La traduction de Pomone et des Amours de Biblis des Métamorphoses d'Ovide,* par Saint-Ange. (Signé: p.63, n.). Dans Ve, xiv.200-16.

A26. mars 1772:

pp.56-74: *Epître sur la vieillesse et sur la vérité & le mariage de Julie,* par Saurin.

pp.74-78: *Œuvres de Crébillon, nouvelle édition* (Paris 1771-1772). Dans Pt, v.158-161, et incorporé dans le *Lycée*, III, liv.i, chap.iv.

pp.78-100: *Œuvres de Regnard, nouvelle édition* (Paris 1772). Dans Pt., v.162-178, et incorporé dans le *Lyvée*, II, liv.i, chap.iv, sec.2.

pp.100-118: *Les Pélopides, ou Atrée et Thieste, tragédie par m. de Voltaire* (Genève 1772). Voir *Lycée*, III, liv.i, chap.iii, sec.15.

A27. avril 1772, tome i:

pp.101-150: *De la poésie lyrique ou de l'ode chez les Anciens et les Modernes.* (Signé: p.101, n.). Dans *Ej*, août 1772, pp.72-90; Yn, i.311-360; Pt, iv.135-208; incorporé dans le *Lycée*, I, liv.i, chap.vii, sec.1-2; II, liv.i, chap.ix.

Pour des réactions à cet article, voir *Al*, 1772, iii.23-27, 187-203; *Je*, 1 novembre 1772, vii.400-410; *MémT*, juillet 1772, pp.110 etc.; Best.D17697, 17702; CLT, x.64; MS, 8 mars 1773, xxiv.245.

pp.150-159: *Lettre de m. de La Harpe à m. de L*[acombe]. Dans *Ej*, juillet 1772, pp.106-111. Sur l'*Epître de Boileau à m. de Voltaire* ([s.l.]1772), de J. M. B. Clément. (Cat.55). Voir Best.D17697.

A28. avril 1772, tome ii:

pp.100-123: *Les Odes Pythiques de Pindare, en grec et en français, traduites, avec des remarques, par m. de Chabanon* (Paris 1772). (Cat.294). (Signé: p.100, n.). Dans *Ej*, juillet 1772, pp.21-30; Pt, v.222-229; Ve, xiv.147-153. La Harpe compare ces odes à l'*Ode sur l'enthousiasme*, par La Motte. Voir *Lycée*, III, liv.i, chap.viii, sec.2.

A29. mai 1772:

pp.98-118: *Essais sur le caractère, les mœurs et l'esprit des Femmes dans les différents siècles, par A. L. Thomas* (Paris 1772). (Cat.688). (Signé: p.98, n.). Dans Pt, v.230-235; Ve, xiv.154-158.

A30. juin 1772:

pp.64-113: *Réflexions sur un ouvrage intitulé: Nouvelles observations critiques sur différents sujets de littérature, par J. M. B. Clément* (Amsterdam 1772). (Cat.634). (Signé: p.64, n.). Dans *Ej*, juillet 1772, pp.94-103; Pt, v.236-283; Ve, xiv.159-199. La Harpe cite des passages de la traduction de l'*Essay on Man* de Pope par Delille. Il examine les remarques de Clément sur les traductions de Virgile par Delille et Malfilâtre. Voir Best.D17703.

pp.132-142: *Réponse de m. de La Harpe à la lettre de m. de Voltaire* [*MF*, mai 1772 (Best.D17702)]. Dans *Ej*, août 1772, pp.96-98; Ve, xiii.246-254; Best. D17745. Sur le journalisme.

pp.176-181: *Concert pour les Ecoles gratuites de Dessin, donné au Vauxhal de la Foire Saint-Germain, le 29 avril 1772: Deucalion et Pyrrha*, paroles de C. H. Watelet, musique de Sibert (Brenner 11647). (Signé: p.176, n.).

A31. juillet 1772, tome i:

pp.90-93: *Blanche et Guiscard, tragédie par m. Saurin de l'Académie française. Nouvelle édition, revue et corrigée* (Paris 1772). (Cat.471) (Signé: p.90, n.). Voir *Lycée*, III, liv.1, chap.iv, sec.4; CR, lettre 8.

pp.93-107: *Rousseau vengé ou observations sur la critique qu'en a faite m. de La Harpe, par m. l'A*[bbé] *D*[e] *G*[ourcy], *de l'Académie des Sciences et Belles-Lettres de Nancy* (Londres 1772). (Signé: p.90, n.). Dans *Ej*, août 1772, pp.65-72; Yn, i.360-389. L'ouvrage de de Gourcy est une réponse à l'article sur la poésie lyrique (voir supra.*A27*).

pp.107-126: *Le Jugement de Pâris, poème en quatre chants, par B. Imbert* (Amsterdam 1772). (Cat.384). (Signé: p.90, n.). Dans *Ej*, 15 novembre 1772, pp.35-40. Voir *Lycée*, III, liv.1, chap.ii, sec.3.

A32. juillet 1772, tome ii:

pp.117-129: *Essai sur Pindare, par m. Vauvilliers* (Paris 1772). (Signé: p.117, n.).

A33. octobre 1772, tome i:

pp.107-114: *Le Poète malheureux, ou le génie aux prises avec la fortune, par N. J. L. Gilbert* (Amsterdam 1772). (Signé: p.107, n.). Dans *Ej*, octobre 1772, pp.73-77; Pt, v.304-308; Ve, xiv.233-236. Voir *Lycée*, III, liv.1, chap.viii, sec.4.

pp.114-123: *Voltarii Henriados, editio nova . . . | La Henriade de Voltaire, nouvelle édition en vers français et latins, par N. de Caux de Cappeval* (Deux Ponts 1772). (Cat.379). (Signé: p.107). Dans Pt, v.309-316; Ve, xiv.237-243.

pp.123-136: *Panégyrique de Saint-Louis, roi de France, par J. S. Maury* (Paris 1772). (Cat.723). (Signé: p.107, n.). Dans *Ej*, octobre 1772, pp.3-10; Pt, v.316-318; Ve, xiv.244-245.

p.170: *Lettre de m. de La Harpe, ce 20 septembre 1772.* Il annonce qu'il contribue les *précis sur mm. de Voltaire et d'Alembert* à la *Galerie universelle de hommes célèbres* (voir notre bibliographie, n.572, 573).

A34. octobre 1772, tome ii:

pp.50-103: *Roméo et Juliette, tragédie de J. F. Ducis* (Paris 1772). (Cat.723). (Signé: p.50, n.). Dans *Ej*, 15 novembre 1772, pp.46-61; Pt, v.318-353; Ve, xiv.246-276.

pp.103-126: *Œuvres de m. le marquis de Ximenez. Nouvelle édition, revue et corrigée* (Paris 1772). (Cat.366). (Signé: p.50, n.).

pp.161-164: *Extrait d'une lettre de m. de La Harpe à m. de Voltaire, à l'occasion des honneurs rendus à son buste, &c.* Dans *Ej*, 30 novembre 1772, pp.128-129; Best.D17931. La Harpe décrit la cérémonie où mlle Clairon met une couronne sur le buste de Voltaire, et envoie des vers de Marmontel. Voir la *Réponse de m. de V****, *MF*, octobre 1772, ii.165 (Best.D17936).

A35. novembre 1772:

pp.81-100: *Lettre amoureuse d'Héloïse à Abailard, traduction libre de m. Pope par C. P. Colardeau* (Paris 1772). (Signé: p.81, n.). Dans *Ej*, 30 décembre 1772, pp.108-114; Pt, v.283-294. Une partie de cet article sera refondue dans l'*Essai sur l'Héroïde* pour former une nouvelle préface aux héroïdes de La Harpe (voir notre bibliographie, n.112).

pp.100-109: *Réflexions sur les Sermons nouveaux de m. Bossuet, par m. l'abbé J. S. Maury* (Avignon 1772). (Signé: p.81). Dans *Ej*, 15 janvier 1773, pp.23-25. Voir les propos sur cet article dans Sainte-Beuve, *Causeries du lundi* (Paris 1885), iv.269.

A36. décembre 1772:

pp.75-94: *Le Bonheur, poème en six chants, avec des fragments de quelques épîtres, ouvrage posthume de m. Helvétius* (Londres 1772). (Cat.366). (Signé: p.75, n.).

pp.143-147: *Réponse de m. de La Harpe à la lettre de m. Dorat* [pp.140-143]. Dans *Ej*, 30 décembre 1772, pp.117-121; Pt, v.295-297, 298-304; Ve, xiv.224-226, 227-232. Suscitées par le compte-rendu de la traduction de Pope par Colardeau, les deux lettres essayent de déterminer ce qu'on devrait attendre du bon journalisme (voir supra, *A35*).

A37. janvier 1773, tome ii:

pp.58-70: *Traité de Plutarque, sur la manière de discerner un flatteur d'avec un ami, & le Banquet des sept sages; dialogue du même auteur, revu et corrigé sur des manuscrits de la bibliothèque du Roi, avec une version française et des notes, par m. La Porte Du Theil* (Paris 1772). (Cat.100). (Signé: p.58, n.).

pp.70-86: *L'Anglomane, ou l'Orpheline léguée, comédie en un acte et en vers libres, par B. J. Saurin* (Paris 1772). (Cat.472). (Signé: p.58, n.). Dans *Ej*, 28 février 1773, pp.144-151. Voir *Lycée*, III, liv.1, chap.iv, sec.5.

pp.106-115: *Les Trois Siècles de notre littérature, ou tableau de l'esprit de nos écrivains depuis François 1er. jusqu'en 1772, par A. Sabatier de Castres* (Amsterdam 1772). (Signé: p.106, n.). Dans *Ej*, 15 février 1773, pp.40-46; Pt, v.354-

362; Ve, xiv.277-284. Voir la réponse de Sabatier de Castres dans *MF*, mars 1773, pp.159-161.

A38. février 1773:

pp.103-114: *Almanach des Muses . . . , pour l'année 1773.* Rédigé par C. S Sautreau de Marsy. (Signé: p.103, n.). Dans *Ej*, 15 février 1773, pp.84-88; Pt, v.397-401; Ve, xiv.317-320.

En mars 1773, L. E. Billardon de Sauvigny accusa La Harpe d'avoir critiqué d'une manière injuste son *Parnasse des Dames* (MS, 27 février, 24 mars 1773, xxiv.275-276, vi.292). Nous n'avons pas trouvé d'articles sur cet ouvrage à cette époque, et croyons qu'il faut y voir le résultat des remarques de La Harpe sur les almanachs en général.

A39. mars 1773:

pp.108-125: *Eloges des Académiciens de l'Académie royale des sciences, morts depuis 1666 jusqu'en 1699, par m. le marquis de Condorcet* (Paris 1773). (Cat.533). (Signé: p.108, n.). Dans *Ej*, 15 mars 1773, pp.49-57.

pp.125-132: *La Voix des pauvres, épître au Roi sur l'incendie de l'Hôtel-Dieu, par J. F. Marmontel* (Paris 1773). (Signé: p.108, n.). Dans *Ej*, 15 mars 1773, pp.58-62.

pp.132-154: *Voyage de l'Isle de France, à l'Isle Bourbon, au Cap de Bonne-Espérance, par un officier du Roi* [Bernardin de Saint-Pierre] (Amsterdam 1773). (Signé: p.108, n.). Dans *Ej*, 30 mars 1773, pp.99-116.

A40. avril 1773, tome i:

pp.100-116: *Le temple de Cnide, mis en vers par m. Colardeau* (Paris [s.d.]). (Signé: p.100, n.). On corrige une citation dans *MF*, avril 1773, ii.213-214. Dans *Ej*, 30 avril 1773, pp.99-103; Pt, v.363-376; Ve, xiv.285-297.

pp.116-124: *Les Quatre parties du jour, poème en vers libres imités de l'allemand de m. Zacharie, par m. l'abbé Aleaume* (Paris 1773). (signé: p.100). Dans *Ej*, 30 avril 1773, pp.104-107.

pp.124-127: *Elégie sur la mort de m. Piron, par m. Imbert* (Paris 1773). (Signé: p.100, n.). Dans Pt, v.377-379; Ve, xiv, 298-299.

A41. avril 1773, tome ii:

pp.108-117: *Réponse de m. de La Harpe à lettre* [pp.101-108] . . . , *en réponse à la lettre de m. Linguet* [*Al*, 1773, i.50-63] *sur l'inscription de la statue de Louis xv, à la place des Tuileries, par Monbosquet.* Dans *Ej*, 15 mai 1773, pp.52-57; Pt, v.379-386; Ve, xiv.300-305. La Harpe répond aussi au compte-rendu par Fréron de son *Eloge de Racine* (*Al*, 1773, i.18-50).

241

pp.117-131: *Fables de m. Boisard* (Paris 1773). (Signé: p.117, n.). Dans *Ej*, 15 mai 1773, pp.5-11; Pt, v.395-397; Ve, xiv.314-316. La Harpe loue La Fontaine.

A42. juillet 1773, tome i:

pp.48-49: *Lettre de m. de La Harpe à m. de Lacombe* [lui demandant de publier (pp.49-50) des 'Vers d'un Russe [A. Shuvalov] à m. de La Harpe à l'occasion d'un fragment de son épître sur le Luxe, cité dans le Mercure de mars de cette année']. Pour la réponse de La Harpe, voir notre bibliographie, n.442.

A43. juillet 1773, tome ii:

pp.63-78: *Œuvres de m. Thomas de l'Académie française. Nouvelle édition* (Paris 1773). (Cat.688). (Signé: p.63, n). Dans Pt, v.427-435; Ve, xiv.332-338.

A44. août 1773:

pp.73-87: *Fables nouvelles de m. l'abbé Aubert. 4e. édition, augmentée* (Paris 1773). (Cat.528). Dans *Ej*, 15 août 1773, pp.50-58; Pt, v.415-427; Ve, xiv.321-331.

A45. octobre 1773, tome ii:

pp.128-145: *Eloge de Jean-Baptiste Colbert, qui a remporté le prix de l'Académie française en 1773* [par J. Necker] (Paris 1773). (Cat.708). (Signé: p.128, n.). Dans Pt, v.446-452; Ve, xiv.349-354.

pp.145-154: *Eloge de Colbert, poème qui a eu le premier accessit à l'Académie française, par J. F. Coster* (Paris 1773). (Signé: p.128, n.). Réuni à l'article précédent dans Pt. et Ve.

pp.154-163: *Eloge de Colbert, poème qui a eu le deuxième accessit à l'Académie française, par m. P*[echmeja] (Paris 1773). (Signé: p.128, n.). Réuni aux deux articles précédents dans Pt. et Ve.

A46. novembre 1773:

pp.96-115: *Fables, contes et épîtres, par m. l'abbé Le Monnier* (Paris 1773) (Signé: p.96, n.). Dans Pt, v.435-445; Ve, xiv.339-348.

A47. décembre 1773:

pp.126-132: *Leçons de morale, de politique et de droit public* [par J. N. Moreau] (Versailles 1773). (Signé: p.126, n.). Dans *Ej*, 30 décembre 1773, pp.336-341.

pp.132-143: *Histoire romaine de Tite-Live, traduite par F. Guerin. Nouvelle édition, revue et corrigée par m. Cosson* (Paris 1770-1772). (Signé: p.126, n.).

pp.143-144: *L'Homme de lettres et l'homme du monde, par m. de**** [S. Bignicourt] (Berlin 1773). (Signé: p.126, n.). Dans *Ej*, 30 décembre 1773, pp.322-323.

A48. Janvier 1774, tome i:

pp.101-135: *Régulus, tragédie, et La Feinte par Amour, comédie en trois actes, par C. J. Dorat* (Paris 1773). (Cat.501). (Signé: p.101, n.). Dans *Ej*, 30 janvier 1774, pp.141-151, 15 février 1774, pp.3-14; Pt, vi.96-101; Ve, xiv.416-420. Voir *Lycée*, III, liv.i, chap.ii, sec.4.

pp.135-147: *Histoire de Maurice, comte de Saxe, par m. le baron d'Espagnac* (Paris 1773). (Signé: p.101, n.).

A49. février 1774:

pp.52-84: *Orphanis, tragédie de m. Blin de Sainmore* (Paris 1773). (Signé: p.52, n.). pp.68-70 sont reproduites dans Pt, vi.106-108; Ve, xiv.426-428. La Harpe compare *Orphanis* à *Manco-Capac*, par Le Blanc de Guillet (Brenner. 8168). Il critique également l'*Épître à Racine* de Blin de Sainmore. Voir la réponse de Blin de Sainmore dans *MF*, avril 1774, i.146-147. Pour d'autres réactions, voir CLT, x.370-371; CS, 31 mai 1774, iv.397-398; MS, 2 mars 1774, xxvii.202.

pp.84-92: *Recueil de Romances dû aux soins de m. Monnet* (Paris 1774). (Signé: p.52, n.). Dans Pt, vi.16-23; Ve, xiv.368-374.

pp.92-99: *Almanach des Muses . . . , pour l'année 1774.* Rédigé par Sautreau de Marsy. (Signé: p.52, n.). Dans Pt, vi.23-29; Ve, xiv.375-380.

A50. mars 1774:

pp.180-187, 188-195: *Lettre de m. de La Harpe à m. L*[acombe]*, en y joignant une ode de m. Lomonosof, littéralement traduite par m. le comte de Schowaloff.* Il envoie également une 'Ode sur le mariage du Grand Duc, par m. de La Fermière'.

A51. avril 1774, tome i:

pp.23-24, 25-28: Lettre de m. de La Harpe à m. Lacombe [en y joignant 'La Fontaine de Vaucluse', idylle par mme Duverdier d'Uzès]. Dans *Ej*, 15 mai 1774, pp.17-18, 18-21; Pt, vi.101-103, 103-105; Ve, xiv.421-422, 422-425.

A52. mai 1774:

pp.144-157: *Académie royale des Sciences*: 13 avril 1774: *Eloge de La Condamine, par m. le marquis de Condorcet*. (Signé: p.144, n.). Dans *Ej*, 30 juillet 1774, pp.99-112. Voir la réponse de Condorcet dans *MF*, juillet 1774, i.168-170 (Pt, vi.122-126; Ve, xiv.443-446; Best.D18991).

A53. juin 1774:

pp.129-136: *Nouvelle édition du théâtre de Pierre et Thomas Corneille, avec les commentaires de m. de Voltaire* (Genève 1774). (Cat.445). (Signé: p.129, n.). Dans *Ej*, 30 juin 1774, pp.124-129; Pt, vi.41-48; Ve, xiv.393-398. La Harpe attaque J. M. B. Clément.

pp.136-160: *L'Agriculture, poème par P. F. de Rosset* [première partie] (Paris 1774). (Signé: p.129, n.). Dans Pt, vi.48-65; et incorporé dans le *Lycée*, III, liv.1, chap.ii, sec.5. A la suite de l'article de La Harpe il y a une lettre de Rosset à Voltaire (Best.D18903).

A54. juillet 1774, tome ii:

pp.98-116: *Histoire de la rivalité de la France et de l'Angleterre, par G. H. Gaillard*, tomes iv-vii. (Cat.895). (Signé: p.98, n.). Dans *Ej*, 15 août 1774, pp.28-42; Pt, vi.29-35; Ve, xiv.381-386. On ne saurait identifier l'auteur du compte-rendu des premiers volumes de cet ouvrage dans *MF*, avril 1769, i.110-121.

pp.116-120: *Journal de Voyage de Michel de Montaigne, avec des notes d'A. G. Meunier de Querlon* (Rome 1774). (Signé: p.98, n.). Dans *Ej*, 15 août 1774, pp.67-70; Pt, vi.35-39; Ve, xiv.387-390. Voir la réponse de Meunier de Querlon dans *JgF*, 27 juillet 1774, pp.119-120.

pp.120-123. *Observations sur l'art du comédien et sur d'autres objets concernant cette profession en général, par le sieur D*['Hannetaire], *ancien directeur des spectacles à la cour de Bruxelles. 2e. édition* (Paris 1774). (Signé: p.98, n.). Dans Pt, vi.39-41; Ve, xiv,391-392.

A55. août 1774:

pp.103-123: *Choix de poésies de Pétrarque, traduites de l'italien par m. P. C. L'Evêque* (Venise 1774). (Cat.408). (Signé: p.103, n.). Dans *Ej*, 30 septembre 1774, pp.99-115; Pt, vi.1-16; Ve, xiv.355-367.

A56. septembre 1774:

pp.106-120: *Oraison funèbre de Louis xv, roi de France et de Navarre surnommé le Bien aimé; prononcée dans la chapelle du Louvre le 30 juillet 1774 en présence de mm. de l'Académie française, par m. l'abbé de Boismont* (Paris 1774). (Signé: p.106, n.). Dans Pt, vi.65-70; et incorporé dans le *Lycée*, III, liv.2, chap.i, sec.2.

pp.120-125: *Ode aux poètes du temps sur les louanges ridicules dont ils fatiguent Louis xvi, par m. l'abbé Aubert* (Paris [s.d.]). (Signé: p.106, n.). Dans Pt, vi.70-75; Ve, xiv.399-403.

pp.125-138: *Œuvres de Chaulieu, publiées par Fouquet* (La Haye 1774). (Signé:

p.106, n.). Dans Pt, vi.75-83; et incorporé dans le *Lycée*, II, liv.1, chap.xii. La Harpe défend Voltaire et La Motte. Voir la réponse à cet article dans *MF*, octobre 1774, ii.70-76.

pp.139-145: *Antilogies et fragments philosophiques, par l'abbé de Fontenay* (Amsterdam 1774), tomes i-ii. (Signé: p.106, n.). Dans *Ej*, 30 novembre 1774, pp.107-112; Pt, vi.83-90; Ve, xiv.404-409.

pp.153-162: *Oraison funèbre de Louis XV . . . , prononcée dans l'Eglise de l'Abbaye royale de Saint-Denis, le 27 juillet 1774, par J. B. C. M. de Beauvais, évêque de Senès* (Paris 1774). (Signé: p.153, n.).

pp.179-189: *Académie française, séance du 4 août 1774.* (Signé: p.179, n.). Dans Pt, vi.90-96; Ve, xiv.410-415. Discours prononcés lors de la réception de J. B. A. Suard. Réponse de Gresset. Voir les réflexions sur cet article dans Garat, *Mémoires sur Suard* (Paris 1820), i.331-336.

A57. octobre 1774, tome i:

pp.73-97: *Histoire de l'Académie royale des Sciences, année 1771, avec des mémoires de mathématiques et de physique pour la même année* (Paris 1774). (Signé: p.73, n.). Dans *Ej*, 15 décembre 1774, pp.3-22; Pt, vi.117-119; Ve, xiv.437-439.

pp.97-104: *Idylles, par m. Berquin* (Paris 1775). (Signé: p.73, n.). Dans *Ej*, 15 décembre 1774, pp.40-46; Pt, vi.119-122; Ve, xiv.440-442.

pp.104-117: *La dignité des gens de lettres, par m. Doigny du Ponceau* (Paris 1774); *Epître à Daphné, par m. de Saint-Ange* (Paris 1774); *L'Amour de la Gloire, par m. M. de Cubières-Palmézeau* (Paris 1774); *Les Bienfaits de la nuit, par m. André-Murville* (Paris 1774). (Signé: p.73, n.). 'Toutes ces pièces ont concouru pour le prix que l'Académie française n'a point donné cette année; et a réservé pour l'année prochaine . . . ' (p.104).

A58. octobre 1774, tome ii:

pp.124-133: *Oraison funèbre de Louis XV . . . , prononcée le lundi 29 août 1774, dans l'Eglise cathédrale de Nyon, par m. l'abbé Bourlet de Vauxcelles* (Paris 1774). (Signé: p.124, n.). Dans Pt, vi.126-127; Ve, xiv.447-448.

pp.133-141: *Panégyrique de S. Louis, roi de France, prononcé dans la Chapelle du Louvre, le 25 août 1774, en présence de l'Académie française, par m. l'abbé Fauchet* (Paris 1774). (Signé: p.124, n.).

pp.141-145: *Le Siège de Marseille par le connétable de Bourbon, poème par m. Durufle* (Paris 1774). (Signé: p.124, n.).

A59. novembre 1774:

pp.96-109: *La Jérusalem délivrée, poème du Tasse, traduction nouvelle par*

C. F. Le Brun (Paris 1774). (Cat.405). (Signé: p.96, n.). Dans Pt, vi.130-131; Ve, xiv.451-452.

A60. décembre 1774:

pp.107-118: *Le Juge, drame en trois actes et en prose de L. S. Mercier* (Londres 1774). (Signé: p.107, n.). Dans *Ej*, mai 1775, pp.92-101; Pt, vi.131-138; Ve, xiv.470-476. Voir CR, lettre 3.

pp.118-125: *Discours en vers sur la manière de lire les vers, par m. François de Neufchâteau* (Paris 1774). (Cat. 710). (Signé: p.107, n.). Dans Ve, xiv.453-458.

pp.125-132: *Histoire littéraire des Troubadours, rédigée par l'abbé Millot* (Paris 1774). (Signé: p.107, n.). Dans *Ej*, février 1775, pp.22-50; Ve, xiv.459-464.

pp.132-138: *Histoire universelle de Justin, extraite de Trogue-Pompée, traduite par m. l'abbé Paul* (Paris 1774). (Signé: p.107, n.). Dans *Ej*, mai 1775, pp.102-106; Ve, xiv.465-469. Voir CR, lettre 5.

pp.138-146: *Legs d'un père à ses filles, par feu m. Gregory, traduit de l'anglais, sur la 4e. édition* [par l'abbé A. Morellet] (Londres 1774). (Signé: p.107, n.). Dans *Ej*, février 1775, pp.62-72; Ve, xv.1-7.

A61. janvier 1775, tome i:

pp.113-131: *Discours de m. de Lamoignon de Malesherbes, premier président de la cour des aides de Paris, à m. le comte d'Artois, lors du rétablissement de ladite Cour dans ses fonctions (12 & 27 novembre 1774).* [Avec le texte du discours] (Signé: p.113, n.). Dans Pt, vi.139-141; Ve, xv.8-9. Voir CR, lettre 3.

pp.131-154: *Essai sur les Jardins, par C. H. Watelet* (Paris 1774). (Cat.710). (Signé: p.113, n.). Dans *Ej*, février 1775, pp.73-92; Pt, vi.141-142; Ve, xv.10-11. Voir CR lettre 5.

A62. février 1775:

pp.71-93: *Mémoires pour servir à la vie de Nicholas de Catinat, maréchal de France* [par le marquis de Crequy] (Paris 1775). (Signé: p.71, n.). Dans *Ej*, mars 1775, pp.15-36. Voir CR, lettre 5.

pp.137-146: *Réflexions sur les avantages et la liberté d'écrire et d'imprimer sur les matières de l'administration, par m. l'abbé Morellet* (Londres 1775). (Signé: p.137, n.). Dans *Ej*, août 1775, pp.70-80. Voir CR, letter 9.

A63. mars 1775:

pp.173-193: *Académie française: séance du 16 février 1775.* (Signé: p.173, n.). Dans *Ej*, mars 1775, pp.254-259; Ve, xv.12-28. Discours prononcés lors de la réception de C. G. L. de Malesherbes. Réponse de Radonvilliers. Voir CR, lettre 12.

A64. avril 1775, tome ii:

pp.110-132: *Eloge de Marc-Aurèle, par A. L. Thomas* (Amsterdam 1775). (Cat.716). (Signé: p.110, n.). Dans *Ej*, juin 1775, pp.117-134; Pt, vi.143-153; incorporé dans le *Lycée*, III, liv.2, chap.i, sec.3. Voir CR, lettre 15.

A65. mai 1775:

pp.46-70: *Dom Pèdre, roi de Castille, tragédie et autres pièces de Voltaire* ([Genève] 1775). (Signé: p.46,n.). Voir *Lycée*, III, liv.1, chap.iii, sec.15; CR, lettre 10.

pp.106-115: *Adonis, imitation du chant huitième de l'Adoné du chevalier Marin* [par E. C. Fréron et Colbert d'Estouteville] (Londres 1775). (Signé: p.106, n.). Dans *Ej*, août 1775, pp.132-139; Pt, vi.153-160; Ve, xv.29-35.

pp.115-130: *Les Conversations d'Emilie* [par mme d'Epinay]. *Nouvelle édition* (Paris 1774). (Signé: p.106, n.). Dans *Ej*, août 1775, pp.164-171; Pt, vi.161-162; Ve, xv.36-37. Voir CR, lettre 15.

A66. juin 1775:

pp.107-128: *Discours prononcés dans l'Académie française le jeudi 27 avril 1775, à la réception de m. le chevalier de Châtellux* (Paris 1775). (Signé: p.107, n.). Dans *Ej*, juillet 1775, pp.115-130; Pt, vi.163-170; Ve, xv.38-44. Remplaçant Châteaubrun. Réponse de Buffon. Voir CR, lettre 19.

pp.128-133: *Eloge de Louis de Bien-aimé, par m. l'abbé Talbert* (Besançon 1775). (Signé: p.107, n.). Dans Pt, vi.170-172; Ve, xv.55-57.

pp.133-147: *Monsieur Cassandre, ou les effets de l'amour et du vert-de-gris, par m. Doucet* [Coquelay de Chaussepierre] (Amsterdam 1775). (Cat.473). (Signé: p.107, n.). Dans *Ej*, juin 1775, pp.104-111; Pt, vi.172-179; Ve, xv.58-63. Voir CR, lettre 15.

pp.164-167: *Académie française:* 15 mai 1775. [Réception du maréchal de Duras]. Dans *Ej*, juin 1775, pp.274-275. Cet article n'est pas signé, mais sert d'introduction à celui du numéro suivant. Voir CR, lettre 20.

A67. juillet 1775, tome i:

pp.117-130: *Discours prononcés dans l'Académie française le lundi 15 mai 1775 à la réception de m. le maréchal duc de Duras* (Paris 1775). (Signé: p.117, n.). Dans *Ej*, août 1775, pp.90-103; Ve, xv.45-54. Réponse de Buffon.

pp.130-148: *Choix de tableaux tirés de diverses galeries angloises, par A.*

Berquin (Amsterdam 1775). (Signé: p.117, n.). Dans *Ej*, août 1775, pp.54-70. Voir CR, lettre 15.

A68. août 1775:

pp.44-58: *Histoire des campagnes de m. de Maillebois, en Italie pendant les années 1745-1746* [rédigée par le marquis de Pezay] (Paris 1775). (Signé: p.44, n.). Voir CR, lettres 20, 21.

pp.59-71: *Diatribe à l'auteur des Ephémérides, par Voltaire* ([Genève] 1775). (Signé: p.44, n.). Cet article fut supprimé par deux arrêts de la Cour du Parlement (voir Todd 3, p.220). Pour des réactions, voir *Al*, 1775, vi.46-64; Best. D19625, D19636, D19642, D19646, D19648, D19649, D19659, D19685, D19704, D19714, D19883, D19920; CLT, vii.149; MS, 16, 24 septembre 1775, viii.183, 191.

A69. septembre 1775:

pp.161-168: *Les hommes de Prométhée, poème par m. Colardeau* (Amsterdam 1775). (Signé: p.161, n.). Dans Ve, xv.64-69. Voir CR, lettres 26, 27.

A70. octobre 1775, tome i:

pp.116-137: *Hymnes de Callimaque en grec et français, avec notes, par La Porte Du Theil* (Paris 1775). (Cat. 293). (Signé: p.116, n.). Dans *Ej*, mars 1776, pp.3-16; Ve, xv.70-86.

A71. octobre 1775, tome ii:

pp.113-114: *Choix de chansons mises en musique, par m. de La Borde, et ornées d'estampes par J. M. Moreau* (Paris 1772-1773), vols. i-iii. (Signé: p.113, n.). Voir CR, lettre 32.

pp.114-128: *Le Dix huitième siècle, satyre à m. Fréron, par m. Gilbert* (Amsterdam 1775). (Cat.704). (Signé: p.114, n.). Dans Pt, vi.179-191; Ve, xv.87-98. Voir CR, lettre 26.

pp.131-153: *Lettre de m. de La Harpe à m. D[e] L[a] C[ombe], en réponse à une critique insérée dans le Journal de m. Linguet* [JPL, 5 octobre 1775, iii.158-162]. Dans Pt, vi.192-212; Ve, xv.99-116. Une défense des concours de l'Académie française. Pour des réflexions sur cette 'lettre' et sur l'article sur Gilbert, voir *Al*, 1775, v.289-313.

A72. novembre 1775:

pp.163-165: *Lettre de m. de La Harpe à m. D[e] L[acombe], à Paris, ce 25 octobre 1775.* Des corrections pour la 'lettre' insérée dans le numéro précédent.

pp.192-209: *Réponse de m. de La Harpe à un article du Journal de Politique et de Littérature, n° 30* [25 octobre 1775, iii.252-258]. Dans Pt, vi.212-235; Ve, xv.117-136. La suite de la querelle avec Linguet.

A73. janvier 1776, tome i:

pp.102-143: *Journal de Lecture, ou choix périodique de littérature et de morale* [rédigé par De Lizern], vol. i: 'Réflexions historiques et littéraires sur Piron', par B. Imbert. (Cat.616). (Signé: p.102, n.). Dans Pt, vi.235-272; Ve, xv.137-169. Voir CR, lettre 32. Imbert répondit avec des *Réflexions sur un article du premier Mercure de janvier, lettre de m. Imbert à m. de La Harpe* ([s.l.n.d.]). Pour d'autres réactions, voir *Al*, 1775, viii.73-78; Best.D20073, D20074, D20135, D20139; CLT, xi.245-246.

A74. avril 1776, tome i:

pp.133-158: *Anecdotes dramatiques, de J. M. B. Clément* (Paris 1776). (Signé: p.133, n.). Dans Pt, vi.273-295; Ve, xv.170-189. La Harpe examine en particulier l'œuvre de L. de Boissy. Voir CR, lettre 38.

pp.168-185: *Académie française: Séance publique du 29 février 1776*. (Signé: p.168, n.). Dans *Ej*, avril 1776, pp.285-299; Ve, xv.290-304. Discours prononcés lors de la réception de Boisgelin, archevêque d'Aix (remplaçant Voisenon). Réponse par le comte de Roquelaure, évêque de Senlis. La Harpe parle aussi du 'Discours en vers sur l'éloquence', par Marmontel. Voir CR, lettre 41.

A75. avril 1776, tome ii:

pp.70-78: *Mémoire contenant l'Histoire des Jeux Floraux et celle de Clémence Isaure; pour servir de réponse à un écrit intitulé Discours prononcé par maître Lagane au Conseil de Ville de Toulouse, imp. par ordre du même conseil* (Toulouse 1776). (Signé: p.70, n.). Dans Ve, xv.305-311.

pp.78-80: *Le parfait ouvrage, ou essai sur la coëffure, traduit du persan, par le sieur Lallemand* (Césarée 1776). (Cat.704). (Signé: p.70, n.).

pp.80-83: *L'Amant de Julie d'Etrange ou épître d'Hermotime à son ami, par André-Murville* (Paris 1776). (Signé: p.70, n.).

A76. mai 1776:

pp.152-153: *Les A-propos de Société, ou chansons de m. L[aujon]* (Paris 1776). (Signé: p.152, n.). Dans *Ej*, novembre 1776, pp.187-193. Voir CR, lettre 43.

A77. juin 1776:

pp.136-139: *Anecdotes de la Cour et du règne d'Edouard ii, roi d'Angleterre, par mme J. M. D. T.[encin], et mme E. D. B. A.* [Elie de Beaumont] (Paris

1776). (Cat.1007). (Signé: p.136, n.). Dans *Ej*, août 1776, pp.120-129; Ve, xv.312-313. Voir CR, lettre 43.

A78. juillet 1776, tome ii:

pp.57-98: *Extrait de divers ouvrages publiés sur la vie des peintres, par m. D[e] L[a] F[erté]* (Paris 1776). (Signé: p.57, n.). (A suivre). Voir CR, lettre 41.

A79. août 1776:

pp.69-113: *Extrait de divers ouvrages publiés sur la vie des peintres, par Papillon de La Ferté* (suite). (Signé: p.69, n.).

A80. septembre 1776:

pp.40-55: *Théorie des Jardins, par m. M[orel]* (Paris 1776). (Cat.198). (Signé: p.40, n.). Dans *Ej*, novembre 1776, pp.120-133; Pt, vi.408-423; Ve, xv.314-326. Voir CR, lettre 46.

A81. [25] juin 1778:

pp.37-42: *Annales poétiques, ou Almanach des Muses depuis l'origine de la poésie française*, tome i. Rédigées par Sautreau de Marsy et B. Imbert. (Cat. 398). Dans *Ej*, août 1778, pp.175-186; incorporé dans le *Lycée*, II, liv.1, chap.i.

pp.48-53: *Le génie de Pétrarque, ou imitation en français de ses plus belles poésies* [par l'abbé J. J. T. Roman] (Parme 1778). Voir CR, lettre 85.

[?] pp.53-54: *Géographie naturelle, historique, politique, raisonnée, par m. Robert* (Paris 1778), tome iii. Il est possible que cet article sur un ouvrage scientifique soit de Suard et non pas de La Harpe, d'autant plus que celui-ci n'en parle pas ailleurs, et à sa mort n'en possédait que les deux premiers tomes, publiés en 1777 (Cat. 755).

pp.54-55: *La Hollande et l'Anticosmopolite* (Paris 1778).

pp.55-56: *Le Tartuffe épistolaire démasqué, ou épître très-familière à m. le marquis de Caracciolli* [par l'abbé J. J. Bonnard] (Liège 1778). Voir CR, lettre 85.

pp.56-57: *Loix constitutives des Etats de l'Amérique septentrionale, traduites de l'anglais* [par C. A. Regnier] (Philadelphie 1778).

pp.57-58: *Encyclopédie poétique, ou recueil complet des chefs-d'œuvre de poésie sur tous les sujets possibles depuis Marot* [par A.T. de Gaigne] (Paris 1778-1781).

pp.63-64: *Comédie française: La partie de chasse d'Henri iv*, de Collé (Brenner 4928); *Le Roi et le fermier*, de Sedaine (Brenner 11041).

pp.65-66: *Académie royale de musique: Finte Gemelle (Jumelles supposées)*, musique de N. Piccini, livret de G. Petrosellini (voir CR, lettre 88); *De Petits riens,* musique de W. A. Mozart, paroles de J. G. Noverre (Brenner 9539). Dans *Ej,* août 1778, pp.282-284.

p.60: *Comédie italienne.* 'C'est par erreur que l'on a dit dans le Journal de Littérature [*JPL,* 5 juin 1778, ii.178] que la pièce de *Zulima* [paroles de Lanoue, musique de Dézède] avait été revue par m. Monvel: il n'y a aucune part. On prépare à ce théâtre *La Chasse,* paroles de m. Desfontaines, musique de m. de Saint-Georges [voir infra., *A93*]'. Voir CR, lettre 87.

A82. 5 juillet 1778:

p.42: *Théâtre de m. Bret* (Paris 1778). Dans *Ej,* septembre 1778, pp.105-129 (avec d'autres articles). Voir CR, lettre 88.

pp.42-46: *L'Hymne au Soleil* [de Reyrac], *traduit en vers latins sur la troisième édition par m. l'abbé Métivier* (Orléans 1778). Dans *Ej,* octobre 1778, pp.188-191.

pp.46-48: *Demi-drames, ou petites pièces propres à l'éducation des enfants, par m. de Saint-Marc* (Paris 1778). Dans *Ej,* septembre 1778, pp.33-37.

pp.64-66: *Académie royale de musique: Finte Gemelle (Jumelles supposées),* musique de N. Piccini, livret de G. Petrosellini.

pp.66-69: *Comédie française: Bajazet,* de Racine, comparé à *Zulime,* de Voltaire (pp.67-68); La Rive dans *Rhadamiste,* de Crébillon (p.69). Les remarques sur *Zulime* provoquèrent de nombreuses réactions. Voir, par exemple, les lettres du marquis de Villevieille dans *JP,* 10, 14 juillet 1778, pp.761-763, 778.

pp.69-71: *Comédie italienne: Le Jugement de Midas,* musique de Grétry, paroles de d'Hèle (Brenner 7376). Voir CR, lettre 89.

A83. 15 juillet 1778:

pp.129-131: Notes et observations sur une *Lettre à m. de La Harpe, à G.—t, ce 20 juin 1778* (signée: *N.—t—r—f.*). L'auteur anonyme de cette lettre y joint des vers attaquant la traduction par Saint-Ange des *Métamorphoses* d'Ovide.

pp.163-166: *Eloge de Louis XII, père du peuple, par m. l'abbé Cordier de Saint Firmin* (Amsterdam 1778).

pp.178-185: *Réponse à la lettre insérée dans le Journal de Paris le 10 juillet, et signée le marquis de Villev****. Dans J. F. de La Harpe, *Commentaire sur le Théâtre de Voltaire* (Paris 1814), pp.193 etc.; Ve, i.pp.xciii-ci.

pp.186-188: *Académie royale de musique: Serva Padrona,* musique de Pergolese, livret de G. A. Federico: *Vertumne,* acte tiré du ballet des *Eléments* par Roy, musique de La Lande (Brenner 10745); *Il Due contesse (Les Deux comtesses*), musique de Paesiello, paroles de G. Petrosellini (voir CR, lettre 90). Dans *Ej*, septembre 1778, pp.294-300.

pp.189-191: *Comédie française: La partie de chasse d'Henri IV*, de Collé (voir supra, *A81*); *Les Barmécides*, par La Harpe.

pp.191-192: *Comédie italienne: Le Jugement de Midas*, musique de Grétry, paroles de d'Hèle (voir supra, *A82*).

A84. 25 juillet 1778:

pp.307-309: *Académie royale de musique: Il Due contesse (Les Deux comtesses)*, musique de Paesiello, paroles de G. Petrosellini (voir supra, *A83*).

pp.309-311: *Comédie française: Les Barmécides*, par La Harpe.
Dans *Ej*, septembre 1778, pp.300-310.

p.311: *Comédie italienne*: 'On continue toujours avec le même succès les représentations du *Jugement de Midas* [de Grétry et de d'Hèle]'.

A85. 5 août 1778:

p.5: Une note pour une 'Traduction libre [et anonyme] d'un fragment de l'Arminte de Torquato Tasso [pp.3-5]'.

pp.17-23: *Les Sermons de m. l'abbé Poulle* (Paris 1778). (Cat. 24). (A suivre). Voir CR, lettre 90; *Lycée*, III, liv.2, chap.1, sec.2.

[?] pp.24-28: *Recherches sur la préparation que les Romains donnaient à la chaux dont ils se servaient pour leurs constructions, et sur la construction et sur la composition et l'emploi de leur mortier, par m. de La Faye* (Paris 1777-1778).

[?] pp.38-42: *Traité des Prairies artificielles des Enclos, et de l'Education des moutons de race anglaise, par m. de Mante* (Paris 1778). Il est possible que ces deux derniers articles soient de Suard au lieu de La Harpe.

pp.65-67: *Académie royale de musique: Ernelinde, princesse de Norvège*, musique de Philidor, texte de Poinsinet, revu par Sedaine (Brenner 10096); *Le Devin de village*, par J.J. Rousseau (Brenner 10708); *Orphée*, musique de Gluck, texte de Calzabigi, dans une version française par Moline (Brenner 9147).

pp.67-69: Comédie française: *Les Barmécides*, par La Harpe.

A86. 15 août 1778:

pp.154-157: *Œuvres de m. de La Harpe* (Paris 1778). Dans ses *Mélanges inédits*, pp.376-397.

pp.168-170: *Académie royale de musique: Concert du dimanche 2 août 1778 dans la présence de S. A. S. mgr. le duc d'Orleans; Ernelinde*, par Philidor, Poinsinet, et Sedaine (4 août): 'également dans sa présence'.

pp.170-171: *Comédie française: Le Bourru bienfaisant*, par Goldoni (Brenner

7019); *Le Faux Savant*, par Du Vaure (Brenner 6051); *La Mère coquette*, par Quinault.

A87. 25 août 1778:

pp.283-304: *Les Barmécides, tragédie en cinq actes et en vers par m. de La Harpe* (Paris 1778). (A suivre).

A88. 5 septembre 1778:

pp.24-47: Fin de l'extrait de la tragédie des *Barmécides*.

pp.59-63: *Sermons de m. l'abbé Poulle. 2e. extrait.* (A suivre).

pp.63-65: *Académie française, séance du 25 août.* L'Académie n'a pas donné de prix pour une traduction du seizième livre de *l'Iliade* d'Homère: 'Celle qui a paru supérieure aux autres est de m. L'Oeillart, jeune homme de 19 ans. M. de La Harpe en a lu des morceaux...' (p.64). Dans *Ej*, novembre 1778, pp.267-269. Voir CR, lettre 93.

pp.66-67: *Académie royale de musique*: Il Curioso indiscreto (*Le Curieux indiscret*), musique d'Anfossi; *Ninette à la cour*, ballet pantomime par Gardel (Brenner 6853). Dans *Ej*, octobre 1778, pp.300-302, novembre 1778, pp.281-283 (avec d'autres articles).

pp.67-68: *Comédie française*: Les rôles de ses principaux acteurs: mme Vestris comme Alzire dans la pièce de Voltaire; mlle Mars comme Clytemnestre dans *Iphigénie*, de Racine; mlle Sainval (cadette) comme Phèdre; Brizard comme Agamemnon dans *Iphigénie* et comme Lusignan dans *Zaïre*; La Rive comme Gengis Kan dans l'*Orphelin de la Chine*, comme Zamore dans *Alzire*, et comme Achille dans *Iphigénie*.

A89. 15 septembre 1778:

pp.148-149: *Traduction d'un morceau de l'Iliade, qui a concouru pour le prix de poésie à l'Académie française, par m. le chevalier Lespinasse de Langeac.*

pp.149-152: *Commencement du xvie chapitre de l'Iliade, par m. le marquis de Villette* [ou plutôt Voltaire].

pp.152-155: *Histoire universelle des Théâtres de toutes les nations, par une société de gens de lettres* [J. M. L. Coupé, Testu, Desfontaines de La Vallée, Le Fuel de Méricourt] (Paris 1778). Ceci ressemble plus à un prospectus qu'à un article. Voir CR, lettre 92.

pp.156-161: *Comédie française*: L'*Impatient*, par E. F. de Lantier (Brenner 7884); *Phèdre*, par Racine, avec mlle Sainval (aînée) dans le rôle principal, et Molé comme Hippolyte. Dans *Ej*, novembre 1778, pp.284-288.

A90. 25 Septembre 1778:

pp.276-286: *Suite des Sermons de m. l'abbé Poulle. Dernier extrait.*

pp.286-293: *Essai sur la musique ancienne et moderne, de m. de La Borde* (Paris 1778-1780), tomes i & ii. Encore un prospectus plutôt qu'une article. Voir CR, lettre 125.

pp.296-302: *Anecdotes du règne de Louis XVI, année 1777, recueillies et publiées par m. Nougaret* (Paris 1778). Dans *Ej*, décembre 1778, pp.94-100.

pp.302-303: *Académie royale de musique*: mlle Durancy dans *Ernelinde*, par Philidor, Poinsinet, et Sedaine; *La Frescatana* (*La Paysanne de Frescatti*), musique de Paesiello, livret de F. Livigni. Voir CR, lettre 96.

pp.303-304: *Comédie française*: mme Vestris et Molé dans *le Comte d'Essex*, par Thomas Corneille; *Blanche et Guiscard*, par Saurin (Brenner 10951); on prépare *le Chevalier français*, par Dorat.

A91. 5 octobre 1778:

pp.7-28: *De Jean-Jacques Rousseau.* Ajouté au *Lycee* par Agasse, xvi.333 etc. Cet article suscita de nombreuses réactions. Voir, par exemple *Al*, 1778, vii.306-319; JP, 14 octobre 1778, p.1151 (lettre de Grétry), 30 octobre 1778, pp.1213-1215 (lettre d'Olivier de Corancez), 2 novembre 1778, p.1225, 17 novembre 1778, pp.1285-1287 ('Observations sur la lettre de m. de Corancez'), 22 novembre 1778, p.1306 (lettre signée 'A'); *Lettre de monsieur M... aux rédacteurs du Journal de Paris, à l'occasion d'un article du Mercure du 5 octobre 1778, par m. La Harpe contre Jean-Jacques Rousseau* ([s.l.n.d.]).

pp.30-34: *Le Tribunal domestique, comédie en trois actes et en prose. 2e. édition* (Amsterdam 1778).

pp.47-49: *Eloge de Guy Dufaur de Pibrac, par m. l'abbé Calvel* (Paris 1778).

pp.49-52: *Académie royale de musique*: *Iphigénie en Aulide*, musique de Gluck, paroles de Leblanc du Rouillet (Brenner 6030), avec Larrivée comme Agamemnon et mlle Durancy comme Clytemnestre; *La Paisane de Frescati*, musique de Paesiello, livret de F. Livigni.

pp.52-55: *Comédie française*: début de Broquin dans divers rôles de Molière; mlle Sainval (cadette) comme Alzire dans la pièce de Voltaire; mlle Sainval (aînée) comme Sémiramis et Molé comme Ninias dans la *Sémiramis* de Voltaire.

A92. 15 octobre 1778:

pp.153-154: *Le siège de Marseille par le connétable de Bourbon, poème par m. Chauvet d'Allons* (Marseille 1778).

pp.154-161: *Reflexions sur l'origine de la civilisation, et sur les moyens de rémédier aux abus qu'elle entraîne, par J. V. Delacroix* (Amsterdam 1778). Dans *Ej*, janvier 1779, pp.140-149. Voir CR, lettre 179.

pp.161-163: *Le Nouvel Abailard, ou lettres de deux amants qui ne se sont jamais vus, roman de Rétif de La Bretonne* (Neuchâtel 1778). Dans *Ej*, février 1779, pp.45-53. Voir CR, lettre 91.

pp.163-166: *La Vertu chancelante, ou la vie de mlle Damincourt, roman par l'auteur d'Emilie* [mme la présidente d'Ormoy] (Liège 1778).

pp.166-167: *Correspondance d'un jeune militaire, ou mémoires du marquis de Luzigni et d'Hortense de Saint-Juste* [par Bourgoing et Musset de Cogners] (Yverdon 1778). Dans *Ej*, décembre 1778, pp.131-135 (avec d'autres articles).

pp.167-169: *Sermons du père Pierre-Claude Frey de Neuville, l'aîné* (Rouen 1778).

pp.169-171: *Oraison funèbre d'eminentissime seigneur Charles-Antoine de la Roche-Aymond, archevêque de Reims, prononcée dans l'église de Reims, le 1er avril 1778, par P. J. Perreau* (Reims 1778).

pp.171-179: *Oraison funèbre du mgr. Charles de Broglie, évêque de Noyon, prononcée... le 7 juillet 1778, par J. B. C. de Beauvais, évêque de Sénez* (Noyon [s.d.]). Dans *Ej*, décembre 1778, pp.40-55.

pp.179-180: *Eloge historique de Philippe, duc d'Orléans, régent du Royaume* [par L. T. Hérissant] (Amsterdam 1778).

pp.180-185: *Eloge de très-haut très-puissant et très-excellent seigneur mgr. Louis Nicolas Victor de Félix, maréchal de Muy, par m. de Tresséol* (La Haye 1778).

pp.185-186: *Eloge de Baluze, par m. l'abbé Vitrac* (Limoges 1777).

A93. 25 octobre 1778:

pp.294-302: *Académie royale de musique*: *Castor*, musique de Rameau, paroles de Bernard (Brenner 3627). La Harpe examine aussi d'autres ouvrages de Bernard, notamment son *Art d'Aimer*. Voir CR, lettre 35; *Lycée*, III, liv.1, chap.ii, sec.3.

pp.302-306: *Comédie italienne*: *La Chasse*, musique de Saint-Georges, paroles de Desfontaines (Brenner 5434). Dans *Ej*, décembre 1778, pp.281-285. Voir CR, lettre 96.

pp.306-311: *Réponse de m. de La Harpe à la lettre de m. Grétry, insérée dans le Journal de Paris* [14 octobre 1778, p.1151, au sujet du *Devin de village* de J.J. Rousseau]. La Harpe évoque une conversation qu'il a eue avec Grétry et Marmontel.

A94. 15 novembre 1778:

pp.180-184: *Comédie française*: *La partie de chasse de Henri iv*, par Collé (Brenner 4928). (Signé: p.184,n.).

A95. 25 novembre 1778:

pp.294-297: *Académie royale de musique*: *Finte gardiniera*, musique d'Anfossi, livret de R. de Calzabigi; des réflexions sur les acteurs débutants en général. Dans *Ej*, janvier 1779, pp.300-301.

pp.297-299: *Comédie française*: 'On va jouer à ce théâtre les deux nouvelles comédies de m. Dorat, que nous avons annoncées il y a quelque temps, mais l'époque régulière où ce journal doit paraître ne nous permet d'en parler que dans le numéro prochain...'. La Harpe examine ici les rôles de divers acteurs: Brizard comme Mithridate dans la pièce de Racine; divers rôles de mlle Sainval (aînée); mme Vestris dans *Inès de Castro*, par La Motte (voir la correction dans *MF*, 5 décembre 1778, p.51); La Rive et mlle Sainval (cadette) dans l'*Iphigénie* de Racine; Molé et mme Molé dans *le Misanthrope* de Molière.

A96. 5 décembre 1778:

pp.27-40: *Ode sur la guerre présente, après le combat d'Ouessant, par N. J. L. Gilbert* (Paris 1778). (Signé: p.40, n.). Dans *Ej*, février 1779, pp.186-193; *Mélanges inédits*, pp.156-170. Voir CR, lettre 97; *Lycée*, III, liv.i, chap.viii, sec.4. La Harpe cite Quintilien. Pour des réflexions sur cet article, voir *Al*, 1778, viii.308-328.

pp.47-51: *Académie royale de musique*: *Fragments* (*La Bergerie*, acte tiré du ballet des *Romains*, musique de Cambini, paroles de Bonneval, du *Devin de village* de J.J. Rousseau, et de *La Provençale*, ballet par La Font, musique de Mouret); *Finta Gardiniera*, musique d'Anfossi et de Paesiello, livret de R. de Calzabigi. Dans *Ej*, janvier 1779, pp.302-303.

pp.51-53: *Comédie française*: *Le Chevalier français à Turin* et *Le Chevalier français à Londres*, par Dorat (Brenner. 5635/5636); la mort de J. C. G. Colson, dit Bellecour. Dans *Ej*, janvier 1779, pp.303-305. Voir CR, lettres 97, 98.

pp.53-54: *Comédie italienne*: *Le Départ des matelots*, musique de Rigel, paroles de J. Rutlidge (Brenner 10787). Dans *Ej*, janvier 1779, p.307.

A97. 15 décembre 1778:

pp.172-174: *Académie royale de musique*: *La Buona figliola*, musique de Piccini, paroles de Goldoni. Dans *Ej*, février 1779, pp.271-273. Voir CR, lettre 99.

pp.174-178: *Comédie française*: Brizard, mme Vestris, Monvel, mlle Sainval (cadette), La Rive dans *Œdipe chez Admète* par Ducis (Brenner 5887); début de Malherbe (5 décembre 1778). Dans *Ej*, février 1779, pp.273-276.

A98. 25 décembre 1778:

pp.295-300: *Comédie italienne*: mmes Dugazon et Moulienghen, mm. Julien,

Trial, Desrosières, Naiville dans le *Porteur de Chaise*, musique de Dézède, paroles de Boutet de Monvel (Brenner 9287).

A99. 5 janvier 1779:

pp.10-30: *Le Paradis perdu, poème de Milton, traduit en vers français par m. Beaulaton* (Montargis 1778). (Signé: p.30, n.). Dans *Mélanges inédits*, pp.1-15, mais déjà ajouté au *Lycée* par Agasse, xiv.353 etc. Une comparaison avec la traduction par Louis Racine.

pp.49-50: *Comédie française: Zaïre*, par Voltaire; *Le Florentin*, par C. C. de Champmeslé.

pp.50-51: *Académie royale de musique: Castor et Pollux*, musique de Rameau, paroles de Bernard; *La Chercheuse d'esprit*, par Gardel (Brenner 6843).

pp.59-64: *Lettre en réponse à celle que m. le chevalier de Prunay a écrite à m. de La Harpe, et qui été insérée dans le Mercure du 5 décembre* (pp.68-69: 'extraite du Journal de Paris, no. 320, lundi 16 novembre 1778 au bas de la première page [p.1281]'). Sur l'emploi par La Harpe du mot 'croître' dans sa traduction de *la Pharsale* de Lucain (Pt, ii.361).

A100. 15 janvier 1779:

pp.150-165: *Eloges lus dans les séances publiques de l'Académie française, par m. d'Alembert* (Paris 1779). (Signé: p.165, n.). (A suivre). Dans *Mélanges inédits*, pp.171-196; et ajouté au *Lycée* par Lefèvre en 1816, xiii.196 etc. Voir CR, lettre 100.

pp.176-178: *Académie royale de musique: Hellé*, musique de Floquet, paroles de P. R. Lemonnier (Brenner. 8335). Dans *Ej*, mars 1779, pp.288-291.

pp.178-180: *Comédie italienne:* 29 décembre 1778: 'Spectacle gratis, en re-jouissance de l'heureux accouchement de la Reine': *Arlequin et Scapin, voleurs par amour*, par C. S. Favart (Brenner 6201); *Henri IV, ou la bataille d'Ivry*, musique de Martini, paroles de Du Rosoi (Brenner 10773); *Ballet-Pantomime*, par Froissart.

A101. 25 janvier 1779:

pp.276-283: *Fin de l'extrait des Eloges de m. d'Alembert.*

pp.300-306: *Comédie française: L'Amant jaloux ou les fausses apparences*, musique de Grétry, paroles de d'Hèle (Brenner 7376).

A102. 5 février 1779:

pp.62-64: *Académie royale de musique: Armide*, musique de Gluck, texte de Quinault; *Il Geloso in Cimento*, musique d'Anfossi, paroles de G. Bertati. Dans *Ej*, mars 1779, pp.291-292.

pp.64-66: *Comédie italienne*: *L'Embarras des richesses, comédie en trois actes et en prose par L. J. C. S. d'Allainval* (Brenner. 2857). La Harpe parle de la vie de l'auteur. Voir CR, lettre 177; *Lycée*, III, liv.1, chap.vii, sec.5.

A103. 15 février 1779:

pp.144-149[=144-147 (pagination défectueuse)]: *Vers sur Voltaire* (*Apothéose de Voltaire au Parnasse*), *par m. Chabanon* ([s.l.] 1778). (Signé: p.149[147], n.). Dans *Ej*, avril 1779, pp.143-150.

pp.162-165: *Comédie française*: *Les Muses rivales*, par La Harpe, avec la distribution des rôles; *Tancrède*, par Voltaire, avec Grammont Roselly et mme Vestris. Dans *Ej*, avril 1779, pp.299-300.

A104. 25 février 1779:

pp.289-292: *Comédie française*: *Le Muet, comédie en cinq actes et en prose, par Brueys et Palaprat.* La Harpe donne une petite biographie des auteurs. Voir *Lycée*, II, liv.1, chap.vii, sec.1.

pp.292-297: *Comédie italienne*: Début de mlle Dufayel (3 février 1779); *Les Deux Billets*, par Florian (Brenner 6426); une notice sur François Riccoboni. Voir CR, lettre 101.

A105. 5 mars 1779:

pp.50-51: *Académie royale de musique*: *Thésée*, musique de Lully, texte de Quinault. Dans *Ej*, avril 1779, pp.296-299 (avec d'autres articles).

pp.52-54: *Comédie française*: *Médée*, by J. M. B. Clément (Brenner 4840), Voir CR, lettre 101, et les réflexions sur cet article par Salaun dans *JP*, 13 mars 1779.

A106. 15 mars 1779:

pp.185-186: *Comédie française*: Début de mlle Saint-Ange; début de Grammont Roselly; des remerciements pour mlle Sainval (cadette) d'avoir remplacé mme Vestris comme Melpomène dans les *Muses rivales*.

A107. 25 mars 1779:

pp.298-300: *Comédie italienne*: *Les Deux amis ou le faux vieillard, comédie en trois actes et en prose, par Du Rosoi* (Brenner 10771). Dans *Ej*, mai 1779, pp.299-301. Voir CR, lettre 103.

A108. 5 avril 1779:

pp.34-46: *Le Petit chansonnier français, ou choix des meilleures chansons sur des airs connus* [rédigé par Sautreau de Marsy] (Genève 1778). (Signé: p.46). Ajouté au *Lycée* par Agasse, xiii.402 etc.

pp.58-59: *Académie royale de musique*: *La Buona figliola*, musique de Piccini, paroles de Goldoni (avec des changements à la fin du troisième acte); mlle Durancy, m. Larrivée, mlle Levasseur dans *Thésée*, musique de Rameau, texte de Quinault.

pp.59-62: *Comédie française*: Compliment de clôture, lu par Fleury. Dans *Ej*, juin 1779, pp.294-296.

p.62: *Comédie italienne*: *Compliment de clôture*, par Anseaume (Brenner 2895).

A109. 15 avril 1779:

pp.163-167: *Traduction libre d'Amadis de Gaule, par m. le comte de Tress*[an] (Amsterdam 1779). (Signé: p.167, n.). Ajouté au *Lycée* par Lefèvre en 1816, xiii.294 etc.

A110. 25 avril 1779:

pp.279-289: *Le Chevalier français à Turin* (Paris 1779) et *Le Chevalier français à Londres* (Paris 1779), *deux comédies en trois actes et en vers par m. Dorat*. (Signé: p.289, n.). Dans *Mélanges inédits*, pp.24-34; ajouté au *Lycée* par Buchon en 1825, xv.456 &c. La Harpe met l'accent sur la source de ces pièces, les *Mémoires de Grammont*, par Hamilton.

pp.303-308: *Comédie française*: *Le comte de Warwik*, par La Harpe, avec Grammont Roselly, Monvel (remplaçant Molé), mme Vestris, mlle Sainval (aînée), Florence (remplaçant Dauberval), et Dorival; le Compliment de rentrée, lu par Belmont; *l'Amour français*, par Rochon de Chabannes (Brenner 10600). Dans *Ej*, juin 1779, pp.298-301.

A111. 5 mai 1779:

pp.58-60: *Académie royale de musique*: *La Buona figliola maritata*, musique de Piccini, paroles de Goldoni; *Le Devin du village*, par J.J. Rousseau, avec une nouvelle ouverture et six nouveaux airs (Brenner 10708). Voir CR, lettre 106.

pp.61-64: *Comédie italienne*: *Compliment de rentrée*, par Anseaume (Brenner 2905); *La Colonie*, musique de Sacchini, paroles de Framéry (Brenner 6511), avec d'Orsonville, mme Dugazon, mlle Colombe, et Narbonne; *Rose d'Amour et Carloman*, musique de Cambini, paroles de Dubreuil (Brenner 5831). Voir CR, lettre 106.

A112. 15 mai 1779:

pp.141-158: *Œuvres complètes d'Alexandre Pope, traduites en français par l'abbé Resnel. Nouvelle édition* [préparée par La Porte] (Paris 1779). (Cat.413).

Signé: p.158, n.). Dans *Ej*, février 1780, pp.3-51; ajouté au *Lycée* par Agasse, xiv.359 etc. La Harpe fait une comparaison entre *The Rape of the lock* et le *Lutrin* de Boileau.

pp.177-179: *Bibliothèque universelle des Romans, ouvrage périodique* [juillet 1755-1789]. (Signé: p.179, n.).

pp.179-180: *Académie royale de musique*: les débuts de mlle Briancour et de m. Hus (29 avril 1779).

pp.180-181: *Comédie française*: *Le Médisant*, par Destouches (Brenner 5574).

pp.181-182: *Comédie italienne*: le début de mlle Finet (15 avril 1779).

A113. 25 mai 1779:

pp.261-272: *Ode à m. Buffon, suivie d'une épître sur la bonne et la mauvaise plaisanterie, par P. D. Le Brun* (Paris 1779). (Cat.477). (Signé: p.272, n.). Dans *Mélanges inédits*, pp.144-156; ajouté au *Lycée* par Lefèvre en 1816, xii.431 etc.

pp.288-290: *Nouveau dictionnaire historique, ou histoire abrégée de tous les hommes qui se sont fait un nom par le génie, les talents, les vertus, les erreurs, &c. 4e. édition* (Caen 1779). (Signé: p.290, n.).

A114. 5 juin 1779:

pp.40-44: *L'Amour français, comédie en un acte et en vers, par m. Rochon de Chabannes* (Paris 1779). (Cat.477). (Signé: p.44, n.). Dans *Mélanges inédits*, pp.104-108; ajouté au *Lycée* par Buchon en 1825, xv.464 &c. Voir CR, lettre 106.

pp.60-68: *Comédie française*: le début de mlle La Chataigneraye; *Agathocle*, par Voltaire; 'Discours' [par d'Alembert], prononcé par Brizard avant la représentation d'*Agathocle*. Dans *Ej*, août 1779, pp.298-304. Voir CR, lettre 108.

A115. 15 juin 1779:

pp.142-150: *La Louiséide, ou Histoire de l'expédition de Saint-Louis à la Terre-Sainte, poème épique par Le Jeune* (Paris 1779). (Cat.395). (Signé: p.150, n.). Dans *Mélanges inédits*, pp.16-23; ajouté au *Lycée* par Buchon en 1825, x.480 etc.

pp.181-182: *Comédie italienne*: *Le Petit Œdipe*, musique de Landrin, paroles de Desaugiers (Brenner 7857). Dans *Ej*, septembre 1779, pp.284-289.

A116. 25 juin 1779:

pp.257-266: *Les Fausses apparences ou l'amant jaloux, comédie en trois actes, mêlée d'ariettes, par d'Hèle, musique de Grétry* (Paris 1779). (Signé: p.266, n.). Dans *Mélanges inédits*, pp.94-104; ajouté au *Lycée* par Lefèvre en 1816, xii.423 etc. Vers la fin de sa vie, La Harpe reviendra sur ce qu'il dit dans cet article (*Lycée*, xii.522, n.).

pp.295-298: *Comédie française*: *Le Droit de seigneur*, par Voltaire. Dans *Ej*, septembre 1779, pp.282-284. Voir CR, lettre 109; *Lycée*, III, liv.i, chap.v, sec.7.

A117. 10 juillet 1779:

pp.17-24: *Œuvres complètes de m. de Belloy* [publiées par G. H. Gaillard] (Paris 1779). (Signé: p.24, n.). Dans *Mélanges inédits*, pp.319-327; ajouté au *Lycée* par Lefèvre en 1816, xiii.409 etc. Voir CR, lettre 107.

A118. 17 juillet 1779:

pp.137-138: *Comédie française*: divers rôles de mme Vestris et de mlle Sainva (cadette); mlle Sainval (aînée) dans *Mithridate* de Racine; une reprise de la *Rome sauvée* de Voltaire, avec La Rive, Brizard, Molé, etc. Voir CR, lettre 111.

A119. 24 juillet 1779:

pp.217-227: *Théâtre à l'usage des jeunes personnes, par mme de Genlis* (Paris 1779-1780), tome i. (Cat.126). (Signé: p.227, n.). (A suivre). Dans *Ej*, janvier 1780, pp.171-195. Voir CR, lettres 107, 109. Voir les réactions à cet article de Linguet, *Annales politiques*, vi.274-275.

pp.235-237: *Académie royale de musique*: *La Reine de Golconde*, texte de Sedaine, musique de Monsigny (Brenner 11006); *Amore soldato*, musique de Sacchini, livret d'A. Andrei. Dans *Ej*, septembre 1779, pp.279-281.

A120. 31 juillet 1779:

pp.313-331: *Théâtre à l'usage des jeunes personnes, par mme. de Genlis. Second extrait.* (Signé: p.331, n.). (A suivre).

pp.334-335: *Comédie italienne*: le retour du droit – aboli en 1769 – de jouer des comédies françaises; l'Arlequin 'personnage hors de nature' (voir *Lycée*, xii.206).

A121. 7 août 1779:

pp.34-36: *Académie royale de musique*: divers débuts: mlles Girardin, Depuis, et Georgi (25, 27 et 29 juillet).

A122. 14 août 1779:

pp.76-77: *Comédie française*: *Laurette*, par d'Oisemont (Brenner 9557). La

Harpe la confond avec la pièce du même nom par Dudoyer de Gastels (Brenner 5919). Dans *Ej*, octobre 1779, p.249. Voir CR, lettres 112, 130.

A123. 28 août 1779:

pp.155-171: *Œuvres de Colardeau* (Paris 1779). (Signé: p.171, n.). Ajouté au *Lycée* par Agasse, xiii.358 etc. Voir les réactions à cet article par Cubières-Palmézeau dans son *Eloge de Colardeau, ou lettre à mm. les auteurs du Mercure, au sujet d'un extrait de m. de La Harpe* ([s.l.n.d. 'destiné à paraître il y a environ 22 ans']) et dans son *Eloge de Claude-Joseph Dorat, suivi . . . d'une Apologie de Colardeau* (Paris 1781).

A124. 4 septembre 1779:

pp.35-47: *Eloge de Suger, abbé de Saint-Denis, par m. Garat* (Paris 1779). (Cat.477). (Signé: p.47, n.). Dans *Ej*, décembre 1779, pp.158-173; *Mélanges inédits*, pp.212-229; ajouté au *Lycée* par Buchon en 1825, xvi.227 etc.

A125. 1 janvier 1780:

pp.39-40: *Lettre aux Auteurs du Mercure, de l'auteur du Dithyrambe couronné, ce 21 décembre 1779.* Ceci fait suite à un compte-rendu du dithyrambe de La Harpe, *Aux mânes de Voltaire*, dans *MF*, 18 septembre 1779, pp.100-117, à une lettre à l'auteur de ce compte-rendu dans *MF*, 9 octobre 1779, pp.71-89, et à une réponse par celui-ci dans *MF*, 16 octobre 1779, pp.133-140.

A126. 22 janvier 1780:

pp.151-180: *Théâtre à l'usage des jeunes personnes, par mme de Genlis*, tomes ii, iii et iv. (Signé: p.180, n.). (A suivre). Dans *Ej*, avril 1780, pp.15-44; *Mélanges inédits*, pp.121-143; ajouté au *Lycée* par Buchon en 1825, xv.477 etc. Voir CR, lettre 120.

A127. 29 janvier 1780:

pp.217-232: *Théâtre à l'usage des jeunes personnes, par mme de Genlis*, tome iii. *2e. extrait.* (Signé: p.232, n.).

A128. 5 février 1780:

pp.26-39: *Théâtre à l'usage des jeunes personnes, par mme de Genlis*, tome iv. *Dernier extrait.* (Signé: p.39, n.). Dans *Ej*, mai 1780, pp.66-93.

A129. 3 février 1781:

pp.21-37: *Les Annales de la Vertu, ou cours d'histoire à l'usage des jeunes personnes, par l'auteur du Théâtre d'éducation* [mme de Genlis] (Paris 1781).

(Signé: p.37, n.). Dans *Ej*, mai 1781, pp.33-58; Ve, xv.399-414. Voir CR, lettre 139.

A130. 25 août 1781:

pp.154-165: *Théâtre de Société, par l'auteur du théâtre a l'usage des jeunes personnes* [mme de Genlis] (Paris 1781). (Cat.129). (Signé: p.165, n.). Dans Ve, xv.415-424. Voir CR, lettre 150.

A131. 20 septembre 1783:

pp.101-113: *Lettre de m. de La Harpe, au rédacteur du Mercure, sur la Traduction de l'Essai sur l'Homme* [de Pope], *par m. de Fontanes. A la Ferté-Vidame, ce 15 août 1783.* Insérée dans le *Lycée* par Verdière en 1817, iii(2).539 etc.; mais omise des éditions subséquentes; Ve, xv.383-398. Voir CR, lettre 192. Voir les réflexions de Sainte-Beuve dans *Portraits littéraires* (Paris 1881), ii.220-222.

A132. 3 avril 1784:

pp.25-31: *Réponse de m. de La Harpe à l'anonyme qui a rendu compte de Coriolan* [*MF*, 13 mars 1784, pp.83-90], *15 mars.* Dans *Coriolan . . . Seconde édition* (Paris 1784), etc., avec d'autres réflexions par La Harpe; Ve, ii.527-534. Voir la 'Réponse à la lettre de m. de La Harpe', *MF*, 3 avril 1784, pp.32-33 (Ve, ii.535-536).

A133. 19 décembre 1789:

pp.95-111: *Lettre de La Harpe aux auteurs du Mercure: Diatribe sur les mots* '*délation*', '*dénonciation*', '*accusation*'. Cette lettre fut suscitée par les *Observations du comte de Lally-Tollendal sur la lettre écrite par m. le comte de Mirabeau au comité des recherches contre m. le comte de Saint-Priest, ministre d'Etat* (Paris 1789). (Cat.974). Voir CR, lettre 285.

Alors qu'il parle du langage révolutionnaire, La Harpe attaque en même temps Fréron, Sabatier de Castres, Linguet, l'abbé Arnaud, etc. Il se plaint aussi des remarques de Prudhomme dans les *Révolutions de Paris*, no.xxii, pp.10-11. Pour des réactions à cette lettre, voir *Al*, 1789, viii.289-317; Camille Desmoulins, *Révolutions de France et de Brabant*, no.7.

A134. 26 décembre 1789:

pp.124-137: *Sur La Rochefoucauld.* Dans *Ej*, février 1790, pp.181-196. 'Cet article, envoyé par m. de La Harpe, est tiré de son Cours de littérature' (p.124, n.). Voir *Lycée*, II, liv.2, chap.ii, sec.2. Annoncé dans *MF*, 5 & 12 décembre 1789, p.28, n, p.60.

A135. 2 janvier 1790:

pp.9-28: *La Bruyère et Saint-Evremond.* Dans *Ej*, mars 1790, pp.255-276.
'Suite de l'article de m. de La Harpe sur La Rochefoucauld, inséré dans le
dernier Mercure' (p.9, n.).

A136. 9 janvier 1790:

pp.62-67: *Mémoires de m. le duc de Choiseul... écrits par lui-même* (Chanteloup
1790).

A137. 16 janvier 1790:

pp.100-112: *Réflexions sur le recueil intitulé: La Bastille dévoilée, recueil de
pièces pour servir à son histoire* [par Charpentier] (Paris 1789-1790). (Cat.970).
(A suivre). Dans *Ej*, mars 1790, pp.217-247. Ce qui paraît être le brouillon
de cet article fut offert dans la *Revue des Autographes*, septembre/décembre
1871, p.14 (no.160).

Voir les réflexions de La Harpe dans le *Lycée*, xiv.21-22, n. On avait déjà
consacré un article à cet ouvrage dans *MF*, 19 décembre 1789, pp.78-87. Pour
des réactions à l'article de La Harpe, voir *Al*, 1790, i.236-240, iii.323-329;
Lettre de m.*** à m. de La Harpe. Paris, 17 janvier 1790 ([s.l.n.d.]); *Lettre
écrite à m. de La Harpe sur les réflexions concernant la suppression des Parle-
ments* ([s.l.n.d.]), tirée d'*Al*, 1790, i.91-92.

A138. 23 janvier 1790:

pp.152-167: *Suite des réflexions sur la Bastille dévoilée* [par Charpentier].

A139. 30 janvier 1790:

pp.198-203: *Lettre d'un Créole de Saint-Domingue à la Société établie à Paris
sous le nom d'Amis des Noirs* (Paris 1790).

pp.209-211: *Etrennes du Parnasse, avec mélanges de littérature française et
étrangère, par m. Baude de la Croix. Année 1790.*

A140. 6 février 1790:

pp.36-37: *La Liberté, ode, avec des notes par m. de La Vicomterie* ([Paris s.d.]).

A141. 13 février 1790:

pp.64-68: *Romances, par m. Berquin. Nouvelle édition* (Paris 1790).

A142. 20 février 1790:

pp.109-114: *Note de m. de La Harpe sur la lettre sur un article de l'Année
littéraire* [de l'abbé Royou], *adressée à m. Panckoucke du Mercure de France,
par m. de Boissy d'Anglas* [pp.99-109].

A143. 27 février 1790:

pp.132-144: *Lettre de l'abbe Raynal à l'Assemblée nationale. Marseille, ce 10 décembre* [par De Guibert] ([s.l.] 1789). (A suivre).

A144. 6 mars 1790:

pp.15-32: *Lettre de l'abbé Raynal . . .* [par de Guibert]. *Second extrait.* La Harpe loue Necker.

A145. 20 mars 1790:

pp.81-87: *Le Réveil d'Epiménide à Paris, comédie en un acte et en vers, par m. Flins des Oliviers* (Paris 1790). (Cat.497). Dans *Ej*, mai 1790, pp.59-64; *Mélanges inédits*, pp.115-120; ajouté au *Lycée* par Buchon en 1825, xv.473 &c. La Harpe parle aussi du *Modérateur*, rédigé par Flins des Oliviers et Fontanes. Voir CR, lettre 277.

A146. 3 avril 1790:

pp.24-38: *Lettres de mme la princesse de G*[onzague], *écrites à ses amis, pendant le cours de ses voyages d'Italie en 1779 et années suivantes* (Paris 1790). (Cat. 899).

A147. 24 avril 1790:

pp.180-186: *Je perds mon état, faites-moi vivre* (Paris [s.d.]). Dans *Ej*, juin 1790, pp.47-53.

A148. 8 mai 1790:

pp.65-80: *Le décret de l'Assemblée nationale sur les biens du Clergé, considéré dans son rapport avec la Nature et les lois de l'Institution Ecclésiastique, par m. l'abbé L*[amourette] (Paris 1790). Dans *Ej*, juillet 1790, pp.212-224.

A149. 15 mai 1790:

pp.93-105: *Tacite, nouvelle traduction par m. Dureau de La Malle* (Paris 1790). (Cat.872).

A150. 5 juin 1790:

pp.34-44: *Lettres écrites de la Trappe par un Novice, mises au jour par M**** [N. J. Sélis] (Paris, l'an premier de la liberté). (Cat.718). Dans *Ej*, août 1790, pp.111-120. Voir les réflexions par le chanoine V.C. Bemuset, dans *Al*, 1790, v.36-41.

A151. 19 juin 1790:

pp.97-105: *Ana, ou collection de bons mots, contes, pensées détachées, traits d'histoire et anecdotes des hommes célèbres depuis la naissance des lettres jusqu'à nos jours* [par m. C. G. T. Garnier] (Paris 1789-an VII). (Cat.696). La Harpe parle de Furetière, de Poggio et de Vigneul de Marville.

pp.111-115: *Recherches sur les costumes et sur les théâtres de toutes les nations ...*, *estampes dessinées par m. Chéry, gravées par P. M. Alix. Prospectus.*

A152. 26 juin 1790:

pp.129-152: *Le Despotisme dévoilé, ou mémoires de Henri Masers de La Tude, détenu pendant 35 ans dans diverses prisons d'Etat; rédigés sur les pièces originales par m. Thiéry* (Paris 1790). (Cat. 1081). Premier extrait. Dans *Ej*, août 1790, pp.3-57.

A153. 3 juillet 1790:

pp.33-46: *Le Despotisme dévoilé, ou mémoires de H. Masers de La Tude ...*, *rédigés ... par m. Thiéry. Second extrait.*

A154. 10 juillet 1790:

pp.56-81: *Le Despotisme dévoilé, ou mémoires de H. Masers de La Tude ...*, *rédigés ... par m. Thiéry. Troisième extrait.*

pp.81-85: *Mémoire envoyé le 18 juin 1790 à l'Assemblée nationale, par m. de La Luzerne, ministre et secrétaire d'Etat* (Paris 1790).

A155. 24 juillet 1790:

pp.139-146: *Tome viii (Oraisons) des Œuvres de Cicéron, traduction nouvelle par mm. Gueroult* (Paris 1790). Voir *Lycée*, iii (1ère. partie). 114-115.

pp.155-157: *Démétrius, ou l'éducation d'un prince, par m. Chambert* (Paris 1790).

pp.158-161: *Nouveau recueil de gaîté et de philosophie, par un gentilhomme (s'il en reste) retiré du monde*[le comte de La Touraille]. *2e. édition* (Paris 1790). Dans *Ej*, décembre 1790, pp.173-176.

pp.177-190: *Eloge de m. le comte de Buffon, prononcé dans l'Académie des Sciences, par m. le marquis de Condorcet* (Paris 1790). (Cat.718). Dans *Ej*, septembre 1790, pp.58-71; *Mélanges inédits*, pp.197-211; ajouté au *Lycée* par Buchon en 1825, xvi.215 etc.

A156. 7 août 1790:

pp.26-43: *Vie de Voltaire, par le marquis de Condorcet, suivie des Mémoires de Voltaire, écrits par lui-même* [*Œuvres de Voltaire*, tome lxx] (Kehl 1789). (Cat. 691) Dans *Mélanges inédits*, pp.246-261; *Ve*, iv.410-421 (avec des coupures). La Harpe compare la *Henriade* et l'*Enéide* de Virgile.

A157. 21 août 1790:

pp.92-118: *Lettres à m. le chevalier de Pange, sur sa brochure intitulée: 'Réflexions sur la Délation et sur le comité des Recherches', par J. P. Brissot de Warville* (Paris 1790). La Harpe oppose Mirabeau à l'abbé Maury dans un passage qu'il reproduira dans un article de septembre 1792 (voir infra, *A219*). François de Pange répondra avec une *Lettre à m. de La Harpe sur le comité de Recherches, à Passy, le 27 août 1790* (Paris 1790).

A158. 18 septembre 1790;

pp.89-102: *Les Châteaux en Espagne, comédie en cinq actes et en vers, par m. Collin d'Harleville* (Paris 1790). Dans *Mélanges inédits*, pp.80-94; ajouté au *Lycée* par Lefèvre en 1816, xii.412 etc.

pp.103-116: *Discours sur l'éducation de m. le Dauphin, et sur l'adoption, par mme de Brulart* [de Genlis], *ci-devant mme de Sillery* (Paris 1790). La Harpe loue l'*Emile* de Rousseau.

A159. 25 septembre 1790:

pp.129-154: *Le Paysage de Poussin, ou mes illusions, épître à m. Bounieu, peintre du Roi et de son Académie, & Dioclétien à Salone, ou Dialogue entre Dioclétien et Maximien, pièces qui ont concouru à l'Académie française, par m. André-Murville* (Paris 1790). Voir CR, lettre 294. La Harpe défend l'Académie française.

A160. 16 octobre 1790:

pp.107-119: *Précis sur l'objet, les statuts et les travaux de l'Académie française* (A suivre). Dans *Ej*, février 1791, pp.260-293. 'Ce précis faisait partie d'un rapport que l'Académie française avait demandé à quelques-uns de ses membres, nommés commissaires pour l'examen et la rédaction de ses règlements. L'auteur était un des commissaires ...' (p.107, n.). Voir Todd 3, p.232. Voir les réflexions par J. G. Peltier dans les *Actes des Apôtres*, vii, no.188.

A161. 23 octobre 1790:

pp.139-155: *Fin du précis sur l'Académie française.*

A162. 13 novembre 1790:

pp.58-72: *Procès-verbaux des Electeurs de Paris, rédigés par Bailly, depuis le 26 avril au 21 mai 1789, et par Duveyrier, depuis le 22 mai jusqu'au 30 juillet 1789* (Paris 1790). (Cat.975). Dans *Ej*, décembre 1790, pp.18-31.

A163. 18 décembre 1790:

pp.90-122: *La Bouche de fer, journal patriotique et fraternel, par l'abbé C.*

Fauchet et N. de Bonneville (Paris 1790-1791). Dans *Ej*, janvier 1791, pp.113-140. Voir CR, lettre 293. Voir la 'Réponse de Claude Fauchet aux objections de m. de La Harpe . . . lue à l'assemblée fédérative des Amis de la Vérité', *La Bouche de fer*, 10 janvier 1791, pp.49-63.

A164. 25 Décembre 1790:

pp.154-159: *Réponse de m. de La Harpe à une lettre sur un article du Mercure précédent* (signée: *Par-Isis* [pp.144-154]).

A165. 15 janvier 1791:

pp.92-99: *Vues sur l'enseignement public, par m. Lacepède* (Paris 1790).

A166. 22 janvier 1791:

pp.131-152: *Plan sommaire d'une Education publique, et d'un nouveau cours d'études* (Article). (A suivre). Réimprimé avec des coupures dans le *Lycée*, xvi.377 etc.

A167. 29 janvier 1791:

pp.167-187: *Suite du plan sommaire d'une Education publique.*

A168. 9 avril 1791:

pp.84-96: *Observations sur l'ouvrage de m. de Calonne, intitulé: 'De l'Etat de la France présent et à venir'* (Londres 1790). (Cat.828). (A suivre).

A169. 23 avril 1791:

pp.140-141: *La Sainte Bible, contenant l'ancien et le nouveau testament; traduite en français sur la Vulgate, par m. Le Maistre de Saci. Nouvelle édition ornée de trois cents figures, gravées d'après les dessins de m. Marillier* (Paris 1791).

pp.142-163: *Suite des observations sur l'ouvrage de m. de Calonne: De la chimère absurde d'une loi agraire en France; des maux durables du despotisme, comparés aux maux passagers d'une révolution; de la pitié hypocrite des Anti-révolutionnaires, &c.* (A suivre). La Harpe attaque ici Prudhomme et les *Révolutions de Paris*, no.lxxxii, p.18.

A170. 30 avril 1791:

pp.180-197: *Suite des observations sur l'ouvrage de m. de Calonne: De la souveraineté nationale, et de la seule manière dont une grande nation puisse l'exercer; réfutation d'un passage de Rousseau, &c.* Dans *Nouveau Supplément*, pp.257-258 (seule 'la réfutation des principes de J.J. Rousseau . . .').

A171. 14 mai 1791:

pp.58-78: *Suite des observations sur l'ouvrage de m.* de Calonne: *Démonstration rigoureuse de cette importante vérité: qu'il est également impossible d'avoir jamais une Constitution, soit par des cahiers impératifs, soit par une révision délibérée dans des Assemblées partielles.* (A suivre). Annoncé dans *MF*, 7 mai 1791, p.38, n.

A172. 21 mai 1791:

pp.103-113: *Fin des observations sur l'ouvrage de m.* de Calonne: *Du danger capital de soumettre la Constitution à ce qu'on appelle une Révision nationale, ou à une nouvelle Assemblée constituante, &c.* La Harpe cite un article par Meunier de Querlon dans *l'Ami des Patriotes, ou le défenseur de la Révolution* (Paris 1790-1792). Il consacre un post-scriptum (p.113) aux *Observations sur l'ouvrage de m. de Calonne, et à son occasion, sur les principaux actes de l'Assemblée nationale; avec un post-scriptum sur les derniers écrits de mm. Mounier et Lally, par F. A. de Boissy d'Anglas* (Paris 1791). (Cat. 828).

A173. 25 juin 1791:

pp.136-141: *La Légende dorée, ou les Actes des Martyrs, pour servir de pendant aux Actes des Apôtres, feuille périodique* [16 février – 18 mars 1791].

A174. 16 juillet 1791:

pp.90-108: *Le Philinte de Molière, ou la suite du Misanthrope, comédie en cinq actes et en vers, par P. F. N. Fabre d'Eglantine* (Paris 1791). (Cat.490). Dans *Mélanges inédits*, pp.47-79; ajouté au *Lycée* par Lefèvre en 1816, xii.397 etc.

A175. 30 juillet 1791:

pp.163-177: *Poésies diverses, par m. Bonnard* (Paris 1791). Dans *Ej*, octobre 1791, pp.64-76; ajouté au *Lycée* par Agasse, xiii.389 &c.

A176. 10 septembre 1791:

pp.75-81: *Extrait d'un journal fort connu: L'Ami du Roi, des Français, de l'Ordre et surtout de la vérité, rédigé par Royou* (Paris 1790-1792). La Harpe défend Voltaire et attaque Rousseau.

A177. 17 septembre 1791:

pp.89-105: *Le Convalescent de qualité, ou l'aristocrate, comédie en deux actes et en vers, par Fabre d'Eglantine* (Paris 1791). Ajouté au *Lycée* par Buchon en 1825, xv.424 etc.

A178. 8 octobre 1791:

pp.54-69: *Eloge civique de Benjamin Franklin, prononcé le 21 juillet 1790, par m. l'abbé Fauchet, suivi d'une notice de m. Le Roi* (Paris 1790). Dans *Mélanges inédits*, pp.229-245; ajouté au *Lycée* par Buchon en 1825, xvi.242 etc.

A179. 22 octobre 1791:

pp.133-144: *Vie du capitaine Thurot, par M*** [N. J. Marey] (Paris 1791). (Cat.727). Dans *Ej*, janvier 1792, pp.5-15.

A180. 19 novembre 1791:

pp.82-94: *La Cause du Pape, avec la réfutation d'un ouvrage imprimé sous le titre d'Entretiens familiers de deux Curés du Département de l'Orne, par m. L...* (Paris 1791), & *Pour le Pape: réponse à un fougueux écrit, par m. L..., auteur de la Cause du Pape* (Paris 1791).

A181. 17 décembre 1791:

pp.67-87: *La Vie de Joseph ii, par le marquis de Caraccioli* (Paris 1790). (Dernier article signé avec la lettre *D*). La Harpe défend Voltaire et parle de la vie de Joseph ii.

pp.87-91: *Recherches sur les costumes et sur les théâtres de toutes les nations..., estampes dessinées par m. Chéry, gravées par P. M. Alix* (Paris 1791), tomes i-ii. Voir supra, *A151*.

A182. 24 décembre 1791:

pp.104-112: *La Liberté du Cloître, poème, par l'auteur des Lettres à Emilie sur la mythologie* [Demoustiers] (Paris 1790).

pp.112-117: *Eloge de Franklin, lu à la séance publique de l'Académie des sciences, le 13 novembre 1790, par Condorcet* (Paris 1790). (Cat.713).

A183. 31 décembre 1791:

pp.132-135: (Variété) *Prospectus sur l'établissement par actions du Théâtre de la réunion des arts* [par Dorfeuille] (Paris [s.d.]).

A184. 7 janvier 1792:

pp.19-34: *Gonzalve de Cordoue, ou Grenade reconquise, par m. de Florian* (Paris 1791). (Cat.667). Dans *Ej*, mars 1792, pp.5-22; ajouté au *Lycée* par Agasse, xiv.288 etc.

A185. 14 janvier 1792:

pp.41-55: *De la liberté, son tableau et sa définition, par m. de Villers. 2e. édition* (Metz 1792).

A186. 21 janvier 1792:

pp.66-79: *Dominique-Joseph Garat, membre de l'Assemblée constituante, à m. de Condorcet* (Paris 1791). (Cat.713).

A187. 28 janvier 1792:

pp.99-104: *Epître au Pape, par F. G. J. S. Andrieux* (Paris 1791). Voir Ve, xiii.152-164.

A188. 4 février 1792:

pp.22-34: *Essai sur la vie de Thomas de l'Académie française, par m. Deleyre* (Paris 1791). (Cat.1085).

A189. 11 février 1792:

pp.43-46: *Histoire abrégée de la Mer du Sud, par m. de La Borde* (Paris 1791).

pp.46-48: *Mémoire sur différentes questions de la science des constructions publiques et économiques, par C. L. Aubry* (Lyon 1790).

pp.49-55: (Variétés) *Fragment sur feu m. Turgot.* Tiré par La Harpe de sa correspondance littéraire: CR, lettre 147.

A190. 18 février 1792:

pp.65-77: *Traité philosophique, théologique et politique de la loi du divorce* [par H. J. Hubert de Matigny] (Paris 1792). La Harpe parle de Montesquieu.

A191. 25 février 1792:

pp.90-105: *Accord de la religion et des cultes chez une nation libre, par C. A. de Moy* (Paris 1792).

p.108: *Note du rédacteur.* C'est une réponse à une lettre (pp.107-108) où on dit que les vers sur le prince Edouard, cités dans le numéro du 11 février, ne sont pas de Turgot.

A192. 3 mars 1792:

pp.23-24: *Eléments de l'art des accouchements, par J. J. Plenck, traduits par J. Pitt* (Lyon 1792). Plutôt une annonce qu'un article.

pp.24-28, 28-30: *Fragments sur Rabelais et Montaigne; sur Catulle.* Dans *Ej*, mai 1792, pp.238-243. 'On a souvent sollicité l'auteur d'insérer dans le *Mercure* des morceaux de son *Lycée* ou *Cours de littérature*. Il ne peut guère en cédant à ce désir obligeant, choisir que des morceaux de peu d'étendue, pour ne pas excéder les bornes typographiques de ce journal; mais il prendra du moins ceux qui, dans leur brièveté, forment un tout...' (p.24, n.). Voir *Lycée*, I, liv.1, chap.x; II, Intro. (*Discours sur l'état des lettres*).

A193. 10 mars 1792:

pp.41-49: *Entretiens polémiques de Théodosien et d'Hyacinthe, sur l'ouvrage de m. Necker, ex-directeur des finances de France. De l'importance des opinions religieuses; avec des notes et des observations sur J. J. Rousseau et quelques autres philosophes du siècle* (Paris 1792), *1ère partie.*

pp.55-58: (Variétés) *Portrait de la duchesse Du Maine. N.B.* 'Ce portrait est de mme. de Staal, qui pourtant (comme on peut aisément le concevoir) ne l'a pas mis dans ses *mémoires*.' La Harpe le tire de sa correspondance littéraire: CR, lettre 178. On aurait trouvé ce portrait parmi les papiers de mme Du Deffand (CS, 26 février 1783, xiv.150-154).

A194. 17 mars 1792:

pp.66-79: *Œuvres posthumes de m. de Rulhières, mémoires instructifs sur les affaires de Russie et de Pologne* (Paris 1792). (Cat.1030). Dans *Ej*, juin 1792, pp.137-148. La Harpe critique *le poème de Fontenoy* de Voltaire, et cite un passage de sa propre correspondance littéraire: CR, lettre 301.

A195. 24 mars 1792:

pp.94-97: *Du Divorce, par m. Hennet. 3e édition* (Paris 1792). (Cat.37).

pp.98-104: *Les Thermopyles, tragédie de circonstance* [par d'Estaing] (Paris 1791). (Cat.499).

A196. 31 mars 1792:

pp.114-116: *Histoire de la Vacance du trône impérial* (Paris 1792).

A197. 7 avril 1792:

pp.23-30: *Julie, ou la Religieuse de Nismes, drame historique en un acte, et en prose, par C. Pougens* (Paris 1792).

A198. 14 avril 1792:

pp.40-53: *Mélanie ou la religieuse ... suivie des Muses rivales ..., par J. F. de La Harpe* (Paris 1792). Voir la réponse à cet article dans la *Feuille de Correspondance du libraire,* 1792, 6e cahier, p.182.

A199. 21 avril 1792:

pp.70-74: *Abrégé des transactions philosophiques de la société royale de Londres, traduit et rédigé par m. Gibelin* (Paris 1790), *dernière livraison.* (Cat.204).

pp.75-77: *Ephémérides des mouvements célestes pour le méridien de Paris, tome ix, contenant les huit années de 1793 à 1800, par m. de Lalande* (Paris 1792).

pp.78-80: *Essai sur la législation du mariage, par E. Lenglet* (Paris 1792). (Cat.713).

A200. 28 avril 1792:

pp.88-107: *Mémoires du ministère du duc d'Aiguillon* [rédigés par le comte de Mirabeau, et publiés par J. L. Giraud Soulavie l'aîné] (Paris 1792). (Cat.948). Dans *Ej*, juillet 1792, pp.108-115. Jean Devaines s'élèvera contre ce que dit La Harpe au sujet de Choiseul, dans *JP*, 18 mai 1792, suppl. no. 71. Voir CLT, xvi.147-149.

A201. 5 mai 1792:

pp.23-28: *Le Retour du Mari, comédie en un acte et en vers, par m. de Ségur* (Paris 1792). Dans *Ej*, août 1792, pp.163-167; *Mélanges inédits*, pp.109-114; ajouté au *Lycée* par Buchon en 1825, xv.468 etc.

A202. 12 mai 1792:

pp.42-48: *Précis historique de la révolution française, par J. P. Rabaud. 2e édition, augmentée* (Paris 1792).

pp.48-52: *Exposition des principes de la foi catholique sur l'Eglise, recueillis des Instructions familières de m. Jab*[ineau] (Paris 1792).

pp.52-54: *Bibliothèque physico-économique, instructive et amusante, année 1792.*

A203. 19 mai 1792:

pp.66-79: *Nouvelles nouvelles, par m. de Florian* (Paris 1792). Dans *Ej*, août 1792, pp.28-39; *Mélanges inédits*, pp.361-375; ajouté au *Lycée* par Lefèvre en 1816, xiii.294 etc.

A204. 26 mai 1792:

pp.90-102: *Le Collatéral, ou l'amour et l'intérêt, comédie en trois actes et en vers, par P. N. F. Fabre d'Eglantine* (Paris 1791). Dans *Ej*, août 1792, pp.54-64; *Mélanges inédits*, pp.35-47; ajouté au *Lycée* par Buchon en 1825, xv.414 etc.

A205. 2 juin 1792:

pp.21-36: *Mémoires de la minorité de Louis XV, par J. B. Massillon, évêque de Clermont* [publiés par J. L. Giraud Soulavie] (Paris 1792). (Cat.943). Dans *Ej*, janvier 1793, pp.69-83; *Mélanges inédits*, pp.262-277; ajouté au *Lycée* par Buchon en 1825, xvi.385 etc.

A206. 9 juin 1792:

pp.43-53: *La vie de Guillaume Penn, par J. Marsillac* (Paris [s.d.]).

A207. 16 juin 1792:

pp.64-74: *Le Passé, le Présent, l'Avenir, comédies, chacune en un acte et en vers, par L. B. Picard* (Paris 1792). Dans *Ej*, février 1793, pp.44-53.

pp.75-82: *Traité curieux sur les cataclysmes ou déluges, les révolutions du Globe, le principe sexuel et la génération des minéraux, par un membre de l'Académie de Cortone* [C. Pougens]. *A mr. Ferdinand Mazzanto* (Saint-Germain-en-Laye 1791).

A208. 23 juin 1792:

pp.89-103: *Mémoires du comte de Maurepas, ministre de la marine, avec onze caricatures du temps* [et des notes par Giraud Soulavie]. *3e édition* (Paris 1792). *1er extrait* (A suivre). (Cat.939). Dans *Ej*, janvier 1793, pp.170-219. Voir la réfutation de ces *mémoires* par le duc de La Vrillière de Maurepas dans *MF*, 31 août 1792, p.84. Ici, La Harpe verra dans Voltaire plutôt que dans Rousseau le vrai père spirituel de la Révolution.

A209. 30 juin 1792:

pp.113-129: *Mémoires du comte de Maurepas. 2e extrait.* (A suivre).

pp.129-132: *Jésus-Christ, ou la véritable religion, tragédie par m. de Bohaire* (Paris 1792).

A210. 7 juillet 1792:

pp.26-35: *Mémoires du comte de Maurepas . . . 3e extrait.* (A suivre).

A211. 14 juillet 1792:

pp.40-59: *Mémoires du comte de Maurepas . . . 4e et dernier extrait.*

A212. 21 juillet 1792:

pp.65-71: *Anecdotes intéressantes et secrètes de la cour de Russie* [par J. B. Scherer] (Londres 1792). (Cat.1029).

pp.72-75: (Variétés) *Sur l'abbé Sicard et les Sourds-Muets.* Un sourd muet appelé Jean Massieu, et sa plainte contre un homme qui lui avait volé une bourse. Cette histoire serait tirée de la *Chronique de Paris* du 12 juillet 1792.

A213. 28 juillet 1792:

pp.91-104: *Mémoires d'un Société célèbre (les Jésuites), tirés du Journal de Trévoux, par m. l'abbé Grosier* (Paris 1790). (A suivre). Dans *Mélanges inédits*, pp.327-360; ajouté au *Lycée* par Buchon en 1825, xvi.398 etc.

pp.104-107: (Variétés) *Anecdote tiré d'un papier anglais.* La Harpe inséra cette histoire d'une jeune inconnue trouvée à côté de Bristol, et prétendue fille de l'empereur François 1er, dans sa correspondance littéraire: CR, lettre 176. La Harpe prétend l'avoir tirée du *Morning chronicle*. Nous ne l'avons pas retrouvée dans ce journal, mais selon François Métra, elle figurait dans plusieurs journaux anglais vers la fin de 1780 (CS, 7 avril 1785, xviii.16).

A214. 4 août 1792:

pp.23-33: *Mémoires d'une société célèbre . . . , par m. l'abbé Grosier. 2e extrait.* (A suivre).

A215. 18 août 1792:

pp.43-55: *Mémoires d'une société célèbre . . . par m. l'abbé Grosier. Dernier extrait.*

pp.55-57: *Histoire de la Révolution et de l'Etablissement d'une Constitution en France, par deux amis de la Liberté* [Kerversau & Clavelin] (Paris 1790-1803). (Cat.956, tomes i-vii).

A216. 31 août 1792:

pp.64-77: *Saint-Flour et Justine, ou Histoire d'une jeune Française du dix-huitième siècle, par m. de F*[errières] (Paris 1792), tomes i-11. La Harpe défend mme de Sévigné.

pp.77-81: *Du pouvoir exécutif dans les grands Etats, par m. Necker* ([Paris] 1792). (Cat.171).

A217. 8 septembre 1792:

pp.25-35: *Lettres écrites de Barcelone à un Zélateur de la liberté, par m. Ch*[antreau] (Paris 1792). (Cat.986).

A218. 15 septembre 1792:

pp.41-53: *Lettres originales de Mirabeau, écrites du donjon de Vincennes, recueillies par P. Manuel* (Paris 1792-an III) (Cat.741). Dans *Mélanges inédits*, pp.277-289; ajouté au *Lycée* par Lefèvre en 1816, xiii.376 etc.

A219. 22 septembre 1792:

pp.65-83: *Collection complète des travaux de Mirabeau l'aîné à l'Assemblée constituante, par E. Mejan* (Paris 1791-1792). (Cat.981). Dans *Mélanges inédits*, pp.289-306; ajouté au *Lycée* par Lefèvre en 1816, xiii.386 etc. (avec des coupures). La Harpe cite une comparaison entre Mirabeau et l'abbé Maury qu'il avait faite en 1790 (supra, *A157*), et il se plaint d'une attaque publiée après la mort de Mirabeau dans la *Feuille du Jour*.

A220. 29 septembre 1792:

pp.92-106: *Recherches historiques sur la connaissance que les Anciens avaient de l'Inde, traduites de l'anglais de W. Robertson* (Paris 1792). (Cat.1042). Dans *Ej*, janvier 1793, pp.96-108.

A221. 6 octobre 1792:

pp.30-36: *Idylles et autres poésies de Théocrite, traduites par m. Gail* (Paris 1792). (Cat.298). La Harpe compare la traduction de Gail à celle de Chabanon. Gail répondra à cet article dans le *Magasin encyclopédique*, 1792, no.xxi, pp.166-168. En 1795, La Harpe voudra publier des réflexions sur un compte rendu des *Œuvres de Xénophon, traduites par J. B. Gail* (Paris an III [Cat. 855]) dans *JP*, 10 floréal an III/29 avril 1795, pp.888-889. Voir *JP*, 13 floréal an III/2 mai 1795, p.902. Ce projet n'aura pas lieu.

A222. 13 octobre 1792:

pp.40-58: *Essai sur le Despotisme, par G. H. R. Mirabeau. 3e édition* (Paris 1792). (Cat.56). Dans *Mélanges inédits*, pp.307-318; ajouté au *Lycée* par Lefèvre en 1816, xiii.400 etc.

A223. 20 octobre 1792:

pp.66-84: *Lettres sur les Confessions de J. J. Rousseau, par m. Ginguené* (Paris 1791). (Cat.719). *1er extrait*. (A suivre). Dans *Nouveau supplément*, pp.125-255; Ve, xv.425-521.

A224. 27 octobre 1792:

pp.88-106: *Lettres sur les Confessions de J. J. Rousseau, par m. Ginguené. 2e extrait*. (A suivre).

A225. 10 novembre 1792:

pp.29-45: *Lettres sur les Confessions de J. J. Rousseau, par m. Ginguené. 3e extrait*. (A suivre). Annoncé dans *MF*, 3 novembre 1792, p.22, n.

A226. 17 novembre 1792:

pp.54-72: *Lettres sur les Confessions de J. J. Rousseau, par m. Ginguené. 4e extrait*. (A suivre).

A227. 24 novembre 1792:

pp.76-100: *Lettres sur les Confessions de J. J. Rousseau, par m. Ginguené. Dernier extrait*. Ici, La Harpe défend d'Alembert et parle de Diderot.

Appendice sur le journalisme

A228. 8 décembre 1792:

pp.40-55: *Etat moral, physique et politique de la maison de Savoie, par Doppet. 2e édition* (Paris 1792). (Cat.984).

A229. 15 décembre 1792:

pp.1-2: *Logique et principes de grammaire, par m. Dumarsais. Nouvelle édition* (Paris 1792). (Cat.250).

A230. 16 décembre 1792:

pp.9-10: *Richesse de la République, par J. M. Lequinio* (Paris 1792).

A231. 17 décembre 1792:

p.18: *Pétition à la Convention nationale sur l'établissement d'un Lycée à Versailles, par le citoyen Duval.*

A232. 18 décembre 1792:

pp.25-27: *Constitutions des principaux États de l'Europe et des Etats-Unis de l'Amérique, par m. Delacroix* (Paris 1791-1792), tome iv. (Cat.153).

A233. 12 janvier 1793, *suppl. au no.12*:

pp.1-3: *L'Hymne à la Liberté*, par J. F. La Harpe. La Harpe cite une lettre de François de Neufchâteau.

pp.3-4: *Lettre au Citoyen Laharpe, sur le Collège de France, par Sélis* (Paris 1792). Dans *Nouveau supplément*, pp.351-354, avec l'ouvrage de Sélis, pp.285-350. Sélis critique ce qu'a dit La Harpe dans son projet pour la réforme de l'éducation publique (supra, *A166-167*).

A234. 20 janvier 1793, *suppl. au no.20*:

p.1: *Bibliothèque physico-économique instructive et amusante, année 1793.*

pp.2-4: (Nécrologie) Mme Riccoboni. Dans *Ej*, novembre 1793, pp.284-290; Ve, xv.522-528. Voir *Lycée*, III, liv.2, chap.iii. Cet article renferme deux lettres: une de Biancolelli à La Harpe, et une autre de mme Riccoboni à m. Thicknesse.

A235. 26 janvier 1793, *suppl. au no.26*:

pp.1-2: *Correspondance originale des émigrés, ou les émigrés peints par eux-mêmes* [publiée par A. Rousselin] (Paris 1793). (Cat.989).

pp.2-4: *De l'Allemagne et la Maison d'Autriche, par Publicola Chaussard, citoyen français* (Paris 1792).

A236. 2 février 1793, *suppl. au no.33*:

pp.1-5: *Almanach des Muses, année 1793.*

pp.5-8: *Essai historique et critique sur l'insuffisance et la vanité de la philosophie des Anciens, comparée à la morale chrétienne, par l'auteur de la Morale universelle* [D. Gaëtan Sertor, traduit de l'italien par Chassanis]. *Nouvelle édition* (Paris [s.d.]).

A237. 15 février 1793:

pp.362-364: *Parallèle de la République avec la monarchie, ou discours sur les avantages de la république, prononcé par C. Hollier* (Bordeaux 1793).

A238. 3 mars 1793:

pp.17-20: *Le Fédéraliste, ou collection de quelques écrits en faveur de la constitution proposée aus Etats-Unis de l'Amérique, par mm. Hamilton, Madisson, Gay* [c'est-à-dire Madison & Jay] (Paris 1782). (Cat.165).

A239. 12 mars 1793:

pp.89-91: *Œuvres de Jérôme Pétion de Villeneuve* (Paris 1793-an II).

A240. 20 mars 1793:

pp.153-154: *Théorie acoustico-musicale, par A. Suremain-Missery* (Paris 1793).

A241. 30 mars 1793:

pp.218-224: *Etat actuel de l'Empire ottoman, traduit de l'anglais d'Elias* [H]*abesci, par m. Fontanelle* (Paris 1792). (Cat.1035). Cet article renferme une note (p.220) sur l'*Almanach royal.*

A242. 13 avril 1793:

pp.280-288 [=278-286 (pag. déf.)]: *Fables de m. de Florian* (Paris 1792). (Cat.667). Ajouté au *Lycée* par Agasse, xiii.374 etc.; puis dans les *Fables de Florian, suivies de son théâtre* (Paris 1867 [1870, 1874, 1892, etc.]), pp.i-ii ('Jugement sur Florian').

A243. 20 avril 1793:

pp.351-359: *La Mort d'Abel, tragédie en cinq actes et en vers, par Legouvé* (Paris 1793). (Cat.474). Dans Ve, xv.529-545.

A244. 27 avril 1793:

pp.410-411: *Stratonice, comédie héroïque par m. Hoffman, mise en musique par m. Méhul* (Nancy [s.d.]).

A245. 4 mai 1793:

pp.4-5: *Catherine, ou la Belle Fermière, comédie en trois actes, par Julie Candeille* (Paris 1793). (Cat.474).

A246. 11 mai 1793:

pp.50-57: *Maximes et pensées de Charles Pougens* (Paris [s.d.]).

A247. 18 mai 1793:

pp.98-107: *L'Ami des lois, comédie en cinq actes, par Laya* (Paris 1793). (Cat.474). Dans *Ej*, juillet 1793, pp.208-224.

A248. 25 mai 1793:

pp.148-152: *Vues sur la réformation des Lois civiles, par P. J. Agier* (Paris 1793). Dans *Ej*, juillet 1793, pp.14-22.

A249. 1 juin 1793:

pp.195-201: *Virginie*, par J. F. La Harpe. Dans *Ej*, août 1793, pp.191-199.

A250. 8 juin 1793:

pp.242-247: *Des qualités et des devoirs de l'Instituteur public, par P. V. Chalvet* (Paris 1793).

A251. 15 juin 1793:

pp.292-298: *Les Préjugés détruits, par J. M. Lequinio. 2e édition* (Paris 1793).

A252. 22 juin 1793:

pp.341-345: *Voyages en France pendant les années 1787, 1788, 1789 et 1790, par A. Young, traduits de l'anglais par F*[rançois] *S*[oulès] (Paris 1793). Dans *Ej*, juillet 1793, pp.187-197.

A253. 29 juin 1793:

pp.385-386: *Réponse à la lettre de m. de Ximenès* [p.385]. Dans *Ej*, août 1793, pp.251-254. Comparant des traductions des vers des *Géorgiques* de Virgile par Delille, Lefranc de Pompignan, un jeune homme anonyme, et Ximenès lui-même. Voir les vers adressés à La Harpe par Ximenès dans *JP*, 4 ventôse an II/22 février 1794, p.1692.

Ce qui paraît être le manuscrit de la réponse de La Harpe fut offert dans la *Revue des autographes*, septembre 1899, p.11 (no.146), septembre 1901, p.8 (no.126), décembre 1905, p.9 (no.163), août 1916, p.6 (no.83).

pp.389-391: *Politique de tous les cabinets de l'Europe pendant les règnes de Louis XV et de Louis XVI, par m. Favier* (Paris 1793).

A254. 6 juillet 1793:

pp.5-12: *Œuvres philosophiques, de m. F. Hemsterhuys* (Paris 1792). Dans *Ej*, juillet 1793, pp.145-160.

A255. 13 juillet 1793:

pp.52-61: *Abdélazis et Zuléima, par André-Murville* (Paris [s.d.]). Dans *Ej*, septembre 1793, pp.153-169.

A256. 20 juillet 1793:

pp.98-103: *Notice historique sur Laplace et sur ses écrits.* Ajoutée au *Lycée* par Agasse, xiv.312 etc. Voir CR, lettre 57.

A257. 27 juillet 1793:

pp.147-150: *Ferdinand et Constance, roman sentimental par m. Rhijnvis Feith, traduit du hollandais* (Paris 1793).

A258. 3 août 1793:

pp.199-204: *Journal d'un voyage fait dans l'intérieur de l'Amérique septentrionale, traduit de l'anglais de Thomas Anburey par F. J. M. Noël* (Paris 1793). Dans *Ej*, août 1793, pp.118-125.

A259. 10 août 1793:

pp.243-248: *Œuvres de Lucien, traduites du grec* [par J. N. Belin de Ballu] (Paris 1788-1789). (Cat.658). Dans *Ej*, septembre 1793, pp.5-16.

A260. 17 août 1793:

pp.291-298: (Nécrologie) *Antoine Lemierre.*

A261. 24 août 1793:

pp.339-344: *Description du Pégu et de l'Isle de Ceylan, par W. Hunter, Chr. Wolf et Eschelskron, traduite de l'anglais et de l'allemand, par L. L*[anglès] (Paris 1793).

A262. 31 août 1793:

pp.388-392: *Voyage en Guinée et dans les isles Caraïbes, traduit de l'allemand de Paul Erdman Isert* (Paris 1793). Dans *Ej*, septembre 1793, pp.62-71.

A263. 7 septembre 1793:

pp.6-11: *Relation des Isles Pelew* [traduite de l'anglais de George Keat par G. H. Riquetti, comte de Mirabeau] (Paris 1793). (Cat.792). Dans *Ej*, novembre 1793, pp.59-70.

A264. 14 septembre 1793:

pp.53-59: *Lettres américaines, par m. le comte J. R. Carli. 2e édition* (Paris 1792).

A265. 21 septembre 1793:

pp.100-107: (Nécrologie) *Notice sur les écrits d'Athanase Auger.* Dans *Ej*, février 1794, pp.199-213; ajoutée au *Lycée* par Agasse, xiv.328 etc.

A266. 28 septembre 1793:

pp.148-153: *Mémoires secrets et critiques des cours des gouvernements et des mœurs des principaux états de l'Italie, par Joseph Gorani* (Paris 1793). (Cat.817).

A267. 5 octobre 1793:

pp.201-209: *Œuvres de Fontenelle. Nouvelle édition augmentée* (Paris 1790-1793). (Cat.675). Dans *Ej*, janvier 1794, pp.164-179. La Harpe compare la tragédie de *Brutus* de Fontenelle à celle de mlle Bernard (voir supra, *A2*; *Lycée*, III, liv.1, chap.i, sec.3).

p.209. *Mémoires historiques et politiques sur la révolution de la Belgique et du pays de Liège* [par Publicola Chaussard] (Paris 1793). (Cat.997).

A268. 12 octobre 1793:

pp.243-251: *De l'Esprit des Religions et Appendice à la seconde édition, par Nicolas Bonneville* (Paris 1792). (Cat.25).

A269. 19 octobre 1793/28 du 1er. mois de l'an II:

pp.301-306: *Recueil de divers écrits de Thomas Payne, traduit de l'anglais* (Paris 1793).

A270. 26 octobre 1793/5 du 2e. mois de l'an II:

pp.357-362: *La Franciade ou l'Ancienne France, poème en seize chants, par m. Vernes fils* (Paris 1790). (Cat.373).

A271. 2 novembre 1793/12 brumaire an II:

pp.6-12: *Voyage à Madagascar et aux Indes Orientales, par l'abbé Rochon* (Paris 1791). (Cat.793).

A272. 9 novembre 1793/19 brumaire an II:

pp.52-56: *Etats des prisons, des hôpitaux et des maisons de force, par John Howard, traduit de l'anglais* [par J. P. Béranger ou mlle. de Kéralio]. *Nouvelle édition* (Paris 1793). Dans *Ej*, janvier 1794, pp.127-134.

A273. 16 novembre 1793/26 brumaire an II:

pp.94-95: *Zéna, ou la Jalousie et le Bonheur, par A. L. Villetque. 2e édition* [dans ses *Essais dramatiques et autres ouvrages* (Paris 1793)].

A274. 23 novembre 1793/3 frimaire an II:

pp.131-136: *Le Véritable Evangile, par le citoyen Gallet* (Paris an II).

A275. 30 novembre 1793/10 frimaire an II:

pp.180-184: *Nouveaux extraits des Mémoires secrets et critiques de Gorani.* Voir supra, *A266.*

A276. 7 décembre 1793/17 frimaire an II:

pp.6-12: *Voyage en Crimée et à Constantinople en 1786, par Elisabeth Berkeley, mylady Craven* [traduit de l'anglais par Guédon de la Berchère *ou* Durand fils]. *Nouvelle édition* (Paris an II). (Cat.783).

A277. 14 décembre 1793/24 frimaire an II:

pp.52-58: *La Solitude considérée relativement à l'esprit et au cœur, ouvrage traduit de l'allemande de Zimmerman, par J. B. Mercier* (Paris an II). Dans *Ej*, février 1794, pp.68-80.

A278. 21 décembre 1793/1er nivôse an II:

pp.99-103: *Histoire des Femmes de W. Alexander, traduite de l'anglais par m. Cantwel* (Paris 1794). Dans *Ej*, février 1794, pp.5-14.

A279. 28 décembre 1793/9 nivôse an II:

pp.148-153: *Voyage philosophique, politique et littéraire, fait en Russie pendant les années 1788 et 1789* [par Chantreau] (Paris 1794). (Cat.779).

A280. 4 janvier 1794/15 nivôse an II:

pp.7-9 (n. ch.): *Traité élémentaire de l'imprimerie, ou manuel de l'imprimerie, par A. F. Momoro* (Paris 1793).

pp.9-11 (n. ch.): *La Vraie Bravoure, comédie en un acte et en prose, par les citoyens Duval et Picard* (Paris [s.d.]).

A281. 11 janvier 1794/22 nivôse an II:

pp.52-59: *Les Epoux malheureux, ou l'histoire de m. et mde. de* [La Bedoyère, par Baculard d'Arnaud]. *Nouvelle édition.* (Paris an II). Dans *Ej*, mars 1794, pp.153-166.

A282. 18 janvier/29 nivôse an II:

pp.99-103: *Vocabulaire de nouveau privatifs français, imités des langues italienne, espagnole, portugaise, allemande et anglaise, par Charles Pougens* (Paris 1794). (A suivre). Publié par Panckoucke avec d'autres articles par Dumarsais, Ginguené, et Suard dans la *Nouvelle grammaire raisonnée, à l'usage d'une ieune personne, par une société de gens de lettres* (Paris an III). Trois éditions de cet ouvrage furent publiées en 1795, et mme vve Panckoucke en fit sortir une quatrième en 1801.

Voir les annonces dans *MF*, 24 janvier 1795, pp.9-16; *MagE*, 1795, i.570; *Décade* 20 brumaire an X/11 novembre 1801, xxxi.293.

La Bibliothèque nationale à Paris possède une traduction allemande de cette collection: *Neue Grammaire raisonnée ʒum Gebrauche für einege junge Person . . . Ausgabe übersetʒt und . . . bereichert von C. W. F. Penʒenkuffer* (Nürnberg 1798).

A283. 25 janvier 1794/6 pluviôse an II:

pp.147-152: *Vocabulaire de nouveaux privatifs français . . .* , *par Charles Pougens. 2e extrait.*

A284. 1 février 1794/13 pluviôse an II:

pp.199-203: *Mascarades monastiques et religieuses de toutes les Nations du globe, représentées par des figures colorées dans la plus exacte vérité, par Giacomo-Carlo Rabelli* [J. C. Bar] (Paris an II).

A285. 8 février 1794/20 pluviôse an II:

pp.243-250: *Réflexions sur une lettre de Brutus à Cicéron.* Voir notre bibliographie, n.565.

A286. 15 février 1794/27 pluviôse an II:

pp.284-287: *Conversation familière entre un homme de lettres et un libraire, sur un projet de supprimer les armoires et autres marques de propriété féodale empreintes sur la reliure de tous les livres de la Bibliothèque nationale* [par B. Rozet] ([s.l.n.d.]). Dans Guillaume, iii.406-408.

A287. 22 février 1794/4 ventôse an II:

pp.323-327: *Histoire physique, morale, civile et politique de la Russie moderne, par Leclerc* (Paris 1793), tome iii.

A288. 1 mars 1794/11 ventôse an II:

pp.5-9: *Œuvres choisies de Dorat-Cubières* [Cubières-Palmézeau], *recueillies et publiées par Annette Delmar, pour servir de suite aux poésies de Dorat* (Paris 1793). (Cat.360).

A289. 8 mars 1794/18 ventôse an II:

pp.51-54: *Convention nationale. Nivôse an II. Système de dénominations topographiques pour les places, rues, quais etc. . . . de toutes les communes de la république, par le citoyen Grégoire* (Paris [s.d.]).

A290. 15 mars 1794/25 ventôse an II:

pp.100-114: *Quelques idées sur les arts, sur la nécessité de les encourager, sur les institutions qui peuvent en assurer le perfectionnement. Convention nationale, 25 pluviôse an II, par Boissy d'Anglas* (Paris [s.d.].)

A291. 22 mars 1794/2 germinal an II:

pp.148-153: *Le Vieux Célibataire, comédie en cinq actes et en vers, par le citoyen Collin-Harleville* (Paris an II). (Cat.500). Dans *Ej*, mai 1794, pp.129-139; Ve, xv.546-556.

A292. 29 mars 1794/9 germinal an II:

[?] pp.196-199: *L'Annuaire du républicain, par Eleuthérophile Millin* (Paris an II). Voici le dernier article que La Harpe ait pu écrire avant son arrestation le 16 mars 1794 (26 ventôse an II). L'ouvrage fut annoncé dans *MF*, 1 février 1794, p.203.

A293. 20 juin 1800/1er messidor an VIII:

i.3-5: *Extrait d'une lettre au rédacteur du Journal* [Fontanes]. La Harpe y joint un passage de sa traduction du Tasse.

A294. 17 octobre 1802/24 vendémiaire an XI:

x.149-157: *Des Paradoxes de Fontenelle, Lamotte et Trublet etc., en littérature et en poésie, comme les premiers abus de l'esprit philosophique dans le dix-huitième siècle.* (A suivre). Tiré du *Lycee*, III, liv.1, chap.viii, sec.1. Voir les réflexions sur cet article dans le *Journal des Débats* du 31 octobre 1802 (9 brumaire an XI).

A295. 23 octobre 1802/1 brumaire an XI:

x.200-224: *Des Paradoxes . . . 2e extrait* (A suivre).

A296. 30 octobre 1802/8 brumaire an XI:

x.245-261: *Des Paradoxes . . . 3e extrait* (A suivre).

A297. 13 novembre 1802/22 brumaire an XI:

x.340-355: *Des Paradoxes . . . 4e extrait* (A suivre).

A298. 20 novembre 1802/29 brumaire an XI:

x.404-408: *Des Paradoxes . . . Dernier extrait.*

A299. 27 novembre 1802/6 frimaire an XI:

x.439-456: *Odes et poésies sacrées de Lefranc.* Tiré du *Lycée*, III, liv.1, chap.viii, sec.3.

A300. 4 décembre 1802/13 frimaire an XI:

x.487-499: *Odes et poésies sacrées de Lefranc* (suite).

A301. 11 décembre 1802/20 frimaire an XI:

x.528: *Aux rédacteurs (en joignant sa traduction de la Jérusalem délivrée* [du Tasse]. Dans *le Moniteur,* 29 frimaire an XI/20 décembre 1802, xxix.360.

A302. 25 décembre 1802/4 nivôse an XI:

xi.7-14: *De Buffon.* Dans le *Journal des Débats,* 7 nivôse an XII/28 décembre 1802, pp.3-4. Tiré du *Lycée (Philosophie du dix-huitième siècle),* liv.1, chap.i, sec.3. Ce qui paraît être le manuscrit de cet article fut offert dans la *Revue des autographes,* février 1890, p.7 (no.126).

A303. 2 janvier 1803/11 nivôse an XI:

xi.55-70: *De Montesquieu.* Dans le *Moniteur,* 20 nivôse an XI/10 janvier 1803, xxix.442-444. Tiré du *Lycée (Philosophie du dix-huitième siècle),* liv.1, chap.i, sec.2.

A304. 15 janvier 1803/25 nivôse an XI:

xi.151-171: *De l'Encyclopédie et de d'Alembert.* (A suivre). Dans le *Journal des Débats,* 27 nivôse an XII (17 janvier 1803), pp.3-4; 28 nivôse an XII (18 janvier 1803), pp.2-4; 29 nivôse an XII (19 janvier 1803), pp.3-4; 3 pluviôse an XII (23 janvier 1803), pp.3-4 (avec des coupures). Tiré du *Lycée (Philosophie du dix-huitième siècle),* liv.1, chap.i, sec.4.

A305. 14 février 1803/25 pluviôse an XI:

xi.199-216: *De l'Encyclopédie et de d'Alembert* (suite).

c. *Journal de politique et de littérature*

Journal de politique et de littérature, contenant les principaux événements de toutes les cours, les nouvelles de la république des lettres, etc., 5 octobre 1774 – 15 juin 1778, 14 vols, Bruxelles; Paris, Hôtel de Thou [C. J. Panckoucke]. Rédigé du 5 octobre 1774 au 25 juillet 1776 par S. N. H. Linguet, et du 5 août 1776 au 15 juin 1778 par J. F. de La Harpe.

[*JPL*]

A306. 5 août 1776:

ii.452-453: *Spectacles: Comédie française: Caius Marcius Coriolan, ou les dangers d'offenser un grand homme,* par Gudin de La Brunellerie (Brenner 7118); Lekain et mlle Sainval (aînée) en visite chez Voltaire. *Comédie italienne: De la Bonne femme, ou le Phénix,* paroles de P. Y. Barre, musique de Moulingheim (Brenner 3248). *Académie royale de musique:* on prépare le *Ballet des Romans,* texte de Bonneval, musique de Cambini (Brenner 3949). Ici, comme dans CR, lettre 51, La Harpe attribue le livret de ce ballet à Fuzelier. Voir aussi CR, lettre 53.

ii.453-456: *L'Erreur d'un moment, roman traduit de l'anglais par mme**** (Londres 1776). Voir CR, lettre 52.

ii.456-458: *Mélanges de poésies fugitives et de prose sans conséquence,* par mme la comtesse de B[eauharnais] (Amsterdam 1776).

ii.458-459: *Abimelech, tragédie reçue à la Comédie française, le 17 février 1775, pour y être jouée quand son tour viendra* [par J. Audebez de Moncaubet] (Paris 1776). Voir CR, lettre 50.

ii.459: *Causes:* Les fermiers de la Caisse de Poissy contre l'auteur des *Nouvelles éphémérides* [N. Baudeau].

A307. 15 août 1776:

ii.504-515: *Molière, drame en cinq actes, imité de Goldoni,* par L. S. Mercier (Amsterdam 1776). Dans Pt, vi.324-345; Ve, xv.216-233. Voir CR, lettre 51.

ii.515-518: *Les Egarements de l'Amour, ou lettres de Faneli et de Milfort,* par B. Imbert (Amsterdam 1776). Dans Ej, décembre 1776, pp.116-128. Voir CR, lettre 52.

ii.518-522: *Satyre au comte de* [Bissy], *par m. Robbé de Beauvert* ([s.l.] 1776). (Cat.704). Voir CR, lettre 49.

ii.522: *Pensées philosophiques de m. de Voltaire, tirées de ses ouvrages* ([s.l.n.d.]).

ii.522-524: *Causes:* Françoise Bailly contre Claude Menager.

A308. 25 août 1776:

ii.560: *Académie royale de musique*: 'L'opéra des *Romans*, dont on avait mal à propos attribué les paroles à feu m. Fuzelier et qui est du feu m. de Bonneval... n'a eu aucun succès. On l'a retiré, et l'on continue les représentations d'*Alceste* [de Gluck et Du Roullet] et de *l'Union de l'Amour et des Arts* [de Floquet et Lemonnier]'. Voir CR, lettre 52.

ii.560-562: *Comédie française*: *Zelmire*, par De Belloy (Brenner 3585); *Coriolan*, par Gudin de La Brunellerie (suite). Dans *Ej*, octobre 1776, pp.282-284.

ii.562-564: *Histoire générale de la Chine, ou les grandes annales de cet empire, traduites du texte chinois par le feu père J. A. M. de Moyriac de Mailla, publiées par l'abbé Grosier, et rédigées par m. Le Roux des Hauterayes* (Paris 1776-1785), *prospectus*. Voir CR, lettre 52.

ii.564-565: *Jézennemours, roman dramatique de L. S. Mercier* (Amsterdam 1776). Voir CR, lettres 49, 50.

ii.566: *Satyres de Perse, traduites en vers français par m. Taillade d'Hervilliers* (Paris 1776).

A309. 5 septembre 1776:

iii.33-34: *Académie française, séance du 25 août*: Dans *Ej*, octobre 1776, pp.264-266. Prix partagé entre Gruet et André-Murville (voir infra.); discours du directeur, le chevalier de Chastellux; fragment sur Homère, par l'abbé Arnaud; *Lettre de Voltaire sur Shakespeare*; *Eloge de Destouches*, par d'Alembert. Voir CR, lettre 53.

iii.35: *Comédie française*: *Les Paniers ou la vieille prêteuse*, par Le Grand (Brenner 8387).

iii.35-36: *Comédie italienne*: *Fleur d'Epine*, texte de Voisenon, musique de mme Louis (Brenner 11543). Dans *Ej*, novembre 1776, pp.282-284. Voir CR, lettre 53.

iii.36-38: *Les Adieux d'Hector et d'Andromaque (Iliade d'Homère, livre vi), pièce qui a partagé le prix de l'Académie française en 1776, par m. Gruet* (Paris 1776).

iii.39-41: *Les Adieux d'Hector et d'Andromaque, pièce qui a partagé le prix...,* par m. André-Murville* (Paris 1776).

iii.41-43: *Lettres de quelques Juifs portugais, allemands et polonais à m. de Voltaire* [par l'abbé Guénée] (Paris 1776). (Cat.845). Dans *Ej*, décembre 1776, pp.68-91. Voir CR, lettre 85.

iii.43-50: *Traité des bienfaits de Sénèque, précédé d'un discours sur la Traduction, par m. Dureau de La Malle* (Paris 1776). Dans Pt, vi.387-399; Ve, xv.272-282. Voir CR, lettre 43; Jovicevich i, pp.29-31.

iii.59: *Causes*: Le marquis de Bouffières contre le marquis de Buinodaine.

A310. 15 septembre 1776:

iii.91-92: *Priam aux pieds d'Achille* (*Iliade d'Homère, livre xxiv*), *pièce qui a eu l'accessit de l'Académie française en 1776, par m.* Doigny du Ponceau (Paris 1776). Voir CR, lettre 53.

iii.92-94: *Commencement de l'Iliade, traduit en vers et non imité, pièce qui a concouru pour le prix de l'Académie française en 1776, par m. de Saint-Ange* (Paris 1776). Voir CR, lettre 53.

iii.94-99: *Dictionnaire dramatique* [par Chamfort et La Porte] (Paris 1776). Dans Pt, vi.400-408; Ve, xv.283-289. La Harpe critique Crébillon père. Voir CR, lettre 51.

iii.99-103: *La Lusiade de Louis Camoëns . . . nouvellement traduit du portugais* (Paris 1776). 'L'auteur ayant à parler ici de son propre ouvrage, ne peut que rendre compte au public de son travail.'

iii.103: *Le Triomphe des Grâces, recueil publié par m.* Meusnier de Querlon. *3e édition* (Paris 1776).

A311. 25 septembre 1776:

iii.141-142: Une note sur les 'Vers sur la mort de s.a.i. madame la grande duchesse de Russie', par A. Shuvalov.

iii.142-148: *Romances, par m.* Berquin (Paris 1776). Dans *Ej*, décembre 1776, pp.164-186. Voir CR, lettre 54.

iii.149-151: *Essais historiques sur Paris, et autres œuvres de m. de Saint-Foix. Tome vii et dernier* (Paris 1777). Dans *Ej*, février 1777, pp.56-66; Pt, vi.381-385; Ve, xv.266-269.

iii.151-153: *Fabulae Selectae Fontanii e gallico in lat. sermonem conversae/ Fables choisies de La Fontaine mises en latin par le père Giraud* (Rothomagi 1775). (Cat.526).

iii.153-154: *Pièces oubliées à l'Académie française* [traduites d'Homère] (Paris 1776). Voir CR, lettre 54.

iii.154-157: *Le Jubilé, ode, suivie de deux ouvrages du même genre, par m.* Gilbert (Paris 1776). Dans *Ej*, novembre 1776, pp.172-180. Voir CR, lettre 54; *Lycée*, III, liv.1, chap.viii, sec.4.

A312. 5 octobre 1776:

iii.196-200: *Pièces concernant l'établissement fait par le Roi d'une commission ou Société et Correspondance de médecine, par m.* Vicq d'Azir (Paris 1776). Dans *Ej*, janvier 1777, pp.137-141.

iii.201-202: *Réponse de m. de La Harpe à la lettre de m. P.D. d'O. C. de Rochefort en Aunis* [pp.200-201]. Au sujet du compte-rendu de la traduction de Sénèque, par Dureau de La Malle (voir supra, *A309*).

A313. 15 octobre 1776:

iii.240-241: *Académie royale de musique: Fragments, composés de l'acte d'Euthyme et Lyris, et de celui d'Arnéris ou les Isies, des Fêtes de l'Hymen* [de Cahusac], par Boutelier (Brenner 4041). Dans *Ej*, novembre 1776, pp. 276-278.

iii.241-243: *Comédie française: Le Barbier de Séville*, par Beaumarchais; Lekain dans *Venceslas*, par Rotrou. Dans *Ej*, novembre 1776, pp.278-282. Voir CR, lettres 12, 26.

iii.243: *Comédie italienne: Le Duel comique*, par P. L. Moline (Brenner 9134). Dans *Ej*, décembre 1776, pp.303-305. Voir CR, lettre 55.

iii.243-244: Répertoire de Fontainebleau.

iii.244-255: *La Divine Comédie de Dante Alighieri, L'Enfer,* traduction française par m. *Moutonnet de Clairfons* (Florence 1776). Dans *Ej*, février 1777, pp.97-125; Pt, vi.345-369; Ve, xv.234-254. La Harpe compare cette traduction à celle de Watelet. Voir la réponse de Moutonnet de Clairfons dans *Al*, 1776, v.90-120. Voir infra, *A318.* Voir CR, lettre 54.

iii.256-259: *Epîtres en vers sur différens sujets*, par m. *Sélis* (Paris 1776). Voir CR, lettre 46.

iii.259-260: *Marie Thérèse en Italie, ode* (La Haye 1776).

A314. 25 octobre 1776:

iii.295-297: *Pièces relatives à l'Académie de l'Immaculée Conception de la Sainte-Vierge, fondée à Rouen, pour les années 1772, 1773, 1774, 1775* (Paris 1776). Ceci renferme *La Religion élève l'âme et agrandit l'esprit*, par l'abbé de Foray; deux *Eloges du cardinal d'Amboise*, par l'abbé Talbert et Sacy; un *Eloge historique de l'abbé Saas*, par l'abbé Cotton des Houssayes; des odes et des stances par Duruflé; divers poèmes par m. et mme de Laurencin; et *Le Solitaire patriote*, par Du Hecquet.

iii.297-300: *Nouvelles historiques: troisième nouvelle: le sire de Créqui, par m. d'Arnaud* (Paris 1776).

iii.301-303: *Caius Marcius Coriolan, ou le danger d'offenser un grand homme, par Gudin de La Brunellerie* (Paris 1776). (Cat.721). Dans *Ej*, janvier 1777, pp.158-177 (avec d'autres articles).

A315. 5 novembre 1776:

iii.337-354: *Œuvres complètes d'Alexis Piron, publiées par m. Rigoley de Juvigny* (Paris 1776). (Cat.462). Dans Pt, vi.295-324; Ve, xv.190-215. Pour la correction d'une citation, voir *JPL*, 15 novembre 1776, iii.400. Voir les réflexions sur cet article par le marquis de Villenave dans *Al*, 1776, vii.106-123. Voir CR, lettre 45.

A316. 15 novembre 1776:

iii.388-390: *Spectacles*: *Le Nouveau Spectateur ou examen des nouvelles pièces de théâtre, servant de répertoire universel des spectacles, par une société d'amateurs et de gens de lettres etc., par m. Le Fuel de Méricourt* (Paris 1776). Voir les réflexions sur cet article dans MS, 14 mars 1777, xi.91-92*. Voir CR, lettre 45.

iii.390-391: *Spectacles de Fontainebleau*: *Mustapha et Zéangir*, par Chamfort (Brenner 4762). Dans *Ej*, décembre 1776, pp.305-307. Voir CR, lettre 56.

iii.391-392: *Comédie française*: Sainval (aînée) et Lekain dans la *Sémiramis* de Voltaire.

iii.393: *Académie royale de musique*: 'On a remis *l'Union de l'Amour et des Arts*, suivie du ballet de m. Noverre. C'est par erreur qu'on avait dit dans un des précédents numéros [supra, *A313*] que l'acte d'*Euthyme et Lyris*, dont les paroles sont de m. Boutellier, avait déjà été représenté il y a quelques années: il était absolument nouveau'.

iii.393-400: *Les Confessions du comte de****, *par m. Duclos. Huitième édition, donnée au public par m. l'abbé de La Marche* (Londres 1776). Dans Pt, vi.423-435; Ve, xv.327-337; ajouté au *Lycée* par Agasse, xiv.272 etc.

iii.400-401: *Nouveaux amusements du cœur et de l'esprit* (Paris 1776).

iii.401: *L'Esprit des usages et des coutumes des différens peuples, ou observations tirées des voyageurs et des historiens, par m. Demeunier* (Londres 1776).

A317. 25 novembre 1776:

iii.443-454: *Réflexions à l'occasion d'un article de l'Année littéraire* [1776, iv.269-279], *intitulé: Lettre de m. Fréron à m. de La Harpe, au sujet d'une épigramme contre feu m. Fréron* [par Voltaire], *insérée par cet Académicien dans le Journal de Politique et de Littérature, du 5 octobre 1776* [iii.202]. Voir d'autres réactions dans *Al*, 1776, vi.73-103; CS, 14 décembre 1776, 29 janvier 1777, iv.44-45, 82, 117-118.

A318. 5 décembre 1776:

iii.485-486: *Concert spirituel pour le jour de la Toussaint*: le début de mlle Georgi. Dans *Ej*, janvier 1777, p.288. Quand il deviendra l'auteur 'des trois spectacles' dans le *Mercure*, La Harpe dira qu'il 'n'a jamais fait celui du *Concert spectacle*' (*MF*, 25 avril 1779, p.290). Il faut croire que cette remarque ne s'applique qu'à ce dernier journal.

iii.486: *Comédie française*: *La Rupture*, par mmes Delhorme (Brenner 5339); le début de Dazincourt; *Blanche et Guiscard*, par Saurin (Brenner 10951). Dans *Ej*, janvier 1777, pp.289-290. Voir CR, lettre 58.

iii.486-491: *Académie royale de musique*: *Les Caprices de Galatée*, texte de

Noverre, musique de Rodolphe (*Brenner 9514*); des regards sur la situation de l'opéra en général: *Alceste*, texte de Du Roullet, musique de Gluck (Brenner 6027); l'influence de Gluck opposée à celle des compositeurs italiens: Piccini, Sacchini, etc. Dans *Ej*, janvier 1777, p.289.

Avec cet article, La Harpe prend position en faveur de la musique italienne, et marque ainsi son entrée dans la querelle qui opposait les partisans de Gluck et ceux de Piccini (voir infra, *A329* etc.). Voir notre bibliographie, n.120.

iii.491-492: *La Relation véritable et remarquable de l'épouvantable plagiat, de m. l'abbé Grosier*. La Harpe répond ici à une attaque contre sa traduction de Camoëns.

iii.492-495: *La Traduction de Dante, par m. Moutonnet de Clairfons, etc.* Voir supra, *A313*.

iii.495-498: *Discours prononcé à la fête des Bonnes Gens, instituée à l'occasion de la naissance de mgr le duc d'Angoulême* [par l'abbé Bourlet de Vauxcelles] (Paris 1776).

iii.499: *Dictionnaire des Origines, ou époques des inventions utiles, par Pierre Adam d'Origny* (Paris 1776), tomes i-ii.

iii.499-500: *Le Conducteur français, contenant les routes desservies par les nouvelles diligences, par L. Denis* (Paris 1776-1780).

iii.500-503: *Séance publique de l'Académie des Sciences: mercredi 13 novembre 1776*. Dans *Ej*, janvier 1777, pp.269-275. Des lectures de la part de Condorcet, de Lalande, de Baumé, et de Le Roi. On n'a pas eu le temps d'écouter Lavoisier et Portal.

D319. 15 décembre 1776:

iii.535: *Comédie française: Le Malheureux imaginaire, par Dorat* (Brenner 5642).

iii.535-536: *Comédie italienne: L'Aveugle de Palmyre*, paroles de Desfontaines, musique de Rodolphe (Brenner 5431); *La Colonie*, paroles de Framéry, musique de Gluck (Brenner 6511). Voir CR, lettres 30, 36, 39.

iii.536-537: *Académie royale de musique: Alceste*, paroles de Du Roullet, musique de Gluck – l'introduction d'un ballet; *Fragments composés de l'acte d'Euthyme et Lyris, et de celui d'Arnéris ou les Isies, des Fêtes de l'Hymen* [de Cahusac], par Boutelier.

iii.537-541: *Lettres de mylord Rives à sir Charles Cardigan, entre-mêlées d'une partie de sa correspondances pendant son séjour en France, par mme Riccoboni* (Paris 1777). Dans *Ej*, mars 1777, pp.78-88. Voir CR, lettre 58.

iii.541-544: *Eloge d'Esprit Fléchier, par m. Trinquelague* (Nîmes 1776). Dans *Ej*, avril 1777, pp.142-147.

iii.544: *Combien le respect pour les mœurs contribue au bonheur des Etats, par m. Delacroix* (Bruxelles 1776). Dans *Ej*, février 1777, pp.27-33 (avec d'autres articles).

iii.544-545: *Della Istoria d'Italia, di Francesco Guicciardini* (Friburgo 1775-1776). (Cat.884).

A320. 25 décembre 1776:

iii.588-594: *Comédie française: Le Malheureux imaginaire*, par Dorat. Dans *Ej*, février 1777, pp.270-279. Voir CR, lettres 56, 59, 60.

iii.594-597: *Spectacles*. 'Nous croyons devoir, en finissant cette année, jeter un coup d'œil rapide sur le petit nombre de productions dont on peut faire une mention intéressante...'

A321. 5 janvier 1777:

i.41-42: *Spectacles: Comédie française: Pigmalion*, par J.J. Rousseau (Brenner 10712). *Académie royale de musique & Comédie italienne:* 'On doit remettre à l'un *Orphée*, chef-d'œuvre de m. le chevalier Gluck [texte de Calzabigi et de Moline], et à l'autre, *les Mariages Samnites*, de m. Grétry [texte de Du Rosoi]'. La Harpe loue l'*Emile* de Rousseau. Voir les réactions de De Rossi dans *Al*, 1777, iv.133-142.

i.43-48: *Œuvres complètes de Démosthène et d'Eschyne, traduites en français...*, par m. l'abbé *Auger* (Paris 1777). Cet article sert de base à *De Demosthène* (Pt, iv.347-355; Ve, v.129-136), qui sera à son tour incorporé dans le *Lycée*, I, liv.2, chap.iii, sec.4. Voir CR, lettres 57, 58. La Harpe joint un passage traduit de *De Corona*, qui provoqua deux réactions dans *Al*, 1776, viii.51-63 (lettre signée le chevalier Cubright), 63-64 ('observations... sur la lettre précédente').

i.49-53: *Lettre pastorale de mgr l'Evêque de Lescars* [M.A. de Noë], *à l'occasion des ravages causés dans son diocèse, par la mortalité des Bestiaux* (Paris 1777). Dans *Ej*, mars 1777, pp.61-71. Voir CR, lettre 60; *Lycée*, III, liv.2, chap.i, sec.2.

i.57: *Commentaire sur le code criminel d'Angleterre, traduit de l'anglais de G. Blackstone par m. l'abbé Coyer* (Paris 1776). Voir CR, lettre 57.

A322. 15 janvier 1777:

i.90-91: *Comédie française*: l'*Andromaque* de Racine avec mlle Desperrières comme Hermione, mlle Sainval (aînée) comme Andromaque, et Molé comme Pyrrhus.

i.91-92: *Académie royale de musique*: *Orphée*, musique de Gluck, texte de Calzabigi, dans une version française par Moline (Brenner 9147). Dans *Ej*, février 1777, pp.268-270. Voir CR, lettres 18, 22, 62, 64.

i.92-102: *L'Iliade d'Homère, traduction nouvelle par m. Le Brun* (Paris 1776). Dans Pt, vi.435-455; Ve, xv.338-354. La Harpe parle de Bitaubé, de Diderot, et de Voltaire.

A323. 25 janvier 1777:

i.132-133: *Spectacles: Académie royale de musique: Alain et Rosette, ou la Bergère ingénue*, paroles de Boutelier, musique de Pouteau (Brenner 4025); *Le Ballet des Horaces et des Curiaces*, par Noverre, musique de Startzen (Brenner 9524). *Comédie française: Deucalion et Pyrrha*, par Saint-Foix (Brenner 10863); *Zuma*, par Lefèvre (Brenner 8224). Dans *Ej*, mars 1777, pp.286-288. Voir CR, lettres 61, 62.

i.133-155: *Le Malheureux imaginaire, comédie en cinq actes et en vers, par m. Dorat* (Paris 1777). Voir CR, lettre 61. Voir la réponse de Dorat dans *Al*, 1776, vi.261-266. Voir d'autres réactions dans Best.D20542; CLT, xi.408-410; CS, 29 janvier 1777, iv.117-118; MS, 31 janvier 1777, x.25-26.

A324. 5 février 1777:

i.189-190: *Comédie française: Zuma*, par Lefèvre (suite).

i.191-200: *L'Odyssée d'Homère, traduite en vers par m. de Rochefort* (Paris 1777). Dans Pt, vi.455-471; Ve, xv.355-369. Voir CR, lettre 61.

i.200-201: *Almanach littéraire ou étrennes d'Apollon, &c.* [par Aquin de Château Lyon], *année 1777*. Dans *Ej*, avril 1777, pp.125-132.

i.201: *Voyages métallurgiques ou recherches et observations sur les muses et forges de fer, publiés par m. G. Jars* (Lyon 1774-1781).

i.202: *Causes:* l'affaire du sieur J. L. de Poilly contre la dame vve de Chantenerue.

A325. 15 février 1777:

i.230-231: *Académie royale de musique: Le Ballet des Horaces*, par Noverre, musique de Startzen (suite). Dans *Ej*, avril 1777, pp.286-290.

i.231: *Comédie italienne:* début de mlle Tessier; *Roger Bontemps et Javotte*, par Dorvigny (Brenner 5765); *Les Trois Sultanes*, par Favart (Brenner 6330).

i.232-240: *Les Incas ou la destruction de l'Empire du Perou, par m. Marmontel* (Paris 1777). (Cat.1050). Ajouté au *Lycée*, par Agasse, xiv.281 &c. Voir CR, lettre 62.

i.241-244: *Nouvelle édition de toutes les œuvres de l'Arioste, par m. l'abbé de Pezzana.*

i.245-248: *Causes intéressantes:* Voltaire et Mirbeck; Nollet contre Martinet; Poilly contre Chantenerue (suite); Garnier contre Demazières.

A326. 25 février 1777:

i.279-280: *Spectacles*: *Académie royale de musique*: *Iphigénie en Aulide*, paroles de Du Roullet, musique de Gluck (Brenner 6030). *Comédie italienne*: *Mort marié*, paroles de Sedaine, musique de Bianchi (Brenner 11030). *Comédie française*: 'On continue toujours les représentations de *Zuma* [de Lefèvre] avec le même succès et le même concours de spectateurs'. Dans *Ej*, avril 1777, pp.290-292. Voir CR, lettres 8, 172.

i.280-288: *Œuvres dramatiques de m. Sedaine* (Paris 1777). Dans Pt, vi.471-484; incorporé dans le *Lycée*, III, liv.1, chap.v, sec.8.

i.288-290: *Almanach musical* (Paris 1777).

i.290-291: *Traités élémentaires de calcul différentiel et de calcul intégral, traduits de l'italien de mlle Agnesi* [par P. T. Antelmy] (Paris 1775).

i.291: *Méthode de Guitare pour apprendre seul, par m. Corbelin* (Paris 1777). Voir la lettre de remerciements de Corbelin dans *JPL*, 15 août 1777, ii.502.

i.292: *Recueil d'ariettes d'opéra comique et autres* [par Corbelin] (Paris 1777).

A327. 5 mars 1777:

i.326-327: *Académie royale de musique*: *Iphigénie en Aulide*, paroles de Du Roullet, musique de Gluck (suite). Voir la réponse à cet article dans *JP*, 8 mars 1777, pp.2-3. Pour la reprise de la querelle entre les partisans de Gluck et ceux de Piccini, voir infra, *A329*.

i.327: *Comédie italienne*: *La Bonne fille*, par Cailhava (Brenner 4236).

i.327-332: *Mélanges littéraires, ou Journal des Dames* (Paris 1777-1778). *Prospectus en 6pp. par m. Dorat*. Voir CR, lettres 61, 62.

i.332-342: *Morceaux choisis des prophètes, mis en français par m. l'abbé Champion de Nilon* (Paris 1777). Voir CR, lettre 63.

A328. 15 mars 1777:

i.372-373: *Comédie française*: *Le Complaisant*, par Pont-de-Vesle (Brenner 10185). Voir *Lycée*, III, liv.1, chap.v, sec.5.

i.373-381: *Idylles de Théocrite, traduites en prose avec quelques imitations en vers de cet auteur, et un essai sur les poètes bucoliques, par m. Chabanon* (Paris 1777). Voir CR, lettre 63.

i.385: *Causes*: mme de Gouy contre Louis, marquis de Gouy.

A329. 25 mars 1777:

i.419: *Comédie française*: *Don Japhet d'Arménie*, par Scarron.

i.419-420: *Comédie italienne*: *Arlequin esprit-follet* (Brenner 2992), par Arnould, avec Bigotini dans le rôle principal; la retraite de mme Laruette. Dans *Ej*, avril 1777, pp.292-293. Voir CR, lettre 64.

i.420-424: *Académie royale de musique: Les Ruses de l'amour*, ballet de Noverre (Brenner 9545); *Alceste*, texte de Du Roullet, musique de Gluck (suite). Dans *Ej*, mai 1777, pp.289-290. Voir CR, lettres 45, 64, 69, 73, 107. Voici la suite de la querelle entre les partisans de Gluck et ceux de Piccini (voir supra, *A318*).

Ce dernier article provoqua toute une série de lettres de la part de l'*Anonyme de Vaugirard* [Suard et l'abbé Arnaud] dans *JP*, 28 mars 1777, pp.2-3, 29 mars 1777, pp.2-4, 5 avril 1777, pp.1-3, 7 avril 1777, pp.1-3, 14 avril 1777, pp.1-3, etc. (voir infra, *A333, 348*). Des lettres sur le même sujet parurent également dans *JP*, 23 avril 1777, p.2, 7 juin 1777, pp.2-3.

Pour d'autres réactions voir, Best.D20873, 20905; CLT, xii.538-539; CS, 8, 15 novembre 1777, 1 mai 1779, 15 juillet 1780, v.252, 266, 268-274, vii.415, x.69; MS, 15, 31 octobre, 7 novembre 1777, x.267-268, 272; mme Suard, *Mémoires sur Suard* (Paris 1881), p.176; Garat, *Mémoires historiques sur Suard* (Paris 1820), i.230.

i.424-432: *Le Faux Ibrahim, conte arabe, et le Rêve impatient, conte français, suivis des Réformes de l'Amour*, par m. Dorat (Paris 1777). Dans *Ej*, août 1777, pp.131-141. CR, lettre 63.

A330. 5 avril 1777:

i.464-466: *Hymne au soleil, en quatre divisions, traduit du grec* [et composé] *par m. l'abbé de R*[eyrac] (Paris 1777)

i.467-472: *Combien le respect pour les mœurs contribue au bonheur d'un Etat, discours qui a remporté le prix d'éloquence au jugement de l'Académie des Sciences ... par m. l'abbé C. A. de Moy* (Paris 1777).

i.475-477: *Causes*: affaire de parricide de Mont-Brison; Précis de l'arrêt du parlement dans le procès de m. le duc de Guines contre Tort. Pour l'affaire de Mont-Brison, voir la 'Lettre de m. Dodin à m. de La Harpe', *JPL*, 15 mai 1777, ii.89-90.

A331. 15 avril 1777:

i.513-515: *Recueil des Arrêts de m. le premier président de Lamoignon. Nouvelle édition* (Paris 1777). Dans *Ej*, août 1777, pp.75-80.

i.514-516: *Lettres du pape Clément xiv, publiées par Caraccioli* (Paris 1777), tome iii. (Cat.737). Voir CR, lettre 63.

i.516-520: *Histoire de la reine Marguerite de Valois, première femme du roi Henri IV*, par m. A. Mongez (Paris 1777). Dans *Ej*, juin 1777, pp.34-56; Pt, vi.484-493; Ve, xv.370-377.

i.521: *Poésies de Malherbe, publiées par m. A. G. M*[eunier de] *Q*[uerlon] (Paris 1777). Dans *Ej*, juillet 1777, pp.73-77.

i.522: *Cicéron: les Offices, les livres de la vieillesse et de l'amitié, les paradoxes, le songe de Scipion, Lettres politiques à Quintus, traduits par m. J. J. de Barret* (Paris 1777).

i.523-524: *Répertoire universel et raisonné de Jurisprudence civile, par m. Guyot* (Paris 1775-1783), tomes x et xi.

A332. 25 avril 1777:

i.560-562: *Lettres sur l'origine des sciences et sur celle des peuples de l'Asie, adressées à m. de Voltaire, par m. Bailly, et précédées de quelques lettres de m. de Voltaire à l'auteur* (Londres 1777). (Cat.59). Dans *Ej*, novembre 1777, pp.152-172; ajouté au *Lycée* par Agasse, xiv.308 etc.

i.562-565: *Histoire de la décadence et de la chute de l'Empire romain, par m. Gibbon, ouvrage traduit de l'anglais* [par Le Clerc de Septchênes] (Paris 1776), tome i. (Cat.816). Ajouté au *Lycée* par Agasse, xiv.229 etc. Voir CR, lettres 66, 69.

i.565-567: *Essai sur les langues en général, sur la langue française en particulier, par m. Sablier* (Paris 1777). Dans *Ej*, octobre 1777, pp.20-46.

A333. 5 mai 1777:

ii.28-29: *Comédie française*: le jeu de l'acteur, J. R. Aufresne. Voir les réactions à cet article dans *Al*, 1777, v.51-72, 113-130.

ii.29 : *Comédie italienne*: le début de m. Guichard.

ii.29-30: *Académie royale de musique*: l'Anonyme de Vaugirard [Suard et l'abbé Arnaud]; *Céphale*, musique de Grétry, paroles de Marmontel (Brenner 8847). Voir CR, lettre 69. Voir la réponse de l'Anonyme de Vaugirard, *JP*, 2 juin 1777, pp.2-3.

ii.30-35: *La Vie de David Hume, écrite par lui-même, traduite* [par Suard] (Londres 1777). Dans *Ej*, juin 1777, pp.103-113.

ii.35-38: *Epître de Pierre Bagnolet, de Dorat* ([s.l.n.d.]). Voir CR, lettre 64.

A334. 15 mai 1777:

ii.74-76: *Comédie française*: *Iphigénie en Tauride*, par Guymond de La Touche. Dans *Ej*, juin 1777, pp.263-266; Pt, vi.515-519; Ve, xv.380-382. Voir *Lycée*, III, liv.1, chap.iv, sec.3.

ii.76-82: *Parnasse des Dames* (Paris 1773), tomes vi-ix. Rédigé par L. E. Billardon de Sauvigny. Dans *Ej*, juillet 1777, pp.117-127. La Harpe parle de diverses pièces de mme de Genlis: *La Mère rivale*, *L'Amant anonyme*, *Les Fausses délicatesses*, etc. Voir CR, lettre 81.

ii.82-85: *Annales de la bienfaisance ou Annales du règne de Marie-Thérèse, par l'abbé Fromageot* (Paris 1777). Dans Pt, vi.500-502; Ve, xv.378-379.

ii.87-89: *Causes*: le duc de Guines contre Tort: arrêt de la cour du Parlement du 19 mars 1777.

A335. 25 mai 1777:

ii.123: *Comédie italienne*: 'On a joué les *Gémeaux* [de P. T. Gondot (Brenner 7030)], parodie de *Castor* [de Bernard et Rameau], imprimée il y a vingt ans. Cette parodie a été retirée après deux représentations pour être remise lorsque l'Opéra remettra *Castor*'. *Comédie française*: *Œdipe*, par Voltaire.

ii.124-132: *Discours choisis sur divers sujets de Religion et de Littérature, par m. l'abbé Maury* (Paris 1777). (Cat.275). Ajouté au *Lycée*, par Agasse, xiv.205 etc.

ii.136: *Causes*: le comte de Pernet contre la dame son épouse, etc.

A336. 5 juin 1777:

ii.168-169: *Académie royale de musique*: *Céphale et Procris*, paroles de Marmontel, musique de Grétry (suite): Dans *Ej*, juillet 1777, pp.279-280.

ii.169-171: *Comédie italienne*: *Les Trois fermiers*, paroles de Boutet de Monvel, musique de Dézède (Brenner 9294). Dans *Ej*, juillet 1777, pp.284-288. Voir CR, lettre 69.

ii.171-175: *Elégies de Tibulle, traduites par m. de Longchamps* (Amsterdam 1777). Dans Pt, ii.232-239; Ve, xiv.217-223 (sous le titre de *De Tibulle*). Pour des réflexions sur cet article, voir *MF*, 14 février 1784, pp.56-64.

ii.175-178: *Journal du second voyage du capitaine Cook, traduit de l'anglais* [par Suard?] (Amsterdam 1777).

ii.178-180: *Bibliothèque des amants à Cnide, de P. S. Maréchal* (Paris [s.d.]).

A337. 15 juin 1777:

ii.217-221: *Histoire de la république romaine, par Salluste, traduite par m. le président de Brosses* (Dijon 1777). (Cat.868). Dans *Ej*, décembre 1777, pp.3-27; ajouté au *Lycée* par Agasse, xiv.222 etc.

ii.221-223: *Les Nouvelles d'Antoine François Grazzini, dit le Lasca* [traduites par Lefèbvre de Villebrune] (Berlin 1776).

ii.223-226: *Histoire de la Lorraine, par m. l'abbé Bexon* (Paris 1777), tome i.

ii.226-227: *Question proposée à ceux qui étudient le cœur humain*: 'Quel est le moment où Orosmane est le plus malheureux? Est-ce celui où il se croit trahi par sa maîtresse? Est-ce celui où, après l'avoir poignardée, il reconnaît qu'elle était innocente?' Pour les réponses, voir infra, *A340*.

A338. 25 juin 1777:

ii.261-264: *Comédie française*: les débuts de mme Croiset et de Du Fresnel; réflexions sur l'illusion dramatique.

A339. 5 juillet 1777:

ii.303: *Académie royale de musique*: *Iphigénie en Aulide*, paroles de Du Roullet, musique de Gluck (suite).

ii.303-304: *Comédie italienne*: Dossonville dans *Tom Jones*, paroles de Poinsinet, musique de Philidor (Brenner 10107). *Comédie française*: *L'Egoïsme*, par Cailhava (Brenner 4238). Dans *Ej*, août 1777, pp.287-290, septembre 1777, pp. 289-304 (avec d'autres articles). Voir CR, lettre 60. Voir la réponse à La Harpe dans la *Lettre à m. de La Harpe de l'Académie française sur l'Egoïsme, etc.* (Paris 1777). Voir aussi JP, 1, 6 août 1777.

ii.317-320: (Nécrologie) *Gresset*. Dans *Ej*, septembre 1777, pp.219-224; Pt, vi.493-500; incorporé dans le *Lycée*, III, liv.1, chap.ii, sec.3.

A340. 15 juillet 1777:

ii.353-355: *De l'Expédition de Cyrus, ou la Retraite des dix-mille; ouvrage traduit du grec de Xénophon* [par le comte de La Luzerne] (Paris 1777). Voir CR, lettre 68.

ii.355-360: *Eloge de Marie de Rabutin Chantal, marquise de Sévigné, par m. Sabatier de Cavaillon*. La Harpe reproduit (pp.358-360) sa préface pour l'édition de 1773 des *Lettres nouvelles... de la marquise de Sévigné* (voir notre bibliographie, n.118).

ii.361-367: *Réponse à la question proposée dans le Journal du 15 juin*: 'J'ai reçu trente lettres sur ce sujet. La plupart affirmaient que la dernière situation d'Orosmane est la plus affreuse... Ecoutons d'abord celui qui défend l'opinion du plus grand nombre [le marquis de Bièvre (pp.361-363)]. Nous verrons ensuite la réponse [par mme de Cassini], et j'y joindrai quelques réflexions ...' (p.361). Dans le *Lycée*, III, liv.1, chap.iii, sec.4, appendice.

A341. 25 juillet 1777:

ii.397: *Académie royale de musique*: *Ernelinde, princesse de Norvège*, musique de Philidor, texte de Poinsinet et de Sedaine (Brenner 110096). Dans *Ej*, septembre 1777, pp.286-289. Voir CR, lettre 70.

ii.397-403: *Comédie française*: *Gabrielle de Vergy*, par De Belloy (Brenner 3580), plus un aperçu général de ses œuvres. Dans Pt, vi.502-515; *Œuvres complètes de De Belloy* (Paris 1778), vi.3-17; incorporé dans le *Lycée*, III, liv.1, chap.iv, sec.4.

ii.404-408: *Histoire générale de la Chine..., par le feu père J. A. M. de Moyriac de Mailla, publiée par m. l'abbé Grosier et rédigée par m. Le Roux des Hau-terayes* (Paris 1776-1785), tomes i-ii.

A342. 5 août 1777:

ii.446-447: *Théâtre de Sociéte, de Collé. Nouvelle édition, corrigée et augmentée* (La Haye 1777).

ii.447-449: *Plaidoyers de Lacretelle fils* (Bruxelles 1775).

ii.449-450: *Réflexions sur l'Opéra* (Amsterdam 1777).

ii.450: *Répertoire universel et raisonné de jurisprudence, de m. Guyot*, tomes xi, xii.

ii.453-457: Réponse à la lettre anonyme [*JPL*, 25 juillet 1777, ii.411-412] *sur les Prôneurs de m. Dorat* (Brenner 5647). Voir CR, lettre 65.

A343. 15 août 1777:

ii.486-489: *Histoire du cardinal de Polignac, par le père C. Faucher* (Paris 1777).

ii.489-492: *Les Noces patriarchales, poème en prose en cinq chants* [de R. M. Le Suire] (Londres 1777).

ii.492-498: *Fables par m. Boisard. 2e édition* (Paris 1777). Dans *Ej*, octobre 1777, pp.108-119. Voir CR, lettre 67.

A344. 25 août 1777:

ii.536-537: *Comédie française: L'Amant bourru*, par Boutet de Monvel (Brenner 9281). Voir CR, lettre 72.

ii.538-544: *Essai sur les révolutions de la Musique en France, de Marmontel* ([s.l.] 1777). Dans *Ej*, janvier 1778, pp.3-21. Voir CR, lettre 79. Les raisons pour lesquelles La Harpe essaie de faire croire que cet article n'est pas de lui nous semblent être purement sociales (voir Todd, 3 p.221).

ii.544-550: *Zuma, tragédie de m. Lefèvre* (Paris 1777). Voir CR, lettre 68.

A345. 5 septembre 1777:

iii.33: *Académie française: séance du 25 août.* Dans *Ej*, novembre 1777, pp.249-252. Prix d'éloquence remporté par l'abbé Rémy. Voir CR, lettre 72.

iii.34: *L'Académie militaire, ou les héros subalternes, par un auteur suivant l'armée. Nouvelle édition* (Amsterdam 1777). Dans *Ej*, novembre 1777, pp.98-103.

iii.34-38: *Plan d'éducation publique* [par l'abbé A. H. Wandelaincourt] (Paris 1777).

iii.38-40: *Discours et Lettres sur différents sujets, par m. Delacroix, avocat* (Amsterdam 1777).

A346. 15 septembre 1777:

iii.74-78: *Eloge de Michel de l'Hospital* . . . , *discours qui a remporté le prix de l'Académie française en 1777, par m. l'abbé Rémy* (Paris 1777). Voir CR, lettre 78.

iii.78-81: *La Cyropédie, ou Histoire de Cyrus, traduite du grec de Xénophon, par m. Dacier* (Paris 1777). (Cat.854). Voir CR, lettre 68.

iii.82-85: *Traduction de différens traités de morale de Plutarque,* [par l'abbé J. Gaudin] (Paris 1777).

A347. 25 septembre 1777:

iii.118-122: *Eloge de Michel de l'Hôpital, discours présenté à l'Académie française en 1777* [par Condorcet] (Paris 1777). Voir CR, lettre 72; Best. D20828.

iii.123-129: *Ossian, fils de Fingal, poésies galliques, traduites sur l'anglais de m. Macpherson, par m. Le Tourneur* (Paris 1777). Ajouté au *Lycée* par Agasse, xiv.341 etc. Voir CR, lettre 60.

A348. 5 octobre 1777:

iii.162-163: *Comédie italienne: Gabrielle de Passy,* par B. Imbert et d'Ussieux (Brenner 7452). Voir CR, lettre 74.

iii.163: *Comédie française: L'Inconscient ou les Soubrettes, par Laujon* (Brenner 8076); *Gabrielle de Vergy,* par De Belloy (suite). Voir CR, lettre 75.

iii.163-170: *Académie royale de musique: Armide,* musique de Gluck, texte de Quinault. Dans *Ej,* novembre 1777, pp.284-296. Voir CR, lettre 75.

Cet article ranima la querelle entre les partisans de Gluck et ceux de Piccini (voir supra, *A318, 329,* etc.) et suscita une nouvelle série de lettres de la part de l'Anonyme de Vaugirard [Suard et l'abbé Arnaud] et d'autres encore. Voir *JP,* 12 octobre 1777, pp.2-3 (lettre de Gluck), 14 octobre, pp.2-3, 15 octobre, pp.2-3 (lettre signée Fabre), 16 octobre, pp.2-3 (lettre adressée à Gluck), 19 octobre, pp.2-3 (lettre anonyme), 21 octobre, pp.2-3 (lettre de Gluck), 23 octobre, pp.3-5 (Réponse de l'Anonyme de Vaugirard, 1ère partie), 24 octobre, pp.2-5 (2e partie), 25 octobre, pp.2-5 (2e suite), 26 octobre, pp.3-5 (fin), 28 octobre, pp.4-5 ('Profession de foi en musique d'un amateur des Beaux-arts, adressée à m. de La Harpe'), 30 octobre, pp.2-3 (Lettre à l'Anonyme de Vaugirard), p.3 (Lettre d'un ignorant en musique à m. de La Harpe), 31 octobre, pp.2-3 (Lettre de l'oncle de l'Anonyme de Vaugirard), 3 novembre, p.1 (Vers d'un homme qui aime la musique et tous les instruments excepté la harpe, par m. de Trois***), pp.3-4 (lettre non signée), 9 novembre, pp.2-3 (Lettre de l'Anonyme de Vaugirard), 10 novembre pp.4-6 (suite), 11 novembre, pp.2-4 (fin), 14 novembre (Vers d'un ignorant, comme les trois quarts, en musique, et sans doute en poésie; mais sensible autant que personne), etc.

iii.170-174: *L'Amant bourru, comédie en trois actes et en vers, per m. de Monvel* (Paris 1777).

iii.174-175: *Loisirs de Libanius, poème philosophique de m. du Closel d'Arnery* (Londres 1777). Dans *Ej*, mars 1778, pp.43-48.

iii.175-176: *Les Nuits attiques d'Aulugelle, accompagnées d'un commentaire, et traduites pour la première fois* [par J. Donzé de Vertueil] (Paris 1776-1777). Voir CR, lettre 51.

A349. 15 octobre 1777:

iii.209-211: *Comédie française: La coquette corrigée*, par Lanoue (Brenner 7873).

iii.211-212: *Comédie italienne: L'Olympiade*, dans une version du texte de Métastase par Framéry, musique de Sacchini (Brenner 6519). Dans *Ej*, décembre 1777, pp.278-281. Voir CR, lettre 76.

iii.212: *Académie royale de musique: Armide*, texte de Quinault, musique de Gluck (suite).

iii.212: *Eloge de Michel de l'Hôpital, par m. Doigny du Ponceau* (Paris 1777).

iii.213: *Aux merveilleux d'en haut des Champs-Elysées, le 10 août 1777* (Paris 1777).

iii.213-214: *Voyage de Bourgogne* [par m. le chevalier A. de Bertin] (A l'Ile Bourbon 1777). Dans *Ej*, décembre 1777, pp.74-84.

iii.214-216: *Essai sur le Génie original d'Homère, traduit de l'anglais de m. Wood* [par Demeunier] (Paris 1777). La Harpe cite un passage de sa traduction de Lucain.

iii.217-218: *Exposition des tableaux au Louvre*. Voir CR, lettre 74.

A350. 25 octobre 1777:

iii.254-257: *Mémoires pour servir à l'Histoire de Louis, dauphin de France, mort à Fontainebleau, le 20 décembre 1765* [par le père P. H. Griffet, et publiés par l'abbé X. M. M. de Querbeuf] (Paris 1777). Dans *Ej*, avril 1778, pp.3-48 (avec d'autres articles).

iii.257-259: *La Vie du Dauphin, père de Louis XVI, par m. l'abbé Proyart* (*Paris 1777*). Dans *Ej*, avec l'article précédent.

iii.260-265: *Réponse à la lettre de m. le chevalier Gluck, insérée dans le Journal de Paris du 12 de ce mois*. Voir supra, *A348*.

A351. 5 novembre 1777:

iii.295-296: *La Marine des anciens peuples, par m. Leroy* (Paris 1777). Dans *Ej*, février 1778, pp.61-70 (avec d'autres articles).

iii.296-310: *Réponse à l'anonyme de Vaugirard* [Suard et l'abbé Arnaud]. Voir supra, *A348.*

A352. 15 novembre 1777:

iii.341-342: *Spectacles: Comédie italienne: Sans dormir,* par Rousseau (Brenner 10700), parodie d'*Ernelinde* par Philidor, Poinsinet et Sedaine: *L'Olympiade,* version française du texte de Métastase par Framéry, musique de Sacchini. *Académie royale de musique:* à Fontainebleau. *Comédie française: Hypermnestre,* par Lemierre (Brenner 8320).

iii.343-344: *Supplément à l'histoire de la rivalité de la France et de l'Angleterre, et à l'histoire de la querelle de Philippe de Valois et d'Edouard iii, par G. H. Gaillard* (Paris 1777).

iii.344-346: *Hymne à Catherine II, impératrice de Russie, traduit du russe de m. de Varclow, par m. Chalumeau* (Paris [s.d.]).

iii.346-348: *Eléments de minéralogie docimastique, par m. Sage.* 2e édition (Paris 1777). Voir la lettre signée 'A.B.C., garçon apothicaire' dans, *JP*, 19 novembre 1777.

iii.348-349: *Fastes militaires, par m. de La Fortelle* (Paris 1778-1779).

A353. 25 novembre 1777:

iii.385-389: *Dictionnaire universel des sciences morale, économique, politique, et diplomatique, ou Bibliothèque de l'histoire d'état et du citoyen* [rédigé et mis en ordre par m. Robinet] (Londres 1777-1783), tome i-ii. Dans *Ej*, mars 1778, pp.192-219.

iii.389: *L'Egoïsme, comédie en cinq actes et en vers, par m. Cailhava* (Paris 1777).

iii.389-391: *Eloge de Michel de l'Hôpital, par m. l'abbé Talbert* (Besançon [s.d.]).

iii.397: 'Des anonymes ont demandé mon avis sur ce vers qui est l'objet d'un pari: Enchaînez votre esclave, il vous échapperait'. Est-ce un pléonasme?

A354. 5 décembre 1777:

iii.424: *Comédie italienne: Félix ou l'enfant trouvé,* paroles de Sedaine, musique de Monsigny (Brenner 11020).

iii.424-429: *Vues sur la justice criminelle, par m. Le Trosne* (Paris 1777). (Cat.726).

iii.432, 438, n. : Une défense de Massillon dans des notes sur un article par l'abbé Bourlet de Vauxcelles (pp.430-439) sur l'*Essai sur l'Eloquence de la Chaire, par l'abbé de Besplas. 2e édition* (Paris 1778). (Cat.263).

A355. 15 décembre 1777:

iii.476-477 (db.col.): *Comédie italienne: Félix ou l'enfant trouvé,* paroles de Sedaine, musique de Monsigny (suite). Dans *Ej,* janvier 1778, pp.267-272.

iii.478-480 (db.col.): *Comédie française: Manlius,* par La Fosse; l'inauguration du buste de Corneille à la Comédie française. Voir CR, lettre 276; *Lycée,* II, liv.I, chap.v, sec.4.

iii.480-481: *Trésor généalogique ou extraits des titres anciens, par D. Caffiaux* (Paris 1777).

iii.481-486: *A la mémoire de mme Geoffrin* [par A. L. Thomas] (Paris 1777); *Portrait de mme G***, par m.* L['abbé] *M*[orellet] (Amsterdam 1777); *Lettres de m. d'Al*[embert] à *m. le marquis de C*[ondorcet] *sur mme G.**** ([s.l.n.d.]). (Cat.726). Voir CR, lettres 78, 79.

iii.486-487: *Le Maréchal de poche, qui enseigne la manière de se servir de son cheval en voyage* [traduit de l'anglais de W. Burton par T. Hamond] (Paris 1777).

A356. 25 décembre 1777:

iii.523-527: *Comédie française: Mustapha et Zéangir,* par Chamfort (Brenner 4762). Dans *Ej,* février 1778, pp.263-280. CR, lettre 80.

iii.528-529, 529-535: *Shakespeare, traduit de l'anglais, dédié au Roi, par Le Tourneur* (Paris 1776). *Observations à messieurs de l'Académie française; au sujet d'une lettre de m. de Voltaire lue dans cette académie . . . le 25 Auguste 1776, par m. le chevalier Rutlidge* ([s.l.n.d.]). *Discours sur Shakespeare et sur m. de Voltaire, par Joseph Baretti* (Londres 1777). *Apologie de Shakespeare en réponse à la critique de m. de Voltaire, traduite de l'anglais de mme de Montagu* [et de mme Carter] (Londres 1777). (Cat.632).

'On a cru devoir réunir dans une même analyse ces différents ouvrages . . . Cet article étant très étendu, sera distribué successivement dans chaque numéro du journal, pour ne pas arrêter le courant des nouveautés' (pp.529-530): DE SHAKESPEARE ET DE LA TRADUCTION.

Dans Pt, i.341-384; Ve, v.175-302; *Œuvres de Shakespeare, traduites de l'anglais, par Letourneur, nouvelle édition, corrigée et augmentée des commentaires de Voltaire et de La Harpe* (Paris 1821-1822).

Dans cet article, La Harpe critiquera aussi L. S. Mercier. Voir Best.D20258, D20284, D20297, D20986.

iii.536-537: *Contre-poisons de l'arsenic . . . , par m. Navier* (Paris 1777).

iii.537: *Table alphabétique et raisonnée des matières du Journal des Causes célèbres, par Le Moyne des Essarts* (Paris 1777).

A357. 5 janvier 1778:

i.40-41: *Comédie italienne*: *L'Opéra de Province*, par P. Y. Barré, avec le concours de Piis, Desprès et Resnier (Brenner 3265), parodie d'*Armide* de Quinault et Gluck. Dans *Ej*, mars 1778, pp.291-298.

i.41-46: *Les passions du jeune Werther, ouvrage traduit de l'allemand de m. Goethe, par m. Aubry, précédé d'une lettre sur la littérature allemande par m. le C*[omte] *D*[e] *S*[schmettau] (Paris 1777). Dans *Ej*, mars 1778, pp.91-100; ajouté au *Lycée* par Agasse, xiv.381 etc. Voir CR, lettre 79. Voir L. Morel, 'Les principales traductions de *Werther* et les jugements de la critique (1776-1872)', *Archiv*, cxix (1907), 139-159.

i.49-52: *Suite de l'article de Shakespeare: La Tempête, Othello, etc.*

A358. 15 janvier 1778:

i.85-90: *Les Œuvres de m. Desmahis, première édition complète publiée par m. de Tresséol* (Paris 1778). Dans *Ej*, avril 1778, pp.100-115; ajouté au *Lycée*, Agasse, xiii.351 etc.

i.91-93: *Quelle a été dans tous les temps l'influence du commerce sur l'esprit et les mœurs des peuples, discours qui a remporté le prix de l'Académie de Marseille en 1777, par A. Liquier* (Amsterdam 1777).

i.93-98: *Suite de l'article de Shakespeare.*

A359. 25 janvier 1778:

i.128-129 (db.col.): *Comédie française*: *Britannicus*, de Racine, avec Lekain comme Néron, mlle Sainval l'aînée comme Agrippine, et Monvel comme Britannicus.

i.129-132: *Œuvres complètes de m. de Saint-Foix* (Paris 1778). (Cat.686). Voir CR, lettre 80.

i.133-136: *Eloge de Michel de l'Hôpital, pièce qui a eu le deuxième accessit à l'Académie française en 1777* [par Montyon] (Paris 1777).

i.136-137: *Lettre à l'auteur de l'Eloge du chancelier de l'Hôpital* [par A. F. de Bertrand de Molleville] (La Haye 1778).

i.137-138: *Répertoire universel et raisonné de jurisprudence, par Guyot*, tomes xv, xvi.

i.138-144: *Suite de l'article de Shakespeare.*

A360. 5 février 1778:

i.170-175 (db.col.): *Académie royale de musique*: *Roland*, par Quinault, texte revu par Marmontel, musique de Piccini (Brenner 8866). Dans *Ej*, mars 1778, pp.277-290. Voir CR, lettre 77. Voir la 'Lettre de mme *** à mme ***', *JP*, 8 février 1778, pp.154-155.

i.175-188: *Académie française: séance publique du 19 janvier 1778.* Voir CR, lettre 81. Les discours donnés lors de la réception de l'abbé Millot (remplaçant Gresset). Réponse de d'Alembert. La Harpe cite également un passage du *Discours en vers sur l'histoire*, par Marmontel ('confié par l'auteur').

A361. 15 février 1778:

i.224-228: *Comédie française*: (Nécrologie) *Lekain*. Dans *Ej*, avril 1778, pp.284-292; Pt, iv.357-367; Ve, iv.449-458 (*Eloge de Lekain*). Voir *CR*, lettre 82. Voir les réflexions sur cet article dans *JP*, 1 mars 1778, p.238 (lettre signée Mandron), 7 mars 1778, p.268 ('Lettre de m. Pro Varietate...'); Garat, *Mémoires historiques sur Suard* (Paris 1820), ii.134-135.

i.233: *Note*. Une réponse à deux correspondants anonymes qui avaient demandé à La Harpe son opinion sur les expressions 'libraresse' et 'perds-je la patrie'.

A362. 25 février 1778:

i.262-263: *Comédie française*: *L'Aveugle par crédulité*, par Fournelle (Brenner 6505). Voir CR, lettre 82.

i.262-273: *Almanach des Muses ..., pour l'année 1778*. Rédigé par Sautreau de Marsy. La Harpe examine des poèmes par François de Neufchâteau, Fontanes, et Bonnier de Layens. Pour des réactions à cet article, voir *JP*, 26 février 1778, pp.225-226 (lettre de François de Neufchâteau), 27 février 1778 ('Lettre de Bébé Minor, étudiant en cinquième au Collège de Harcourt'), 6 et 12 mars 1778, pp.258-259, 281-283 (Lettres de 'l'éditeur de l'Almanach des Muses').

i.274-276: *Les Mois, poème en douze chants, par m. Roucher* [lu en société]. Voir CR, lettres 14, 124; *Lycée*, III, liv.1, chap.ii, sec.6.

A363. 5 mars 1778:

i.308-309 (db.col.): *Comédie française*: *L'Homme personnel*, par Barthe (Brenner 3277). Voir CR, lettre 83; *Lycée*, III, liv.1, chap.v, sec.5.

i.309 (db.col.): *Comédie italienne*: *Matroco*, musique de Grétry, paroles de Laujon (Brenner 8087). Dans *Ej*, avril 1778, pp.301-305.

i.309-310 (db.col.): *Académie royale de musique*: *Roland*, par Quinault, revu par Marmontel, musique de Piccini (suite). Dans *Ej*, avril 1778, pp.283-284.

i.310-316: *Origine des Grâces, par mlle D*[ionis] (Paris 1778). (Cat.721). La Harpe cite un passage d'une lettre de Voltaire (Best.D21136). Voir CR, lettre 82.

i.316-321: *Suite de l'article de Shakespeare, et fin de l'extrait de la Tempête.*

i.321-326: *Réponse à une lettre de m. Sautreau, insérée dans le Journal de Paris du 27 février sous le nom d'un cinquième du Collège d'Harcourt.* Voir supra, *A362*.

A364. 15 mars 1778:

i.353-376: *Mustapha et Zéangir, tragédie en cinq actes et en vers par m. de Chamfort* (Paris 1778). Comparée à une autre pièce du même nom par Belin (Brenner 3567). Ajouté au *Lycée* par Agasse, xiii.414 etc. Voir CR, lettre 82.

A365. 25 mars 1778:

i.406-408: *Spectacles: Comédie française: Irène,* par Voltaire. *Comédie italienne: La Fausse peur,* paroles de Marsolier de Vivières, musique de Darcis (Brenner 8887), *Arlequin cru mort* (Brenner 212). *Académie royale de musique: La Chercheuse d'Esprit,* ballet de Gardel (Brenner 6843). Dans *Ej,* mai 1778, pp.291-296, juin 1778, pp.281-284 (avec d'autres articles).

i.408-413: *Poésies érotiques, par m. le chevalier de Parny* (A l'isle de Bourbon 1778), *1ère partie.* Dans *Ej,* mai 1778, pp.102-111. Voir CR, lettre 82.

i.414-420: *Suite de l'article de Shakespeare: Othello.*

A366. 5 avril 1778:

i.456-460: *Eloge de Michel de l'Hôpital, par m. Garat* (Paris 1778). (Cat.726).

i.460-461: *Histoire de la décadence et de la chute de l'Empire romain, traduite de l'anglais de m. Gibbon* [par Le Clerc de Septchênes] (Paris 1777), tomes i-iii.

i.461-466: *Rêveries philosophiques, par m. Imbert* (La Haye 1778).

i.466-468: *Comédie française:* l'apothéose de Voltaire. Dans *Ej,* mai 1778, pp.296-297; *Œuvres complètes de Voltaire* (Kehl 1785-1789), in-8°., xiv.393-397, in-12°, xiv.452-456, etc.

i.468: (Nécrologie) *Le Beau.* Voir CR, lettre 84.

A367. 15 avril 1778:

i.504: *Comédie française:* Compliment de clôture, lu par Molé.

i.504-505: *L'Expédition de Cyprus dans l'Asie supérieure, et la retraite des dix-mille, traduites du grec de Xénophon, par m. Larcher* (Paris 1778). Voir CR, lettre 84.

i.506: *Considérations sur l'origine et les révolutions du gouvernement des Romains* (Paris 1778).

i.506-508: *Histoire des premiers temps, par le père Bertier* (Paris 1778).

i.509-515: *Suite de l'article de Shakespeare.*

A368. 25 avril 1778:

i.551-556: *Les Charmes de la retraite, par m. Clément* ([s.l.] 1778).

i.557-560: *Les Dangers de la satyre, ou la vie de Nicolo-Franco* [par l'abbé de Sancy] (Paris 1778). Dans *Ej*, juin 1778, pp.103-112; ajouté au *Lycée* par Agasse, xiv.376 etc.

i.560-562: *Suite de la comparaison d'Othello et de Zaïre.*

i.562-565: (Article) *Eloquence de la Chaire et du Barreau.* On parle ici du *Sermon sur l'Aumône,* par l'abbé Maury, de la plaidoyerie de Séguier dans l'affaire des frères Queissat contre Damade, et du travail de Gerbier et de Target en général. Voir *Lycée*, III, liv.2, chap.i, sec.1-2.

A369. 5 mai 1778:

ii.33-34: *L'Esprit des journalistes de Hollande* [par P. A. Alletz] (Paris 1778). (Cat.615).

ii.35-39: *Nouveaux voyages dans l'Amérique septentrionale, par m. Bossu* (Amsterdam 1777). Voir la lettre de Shuvalov sur une anecdote concernant Charlotte de Brunswick-Wolfenbüttel citée dans cet ouvrage, *JPL*, 25 mai 1778, ii.143.

ii.39-43: *Contes et fables indiennes de Bidpaï et de Lokman, traduits d'Ali-Tchelebi Ben Salah, ouvrage commencé par m. Galland, continué par m. Cardonne* (Paris 1778). (Cat.520). Dans *Ej*, octobre 1778, pp.129-147; incorporé dans *Des Romans* (voir notre bibliographie, n.121), et dans le *Lycée*, II, liv.2, chap.iv, sec.2.

A370. 15 mai 1778:

ii.84: *Comédie française*: Compliment d'usage pour la rentrée, lu par Dazincour; La Rive dans *Alzire* de Voltaire, dans la présence de l'auteur. Voir CR, lettre 85.

ii.84-85: *Académie royale de musique*: *Les Trois âges de l'Opéra*, paroles de Devismes de Saint-Alphonse, musique de Grétry (Brenner 5606); Moreau dans *Roland* de Quinault, revu par Marmontel, musique de Piccini (suite). Dans *Ej*, juillet 1778, pp.282-287. Voir CR, lettre 85.

ii.85-95: *Mon apologie, satyre par m. Gilbert* (La Haye 1778). Ajouté au *Lycée* par Agasse, xiii.337 etc.

ii.95-96: *Les Vies des Hommes célèbres de Plutarque, traduites par m. Dacier. Nouvelle édition* (Paris 1778).

ii.96: *La France illustre ou le Plutarque français, par m. Turpin* (Paris 1777-1790). Voir CR, lettre 146.

A371. 25 mai 1778:

ii.130-133: *L'Homme personnel, comédie en cinq actes et en vers, par m. Barthe* (Paris 1778).

ii.133-135: *Gabrielle d'Estrées, tragédie en cinq actes par m. de Sauvigny* (Paris 1778). Voir CR, lettre 86.

ii.135-136: *L'Innocence du premier âge en France, ou l'histoire amoureuse de Pierre le Long et de Blanc Basu* [par Billardon de Sauvigny] (Paris 1778).

ii.136-140: *La Manie des drames sombres, comédie en trois actes et en vers, signée 'Dramaturge'* [Cubières-Palmézeau] (Paris 1777). Voir CR, lettre 56. Voir les réflexions de L. S. Mercier dans *JP*, 9 juin 1778, pp.637-639.

ii.140-143: *Suite de l'article de Shakespeare: d'Othello.*

A372. 5 juin 1778:

ii.178: *Spectacles: Comédie française:* mlle Mars dans la *Mérope* de Voltaire. *Comédie italienne: Zulima,* texte de Lanoue, musique de Dézède (Brenner 7881). Par erreur, La Harpe attribue le texte de *Zulima* à Monvel. Voir la correction dans *MF*, juin 1778, p.66.

ii.178-180: *Cours d'études à l'usage des Elèves de l'Ecole royale militaire, rédigé par l'abbé Batteux* (Paris 1776-1780). (Cat.238).

ii.180-181: *Essais historiques sur Orléans* [par D. Polluche et C. N. Beauvais de Preau] (Orléans 1778).

ii.181-182: *L'Expédition de Cyrus, ou la retraite des dix-mille, traduite du grec de Xénophon, par m. le C*[omte] *D*[e] *L*[a] *L*[uzerne]. 2e édition (Paris 1778). (Cat.854).

ii.182-185: *Epître à m. Desforges Boucher, par m. le chevalier de Bertin* (A l'Isle de Bourbon 1778). Dans *Ej*, août 1778, pp.61-66.

ii.185-187: *Quels sont les caractères et les causes d'une maladie qui commence à attaquer plusieurs vignobles de Franche-Comté, dissertation par le père Prudent de Faucogney* (Besançon 1778).

ii.187-190: *Suite de l'article de Shakespeare.*

A373. 15 juin 1778:

ii.226-227: *Les Plaintes d'un jeune homme sur le prix de l'Académie en 1778.*

ii.228-234: *Traduction nouvelle des Métamorphoses d'Ovide, par m. de Saint-Ange* (Paris 1778). (Cat.726).

ii.234-236: *Elémens de physique, par m. Sigaud de Lafond* (Paris 1777).

ii.237-240: *Suite de l'article de Shakespeare.* 'La suite à l'ordinaire prochain [*sic*]' (p.240).

d. *Le Mémorial*

Le Mémorial ou Recueil historique, politique et littéraire, par mm. de La Harpe, [*Bourlet*] *de Vauxcelles et Fontanes* [plus Maton de La Varenne], 1er prairial – 18 fructidor an v (20 mai-4 septembre 1797), 108 nos., plus prospectus, Paris, imprimerie de Crapart.

[Mémorial]

A374. [?] *Prospectus.*
Ceci paraît être de La Harpe.

A375. 20 mai 1797/1 prairial an v:
p.3: *Note* concernant deux articles: i) *Pro memoria*, avril 1797; ii) *Recueil tiré du porte-feuille d'un rentier* [par Poan-Saint-Simon]. Voir les réflexions de Peltier, *Paris pendant l'année* 1797, 5 juin 1797, xiii.215-222.

A376. 21 mai 1797/2 prairial an v:
p.2: Sur le mot *déjouer*.

A377. 23 mai 1797/4 prairial an v:
pp.1-2: Sur les cloches. Voir *Lycée*, xii.260-262.

pp.2-3: Réponse aux rédacteurs de la *Décade philosophique* [30 floréal an v (19 mai 1797), xiii.367-368]. Ceux-ci avaient critiqué son *Du Fanatisme dans la langue révolutionnaire, etc.* Voir leur réponse dans la *Décade philosophique*, 10 prairial an v (29 mai 1797), xiii.430.

A378. 24 mai 1797/5 prairial an v:
pp.2-3: *Des injures.* Article suscité par une attaque de la part de Lalande dans *JP*, 10 floréal an v (29 avril 1797), p.890. Voir la défense de La Harpe par J. A. Ségur dans la *Quotidienne*, 14 floréal an v (3 mai 1797), pp.3-4.

A379. 25 mai 1797/6 prairial an V:
pp.1-2: *Observations sur la séance d'hier* [*4 prairial an* v]. Sur la défense du général Cambray par Savary.

A380. 30 mai 1797/11 prairial an v:
pp.2-3: *De la tyrannie des mots.*

A381. 2 juin 1797/14 prairial an V:

p.1: [sur l'envoi au rédacteur de lettres non-affranchies.]

A382. 4 juin 1797/16 prairial an V:

p.2: *Observations sur les dernières séances.* La liberté de la presse.

A383. 6 juin 1797/18 prairial an V:

pp.2-3: *Des Convenances. Sur la séance du 15 prairial.* Une attaque contre Thibaudeau. (A suivre).

p.3: *Sur la défense des actrices de s'appeler mesdames.*

A384. 7 juin 1797/19 prairial an V:

pp.2-3: *Suite de l'article sur la séance du 15 prairial.* Suite de l'attaque contre Thibaudeau. (A suivre).

A385. 8 juin 1797/20 prairial an V:

pp.2-3: *Fin de l article sur la séance du 15 prairial.* Fin de l'attaque contre Thibaudeau.

A386. 15 juin 1797/27 prairial an V:

pp.2-3: Sur *la Religieuse* de Diderot. Basé sur des cours donnés au Lycée de la rue de Valois, mais omis de la version publiée du *Lycée ou cours de littérature.*

A387. 17 juin 1797/29 prairial an V:

pp.2-3: *Encore sur les cloches et sur m. Roederer à propose des cloches* [*JP*, 28 prairial an V (16 juin 1797)]. Dans *JP*, 1 messidor an V (19 juin 1797), pp.1105-1107. Voir les réflexions de Peltier, *Paris pendant l'année 1797*, 5 juillet 1797, xiii.551-554.

A388. 30 juin 1797/2 messidor an V:

pp.1-2: *Trait de bonne foi philosophique.* Suscité par un article de la *Décade philosophique* du 30 prairial an V (18 juin 1797), xiii.562-563, qui décrivait l'inauguration d'un buste de La Harpe au Lycée Marbeuf. Les rédacteurs de la *Décade philosophique* accepteront la déclaration de La Harpe selon laquelle il n'était pas présent à cette cérémonie (*Décade philosophique*, 10 messidor an V (28 juin 1797), xiv.52).

A389. 23 juin 1797/5 messidor an V:

pp.2-3: *Observations sur la séance du jeudi 15 juin (27 prairial).* (A suivre).

Sur les *Projets de résolution, présentés au nom de la commission des finances, par Gibert Demolières* (Paris an v).

A390. 24 juin 1797/6 messidor an v:

pp.1-3: *Suite des observations sur la séance du 27 prairial.*

A391. 25 juin 1797/7 messidor an v:

pp.1-3: *Ultimatum sur les cloches.*

A392. 2 juillet 1797/14 messidor an v:

pp.1-2: *Défense d'Attila.*

A393. 5 juillet 1797/17 messidor an v:

pp.1-2: *Comptabilité et responsabilité.* Une attaque contre l'article 145 de la Constitution.

A394. 10 juillet 1797/22 messidor an v:

pp.2-3: *Histoire de mon bonnet rouge, de ma philosophie, de mon jacobinisme.* (A suivre). Pour la réimpression de cet article, voir notre bibliographie, n.613. Cet article fut suscité par une 'Lettre d'un frère et ami, retiré des Affaires à mr. de La Harpe (signée: 'Tout à Vous')', *JP*, 18 messidor an v (6 juillet 1797), pp.1179-1180.

A395. 13 juillet 1797/25 messidor an v:

Supplément, pp.4: *Suite de l'Histoire de mon bonnet rouge, etc.*

A396. 19 juillet 1797/1 thermidor an v:

pp.2-3: *La Harpe, citoyen français, à Lareveillère-Lépaux, l'un des directeurs de la République française: à propos de l'ouvrage de Lareveillère-Lépeaux sur les cultes [Réflexions sur le culte* (Paris an v)]. Pour la réimpression de cet article, voir notre bibliographie, n.613.

A397. 20 juillet 1797/2 thermidor an v:

pp.2-4: *Suite de l'article à Lareveillère-Lépeaux.*

A398. 25 juillet 1797/7 thermidor an v:

pp.2-3: *De l'éducation publique.* Sur les *Annales religieuses* (Paris 1796-1797), par les abbés Sicard, Jauffret, et Boulogne. (Cat.20).

A399. 28 juillet 1797/10 thermidor an v:

pp.2-3: *De l'hypocrisie.* (A suivre). Pour la réimpression de cet article, voir notre bibliographie, n.613. Sur les *philosophes* qui traitent les Chrétiens d'hypocrites.

A400. 29 juillet 1797/11 thermidor an v:

pp.2-3: *Fin de l'article sur l'hypocrisie.* La Harpe s'oppose à Roederer dans le *Journal de Paris*, et aux rédacteurs de la *Clef du cabinet* et des *Nouvelles politiques.*

A401. 2 août 1797/15 thermidor an v:

pp.2-3: *Sur le 9 thermidor et sur la garde nationale.*

A402. 6 août 1797/19 thermidor an v:

p.3: *Sur la puissance du mot de 'loi'.*

A403. 7 août 1797/20 thermidor an v:

pp.2-3: *Sur la déclaration exigée des prêtres catholiques.* (A suivre). Pour les réimpressions de cet article, voir notre bibliographie, n.614-615. La Harpe défend les prêtres non-assermentés contre Boulay de La Meurthe.

A404. 8 août 1797/21 thermidor an v:

pp.2-3: *Suite de l'article sur la déclaration exigée des prêtres catholiques.* (A suivre).

A405. 10 août 1797/23 thermidor an v:

pp.2-3: *Suite de l'article sur la déclaration exigée des prêtres: grande argumentation de Boulay réduite à rien.*

A406. 18 août 1797/1 fructidor an v:

pp.2-3: *Suite de l'article sur la déclaration exigée des prêtres catholiques.* (A suivre).

A407. 22 août 1797/5 fructidor an v:

pp.2-3: *Suite de l'article sur la déclaration exigée des prêtres catholiques.* (A suivre).

A408. 23 août 1797/6 fructidor an v:

pp.2-3: *Fin de l'article sur la déclaration exigée des prêtres catholiques.* Renferme un post-scriptum contre Roederer et le *Journal de Paris* du 27 messidor an v (15 juillet 1797).

A409. 24 août 1797/7 fructidor an v:

pp.2-3: *Sur le rapport de Thibaudeau: Rapport de la séance du 4 fructidor an V* [sur le message du directoire exécutif du 22 messidor].

A410. 27 août 1797/10 fructidor an v:

pp.2-3: *Du droit des placards.*

A411. 31 août 1797/14 fructidor an v:

pp.1-3: *Sur la nouvelle religion proposée aux Français dans l'assemblée législative, le 27 août 1797 (10 fructidor an V).* La religion des théophilanthropes, proposée par Leclerc.

A412. 4 septembre 1797/18 fructidor an v:

p.3: *Que deviendrons-nous ?* Après le coup d'état du 18 fructidor.

e. Contributions diverses

i. L'Avant-coureur

L'Avant-Coureur, feuille hebdomadaire, où sont annoncés les objets particuliers des sciences et des arts, 1760-1773, 13 vols, Paris, Lacombe. Rédigé par Meusnier de Querlon, Jonval de Villemart, Lacombe, et La Dixmerie.

[*AvC*]

A413. 18 mars 1765:

pp.168-171: *Lettre à messieurs les auteurs de l'Avant-Coureur. Ce 8 mars 1765.* Suscitée par la *Lettre du chevalier M***. à mylord****, qui accuse La Harpe d'avoir été injuste envers mlle Clairon dans ses *Vers à mlle Dumesnil*. Voir les réflexions sur cette lettre dans MS, 20 mars 1765, xvi.237-238.

A414. 4 avril 1768:

p.220: *Lettre à l'Avant-Coureur. Ce 25 mars 1768.* Dans *Je*, 15 avril 1768, iii.132-133; Best.D14884. La Harpe se défend d'avoir volé des manuscrits à Voltaire.

ii. La Chronique de Paris

La Chronique de Paris, 24 août 1789 – 25 août 1793, 8 vols, Paris, Legrange; *puis* Fiévée. Rédigée par A. L. Millin, J. F. Noël, Etienne Méjan, Condorcet, Delaunay, P. J. Rabaut, Ducos, etc.

[*ChP*]

A415. 15 mai 1791:

pp.537-538: *Lettre aux rédacteurs, le 12 mai 1791.* Dans *Etrennes à m. de La Harpe* [par Palissot de Montenoy] (Paris 1802), pp.50-54; *JP*, 19 janvier 1803, p.752; Ve, xiii.255-259. En faveur de la translation des restes de Voltaire au Panthéon.

A416. 19 novembre 1791:

pp.1301-1302: *Cours de littérature. Paris, ce 12 novembre 1791.* Voir aussi infra, *A441*.

A417. 8 mai 1792:

p.515: *Lettre aux auteurs de la Chronique, le 5 mai.* Dans *Virginie* (Paris 1793), pp.i-v; Ve, ii.543-547. Voir aussi infra, *A442*. La Harpe admet la paternité de *Virginie*.

A418. 13 septembre 1792:

p.1027: *Lettre aux auteurs de la Chronique*. Dans Ve, xiii.260-262. La Harpe propose une collecte en faveur des volontaires après la reddition de Verdun.

iii. Le Courrier de l'Europe

Courrier de l'Europe, ou Gazettee des gazettes, juin – octobre 1776, 36 nos, Londres, Swinton. [*Devenu:*] *Courrier de l'Europe, ou Gazette anglo-française*, novembre 1776 – 1792, 33 vols, Boulogne, Swinton. Rédigé par Serres de La Tour, Morande, Brissot de Warville, le comte de Montlosier, etc.

[*CrE*]

A419. 27 octobre 1778:

iv.268-269: *Lettre de m. de La Harpe au rédacteur du Courrier de l'Europe*. Imprimée avec la réponse de Serres de La Tour. Voir les réflexions sur ces lettres dans CLT, xii.171-172; Sainte-Beuve, *Causeries du lundi* (Paris 1885), v.116.

iv. Le Journal de Paris

Journal de Paris [*ou Poste du soir*]. [*Devenu, à partir du 6 octobre 1792:*] *Journal de Paris national*, 1777-1811, 87 vols, Paris, imp. de Quillau; *puis* Desenne et Barrois, etc. Rédigé d'abord par Olivier de Corancez, Dussieux, et Cadet; puis, à partir de 1792, par D. J. Garat, Condorcet, Siéyès, Cabanis, Roederer, etc. [*Plus:*] *Abrégé des cinq premières années du Journal de Paris, 1777-81*, 2 vols (Paris 1789).

[*JP*]

A420. 29 août 1777:

p.2: *Lettre aux auteurs du Journal, ce 28 août*. Refusant d'admettre la paternité d'un article sur l'*Essai sur les révolutions de la musique en France*, par Marmontel (voir supra, *A344*).

A421. 7 novembre 1777 :

p.2: *Lettre... aux auteurs de ce Journal*. Sur la musique.

A422. 14 novembre 1777:

p.2: *Lettre aux auteurs de ce Journal*. Sur la musique.

A423. 16 janvier 1778:

p.62: *Lettre de m. de La Harpe, aux auteurs du Journal, 13 janvier 1778.* C'est une réponse à la 'Lettre d'un jeune homme qui apprend la langue italienne', *JP*, 9 janvier 1778, pp.33-34.

A424. 28 février 1778:

pp.233-234 [*Abrégé*, pp.902-903]: *Réponse de m. de La Harpe, à la lettre de m. François de Neufchâteau, insérée dans le n° 57* [26 février 1778, pp.225-226]. Voir supra, *A362.*

A425. 4 mars 1778:

pp.250-251: *Réponse de m. de La Harpe à la lettre du cousin, ou soi-disant tel, de l'auteur de l'Aveugle par crédulité* [de Fournelle] [*JP*, 2 mars, pp.241-242]. Voir supra, *A362.*

A426. 15 mars 1778:

pp.293-294 [*Abrégé*, pp.933-934]: *Lettre aux rédacteurs.* Une réponse à Sautreau de Marsy (voir supra, *A362*).

A427. 11 juillet 1778:

pp.766-767 [*Abrégé*, p.752]: *Réponse de La Harpe* [à la lettre de m. le marquis de Villevieille]. Voir supra, *A83.*

A428. 2 octobre 1780:

pp.1118-1119 [*Abrégé*, pp.1040-1041]: *Lettre aux auteurs du Journal.* Sur une question de grammaire, comparant les avis de l'abbé d'Olivet, de Restaut, et du *Dictionnaire de l'Académie française.* (A suivre). Pour une réaction à cette lettre, voir *JP*, 14 octobre 1780, pp.1165-1166 [*Abrégé*, p.1041] (lettre signée 'Le***').

A429. 23 octobre 1780:

pp.1201-1202 [*Abrégé*, pp.1043-1045]: *Lettre aux auteurs du Journal.* Suite de la discussion commencée dans la lettre précédente.

A430. 10 décembre 1781:

pp.1385-1386: *Comédie française. Lettre aux auteurs du Journal.* Le sujet de *Jeanne de Naples.* C'est une réponse à l'abbé Aubert dans *les Petites affiches.* Voir CS, 2 janvier 1782, xii.234.

A431. 8 juin 1782:

p.643: *Aux Auteurs du Journal, la société de gens de lettres, auteurs de Molière à*

317

la Nouvelle Salle [*sic*]. C'est une réponse à Cailhava (*JP*, 17 juin 1783, p.703), qui avait accusé La Harpe de plagiat.

A432. 21 juin 1783:

p.719: *Aux auteurs du Journal.* Une réponse à un compte-rendu de *Philoctète.* (*JP*, 17 juin 1783, p.703). Voir aussi *JP*, 22 juin 1783, p.723; CR, lettre 190.

A433. 19 décembre 1783:

p.1453: *Lettre aux auteurs du Journal.* La Harpe retire *Les Brames* de la Comédie française. Pour des réactions, voir *Al*, 1783, viii.277-280; MS, 19 décembre 1783, xxiv.99.

A434. 14 mars 1784:

p.333: *Lettre aux Auteurs du Journal, samedi 13.* Le retard de la quatrième représentation de *Coriolan* pour permettre à Larive de se reposer.

A435. 8 décembre 1784:

pp.1449-1450: *Belles-lettres. Lettre à m. de La Harpe* [signée: 'Humanus'], *Montmartre, le 11 novembre 1784. Réponse de m. de La Harpe.* Sur des inscriptions sur la pompe à feu de mm. Perrier. Pour des réactions, voir *JP*, 31 décembre 1784, pp.1549-1551; *Al*, 1785, i.63-70.

A436. 16 novembre 1785:

p.1319: *Lettre de m. de La Harpe.* Refuse d'admettre la paternité de *Virginie* qu'on lui attribue à juste titre dans une liste de pièces retenues pour le répertoire de Fontainebleau, publiée dans *MF*, 12 novembre 1785 (*Journal politique*, p.82). Voir la réponse dans *MF*, 26 novembre 1785, pp.186-188.

A437. 16 janvier 1788:

pp.69-71: *Notice sur m. le comte d'Argental.* Dans M, l.389-391.

A438. 17 mai 1788:

p.603: *Aux auteurs du journal, jeudi 15.* La Harpe corrige une erreur qui s'était glissée dans un passage de son *Epître sur la poésie champêtre*, cité dans *JP*, 15 mai 1788, p.593.

A439. 3 octobre 1790:

Feuille indicative des spectacles: Aux auteurs du Journal. Sur Vigée et la *Pétition des auteurs dramatiques.*

A440. 8 octobre 1790:

Feuille indicative des spectacles: Réponse de m. de La Harpe à la lettre de m. Vigée, insérée dans le bulletin du Journal de Paris du 6 octobre. Paris, ce 6 octobre 1790.

A441. 16 novembre 1791:

Supplément n.115, p.1: *Cours de littérature. Lettre aux auteurs du Journal, Paris, 12 novembre 1791.* Voir aussi supra, *A416.* Voir les corrections dans *JP,* 18 novembre 1791, *feuille indicative des spectacles.*

A442. 9 mai 1792:

Feuille indicative des spectacles: Lettre de m. de La Harpe aux auteurs du Journal, 5 mai. Voir aussi supra, *A417.*

A443. 20 mai 1792:

Supplément n.73, pp.1-4: *Variété. Réponse de m. de La Harpe aux Observations* [par Jean Devaines] *insérées dans le Supplément au Journal de Paris du 18 mai, concernant m. de Choiseul.* Voir supra, *A200.*

A444. 19 août 1794/2 fructidor an II:

pp.2405-2406: *Aux auteurs du Journal. Paris, 30 thermidor.* Dans *Ej,* septembre 1794, pp.208-212. La Harpe dit qu'il n'a pas fait de nouveaux changements dans *Virginie.* Voir Aulard 1, i.38-39.

A445. 22 janvier 1795/3 pluviôse an III:

pp.497-498: *Variété. Au rédacteur du Journal de Paris. Primedi.* La Harpe corrige une erreur dans un passage de son cours sur Longinus (*Lycée,* I, liv.1, chap.ii) cité dans *JP,* 1 pluviôse an III (20 janvier 1795), pp.487-488.

A446. 15 mars 1795/25 ventôse an III:

pp.704-705: *Aux rédacteurs.* Dans Guillaume, vi.103-105. Une défense de ses cours sur l'art oratoire donnés aux Ecoles normales contre *La Tour de Babel au Jardin des Plantes, ou lettre de Mathurin Bonace, élève à l'école normale* (Paris an III).

A447. 11 avril 1796/22 germinal an IV:

p.807: *Lettre aux auteurs du Journal.* Dans *L'Intermédiaire des chercheurs,* xx (10 janvier 1887), col. 30. Sur la vente de ses livres. Voir la réponse dans JP, 25 germinal an IV (14 avril 1796), p.818.

A448. 18 avril 1796/29 germinal an IV:

pp.835-836: *Aux auteurs du Journal.* Dans *La Quotidienne (Feuille du jour)*, 30 germinal an IV (19 avril 1796), p.3. Voir *JP*, 30 germinal, 4 floréal an IV (19, 23 avril 1796), pp.839, 855.

A449. 21 octobre 1796/30 vendémiaire an V:

p.122: *Sur l'article grammaire inséré dans la feuille du 24 vendémiaire* [p.98, au sujet du *Cours de Gallicisme, par P. L. de Beauclair* (Paris 1794)].

A450. 11 décembre 1800/20 frimaire an IX:

[?] pp.485-487: *Au citoyen Feydel sur sa critique du Cours de littérature insérée dans le Journal du 13 frimaire* [pp.438-445]. Pour les raisons qui nous font penser que cette lettre est de La Harpe, voir Todd 5, pp.207-208.

v. Le Journal des débats

Journal des débats, des lois, du pouvoir législatif et des actes du gouvernement, pluviôse an VIII – 25 prairial an XIII (1800-1805), 10 vols, Paris, Bertin frères.

A451. 3 juillet 1801/13 messidor an IX:

p.4: *Au Rédacteur, 6 juin 1801.* Sur ce qu'il a à dire de Boufflers dans CR, lettre 155. Selon *JP*, 15 messidor an IX (5 juillet 1801), p.1719, cette lettre fut imprimée dans 'plusieurs journaux', mais nous ne l'avons pas trouvée ailleurs.

vi. Le Journal encyclopédique

Journal encyclopédique, par une société de gens de lettres, 1756-1793, 304 vols, Liège, Everard Kints; *puis à partir de 1760:* A Bouillon, de l'imprimerie du Journal. Rédigé par Pierre Rousseau, Brent, Castilhon, Chamfort, Duruflé, etc.

[*Je*]

A452. 15 mars 1770:

[?] ii.460-461: *Lettre de l'auteur de la tragédie des Guébres* [*sic*]. Dans Best. D15935. Quoique cette lettre soit signée 'L.H.', comme le fait remarquer le dr Besterman, rien ne prouve que ce soit La Harpe.

vii. La Quotidienne

La Quotidienne. Nouvelle gazette universelle. [*Puis:*] *La Quotidienne ou la Gazette universelle,* 22 septembre 1792 – 18 octobre 1793, 397 nos. [*Devenu:*]

La Quotidienne ou le Tableau de Paris, 1ᵉʳ ventôse an III-13 vendémiaire an IV (19 février – 5 octobre 1795), 219 vols. [*Devenu:*] *Tableau de Paris.* 19 brumaire – 1ᵉ germinal an IV (7 novembre 1795 – 22 mars 1796), 137 nos. [*Devenu:*] *Bulletin politique de Paris et des départments*, 3-24 germinal an IV (23 mars – 13 avril 1796), 22 nos. [*Devenu:*] *Feuille du jour*, 14 avril – 21 octobre 1796, 187 nos. [*Devenu:*] *La Quotidienne ou la feuille du jour*, 1ᵉʳ brumaire – 18 fructidor an V (22 octobre 1796 – 4 septembre 1797), 413 nos. Paris. Fondée par de Coutouli et Rippert, et rédigée à partir de 1795 par Michaud, Rippert, Riche, et Gallais.

A453. 1 mars 1797/11 ventôse an V:

pp.2-3: *Réponse à la lettre précédente* [signée: D.B.], *Paris, 27 février 1797.* Dans J. F. Laharpe, *De l'Etat des lettres en Europe. 2e édition* (Paris an V), pp.73-76. Au sujet de l'abbé Guénée et ses *Lettres de quelques Juifs portugais . . . à m. de Voltaire.* Voir supra, *A309.*

A454. 24 mars 1797/4 germinal an V:

pp.2-3: *Variétés. Laharpe. Au rédacteur.* Voici une réponse à Roederer dans *JP*, 12 ventôse an V (2 mars 1797), pp.649-650 ('Mélanges: De quelques hommes qui ne sont ni philosophes ni chrétiens'), et *JP*, 2 germinal an V (22 mars 1797), p.733 ('Mélanges: Les SI-Epître à—, signée: Z.). La lettre de La Harpe est collée dans les papiers de Roederer, conservés aux Archives nationales (29 AP 80).

A455. 2 mai 1797/13 floréal an V:

pp.2-3: *Laharpe. Au rédacteur, 30 avril 1797.* Sur la perte du titre de *monsieur.*

A456. 6 mai 1797/17 floréal an V:

pp.2-3: *Laharpe. 2 mai.* Il envoie la troisième édition de son *Du fanatisme dans la langue révolutionnaire.*

A457. 11 mai 1797/22 floréal an V:

pp.2-3: *Laharpe. Lundi 8 mai.* (A suivre). Une réponse à A.PA.P. dans *JP*, 19 floréal an V (8 mai 1797), pp.925-926.

A458. 12 mai 1797/23 floréal an V:

pp.2-3: *Suite de la lettre de m. de Laharpe.* (A suivre).

A459. 13 mai 1797/24 floréal an V:

pp.2-3: *Fin de la lettre de m. de Laharpe.*

A460. 16 mai 1797/27 floréal an v:

p.3: *Laharpe. Aux rédacteurs, 15 mai.* Corrigeant des coquilles dans les dernières lettres.

    viii. Révolutions de Paris

Révolutions de Paris, dédiées à la Nation et au district des Petits-Augustins, publiées par le sieur Prudhomme, 12 juillet 1789 – 28 février 1794 (10 ventôse an II), 17 vols, Paris. Rédigées par L. M. Prudhomme, Tournon, Fabre d'Eglantine, Saintonax, Sylvain Maréchal, et Chaumette.

A461. Du 23 au 30 janvier 1790:

iii.31-32: [Lettre de La Harpe] Lettre dans laquelle il se déclare ne pas être l'ennemi de ce journal.

Table des incipit des vers

Les numéros seuls sont ceux de la bibliographie elle-même.

Table des libraires et
des imprimeurs, etc

～～❦～～

Les numéros seuls sont ceux de la bibliographie elle-même.
Les numéros précédés de la lettre A et imprimés en italiques appartiennent
à l'appendice.

Table des personnes citées

᜵᜵᜵᠆᠁

Pour des libraires et des imprimeurs, etc., voir l'index précédent. Les numéros seuls sont ceux de la bibliographie elle-même. Les numéros précédés de la lettre A et imprimés en italiques appartiennent à l'appendice.

345

Table des périodiques et des ouvrages anonymes figurant dans l'appendice

Nous ne donnons ici que les ouvrages anonymes dont les auteurs ne sont pas identifiés par Quérard, Barbier-Billard, Brenner, ou le catalogue de la Bibliothèque nationale. Les numéros précédés de la lettre A et imprimés en italiques appartiennent à l'appendice.

Table des titres

⚜

Les numéros seuls sont ceux de la bibliographie elle-même.
Les numéros précédés de la lettre A et imprimés en italiques appartiennent
à l'appendice.